大清一統志

第十八册

江西（一）

上海古籍出版社

江西（一）

目録

江西全圖

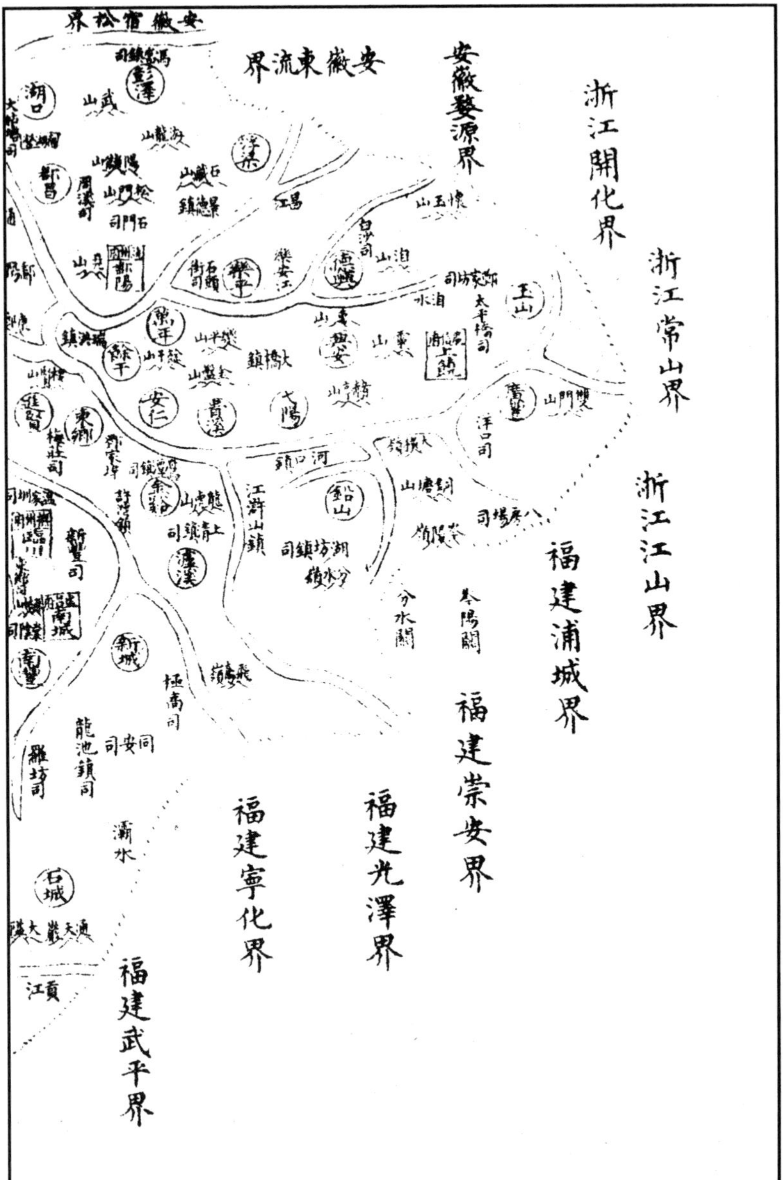
安徽甯松界
安徽東流界
安徽婺源界
浙江開化界
浙江常山界
浙江江山界
福建浦城界
福建崇安界
福建光澤界
福建寧化界
福建武平界
彭澤
湖口
浮梁
樂平
德興
玉山
安仁
貴溪
弋陽
鉛山
瀘溪
新城
石城
景德鎮
河口鎮
分水關
岑陽關
瀾水

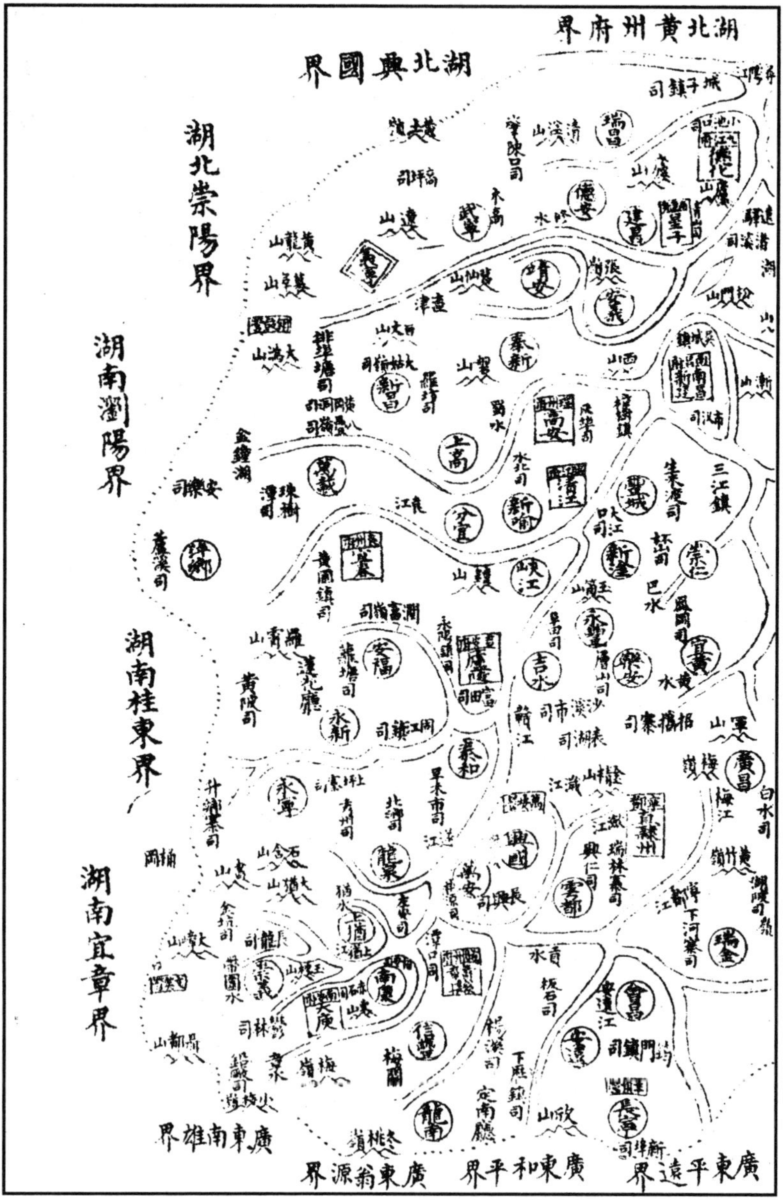
湖北黃州府界
湖北興國界
湖北崇陽界
湖南瀏陽界
湖南桂東界
湖南宜章界
廣東南雄界
廣東翁源界
廣東和平界
廣東平遠界
瑞昌
德安
建昌
武寧
靖安
安義
奉新
新昌
上高
萬載
分宜
新喻
萍鄉
峽江
新淦
崇仁
豐城
永豐
樂安
宜黃
安福
吉水
永新
泰和
永寧
龍泉
萬安
雩都
瑞金
會昌
安遠
長寧
龍南
信豐
南康
廣昌
三江鎮
金鐘湖

江西統部表

		南昌府	饒州府
秦	九江郡地。	九江郡地。	
兩漢	高帝置豫章郡，屬長沙國。元封中屬揚州部刺史。	豫章郡高帝置，治南昌。	豫章郡地。後漢建安十五年分置鄱陽郡，屬揚州。
三國	屬吳。	豫章郡	鄱陽郡
晉	初隸揚州。元康元年分置江州。	豫章郡元康元年置江州。咸康六年徙。	鄱陽郡元康元年改屬江州。
南北朝		豫章郡梁末置豫州。陳初復曰江州。天嘉六年罷。	鄱陽郡梁承聖二年置吳州。陳光大二年罷。太建十三年復置。
隋	豫章、九江、鄱陽、臨川、廬陵、南康、宜春七郡地。	豫章郡開皇初郡廢，置洪州。大業二年復爲郡。	鄱陽郡開皇初郡廢，置饒州。大業初復爲郡。
唐	武德初改諸郡爲州。貞觀初，屬江南道。開元二十一年分爲江南西道。	洪州豫章郡武德五年復置州，屬江南西道。	饒州鄱陽郡武德四年復置州，屬江南西道。
五代	初屬揚吳。後屬南唐。交泰元年建南都。	南昌府南唐交泰元年建南都，升府。	饒州鄱陽郡屬南唐。
宋	太平興國元年置江南西路，分東境屬江南〔東〕路。	隆興府初仍曰洪州。隆興三年升府，爲江南西路治。	饒州鄱陽郡屬江南東路。
元	至元十四年置江西等處行中書省。	龍興路至元十五年改路。二十一年改「隆」爲「龍」。	饒州路至元十四年升路，隸江浙行省。
明	江西布政使司洪武九年置。	南昌府初曰洪都府，尋改名，爲江西布政司治。	饒州府初曰鄱陽府，尋改名，屬江西布政司。

續表

廣信府	南康府	九江府	建昌府
會稽郡地。	九江郡地。	九江郡地。	九江郡地。
豫章郡地。	豫章郡地。	豫章郡地。高帝四年爲淮南國地。元狩四年復故。	豫章郡地。
吴爲鄱陽郡地。	吴置鄱陽柴桑郡。	吴爲武昌郡地。	吴爲臨川郡地。
	豫章、尋陽二郡地。	江州尋陽郡永興元年置郡,咸和中徙治柴桑,咸康六年又移州來治。	
	宋江州地。陳置豫章郡,隸江州。	江州尋陽郡梁太平二年改置西江州。陳天嘉初復故。	臨川郡齊移來治。陳徙。
	置洪州當陽府。	九江郡開皇初郡廢。大業初年改州爲郡,更名。	
信州乾元元年置,屬江南西道。	江、洪二州地。	江州潯陽郡武德四年復置州。天寶元年改郡名。	撫州地。
信州屬南唐。	初屬揚吴,後屬南唐。	江州潯陽郡初屬揚吴,後屬南唐。	南唐置建武軍。
信州屬江東南路。	南康軍太平興國七年置,治星子,屬江南西路。從改屬東路。	江州潯陽郡初屬江南東路,紹興初改屬西路。	建昌軍太平興國四年改名,屬江南西路。
信州路至元十四年升路。	南康路至元十四年升路,屬江淮行省。後改屬江西行省。	江州路至元十四年升路,屬江西行省。	建昌路至元十四年升路,屬江西行省。
廣信府洪武二年改府,屬江西布政司。	南康府初曰西寧府,尋改名,屬江西布政司。	九江府洪武初改府,屬江西布政司。	建昌府初曰肇昌府,尋改名,屬江西布政司。

續表

撫州府	臨江府	瑞州府	袁州府
九江郡地。	九江郡地。	九江郡地。	九江郡地。
豫章郡地。	豫章郡南部都尉治。	豫章郡地。	豫章郡地。
臨川郡 吳太平二年置，治臨汝。			吳爲安成郡地。
臨川郡			
臨川郡 齊徙治南城。陳復置。			
臨川郡 開皇初郡廢，置撫州。大業初復爲郡。	廬陵郡地。		宜春郡 開皇十一年置袁州，治宜春。大業初改郡。
撫州臨川郡 武德五年復置州，屬江南西道。	吉州地。	武德五年置靖州。七年改米州，又改筠州。八年廢。	袁州宜春郡 武德四年復置州，屬江南西道。
撫州臨川郡 初屬揚吳，後屬南唐。	筠州地。	筠州 南唐保大十年復置，治高安。	袁州宜春郡 初屬揚吳，後屬南唐。
撫州臨川郡 屬江南路。	臨江軍 淳化三年置，治清江，屬江南西路。	瑞州 寶慶初改名，屬江南西路。	袁州宜春郡 屬江南西路。
撫州路 至元十四年升路，屬江西行省。	臨江路 至元十四年升路，屬江西行省。	瑞州路 至元十四年升路，屬江西行省。	袁州路 初隸河南行省。至元十九年升路，屬江西行省。
撫州府 初改府，屬江西布政司。	臨江府 洪武九年改府，屬江西布政司。	瑞州府 洪武二年改府，屬江西布政司。	袁州府 初改府，屬江西布政司。

續表

吉安府	贛州府	南安府	寧都直隸州
九江郡地。	九江郡地。	九江郡地。	九江郡地。
豫章郡地。後漢興平元年分置廬陵郡。	豫章郡地。	豫章郡地。	雩都縣地。
廬陵郡	吴置廬陵南部都尉，治雩都。	吴爲廬陵郡地。	陽都縣 吴寶鼎三年置，屬廬陵南部都尉。
廬陵郡 太康中徙治石陽。	南康郡 太康三年罷都尉，置郡，治雩都。永和五年移治贛。	南康郡地。	寧都縣 太康元年改名，屬南康郡。
廬陵郡	南康郡		寧都縣
廬陵郡 開皇初郡廢，置吉州。大業初復爲郡。	南康郡 開皇初郡廢，置虔州。大業初復爲郡。		虔化縣 開皇十八年改名，屬虔州。大業初屬南康郡。
吉州廬陵郡 武德五年復置州，屬江南西道。	虔州南康郡 武德五年復置州，屬江南西道。	虔州地。	虔化縣 屬虔州。
吉州廬陵郡 屬南唐。	虔州南康郡		虔化縣
吉州廬陵郡 屬江南西路。	贛州南康郡 紹興二十二年改州名，屬江南西路。	南安軍 淳化元年置，治大庾，屬江南西路。	寧都縣 紹興二十三年復故名，屬贛州。
吉安路 至元十四年升路。元貞初改名，屬江西行省。	贛州路 至元十四年升路，屬江西行省。	南安路 至元十四年升路。	寧都州 大德三年升州，屬贛州路。
吉安府 洪武元年改府，屬江西布政司。	贛州府 洪武二年改府，屬江西布政司。	南安府 洪武元年改府，屬江西布政司。	寧都縣 洪武二年仍爲縣，屬贛州府。

大清一統志卷三百七

江西統部

在京師西南四千八百五十里。東西距九百七十里，南北距一千八百里。東至安徽徽州府婺源縣界六百里，西至湖南長沙府瀏陽縣界三百七十里，南至廣東惠州府和平縣界一千二百三十里，北至湖北黄州府界五百七十里。東南至福建建寧府崇安縣界五百八十里，西南至湖南郴州宜章縣界九百五十里〔一〕，東北至安徽池州府東流縣界五百六十里，西北至湖北武昌府興國州界五百七十里。

分野

天文斗分野，星紀之次。晉書天文志：豫章入斗十度。

建置沿革

禹貢揚州之域。春秋爲吴、越、楚三國之界。戰國屬楚。秦屬九江郡。漢初置豫章郡，屬長沙國。按漢書高帝紀：四年，立黥布爲淮南王。布傳：豫章屬焉。又高帝紀：五年，以長沙、豫章等郡立番君芮爲長沙王。紀、傳不同，其先後分割之故不可考。元封中，屬揚州部刺史。後漢因之。三國屬吳。後漢興平元年，分置廬陵郡。建安十五年，分置鄱陽郡。孫亮太平二年，置臨川郡。孫皓寶鼎二年，置安成郡。晉初亦隸揚州，太康三年，增置南康郡。元康元年，分揚、荊二州地置江州，晉書地理志：割揚州之豫章、鄱陽、廬陵、臨川、南康、建安、晉安，荊州之武昌、桂陽、安成十郡，因江水之名置江州。永興元年，又分置尋陽郡。按：十郡中，建安、晉安二郡今屬福建，武昌、桂陽二郡今屬湖廣。初治豫章，後治武昌。咸康六年，徙治尋陽。按：宋書州郡志江州，初治豫章，咸康六年移治尋陽。參考王敦、溫嶠諸傳，江州皆治武昌。李吉甫元和郡縣志云：元帝時，江州自豫章移理武昌，自後或理湓城，或理尋陽。宋、齊以後因之。按：梁大寶元年，以豫章置豫州。承聖二年，以鄱陽置吳州。太平元年，分江州之巴山、臨川、安成、豫章四郡置高州。二年，又移江州治豫章，以尋陽置西江州，臨川置寧州，新吳置南江州之類，不可勝紀。然皆不久廢省，不爲經制。隋平陳，置洪州總管府，及江、饒、撫、吉、虔、袁等州。大業初，府廢，復爲豫章、九江、鄱陽、臨川、廬陵、南康、宜春七郡。唐武德初，改諸郡爲州，復置洪州總管府。貞觀初，屬江南道。開元二十一年，分爲江南西道。初置採訪使，後改觀察。領洪、饒、虔、吉、江、袁、信、撫八州。咸通六年，置鎮南軍節度使。唐書方鎮表：乾元元年，置洪吉都防禦團練觀察處置使，兼莫徭軍使，治洪州。廣德二年，更號江南西道都防禦團練觀察使。建中四年，升爲節度使。貞元元年，廢節度，復置都團練觀察使。咸通六年，升爲鎮南軍節度使。乾符元年，又廢爲江南西道觀察使〔二〕。龍紀元年，復升鎮南軍節度使。五代初屬楊吳，後屬南唐。保大中，增置筠州。交泰初，建南都。宋置江南西路，治洪州，以東境分屬江南東路。太平興國元年，分江南西路，後併東、西爲一路。天禧四年，復分西路，領洪、虔、吉、袁、撫、筠六州，臨江、建昌、南安三軍。其江、饒、信三州及南康軍，則屬東路。建炎元年，升洪州爲帥府。四年，合江東、西爲江南路。又置三帥。江西路統江、洪、撫、信州，南康、臨江、建昌軍；其筠、袁、虔、吉四州及南安軍則屬鄂州路，饒州屬建康路。紹興初，復分東、西，以江、洪、筠、袁、虔、吉州，興國、南康、臨江、南安軍爲西路；而饒、信、撫三州及建昌軍屬東路。尋以撫州、建昌軍還隸西路，南康軍還隸東路。未幾以江州僻隘，復還治洪州。元至元中，立江西等處行中書省。至元十二年，設行都元帥府及安撫司於隆興。十四年，改江西道宣慰司，立行中書省。十五年，移省贛州。十六年，復還隆興。十七年，併入福建行省，止立宣慰司。十九年復立，領路十八、州九，龍興、吉安、瑞州、袁州、臨江、撫州、江州、南康、贛州、建昌、南安等十一路及南豐州皆隸焉。其饒州、信州二路及鉛山州，別屬江浙行省。至正末，爲陳友諒所據，明初討平之。洪武九年，置江西等處承宣布政使司，治南昌府。本朝因之，爲江西省。乾隆十九年，升贛州府之寧都縣爲直隸州。

領府十三，直隸州一。

南昌府，饒州府，廣信府，南康府，九江府，建昌府，撫州府，臨江府，瑞州府，袁州府，吉安府，贛州府，南安府，寧都直隸州。

形勢

東通浙閩，廣信府東境接浙江衢州府界，南境接福建建寧府界。建昌、贛州亦與閩之邵武、汀州接界。南盡大庾，在南安府南。過嶺，即廣東南雄州界。西連荊楚，九江、南昌、袁州、吉安、南安諸郡，皆與湖廣接界。北至大江。大江橫亘九江府北，廣二十里。江之北岸，西入湖廣黄、蘄，東接安徽安慶。其名山則有廬山、在南康府北、九江府南。西山、在南昌府西。懷玉山，在廣信府玉山縣北。其大川則有九江、即九江府北之大江。自湖廣興國州東流百二十里，經潯陽驛，又百七十里入安徽望江縣界。亦名潯陽江。贛水、因章、貢二水合流而名。自贛州府城北，會流北注，經吉安、臨江、南昌三府，匯鄱陽湖，出湖口縣西入大江。鄱陽湖，即彭蠡湖。在南昌府東北百五十里，饒州府西四十里，南康府東五里，九江府東南九十里。重險則有梅關、在大庾嶺。湖口。在湖口縣。

文職官

巡撫。駐南昌府，兼提督銜。舊有鹽政，乾隆四十三年裁。

提督學政。駐南昌府。

布政使，經歷，理問，庫大使。廣濟。

按察使，總理驛務。經歷，兼管驛鹽庫務。知事，兼管南浦驛。司獄。

督糧道，駐南昌府，兼巡南、撫、建三府。庫大使。廣裕。

鹽法道。駐南昌府，管理全省鹽法，統轄瑞、袁、臨三府。

分巡廣饒九南兵備道。駐九江府，兼管水利事。

分巡吉南贛寧兵備道。駐贛州府，督理贛關税務，兼管水利事。

南昌府知府，同知二員，督捕一員，駐府城；水利一員，雍正七年由南康府移駐吴城鎮，乾隆三十年改屬。通判，府學教授，訓導，經歷，照磨，兼管司獄事。知州，義寧舊爲寧州，嘉慶六年改。州同，駐渣津。州判，州學學正，訓導，吏目，巡檢二員，一駐八疊嶺，一駐排埠塘。知縣七員，南昌、新建、豐城、進賢、奉新、靖安、武寧。縣丞七員，南昌、新建、豐城、進賢、奉新、靖安駐縣城，武寧駐木高。縣學教諭七員，訓導七員，主簿二員，南昌駐三江口，新建駐吴城鎮。巡檢六員，南昌屬市汊，新建屬生米渡，豐城屬大江口，進賢屬梅莊，奉新屬羅坊，武寧屬高坪。典史七員。

饒州府知府，同知，駐景德鎮。通判，府學教授，訓導，經歷，照磨，知縣七員，鄱陽、餘干、樂平、浮梁、德興、安仁、萬年。縣丞七員，鄱陽、樂平、浮梁、德興、萬年俱駐縣城，餘干駐瑞洪，安仁舊駐縣城，嘉慶十六年移駐鄧埠市。縣學教諭七員，訓導七員，巡檢四員。鄱陽屬石門，浮梁屬景德鎮，德興屬白沙，萬年屬石頭街。典史七員。

廣信府知府，同知，舊駐府城，乾隆三十六年移駐河口鎮。通判，府學教授，訓導，經歷，照磨，知縣七員，上饒、玉山、弋陽、貴溪、鉛山、廣豐、興安。縣丞六員，上饒、玉山、鉛山、廣豐駐縣城，弋陽駐西鄉大橋，貴溪駐江滸山。縣學教諭七員，訓導七員，巡檢七員。上饒屬鄭家坊、八房場，玉山屬太平橋，貴溪屬上清鎮、鷹潭鎮，鉛山屬湖坊鎮，廣豐屬洋口。典史七員。

南康府知府，通判，舊有同知，乾隆三十年裁。府學教授，訓導，經歷，知縣四員，星子、都昌、建昌、安義。縣丞三員，建昌、安義駐縣城，都昌駐張嶺。縣學教諭四員，訓導四員，巡檢三員，星子屬青山、渚溪，都昌屬周溪。典史四員。

九江府知府，同知，通判，乾隆三十八年由瑞州府改屬。府學教授，訓導，經歷，照磨，知縣五員，德化、德安、瑞昌、湖口、彭澤。縣學教諭五員，訓導五員，巡檢五員，德化屬大姑塘、小池口、城子鎮，瑞昌屬肇陳口，彭澤屬馬當鎮。典史五員，驛丞一。德化屬通遠，兼巡檢。

建昌府知府，同知，通判，府學教授，訓導，經歷，舊有照磨，乾隆四十三年裁。知縣五員，南城、新城、南豐、廣昌、瀘溪。縣丞四員，南城、新城、南豐、瀘溪，俱駐縣城〔三〕。縣學教諭五員，訓導五員，巡檢六員，南城屬新豐，新城屬極高、同安，南豐屬龍池、羅坊，廣昌屬白水鎮。典史五員。

撫州府知府，通判，府學教授，訓導，經歷，照磨，知縣六員，臨川、金谿、崇仁、宜黃、樂安、東鄉。縣丞四員，臨川、東鄉駐縣城，金谿駐許灣，崇仁駐南城。縣學教諭六員，訓導六員，巡檢五員，臨川屬温家圳、東館，崇仁屬鳳岡，宜黃屬棠陰，樂安屬招攜鎮。典史六員。

臨江府知府，通判，駐樟樹鎮。府學教授，訓導，經歷，照磨，駐樟樹鎮。知縣四員，清江、新淦、新喻、峽江。縣丞四員，縣學教諭四員，訓導四員，巡檢二員，新淦屬杯山，新喻屬水北墟。典史四員。

瑞州府知府，同知，舊駐府城，雍正三年移駐南昌寧州銅鼓營，嘉慶六年兼轄義寧州。舊有通判，乾隆三十八年裁。府學教授，訓導，經歷，知縣三員，高安、新昌、上高。縣丞三員，高安駐南城。縣學教諭三員，訓導三員，巡檢三員，高安屬灰埠，新昌屬大姑嶺、黄岡洞。典史三員。

袁州府知府，同知，府學教授，訓導，經歷，照磨，知縣四員，宜春、分宜、萍鄉、萬載。縣學教諭四員，訓導四員，巡檢五員，宜春屬黄圃鎮、澗富嶺，萍鄉屬安樂、蘆溪市，萬載屬珠樹潭。典史四員。

吉安府知府，通判，府學教授，訓導，經歷，照磨，蓮花廳同知，乾隆八年設。廳學訓導，乾隆八年改永新訓導設。照磨，乾隆八年改永新屬栗傳巡檢設。巡檢，駐黄陂。知縣九員，廬陵、泰和、吉水、永豐、安福、龍泉、萬安、永新、永寧。縣丞八員，廬陵、泰和、吉水、永豐、安福、龍泉、萬安、永新，俱駐縣城。縣學教諭九員，訓導八員，廬陵、泰和、吉水、永豐、安福、龍泉、萬安、永新。巡檢十六員，廬陵屬固江鎮、永陽鎮、富田，泰和屬早禾，吉水屬阜田，永豐屬層山、沙溪、表湖，安福屬蘿塘，龍泉屬左安、北鄉、秀洲〔四〕，萬安屬皂口、灘頭，永新屬上坪寨，永寧屬升鄉寨。典史九員。

贛州府知府，通判，府學教授，訓導，經歷，照磨，定南廳同知，舊爲定南縣，乾隆三十八年改設。廳學訓導，照磨，巡檢，下歷。知縣八員，贛縣、雩都、信豐、興國、會昌、安遠、長寧、龍南。縣丞，贛。縣學教諭八員，訓導八員，巡檢八員，贛屬長興、桂源，雩都屬興仁，信豐屬楊溪，興國屬衣錦，會昌屬筠門鎮，安遠屬板石，長寧屬新坪。典史八員。

南安府知府，同知，府學教授，訓導，經歷，兼管横浦驛。照磨，知縣四員，大庾、南康、上猶、崇義。縣丞，上猶駐營前。縣學教諭四員，訓導四員，巡檢七員，大庾屬鬱林鎮、赤石嶺，南康屬潭口、相安，崇義屬金坑、鉛廠、長龍。典史四員，驛丞。大庾屬小溪、水馬。

寧都直隸州知州，州判，州學學正，訓導，吏目，巡檢，下河寨。知縣二員，瑞金、石城。縣學教諭二員，訓導二員，巡檢二員，瑞金屬瑞林寨、湖陂。典史二員。

武職官

撫標，駐南昌府。左、右二營。參將，左營兼中軍。游擊，右營。守備二員，千總四員，把總八員，經制外委六員，額外外委六員。

九江鎮總兵官，駐九江府。前、後二營。舊爲南昌鎮，嘉慶五年改設。遊擊二員，前營兼中軍，後營舊爲南昌城守營遊擊，嘉慶五年改屬，兼管水師事務。守備二員，千總四員，把總六員，經制外委十員，七駐本營，三分防建昌、德安、瑞昌各汛。額外外委三員。前二、後一。

南贛鎮總兵官，駐贛州府。中、左、後三營。遊擊二員，中營、左營。都司，後營。守備三員，千總六員，把總十二員，經制外委十二員，三駐本營，九分防官村、長寧、水口塘、安遠、雩都、興仁、良富塘、信豐、龍南各汛。

以上九江、南贛二鎮，均聽巡撫兼提督銜節制。

南昌協副將，駐南昌府。舊爲九江協，嘉慶五年改設。都司，守備，千總三員，舊設二員，嘉慶五年增一員。把總七員，舊設六員，嘉慶五年增一員。經制外委八員，二駐本營，六分防南昌、新建、豐城、潤溪、奉新、靖安各汛。額外外委四員。

以上南昌一協，隸巡撫兼提督銜管轄。

廣信營參將，駐廣信府。守備，千總，駐上饒縣。把總二員，一防貴溪縣汛，一防玉山縣汛。經制外委四員，分防下鎮墟、弋陽、廣豐、興安各汛。額外外委二員。分防高洲江、滸山二汛。

饒州營參將，駐饒州府。守備，千總二員，一駐本營，一防鄧家埠汛。舊設一員，嘉慶十六年增一員。把總二員，經制外委四員，一駐本營，三分防餘干、德興、萬年各汛。額外外委二員。分防石門、石鎮街二汛。

建昌營遊擊，駐建昌府。守備，千總，駐南城縣。把總二員，一駐南豐縣，一駐新城縣。經制外委四員，一駐本營，三分防石峽、盤湖隘、瀘溪各汛。額外外委二員。分防黃沙塘、飛鳶二汛。

浮梁營都司，駐浮梁縣。把總，駐景德鎮。經制外委一員，協防景德鎮。額外外委一員。

鉛山營都司，駐鉛山縣。把總，駐河口。經制外委一員，額外外委一員。廣昌營都司，駐廣昌縣。把總，駐頭陂。經制外委一員，額外外委二員。

武寧營都司，駐武寧縣。把總，駐箬溪。經制外委一員，額外外委一員。

瑞州營都司，駐瑞州府。把總，經制外委一員，駐上高縣。額外外委一員。

撫州營都司，駐撫州府。千總，把總二員，一駐樂安縣，一駐金谿縣。經制外委三員，分防崇仁、宜黃、東鄉各汛。額外外委二員。一駐本營，一防許灣汛。

銅鼓營都司，駐銅鼓石。千總一員，舊設二員，嘉慶十六年裁一員。把總三員，經制外委四員，一駐本營，三分防義寧州、大石口、黎源隘各汛。舊設三員，嘉慶五年增一員。額外外委二員，一駐本營，一防新昌黃岡口汛。

南康營都司，駐南康府。把總，駐星子縣。經制外委一員，防都昌縣。額外外委一員。

以上廣信等十一營，均隸九江鎮管轄。其鉛山一營，兼隸廣信營參將管轄；浮梁一營，兼隸饒州營參將管轄。

袁州協副將，駐袁州府。都司，千總，把總四員，分防萍鄉、分宜、宜春、新喻各汛。經制外委三員，分防太平關、蘆溪市、新喻各汛。額外外委一員。

寧都營參將，駐寧都州。守備，千總二員，一駐黃陂，一駐蘆薈。把總四員，經制外委四員，一駐本營，三分防黃陂、固村、石城各汛。

南安營參將，駐南安府。守備，千總二員，把總四員，分防南康、上猶、營前、水城各汛。經制外委四員，一駐本營，三分防新城塘、譚邦塘、上猶各汛。額外外委二員。

吉安營參將，駐吉安府。守備，千總，駐泰和。把總二員，經制外委三員，分防吉水、白羊坳、安福各汛。額外外委二員。

臨江營都司，駐臨江府。舊爲樟樹營，隸撫標管轄，乾隆二十六年改屬，三十二年改名。千總，把總二員，一駐本營，一防樟樹汛。經制外委二員，分防臨江、新淦二汛。額外外委一員。協防樟樹鎮汛。

龍泉營都司，駐龍泉縣。把總，經制外委一員。

萬安營都司，駐萬安縣。把總，經制外委一員，額外外委二員。

永豐營都司，駐永豐縣。把總，駐上固。經制外委一員，協防上固汛。額外外委一員。

永新營都司，駐永新縣。把總，駐蓮花廳。經制外委一員，防永寧汛。額外外委一員。

贛州城守營都司，駐贛州府。把總，經制外委一員，防贛縣汛。額外外委二員。

興國營都司，駐興國縣。千總，把總，經制外委一員。防均村汛。

文英營都司，駐崇義縣永安里。把總，駐崇義。經制外委一員。

永鎮營都司，駐瑞金縣壬田寨〔五〕。把總，駐瑞金。經制外委一員。

橫岡營都司，駐定南廳下歷鎮。把總，駐定南。經制外委一員。

羊角營都司，駐會昌縣羊角水堡。把總，駐會昌。經制外委一員。

以上袁州一協、寧都等十四營均隸南贛鎮管轄。其臨江一營，並隸袁州協管轄；龍泉、萬安、永豐、永新四營，兼隸吉安營參將管轄。

鄱湖水師營都司，駐餘干縣康郎山。把總，駐瑞洪。經制外委一員，額外外委一員。

南湖水師營都司，駐湖口縣。千總，駐大孤山。把總二員，一防小孤洑汛，一防湖口縣汛。經制外委二員，一駐本營，二協防大孤山、小孤洑二汛。額外外委一員。

九江水師營守備，駐九江府。舊爲南昌水師營，嘉慶五年改屬。把總，舊設二員，嘉慶五年裁一員。經制外委一員，額外外委一員。

以上鄱湖水師等三營，均隸九江鎮管轄。其鄱湖一營，兼隸饒州營參將管轄。

南昌衛守備，督運。領運千總三員。前幫一員，後幫二員。

袁州衛守衛，督運。領運千總。

贛州所守禦千總，舊設衛守備，嘉慶二十四年改。領運千總。

九江衛領運千總四員。前幫二員，後幫二員。

吉安所守禦千總，領運千總。

永建所守禦千總，領運千總。

安福所守禦千總，領運千總。

撫州所守禦千總，領運千總。
廣信所守禦千總，領運千總。
鉛山所守禦千總，領運千總。
饒州所守禦千總，領運千總。
以上衛守備二員、守禦千總八員、領運千總十六員，均隸漕運總督統轄。

户口

康熙五十二年原額人丁一百三十萬八千七百二十五。乾隆三十七年停編丁，今滋生男婦大小共二千三百六萬三百四十七名口，計四百三十一萬七百二十九户。又屯軍男婦大小五十九萬一千六百八十二名口，計六萬七千六百二十五户。

田賦

田地四十六萬二千四百五頃七十九畝一分六釐有奇。額徵地丁銀一百七十萬七千六百二兩六錢五釐，米七十七萬二百六十六石一斗九升九合。屯田四千八百十四頃八畝五分三釐有奇，額徵地丁銀四萬二千一百一兩三錢六分九釐。

稅課

九江關額徵正稅銀十五萬三千八百八十九兩，銅觔水脚銀一萬八千三百九十二兩有奇，盈餘銀三十六萬七千兩。贛關額徵正稅銀四萬二千一百二十四兩有奇，銅觔水脚銀五千三百四十六兩有奇，盈餘銀三萬八千兩。

名宦

漢

灌嬰。睢陽人。高祖時，將軍騎渡江定豫章，築城以爲郡治。後世祀之。

晉

應詹。南頓人。明帝時，爲江州刺史。時王敦新平，人心未安，詹撫而懷之，莫不得其歡心，百姓賴之。

温嶠。太原祁人。咸和初，爲江州刺史，鎮武昌。甄異行能，親祭徐孺子墓。嘗陳豫章十郡之要，宜以刺史居之，尋陽濱江，都督宜鎮其地。今以州帖府進退不便，宜選單車刺史，別撫豫章，專理黎庶。詔不許。

褚裒。陽翟人。康帝即位，除建威將軍、江州刺史，鎮半洲。在官清約，雖居方伯，恒使私僮採樵。

桓伊。譙國銍人。太元中，遷江州刺史。到鎮以邊境無虞，宜以寬恤爲務，乃上疏言江州虚耗，加連歲不登，今餘户有五萬六千，宜併合小縣，除諸郡逋米，移州還鎮豫章。詔令移州尋陽，其餘皆聽之。伊隨宜拯撫，百姓賴焉。

劉敬宣。彭城人。元興三年，遷建威將軍、江州刺史。課集軍糧，搜召舟乘，軍戎要用常有儲擬。桓玄子亮寇豫章，又遣苻宏寇廬陵，敬宣並討破之。

何無忌。郯人。義熙中，爲江州刺史。盧循遣徐道覆順流而下，無忌自尋陽引兵拒之，遇於豫章。會西風暴急，賊乘風逼之，衆奔敗。無忌厲聲曰：「取我蘇武節來！」躬執督戰，遂死之。謚忠肅。

王弘。臨沂人。義熙十四年，遷江州刺史。省賦簡役，百姓安之。

南北朝　宋

檀道濟。金鄉人。元嘉中，遷江州刺史。

梁

王茂。太原祁人。天監初，江州刺史陳伯之叛，以茂爲江州刺史討之，伯之奔魏。時九江新離軍寇，茂務農省役，百姓安之。十二年，再爲刺史。在州不取奉，獄無滯囚。居處佩服，同於儒素。

蕭秀。文帝第七子。天監六年，出爲江州刺史。至州，聞前刺史取徵士陶潛曾孫爲里司，歎曰：「陶潛之德，豈可不及後世。」即日辟爲西曹。時盛夏水泛，津梁斷絶，外司請依舊僦渡，收其價直。秀曰：「刺史不德，水潦爲患，可利之乎？」給船而已。

唐

李大亮。京兆涇陽人。武德中，使徇廣州。至九江，會輔公祏反，以計擒其將張善安。

張鎬。博州人。代宗初，爲洪州觀察使。臨海賊袁晁寇東境，江介震騷，鎬遣兵屯上饒，斬首二千級，又襲舒城賊帥楊昭梟之。新安大豪沈千載，連結剽掠，州縣不能擒，鎬遣别將盡殄其衆。改江南西道觀察使。

李勉。高祖子鄭王元懿曾孫。代宗時，徙江西觀察使。厲兵睦鄰，平賊屯。

李泌。京兆人。代宗時，元載惡其不附己，因江西觀察使魏少游請僚佐，載稱泌才，以試秘書少監充判官。載誅，召還。

路嗣恭。三原人。代宗時，出爲江西觀察使，以善治財賦稱。有賈明觀者，素事魚朝恩，朝恩誅，當坐死，丞相元載納其賄，遣效力江西。魏少游畏載，常曲容之，及嗣恭代少游，即日杖死。

李皋。嗣曹王。李希烈反，遷江西節度使。受命日不宿家，至豫章，治戰艦，裒兵二萬，擢伊慎、王鍔等爲大將，教以兵法。凡大小三十二戰，取州五、縣二十，斬首三萬二千，擒生萬六千，未嘗敗。師所過，不敢伐桑棗，踐禾稼。朝廷仰食江淮，而西道出九江至大别，皆與賊接。皋轉戰數千里，餉道遂通，江漢依皋爲固。

盧羣。范陽人，以監察御史爲江西行營糧料使。嗣曹王皋節度江西，奏爲判官，以勁正聞。

李巽。贊皇人。貞元五年，徙江西觀察使。鋭於爲治，持下以法，察無遺私，吏不敢少紿。

韋丹。萬年人。元和二年，徙江南西道觀察使。計口受俸，委餘於官，罷八州冗食者，收其財。始民不知爲瓦屋，草茨竹椽，久燥則戛而焚，丹教爲陶。聚材於場，度其費爲估，不取贏利。人能爲屋者，受材瓦於官，徐取其償。逃未復者，官爲爲之。貧不能者，畀以財。身往勸督。置南北市，爲營以舍軍。歲旱，募人就工，厚與直，給其食。爲衢，夾兩營，東西七里。以廢倉爲新廐，馬息不死。築隄扞江，長十二里，凡爲陂塘五百九十八所，灌田一萬二千頃。宣宗時，詔刻功於碑。

王仲舒。并州祁人。穆宗初，除江西觀察使。初江西榷酒利，多他州十八，民私釀，歲抵死不絶，穀數斛易斗酒。仲舒罷酤錢九十萬。吏坐失官息錢五十萬，悉産不能償，仲舒焚簿書，脱械不問。水旱，民賦不入，爲出錢二千萬代之。卒於官。

殷侑。陳州人。寶曆元年，爲江西觀察使，以潔廉稱。

沈傳師。吴人。爲江西觀察使，所涖以廉靖聞。

周墀。汝南人。武宗時，徙江西觀察使。劾舉部刺史，翦捕劇賊，出兵戍彭蠡湖，禁止剽刦。

韋宙。丹之子。宣宗時，拜江西觀察使。政簡易，南方以爲世官。

宋

張齊賢。曹州人。太平興國六年，爲江南西路轉運使。至官，詢知饒、信、虔州土産銅鐵鉛錫之所，推求前代鑄法，取饒州永平監所鑄以爲式，歲鑄五十萬貫。先是，諸州罪人多錮送闕下，路死者十常五六。齊賢道逢所送，索牒視之，率非首犯，悉伸其冤，因力言於朝，後凡送囚至京，請委强明吏慮問，不實則罪原問官。自是江南送罪人者減大半。凡江南前代弊政，悉論免之。齊賢居使職，勤究民弊，務行寛大，江左人思之不忘。

王濟。饒陽人。大中祥符三年，徙知洪州，兼江南西路安撫使。屬歲旱民饑，躬督官吏爲糜粥，日親嘗而給之。録饑民爲州兵，全活甚衆。

凌策。宣州涇人。真宗時，授江西轉運使。饒州産金，嘗禁商市鬻，或有論告，逮繫滿獄。策請縱民販市，官責其算，人甚便之。

張士遜。陰城人。爲江西轉運使，辭王旦求教，旦曰：「朝廷榷利至矣。」士遜迭更是職，思旦之言，未嘗求利，識者以爲知大體。

周湛。鄧州穰人。仁宗時，爲江南西路轉運使。州縣簿領案牘混淆無紀，且多亡失，民訴訟無所質，至久不能決。湛爲立號，以日月比次之，詔下其法於諸路。又以傜賦不均，百姓巧於避匿，因條詭名挾佃之類十二事，且許民自言，凡括隱户三十萬。

蔡挺。宋城人。仁宗時，提點江西刑獄，制置鹽事。江、閩鹽賊率千百爲州縣害，挺諭所部與期，使首納器甲，原其罪，得兵械萬計。於是賊黨破散，歲增賣鹽四十萬。

程師孟。吴人，爲江西轉運使。盜發袁州，州吏爲耳目，久不獲。師孟械吏數輩送獄，盜即成擒。

張洞。祥符人。英宗時，爲江西轉運使。江西薦饑，徵民積歲賦，洞爲奏免之。又民輸絹不中度者，舊責以滿匹，洞命計尺寸輸錢，民便之。

張根。德興人。徽宗時，提舉江西常平。言：「本道去歲蠲租四十萬，而户部責償如初。祖宗立發運上供額〔六〕，給本錢數百萬緡，使廣糴以待用。比希恩者獻爲羨餘，故歲計不足〔七〕，至爲無名之斂。」詔貸所蠲租，以糴本錢還之六路。政和中，爲江南西路轉運副使。歲漕米一百二十萬石給中都。江南州郡僻遠，官吏難於督趣，根常存三十萬石爲轉運之本，以寬諸郡，時甚稱之。

盧知原。德清人。徽宗時，爲江西轉運副使。先是，綱運阻於重江，吏卒並緣爲姦。知原悉意經理，故先諸道上京師。

岳飛。湯陰人。紹興元年，張俊請飛同討李成。成將馬進犯洪州，連營西山，飛自爲先鋒，率所部潛軍出賊右，突其陣。進大敗，走筠州。又設伏敗之，降八萬餘人。引兵至朱家山，又斬其將趙萬。李成自引兵十萬來，飛於樓子莊大破之，遂平江淮。加神武右軍副統制，留洪州彈壓盜賊。建寇范汝爲陷邵武，江西安撫李回檄飛分兵保建昌及撫州。飛遣人以「岳」字幟植城門，賊望見相戒勿犯。後平嶺表，又屯江州，平虔、吉盜，授江南西路沿江制置使。

陳槖。餘姚人。紹興二年，除江西運判。瑞昌令倚勢受賂，槖首劾罷之。期年，所按以十數，至有望風解印綬者。

李綱。邵武人。紹興中，除江西安撫制置大使，兼知洪州。

張守。晉陵人。紹興中，知洪州，兼江南西路安撫使。江西盜賊未息，至部，揭榜郡邑，開諭禍福，約以限期，許之自新，不數月盜悉平。

劉珙。崇安人。孝宗時，改知隆興府兼江西安撫使。至鎮，首蠲税務新額，及罷苗倉大斛。屬邑奉新有復出租税，窮民不能輸，相率逃去，反失正税，并奏除之。

龔茂良。興化軍人。孝宗時，爲江西運判，兼知隆興府。帝以江西連歲大旱，知茂良精忠，以一路荒政付之。茂良戒郡縣，免積税，上户止索逋，發廩賑贍。以右文殿修撰再任。疫癘大作，命醫治療，全活數百萬。

程大昌。休寧人。孝宗時，爲江西轉運副使。會歲歉，出錢十餘萬緡，代輸吉、贛、臨江、南安夏税折帛。清江縣舊有破坑、桐塘二堰〔八〕，以捍江護田及民居，地幾二千頃，後堰壞，歲罹水患且四十年。大昌力復其舊。

辛棄疾。歷城人。乾道中，提點江西刑獄。平劇盜賴文政有功，加秘閣修撰。

陸游。山陰人。孝宗時，遷江西常平提舉。江西水災，奏撥義倉賑濟，檄諸郡發粟以予民。

沈作賓。歸安人。寧宗時，除江西安撫兼知隆興府。奏部内南安、南康、龍泉三縣迫近溪洞，三縣令尉，及近峒之砦曰秀洲、曰北鄉、曰蓮塘，并永新縣之勝鄉砦，宜就委帥、憲兩司擇才辟置，量加賞格。在郡撙錢二十餘萬緡，僚屬請獻諸朝，作賓謂平生未嘗獻羨，以半歸帥司犒師，半歸本府。

張杓。綿竹人。寧宗時，知隆興府兼江西安撫使。奉新縣舊有營田，募民耕之，畝賦米斗五升、錢六十。其後議臣請鬻之，始征兩税，和買且加折變，民重困。杓悉奏蠲之。

趙希懌。太祖子燕王德昭八世孫。寧宗時，遷江西茶鹽提舉。歲饑，惡少聚刦，希懌身自臨按，發粟賑給，擒首謀者治之，其黨遂散。升本路帥兼漕事。黑風峒羅世傳寇郴陽，姦民潛通賊，陰濟以糧。希懌捕治之，賊乏食，乃去。未幾，李元礪、陳廷佐寇南安，復誘世傳與合，刦掠至龍泉。有何光世者，能知賊動息，希懌授光世計，俾誘世傳誅元礪以自贖。後世傳果縛元礪以獻，廷佐勢孤亦降。

趙汝讜。太宗子商王元份八世孫。慶元時，提點江西刑獄。懲土豪，雪寃獄，民甚德之。

趙崇憲。餘干人。寧宗時，提舉江西常平，兼權隆興府及帥曹司事。遷轉運判官，仍兼帥事。初，父汝愚捐私錢百餘萬，創養濟院，俾四方賓旅之疾病者得藥與食，歲久寖移爲他用。崇憲至，尋修復，立規約數十條，以愈疾之多寡爲賞。棄兒於道者，亦收鞠之。社倉久敝，訪其利害而更張之。

史彌鞏。鄞人，提點江西刑獄。歲大旱，饒、信、南康三郡大祲。彌鞏釐户爲五，甲、乙以等第賑糶，丙爲自給，丁糶而戊濟，全活一百十四萬有奇。饒州兵籍溢，供億不繼，汰冗兵令下，營門大噪。彌鞏呼諸校曰：「汰不當者許自陳，敢譁者斬。」諸營帖然。

李燔。建昌人。寧宗時，添差江西運司幹辦公事。洪州地下，異時贛江漲隄壞，久雨輒澇。燔白漕帥修之，自是田皆沃壤。漕司以十四界會子新行，價日損，欲抑民藏之以增價，慢令者黥籍。燔入劄争之，漕司即弛禁。又念社倉之置，僅貸有田之家，遂倡議哀穀以貸佃人。

陳韡。侯官人。紹定六年，知隆興府。贛寇陳三槍據松梓山砦，出没江西、廣東，所至屠殘。韡謂盜賊起於貪吏，劾其尤者二人。詔節制江西、廣東、福建三路捕寇軍馬，兼知贛州。端平元年，進華文閣待制、江西安撫使〔九〕。至贛，斬將士張皇賊勢及掠子女貨財者，所至克捷。分兵守大石堡，截賊糧道，遂破松梓山。三槍與黨縋厓而遁。韡親督諸將夾擊，縱火燒賊巢，賊首張魔王自焚，三槍就擒，斬隆興市。初，賊跨三路數州六十砦，至是悉平。

吴淵。宣州人。理宗時，知隆興府、江西安撫使、兼轉運副使。會歲大祲，講行荒政，全活者七十八萬九千餘人。後再爲安撫使兼知江州，尋爲沿江制置副使，提舉南康軍兵甲公事。湖南峒寇蔓入江右，袁、洪大震。淵命將調兵，擒其渠魁，亂遂平。

姚希得。潼川人。理宗時，提舉江西常平。役法久壞，臨川富室有賂吏求免者，希得竟罪之。遂提點刑獄，移治贛州。盜有僞號崔太尉者，據石壁，連結數郡劉老龍等，聚衆焚掠。希得指授方略，不五旬平之。

劉應龍。高安人。理宗時，知隆興府兼江西轉運副使，奏免和糴二十萬石。

黄申。井研人。理宗末，提點江西刑獄司簽廳，獄事多所辨明。

密佑。廬州人。咸淳十年，爲江西都統。明年十一月，元兵逼撫州。佑逆之進賢坪，麾兵突戰，自辰至日昃，佑面中矢，拔之復戰，身被四矢三槍。衆皆死，僅餘數十人，佑乃揮雙刀砍圍南走，渡橋，馬踏板斷，遂被執。元將都木達欲降之，不屈，以金符遺之，許以官不受。自解其衣請刑，遂死。「都木達」舊作「宋都觪」，今改正。

米立。淮人，江西制置使黄萬石署爲帳前都統制。元兵略江西，立迎戰於江防，被執不降。行省遣萬石諭之，立曰：「立一小卒何足道，但三世食趙氏禄，趙亡，何以生爲？」再三説之不屈，遂遇害。

元

李恒。西夏人。至元十二年，爲江西宣慰司。文天祥攻贛州急，或言天祥墳墓在吉州，若遣兵發之，則必下矣。恒曰：「王師討不服耳，豈有發人墳墓之理？」乃分兵援贛，自率精兵潛至興國。天祥走，追至空坑，降其衆二十萬。

達春。至元十四年，爲江西宣慰使，尋授中書左丞，行中書省事。初江西甫定，帝命隳其城。達春表言豫章諸郡瀕江爲城，霖潦泛溢，無城必至墊溺。帝從之。有謀叛者，既敗獲，達春謂同僚曰：「撫治乖方所致，中間豈無詿誤？」止誅渠魁，盡釋餘黨。瑞州張公明愬左丞吕師夔謀不軌，達春廉知其誣，斬公明而後聞，帝是之。「達春」舊作「塔出」，今改正。

許楫。忻州人。至元中，爲江西提刑按察副使。行省命招討郭昂討叛賊董旗，兵士俘掠甚衆。楫詢究得良民六百口，遣還鄉里。

賈居貞。獲鹿人。至元十五年，爲江西行省參知政事。時逮捕民間受宋二王文帖者甚急，坐繫巨室三百餘。居貞至，悉出之，投其文帖於水火。士卒有挾兵入民家，誣爲藏匿以取財，并取人子女爲奴妾者，皆痛懲以法。大水壞民廬，發廩賑之。南安李梓發作亂，居貞慮兵擾民，親往諭之。賊衆聞居貞至，皆散匿不復爲用，梓發閉妻子一室自焚死。比還，不戮一人。杜萬一亂都昌，居貞調兵擒之，有列巨室姓名，云與賊連，居貞火其牒。朝廷再征日本，造戰艦於江南，居貞極言民困必致亂，將入朝奏罷其事。未行，以疾卒。

張弘略。定興人。至元十六年，遷江西宣慰使。饒州盜起，犯都昌，弘略以爲饒雖屬江東，與南昌止隔一湖，此寇不滅，則吾境必有相煽者。乃使人直擣其巢，生縛賊酋磔於市，餘黨潰散。

劉思敬。歷城人。至元十七年，授江西行省參知政事。治吉、贛盜，民賴以安。

管如德。黃陂人。至元二十四年，授江西行省參知政事。破豪猾，去奸吏，居民大悅。時贛、汀二州盜起，如德指揮諸將討平之，脅從者多所全宥。二十六年，遷江西行尚書省左丞。時鍾明亮以循州叛，命如德統四省兵討之。如德遣使諭以禍福，賊感其誠信，即詣石城縣降。

蒙古岱。蒙古人，塔塔兒氏。至元二十七年，以丞相兼樞密院事出鎮江西。謹約束，鋤强暴，尊卑殊服，軍民安業，威德並著。

「蒙古岱」舊作「忙兀台」，「塔塔兒氏」舊作「達達兒氏」，今俱改正。

葉仙鼐。蒙古人。至元時，爲江西行省平章政事。巨盜鍾明亮積年爲害，仙鼐討擒之。舊作畏吾人，今改正。

董士選。藁城人。成宗時，拜江西行省左丞。贛州盜劉六十聚衆至萬餘，朝廷遣兵討之。士選請自往，即日就道，不求益兵，但率掾史李霆鎮、元明善二人，持文書至贛境，捕官吏害民者治之。至興國縣，去賊巢不百里，命擇將校分兵守地待命，察知激亂之人，悉寘於法，復誅姦民之爲囊橐者。於是民爭請自效，不數日遂擒賊魁，餘衆歸農。遣使以事平報，但請黜贓吏數人，不言破賊事，廷議歎其知體不伐。士選在江西，以元明善爲賓友，又得吳澄師之，延虞汲於家塾，遷南行臺，又招汲子集及范梈等與俱，皆以文學顯。

元明善。大名清河人。董士選爲江西左丞，辟爲省掾。贛州賊劉貴反，明善從士選討之，擒賊三百人，明善議緩詿誤，得全活者百三十人。一日將佐白宜多戮俘獲以張軍聲，明善固争。既又得賊所書贛、吉民丁十萬於籍者，有司喜，欲滋蔓爲利，明善請火其書，二郡遂安。

臧夢解。慶元人。大德元年，遷江西肅政廉訪副使。有臨江路總管李倜，素狡獪，又附大臣勢，以控持省憲。夢解按其贓罪，一道澄清。

郭貫。保定人。大德五年，遷江西道。賑恤民，有惠政。

敬儼。易水人。皇慶二年，拜江西行省參知政事。舊俗民有争，往往越訴於省，吏得緣爲奸利，訟以故繁。儼下令，非有司不得侵民訟，事遂簡。詔設科舉，儼薦臨川吴澄、金陵楊剛中爲考試官，得人爲多。

約珠。輝和爾人。至順二年，除江西行省平章政事。時有誣告富民負永寧王官帑銀八百餘錠者，中書遣使諸道徵之。約珠曰：「事涉誣罔，不可奉命。民惟邦本，傷本以斂怨，亦非宰相福也。」令使者以此意復命。丞相雅克特穆爾聞其言感悟，命刑部詰治，得誣罔狀，罪誣告若干人，帝嘉之。「約珠」舊作「岳柱」，「輝和爾人」舊作「畏兀人」，「雅克特穆爾」舊作「燕帖木兒」，今俱改正。

納琳。河西人。天曆二年，爲江西廉訪使。南昌歲饑，行省難於發粟。納琳曰：「朝廷如不允，我當以家貲償之。」乃出粟賑民，全活甚衆。平章政事巴克實呼圖克貪縱不法，納琳劾罷之。「納琳」舊作「納麟」，「巴克實呼圖克」舊作「把失忽都」，今俱改正。

王艮。諸暨人，除江西行省左右司員外郎。吉之安福有小吏，誣民欺隱詭寄田租九千餘石，初止八家，前後數十年，株連至千家。行省遣官按問，吏已伏其虚誑，而有司復勒其民報合徵糧六百餘石。艮到官，首言是州之糧比前已增一千一百餘石，豈復有欺隱詭寄？行省用其言，悉蠲之。

桑節。河西人。至正中，爲江西行省平章政事，詔令守江州。時江州已陷，賊據池陽、太平，官軍止有三百，賊號百萬，衆皆欲走。桑節貸錢募兵，一日得三千人，具舟直趨銅陵，克之。又破賊白馬灣，擒其渠魁，奪船六百艘，軍聲大振，遂復池州。又大破賊於清水灣，復進湖口縣，克江州，留兵守之。命王惟恭柵小孤山，自據鄱陽口以圖恢復。時湖廣已陷，江西被圍，日久無援，士卒咸困，或請他圖。桑節曰：「吾奉命守江西，必死於此。」賊棄大船，四集來攻，軍死且盡。從子布哈與親兵數十人死之，桑節猶堅坐不動。賊發矢射之，乃昏仆。賊素聞其名，不忍害，舁置密室，至旦乃蘇。賊羅拜饋食，桑節斥之，遂不復食，凡七日而死。「桑節」舊作「星吉」，「布哈」舊作「伯華」，今俱改正。

道通。高昌人。至正十一年，以平章政事行省江西。賊起蘄黄，陷湖廣。道通與左右司郎中布延布哈等分門各守，賊圍城兩月，民無離志。道通召死士數千人，面塗以青，額抹黄布，衣黄衣，爲前鋒，又選精鋭數千爲中軍，募助陣者殿後，半夜開門，伏柵下，黎明奮擊，大破之。歲大旱，道通移咨江浙行省，借米數十萬石、鹽數十萬引，約三日，人糴官米一斗，入昏鈔二貫，又三日買官鹽十斤，入昏鈔二貫，民皆便之。十八年，陳友諒攻江西，道通退保撫州，歎曰：「吾爲大臣，城陷不守，復何面目見人乎！」遂死之。

「道通」舊作「道童」，「布延布哈」舊作「普顔不花」，今俱改正。

額琳沁巴勒。西夏人。至正十二年，移江西行省左丞。時妖寇由蘄、黄陷饒州，饒之安仁與隆興接境，民皆相延爲亂。額琳沁巴勒道出安仁，駐兵招之，來者厚加賞賚，不從者攻之。餘干久爲盜區，亦聞風順服，威聲大振，所在羣盜咸謀歸款。以疾卒於官，所部爲之喪氣。

「額琳沁巴勒」舊作「亦憐真班」，今改正。

都哩布哈。蒙古人。陳友諒陷江南，詔拜江西行省平章政事，與阿爾和碩等分道進討。遂泛海南下，趨廣東，駐師揭陽。降士寇金元祐，由梅嶺圖江西〔一〇〕。會元祐叛，變起倉卒，都哩布哈與參政楊泰元拒戰，爲槍所中，創甚。其子達蘭布哈，率麾下力抗死之，都哩布哈被執。擁至太平橋，罵不絶口，遂爲賊殺。其妻布延氏、妾高麗氏，皆遇害。部將哈奇爾、布延、阿拉克布哈、迪延布哈等俱戰死。

「都哩布哈」舊作「朶里不花」，「阿爾和碩」舊作「阿里渾沙」，「達蘭布哈」舊作「達蘭不花」，「布延氏」舊作「卜顔氏」，「哈奇爾」舊作「哈乞」，「布延」舊作「吴普顔」，「阿拉克布哈」舊作「阿剌不花」，「迪延布哈」舊作「歹不花」，今俱改正。

明

鄧愈。虹人。太祖取江西，以愈爲行省參政守之。陳友諒寇南昌，愈固守三月。太祖親征解圍，使率兵徇江西未附州縣。與常遇春悉平沙坑、麻嶺諸寨，進取吉安，克贛州，諸路悉下。進江西右丞。愈持軍嚴肅，卒有擄掠，立斬以徇。軍中所得子女，盡遣還其家，民大悦。

趙德勝。濠人。洪武初，爲統兵元帥。與朱文正、鄧愈守南昌，平羅友賢，破漢將，復臨江、吉安、撫州。及陳友諒大舉圍南昌，晝夜攻城，德勝率諸將死戰，爲流矢所中，遂死。

黄彬。江夏人。從歐普祥攻陷袁、吉，勸普祥納款。太祖至龍興，令普祥守袁，而以彬爲江西行省參政。普祥故殘暴，彬盡反其所爲，民甚安之。

陶安。當塗人。洪武初，爲江西行省參政，諭曰：「江西上游地，撫綏莫如卿。」至江西，政績益著。

韓宜可。山陰人。洪武初，出爲江西按察使僉事。時官吏犯笞罪以上，悉謫屯鳳陽，多至萬計，宜可請分别論遣。又極論罪人不當没妻孥爲奴婢，皆報可。

劉辰。金華人。永樂初，遷江西布政司左參政。奏蠲九郡荒田糧。歲饑，勸富民貸飢者，蠲其徭役以爲之息，官爲立券，期年而償。辰居官廉勤，以與同官數争，坐免。

顧佐。太康人。永樂初，遷江西按察副使。剛直不撓，吏民畏服。

邵玘。蘭谿人。永樂中，以御史巡按江西，所過人不敢犯。

林瑜。龍巖人。永樂中，爲江西按察使僉事，升副使。袁州流民爲寇，殲其魁，撫定餘黨。居江西二十餘年，及去，民争挽留之。

于謙。錢唐人。宣德初授御史，出按江西，雪冤囚數百人。

賈諒。嶧人。宣德五年，以右副都御史巡視江西，按治豪强不少假。

石璞。臨漳人。英宗初年，出爲江西按察使，坐逸囚降副使。善斷疑獄。民娶婦，三日歸寧，失之，婦翁訟壻殺女，誣服論死。璞禱於神，夢神示以「麥」字。璞曰：「麥者，兩人夾一人也。」比明，械囚趣行刑，囚未出，一童子窺門屏間，捕入，則道士徒也。叱曰：「爾師令爾偵事乎？」童子首實，果二道士匿婦槁麥中，立捕論如法。在江西數年，風紀整肅，雖婦豎無不知石憲使者。

夏時。錢塘人。正統初，爲江西僉事。奏守令多刻刑無辜，傷和干紀，乞令御史按察，徧閲罪囚，釋冤滯，逮按枉法官吏。從之。遷參議，奏恤民六事，多議行。

王翺。鹽山人。正統初，以右僉都御史鎮江西。懲貪抑姦，吏民畏愛。

楊寧〔一一〕。歙人。正統中，閩浙盜起，寧以刑部侍郎出鎮江西，賊至輒擊敗之。暇則詢民瘼，士民嚮服。

韓雍。長洲人。正統中，以御史巡按江西，黜貪墨吏五十七人。廬陵、泰和盜起，設伏捕誅之。景泰二年，巡撫江西。歲饑，奏免秋糧。請宋文天祥、謝枋得謚。首行均徭歲辦法，民皆便之。

原傑。陽城人。正統中，以御史巡按江西。捕誅劇盜，姦宄斂跡。景泰時，擢江西按察使。發寧王奠培淫亂事，革其護衛。治行聞，賜詔旌異。成化中，江西盜起，以傑嘗再莅其地，得民，詔往治之。捕戮六百餘人，餘悉解散。

夏塤。天台人。天順初，以御史清軍江西。發鎮守中官葉達恣横狀，達爲斂跡。累遷江右左布政。

崔恭。廣宗人。景泰中，歷江西左布政使。有廣濟庫官吏乾没五十萬，恭白於巡撫韓雍，典守者咸獲罪。定均徭法，酌輕重十年一役，遂爲定例。寧王奠培不法，恭劾之，削其護衛，王稍戢。

王恕。三原人。天順四年，遷江西右布政使，平嶺寇贛州。

陳選。臨海人。天順中，以御史巡按江西，盡黜貪殘吏。時人語曰：「前有韓雍，後有陳選。」廣寇流入贛州，奏聞不待報，遣兵平之。

夏寅。華亭人。成化初，爲江西副使，提督學校。其教務先德行，士經激勸者，多爲聞人。

林鶚。浙江太平人。成化初，遷江西按察使。讞獄必麗情法，不妄徇人，有犯大辟賄達官求生者，鶚持之愈堅。廣東寇剽贛州，急調兵禦之，遁走。廣信妖賊妄稱天神惑衆，捕戮其魁，立解散。歷左、右布政使。歲饑，奏減民租十五萬石。

趙敔。武進人。成化三年，以御史出按江西。值南昌諸府大饑，盡心賑救，奏蠲逋賦，免鹽鈔，停運一年，以所徵米十九萬石留賑，民賴以濟。敔周知利弊，吏民畏愛。當代去，民上章乞留，就遷按察使。

夏時正。仁和人。成化六年，以南京大理寺卿巡視江西災傷。除無名税十餘萬石，汰諸冗役數萬，奏罷不職吏二百餘人。增築南昌濱江隄及豐城諸縣陂岸，民賴其利。

閔珪。烏程人。成化中，以右僉都御史巡撫南贛。諸府多盜，率强宗家僕，珪請獲盜，連坐其主。尹直輩謀之李孜省，取中旨責珪不能弭盜，左遷廣西按察使。

楊守隨。鄞人。成化中授御史，巡按江西，所至以風采見憚。

楊守隅。守隨從弟，歷官江西參政，有政績。寧府禄米石徵銀一兩，後漸增十之五。守隅入請於王，裁減如舊。

邵寶。無錫人。弘治七年，遷江西提學副使。廣白鹿書院學舍，以來學者，其教以致知力行爲本。江西俗好陰陽家言，有親死數十年不葬者。寶下令：親未葬，不得試。於是舉葬者千計。宸濠索詩文，峻却之。後宸濠敗，有司校勘，獨無寶跡。

林俊。莆田人。弘治中，以右僉都御史督操江。江西新昌民王武爲盜，巡撫韓邦問不能靖，命俊巡視。俊榜賊許自新，而身入武巢，武驚，率衆出迎，請自效，賊黨悉就擒。詔即以俊代邦問，乃更定要約，均糧平役，立義學、義倉、義冢，庶務一新。王府徵歲禄率倍取於民，以俊言大減省。宸濠貪暴，俊屢裁抑之，王怒，伺其過，無所得。尋以憂去。

王哲。吴江人。弘治中，以御史巡按江西。時大旱，親録罪囚，出數百人，翼日雨，歲大稔。有大家被盜，誣其怨家，賂鎮守論死。哲訊釋之，後果得真盜。民爲之謡曰：「江西有一哲，六月飛霜雪。天下有十哲，太平無休歇。」

吴一貫。海陽人。正德初，遷江西副使。討華林賊有功，進按察使。行軍至奉新卒，士民立忠節祠祀焉。

蔡清。晉江人。正德初，爲江西提學副使，取士先德行而後文藝。宸濠驕恣，凡朔望，諸司先朝王，後謁文廟。清不可，先文廟而後王。王生辰，令諸司朝服賀，清曰：「非禮也。」去蔽膝而入。王求復護衛，已得請，清有後言。王怒，欲誣以詆毁詔旨，遂引疾去。

陳金。武昌人。正德六年，江西盜起，詔金以左都御史總制軍務，許便宜從事。時撫州則東鄉賊王鈺五等，南昌則姚源賊汪澄二等，瑞州則華林賊羅光權、陳福一等，而贛州大帽山賊何積欽等又起，官兵數年不能克。金以屬郡兵不足用，奏調廣西狼土兵，遂進兵東鄉，移師姚源、華林，又擊大帽山賊。半歲間，俘斬殆盡，即於東鄉立縣，並立萬年縣，以降人居之。

俞諫。桐廬人。弘治中，歷江西參議〔一二〕，平大帽山賊鍾志高。正德八年，姚源降賊王浩八叛，諫以右副都御史代陳金督諸軍勦平之，又討擒東鄉、萬年餘賊，亂乃定。命兼巡撫，凡臨川、新淦諸賊悉就擒。劇賊徐九齡者，出没江湖間積三十年，諸郡咸被其害。諫討斬之，羣盗悉平。

周南。縉雲人。正德中，以右副都御史督南贛軍務。南贛巡撫之設自南始。汀州大帽山賊張時旺等聚衆稱王，攻剽城邑，延及江西、廣東之境，官軍討之輒敗。南集諸道兵，擊之於龍牙，擒時旺等，先後斬獲五千人。復移師會總督陳金，共平姚源諸賊，境内遂安。

吴廷舉。梧州人。正德中，擢江西右參政。敗華林賊於連河，從陳金大破姚源賊，其黨走裴源，復從俞諫破之。賊首浩三，既撫復叛，廷舉往諭爲所執。居三月，盡得其要領，誘使攜貳。及廷舉得還，賊果内亂，遂擒之。

周憲。安陸人。正德中，爲江西副使。華林馬腦賊方熾，憲督兵進勦，先後斬獲千計。進逼華林，移檄會師夾擊。諸將多觀望，憲攻北門，與子幹先登，賊下木石如雨，軍潰。憲中槍，幹前救之，力戰墮崖死。憲被執大駡，爲賊支解。贈按察使，謚節愍，旌幹門曰孝烈。

張嶺。蕭山人。正德中，擢江西參政，進右布政使。舉行卓異，遷左。宸濠欲拓地廣其居，嶺執不可，宸濠大恚，使人餽之，發視則棗梨薑芥也。未幾，召爲光禄卿。

李夢陽。慶陽人。正德中，爲江西提學副使。振作士氣，風教大行。

胡世寧。仁和人。正德中，遷江西副使。與都御史俞諫畫策討平王浩八，以暇城廣昌、南豐、新城三縣，寇警益稀。時宸濠有異志，人莫敢言，世寧上疏發其驕横狀。宸濠大怒，列世寧罪，徧賂權倖，必殺之。逮捕下獄，謫戍瀋陽。

鄭岳。莆田人。正德時，爲江西按察使，就遷左布政使。數與宸濠忤，被誣奪官。世宗初，擢右副都御史，巡撫江西。歲饑，發廩賑貸，奏以公帑二十二萬兩代民輸京師，民深德之。

范輅。桂陽人。正德中，以御史清軍江西。宸濠寵伶人秦榮，僭擬如王居，輅劾治之。又極論鎮守太監畢真罪，條其貪虐十五事。宸濠令諸司以朝服見，輅不可，抗章争之，廷議如輅言。宸濠既怨輅，而真銜之次骨，摭他事誣之，逮下詔獄，謫龍州宣撫司經歷。嘉靖初，歷江西副使、右布政使。

孫燧。餘姚人。正德十年，以右副都御史巡撫江西。宸濠有逆謀，燧遣妻子還鄉，止攜二童入南昌。時南昌洶洶，左右皆爲宸濠耳目。燧防察甚密，託禦他寇，曲爲備，先城進賢，次城南康、瑞州，以建昌縣多盜，割置安義縣以弭之。請復饒、撫二州兵備。九江當湖衝，最要害，請重兵備道權，以便控制。廣信横峯、青山諸窯，地險人悍，請復通判駐弋陽。又恐宸濠劫兵器，假討賊盡出之他所。於是密疏宸濠必反，章七上，輒爲宸濠遮獲，不得達。會宸濠生日，宴諸司，伏兵縛燧，斷左臂，罵不絶口，與副使許逵同遇害。是日天陰慘，烈風驟起，屍上常有黑雲蔽之，蠅蚋無敢近者。贈禮部尚書，謚忠烈，與逵並祠南昌，賜額「旌忠」。

許逵。固始人。正德中，爲江西副使。時宸濠横甚，逵每繫其黨繩以法。巡撫孫燧知其忠勇，每事與密議。及宸濠反，縛燧，逵爭之。宸濠素忌逵，問：「許副使何言？」曰：「副使惟赤心耳，肯從汝反乎？」宸濠怒，遂並縛逵，曳出斫其頸，屹不動。賊衆共推抑令跪，卒不可得，遂死。世宗即位，贈左副都御史，謚忠節。

黄宏。鄞人。正德中，爲江西左參議，按湖西、嶺北二道。王守仁討横水、桶岡賊，宏主餉。賊閔念四既降，復恃宸濠勢剽九江，宏發兵捕之，走匿濠祖墓中，盡得其輜重以歸。宸濠反，被執，宏憤怒，以手梏向柱蹙項卒。贈太常卿。又馬思聰，莆田人，督糧江西。宸濠反，被執，不屈，絶食六日死。贈光禄少卿，俱祀旌忠祠。

王守仁。餘姚人。正德十一年，擢右僉都御史，巡撫南贛。時盜賊蜂起，攻剽郡縣。守仁至，檄閩、廣會兵先破大帽山賊，進兵大庾，討横水、左溪、桶岡諸賊，悉破之。設崇義縣於横水，以控諸猺。還討浰頭，連破上、中、下三浰，擒殺無遺。乃於下浰立和平縣，置戍而歸，自是境内大定。十四年六月，奉命勘福建叛軍。行至豐城，聞宸濠反，即趨吉安，起兵勤王。宸濠襲下九江、南康，出大江，攻安慶，守仁率衆直搗南昌。宸濠聞南昌破，自安慶還兵，再戰皆大敗，遂就擒。凡三十五日而賊平。時帝已親征，自稱威武大將軍，命安邊伯許泰、太監張忠將京軍赴南昌。諸嬖倖欲令縱宸濠，待帝自擒，守仁先俘宸濠至錢塘，付太監張永以獻，忠泰不得已班師。當是時，微守仁，東南事幾殆。嘉靖初，論功封新建伯。

唐龍。蘭溪人。正德中，以御史巡按江西。宸濠已擒，張忠、許泰率京軍駐南昌，肆虐尤甚。龍疏請班師，如解倒懸，列從逆之罪，表劉源清、馬津之功，劾鎮守中官崔和之黷貨，昭雪脅從，請行蠲賑，先後凡九十餘疏。

盛應期。吴江人。嘉靖二年，以右副都御史巡撫江西。宸濠亂後，瘡痍未復，奏免雜調緡錢數十萬，請留轉輸南京米四十七萬、銀二十萬以業饑民。令諸府積穀備荒，至百餘萬，民蒙其利。

陳洪謨。武陵人。嘉靖初，以右副都御史巡撫江西。時兵燹未久，府庫虚匱，洪謨節財用，廣積儲，數年積穀至百五十餘萬石。更請發官帑雜銀穀賑貸，而留餘積備不虞，民大安之。

周廣。崑山人。嘉靖初，爲江西提學副使，舉治行卓異。後以右僉都御史巡撫江西。

余珊。桐城人。嘉靖初，擢江西僉事，討平梅花峒賊。律己清嚴，居官有威惠。

潘希曾。金華人。嘉靖四年，以右僉都御史巡撫南贛。惠州盜賴貴聚衆爲亂，發兵討平之。既而浰頭餘賊曾蛇仔等七巢並興，爲廣東患，希曾發諸路兵進勦，大破之，斬蛇仔，俘馘千餘人，餘黨悉平。

譚太初。始興人。嘉靖中，爲江西副使。振風紀，抑豪强，清軍多所釋。御史孫愼以失額爲疑，太初曰：「失額罪小，殃民罪大。」嚴嵩秉政，親黨多强奪民田，太初治之不少貸。

鄭世威。長樂人。嘉靖中，爲江西副使。嚴嵩柄國，其族黨有犯者，世威抵以重法。副使熊檝抑買廢寺田千頃，世威估平直，鬻田以賑饑民。檝持嵩書屬之，不聽。

汪一中。歙人。嘉靖中，遷江西副使。鄰境賊薄太和，一中列陳拒之。賊至，左右軍皆潰，一中躍馬當賊鋒，與指揮王應鵬、千户唐鼎皆死之。贈光禄卿，謚忠愍。

王宗沐。臨海人。嘉靖中，歷江西提學副使。修白鹿書院，引諸生講習其中。

胡松。滁州人。嘉靖中，以右副都御史巡撫江西。時所部多盜，州縣殘破，松悉心經畫，奏設南昌、南豐、萬安三營，遣將討捕，以次削平。會討廣東巨寇張璉，及援閩破倭，皆有功。

俞大猷。晉江人。嘉靖四十年，爲南贛參將。時廣東饒平賊張璉數攻陷城邑〔一三〕，積年不能平，詔大猷合閩、廣兵討之。大猷以濳師擣其巢，執璉等，散餘黨二萬，不戮一人。擢副總兵，協守南、贛、汀、漳、惠、潮諸郡，乘勝征程鄉盜，平之。

李佑。貴州清平衛人。嘉靖中，爲江西副使。程鄉賊温鑑、梁輝等奔瑞金，佑邀擊之，三戰皆捷。又敗廣東賊吴志高、下歷賊賴清規。進右參政。與總兵官俞大猷大破劇賊李亞元，擢僉都御史，巡撫江西。

周如斗。餘姚人。嘉靖末，以右都御史巡撫江西。知民困更徭，創行一條鞭法，躬自校勘。積勞得疾，浹歲而卒。其所創法，後偏行之天下，公私稱便。

吳百朋。義烏人。嘉靖末巡撫南贛，討平河源賊李亞元、程鄉賊葉丹樓，兵威大振。先是，三巢賊據下歷、高砂、岑岡積十年，廣東和平、龍川、興寧，江西龍南、信豐、安遠，咸受其害，而下歷賊賴清規尤桀黠。百朋籌兵食，選練將卒，擒清規於苦竹嶂，羣賊震懾。改設定南縣，境内以安。

劉光濟。江陰人。隆慶初，巡撫江西。先是，周如斗議一條鞭法，未就而卒。光濟鋭意奏行，自是傜役之困永除。

張翀。柳州人。隆慶二年，以右僉都御史巡撫南贛。南雄劇盜黄朝祖流劫諸縣，尋徙湖廣，勢甚熾，翀討平之。

陳有年。餘姚人。萬曆中，以右僉都御史巡撫江西。尚方所需陶器多奇巧難成，後有詔許量減，既而如故。有年引詔旨請，乃免十之三。南畿、浙江大祲，詔禁鄰境閉糴。商舟皆集江西，而江西亦歲儉，有年疏陳濟急六事，中請稍弛前禁，令江西民得自救。坐違詔奪職。

陸萬垓。平湖人。萬曆中，以右僉都御史巡撫江西。行社倉法，貯穀千萬石，歲祲，發賑全活甚多。濱江圩壞，令有司以時修築。居官寬易不苛。及卒，民爲立祠。

朱鴻謨。益都人。萬曆中，以御史巡撫江西。奏蠲水災賦，請減饒州磁器，又疏薦建言削籍者，忤旨奪俸。

謝杰。長樂人。萬曆中，以右副都御史巡撫南贛。屬吏被薦者多賄謝，杰曰：「賄而後薦，干戈之盜。薦而後賄，衣冠之盜。」人以爲名言。

王佐。鄞人。萬曆中，爲南昌知府。以節儉先僚屬，鋤强扶弱，興學校，浚河渠，甚有聲。歷提學副使、督糧參政、按察使、右布政使，並在江西。後由廣東左布政復升巡撫。民聞其來，皆喜，寇盜頓息。税使潘相、李道爲民害，佐以利害諭相，使自請減税五千，而劾道爲民害，得撤還。歲大水，設策賑救，民困爲蘇，所在祠祀焉。

吴達可。宜興人。萬曆中，以御史巡按江西。税使潘相毆折輔國將軍謀圯肢，並繫宗人宗達，誣以劫課，又劾上饒知縣李鴻主使。帝切責謀圯等，奪鴻官。達可言宗人無故受刑，將使天潢人人自危，鴻無辜不當黜，願亟正相罪。弗聽。相又請開銅塘山，采大木，鑿泰和斌姥山石膏。達可復極言不可，閣臣亦争之，乃寢。

葛寅亮。錢塘人。萬曆中，爲九江兵備。湖口税監李道擾民，寅亮至，痛繩其下，執首惡論罪，分謹守者百餘人爲二番，更聽約束，虐燄爲息。歲饑，遣官告糴湖襄以平價糶。創陽明書院，選諸生肄業其中，置社學以教貧民子弟。築隄建橋，設西城閘，蓄水以制火患，政績甚著。

方大美。桐城人。萬曆中，巡按江西。抗税監，飭吏治，尤加意士風，造就甚衆。

蔡懋德。崑山人。崇禎初，爲江西提學副使。頒王守仁拔本塞源論於諸生，自著管見臆説數千言，發明良知之學，士多興起。

解學龍。揚州興化人。崇禎五年，以右僉都御史巡撫江西。疏言所部州縣官七十人，坐逋賦降罰者至九十人，由數歲之逋責於一歲，數人之逋責於一人，終無及額之日也。請别新舊，酌多寡，立帶徵之法。報可。四方賊盜蜂起，江西獨無重兵。學龍以爲言，詔增置千人。都昌、萍鄉盜發，討平之。封山妖賊張普薇等横行，合閩兵勦滅之。

林日瑞。詔安人。崇禎中，爲江西右參政，分守湖東。鉛山界閩，妖人聚山中謀不軌，圍鉛山。日瑞擊敗之，擣其巢。

侯峒曾。嘉定人。崇禎中，遷江西提學參政。益王勢方熾，歲試黜兩宗生，王怒，使人誚讓，峒曾不爲動。江右頌其公明，謂數十年所未有。

王養正。泗州人。福王時爲副使，分巡建昌。大兵下江西，列城望風潰，養正與布政夏萬亨、知府王域、推官劉允浩起兵拒守。城破被執，械至武昌，死之。乾隆四十一年，俱賜謚烈愍。

夏萬亨。崑山人，爲江西布政使。大兵至，南昌失守，避建昌，與王養正同被執死之。乾隆四十一年，賜謚烈愍。

彭期生。海鹽人，官湖西兵備道。與楊廷麟、萬元吉同守贛州，城破，冠帶自縊死。乾隆四十一年，賜期生謚節愍，廷麟、元吉均謚忠節。

本朝

金震出。江陵人。順治三年，分守嶺北道。時大兵甫定，贛州居民十無一二。震出加意撫綏，禁止兵卒拷詰財物，釋歸難婦，出己貲瘞埋露骸。虔民至今頌之。

劉武元。漢軍鑲紅旗人。順治四年，巡撫南贛。時下贛裨將二十餘人皆桀驁，武元申明令甲，俾嚴輯部伍，殘黎漸次安集。五年，提督金聲桓、副將王得仁反，攻圍贛州。武元與總兵胡有陞，堅守數月，民無叛志。會援兵至，聲桓退走，出奇師襲其後，敗之於大湖港。李成棟自廣東擁衆來攻，武元密遣將出其不意擊之，斬首萬計，成棟遂潰。分遣諸將擊諸郡餘賊，皆平之。

張鳳儀。漢軍正白旗人。順治四年，分巡嶺北。金聲桓圍贛，與巡撫劉武元、總兵胡有陞竭力守禦。城中糧匱，諸將或言老弱徒糜軍食，不若殺之，并食固守。鳳儀曰：「諸君欲反耶？凡守土以爲民也，王者之師，攻城猶不敢妄殺，况守城而屠我民乎！」武元是其言，未幾援至，一郡獲全。

蔡士英。漢軍正白旗人。順治九年，以右副都御史巡撫江西。勘實荒田，請免逋賦五十八萬有奇、缺丁五十九萬有奇，又請減瑞州浮糧十萬餘石。袁州糧率每畝浮一斗六升有奇，士英請減之，視新喻九斗三合爲定額，以蘇積困。疏上，皆報可。

郎廷佐。漢軍鑲黄旗人。順治十一年，巡撫江西。一切秕政釐剔務盡，未期年，境内大治。尋擢兩江總督。

佟國器。漢軍正藍旗人。順治十二年，巡撫南贛。劇賊曾拱辰據興國之梅窖坑，剽掠吉、贛二郡，國器遣將討平之。長寧黄鄉賊楊興再叛，據大帽山，國器殲其渠魁，招安餘衆。又平寧化白扇坑、三村黄素禾諸盜。由是江廣閩楚之賊略盡。先是，贛州漕米輸南昌，而贛州兵食又自南昌撥運，舟行灘險，人病轉輸。國器疏請留贛漕以給鎮兵，即以南昌饋贛之米抵漕，兵民兩便。時重兵駐贛日久，議興屯田佐軍食，國器曰：「政貴因地制宜，屯於贛無益。」遂罷之。

許世昌。漢軍正紅旗人。順治十四年，巡撫江西，廉平不苛。釐軍屯，辨冤獄，聲績甚著。

湯斌。睢州人。順治十六年，爲嶺北參政。海寇鄭成功犯江寧，遣諜至贛，斌捕得立斬之。大盜李玉廷聚衆萬餘，斌諭降之。甫約而海警至，斌謂巡撫蘇宏祖曰：「玉廷詐降，非心服也，度必變，變必先窺南安。南安城空無兵，宜亟往守之。」既設備，賊果至，遂擒滅之。平南軍過南安殺人，有司以鬭殺論，斌曰：「力侔者謂之鬭，軍無寸傷，而民以兵死，與律不應。」卒抵軍於法。

施閏章。宣城人。順治十八年，爲江西參議，分守湖西。重建袁州昌黎書院及吉安白鷺書院，以課諸生。愛民禮士，崇獎風教，遠近爲之興起。

劉楗。大城人。康熙九年，爲江西布政使。歲祲，南康、九江尤甚，楗親往散賑，全活甚衆。前此皆私收帑藏羨餘，至是屏不納。十三年入覲，疏請蠲南昌浮賦。明年升太常卿，在道聞江西寇亂，疾驅而返。時人心恟懼，見楗至，歡呼迎馬首。即日仍視事，調兵籌餉，悉心經畫，卒賴以安。

李光座。祥符人。康熙十二年，爲江西按察使。值吴三桂叛，郡邑煽動，上變者多株引無辜爲奸利。光座廉得其狀，擿主名者寘於理，所全活不可勝計。故事，對簿訖，獄詞皆具於掾吏，光座綜次爰書，一皆手勘，必求無憾乃已。以疾卒於官。

哲爾肯。漢軍鑲紅旗人。暢曉軍務，以世職授贛南總兵。時耿逆黨踞會昌、雩都，以計襲破之。又大破吴逆兵於吉安，收復萬安、泰和二縣，通江西餉道。

王繼文。漢軍鑲紅旗人。康熙中，分巡饒南九道。時遣部員清丈蘆洲，頗作威福，繼文日單騎走烈日中，陰爲調劑，多所寬減，民感悅。

白色純。漢軍鑲紅旗人。康熙十三年，巡撫江西。時閩粤煽亂，南贛騷動，賊得民率割其辮，我兵遇輒戮之，由是民陷賊者不敢自拔。又賊多營城外，百姓不得逸出，兵至賊先散走，顧以民爲賊，俘其妻女，民益駭。色純時駐贛州，愀然曰：「民其胥化爲賊矣。」上疏請除其禁，得報可，民脱身歸者相屬，賊勢遂孤。甫一歲卒於官，士民爲之痛哭。

高璜。漢軍鑲黄旗人。康熙二十一年，任江西提學道。時文風卑靡，璜力振起之，即以江西先正陳、羅、章、艾之文，砥切諸生，風氣爲之丕變。捐俸修南昌府學及郡邑學之廢壞者，善政甚多，士民立碑祀之。

宋犖。商邱人。康熙二十七年，巡撫江西。時湖廣兵亂，江西民有與賊應者，人情恟恟。犖聞命星馳赴任，密訪通賊者置之法，全省乃安。

劉蔭樞。韓城人。康熙丙辰進士，三十八年，分巡南贛道。冰蘖自矢，鋤豪强，抑奢華，贛俗爲之大變。舊有牙帖銀，協濟定南，頗爲民累。蔭樞計歲入置田，以租充額，牙税永除。修鬱孤臺，建講堂、尊經閣於山下以課士，人稱頌焉。

李基和。奉天鑲紅旗人。康熙四十三年，由湖北布政使升江西巡撫。時方大祲，基和在武昌，聞命之下，豫貸藩庫銀，過湖口遇賈艘載粟下江即買之，又邀之轉左蠡入南昌，米價頓平。乃以所買粟遍發諸郡，煮粥以賑饑者。於是剗積弊，禁耗羨，平鹽價，數月中善政具舉。

劉琰〔一四〕。陽穀人。康熙中，爲江西提學副使。杜絶私請，以實學敦行勗勉諸生。各郡文廟禮器、樂舞缺略者修舉之。秩滿去，幾不能治裝。

白潢。漢軍鑲白旗人。康熙五十六年，巡撫江西。革陋規，禁耗羨，除弊甦困，善政具修。湖口榷關，商船候驗者，多苦暴風，潢請於武曲港濬塘築隄，令船得棲泊，商民德之。捐俸築臨江河隄，護民田，水患永息，民稱白公隄。又修復豫章書院，請增鄉試解額。卒，入祀名宦祠。

王承烈。涇陽人。康熙癸丑進士。雍正中，任江西布政使。爲政寬簡，凡所施設，一本至誠。有舊吏二人，擅作奸竇，承烈懲斥之，諸弊爲之肅清。

陳弘謀。臨桂人。雍正元年進士。乾隆六年，巡撫江西。奏於南昌羅絲港建石壩，障贛水西注，即以工代賑。

校勘記

〔一〕西南至湖南郴州宜章縣界九百五十里　乾隆志卷二三七江西統部（下同卷簡稱乾隆志）同。按，考輿圖，宜章縣在郴州西南境，不與江西爲界。此當稱郴州桂東縣界，或徑稱郴州界。

〔二〕乾符元年又廢爲江南西道觀察使　「元」，原作「六」，乾隆志同，據新唐書卷六八方鎮表五改。

〔三〕俱駐縣城　「駐」，原作「屬」，據本志書例及文意改。「屬」蓋涉下文而誤。

〔四〕秀洲　「洲」，原作「州」，據乾隆志及明史卷四三地理志改。

〔五〕駐瑞金縣壬田寨　「壬」，原作「士」，據乾隆志及雍正江西通志卷三四關津改。

〔六〕祖宗立發運上供額　「發」，原作「法」，乾隆志同，據宋史卷三五六張根傳改。

〔七〕故歲計不足　「計」，原作「饑」，乾隆志同，據宋史卷三五六張根傳改。

〔八〕清江縣舊有破坑桐塘二堰　「塘」，原脱，乾隆志同，據宋史卷四三三程大昌傳補。

〔九〕進華文閣待制江西安撫使　「華文」，原倒作「文華」，乾隆志同，據宋史卷四一九陳韡傳乙正。

〔一〇〕由梅嶺圖江西　「梅」，原作「海」，氣乾隆志及元史卷一九五朵里不花傳改。

〔一一〕楊寧　「寧」，原作「安」，據乾隆志及明史卷一七二楊寧傳改。下同。按，本志蓋避清宣宗諱改字，今改回。下此皆徑改，不出校。

〔一二〕歷江西參議　「參」下原有「政」字，乾隆志同，據明史卷一八七俞諫傳删。

〔一三〕時廣東饒平賊張璉數攻陷城邑　「璉」，原作「連」，據乾隆志及明史卷二一二俞大猷傳改。下文同。

〔一四〕劉琰　「琰」，原作「炎」，據乾隆志及雍正江西通志卷五八名宦改。按，本志蓋避清仁宗諱改字。今改回。下此皆徑改，不出校。

南昌府圖

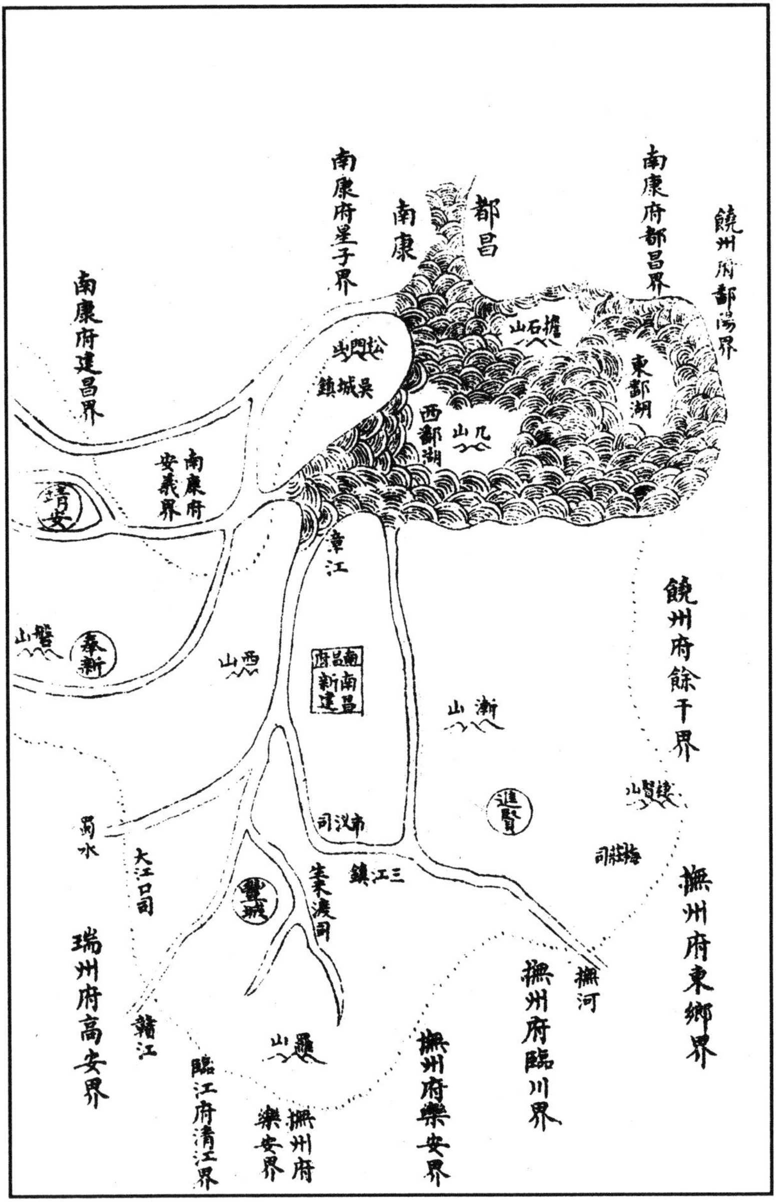
南康府星子界
南康
都昌
南康府都昌界
饒州府鄱陽界
南康府建昌界
松門山
吳城鎮
擂石山
東鄱湖
西鄱湖
几山
南康府安義界
靖安
章江
磐山
奉新
西山
南昌府
南昌
新建
漸山
饒州府餘干界
進賢
棲賢山
市汊司
梅莊司
蜀水
大江口司
三江鎮
豐城
生米渡司
撫州府東鄉界
撫河
撫州府臨川界
瑞州府高安界
贛江
羅山
撫州府樂安界
撫州府樂安界
臨江府清江界

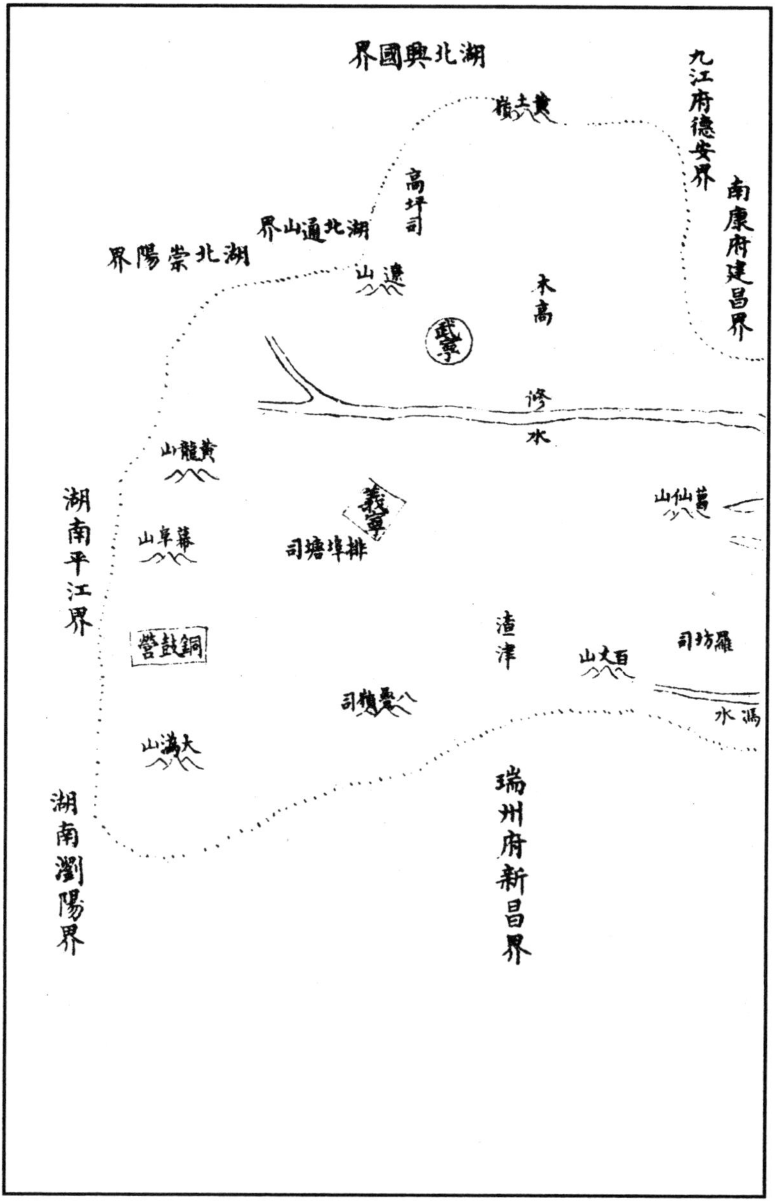
湖北興國界
黄土嶺
九江府德安界
南康府建昌界
高坪司
湖北通山界
湖北崇陽界
遼山
木高
武寧
修水
黄龍山
葛仙山
湖南平江界
幕阜山
義寧
排埠塘司
渣津
銅鼓營
羅坊司
百丈山
八疊嶺司
溈水
大溈山
瑞州府新昌界
湖南瀏陽界

南昌府表

	南昌府	南昌縣
秦	九江郡地。	
兩漢	豫章郡 高帝置，治南昌。	南昌縣 郡治。
三國	豫章郡	南昌縣
晉	豫章郡 元康元年置江州，咸康六年徙。	南昌縣
南北朝	豫章郡 梁末置豫州。陳初復曰江州，天嘉六年罷。	南昌縣
隋	豫章郡 開皇初郡廢，置洪州。大業二年復爲郡。	豫章縣 改名，爲州郡治。
唐	洪州豫章郡 武德五年復置州，屬江南西道。	豫章縣 州治。寶應元年改名鍾陵。貞元中改名南昌。 南昌縣 武德五年分置，兼置豫州。八年俱廢。
五代	南昌府 南唐交泰元年建南都，升府。	南昌縣 府治。
宋	隆興府 初仍曰洪州。隆興三年升府，爲江南西路治。	南昌縣 初爲州治。隆興三年府治。
元	龍興路 至元十二年改路。二十一年改「隆」爲「龍」。	南昌縣 路治。
明	南昌府 初曰洪都府，尋改名，爲江西布政司治。	南昌縣 府治。

續表

新建縣	豐城縣	進賢縣
南昌縣地。	南昌縣地。 富城縣 後漢建安中置，屬豫章郡。	南昌縣地。
	豐城縣	
	豐城縣 太康元年改名，仍屬豫章郡。	
	豐城縣 梁大通二年改屬巴山郡。	
	豐城縣 初廢，開皇九年改曰廣豐。仁壽二年復故，屬豫章郡。	
	豐城縣 永徽初移治，屬洪州。天祐中改名吴皋。	
	豐城縣 南唐復故名。	
新建縣 太平興國六年析置，府治。	豐城縣 屬隆興府。	進賢縣 崇寧二年置，屬隆興府。
新建縣 路治。	富州 至元二十三年升州改名，屬龍興路。	進賢縣 屬龍興路。
新建縣 府治。	豐城縣 洪武初仍爲縣，復故名，屬南昌府。	進賢縣 屬南昌府。

	奉新縣	靖安縣
	海昏縣地。後漢中平二年分置新吳縣，屬豫章郡。 建昌縣 後漢永元十六年分置，屬豫章郡。	海昏縣地。後漢建昌縣地。
	新吳縣 建昌縣	
鍾陵縣 太康初分置，屬豫章郡。尋省。	新吳縣 建昌縣	
鍾陵縣 梁、陳時復置。	新吳縣 陳初置南江州。尋廢。 宋元嘉二年徙。	
廢。	開皇九年省入建昌。	
武德五年復置鍾陵縣。八年省。	新吳縣 武德五年復置，屬南昌州。八年省。永淳二年復置，屬洪州。	
	奉新縣 南唐昇元元年改名。	靖安縣 南唐昇元元年置，屬南昌府。
	奉新縣 屬隆興府。	靖安縣 屬隆興府。
	奉新縣 屬龍興路。	靖安縣 屬龍興路。
	奉新縣 屬南昌府。	靖安縣 屬南昌路。

續表

武寧縣	義寧州
	艾縣
海昏縣地。後漢建昌縣地。建安中分置西安縣。	艾縣屬豫章郡。
西安縣	艾縣
豫寧縣太康元年改名，屬豫章郡。	艾縣
豫寧縣陳置豫寧郡。	艾縣陳屬豫寧郡。
郡廢，縣省入建昌。	省入建昌。
武寧縣長安四年分置，屬洪州。景雲初復，曰豫寧。寶應初復故。	分寧縣貞元十六年分武寧縣地置，屬洪州。
武寧縣	分寧縣
武寧縣屬隆興府。	分寧縣屬隆興府。
武寧縣至元二十三年於縣置寧州。大德八年州徙，縣屬龍興路。	寧州大德八年移來治，屬龍興路。
武寧縣屬南昌府。	寧州洪武初廢州爲縣。弘治十六年復州，屬南昌府。

大清一統志卷三百八

南昌府一

江西省治。東西距三百八十里，南北距四百十里。東至饒州府餘干縣界一百四十里，西至瑞州府新昌縣界二百四十里，南至撫州府樂安縣界二百三十里，北至南康府星子縣界一百八十里。東南至撫州府治二百里，西南至瑞州府治一百二十里，東北至南康府都昌縣治二百六十里，西北至湖北武昌府通山縣界五百里。自府治至京師四千八百五十里。

分野

天文斗分野，星紀之次。

建置沿革

禹貢揚州之域。春秋時吴西境。戰國屬楚。秦屬九江郡。漢高帝六年，分置豫章郡，治南昌縣。左傳昭公六年：楚子蒲帥師伐吴，師於豫章。又定公四年：吴子舍舟於淮汭，自豫章與楚夾漢。杜預注：「豫章，漢東、江北地名。」按：此則古豫章地，在淮南、江北之界，漢始移其名於江南。後漢至晉初因之。元康元年，於郡置江州。東晉咸康六年，州移治尋陽，以豫章爲屬郡。宋、齊皆因之。陳初，江州復理豫章，天嘉六年，州罷。按陳書本紀，梁大寶元年，授高祖豫州刺史，領豫章内史。蓋梁末又嘗置豫州也。隋平陳，廢郡置洪州總管府。元和志：因洪厓井名。大業二年，府廢，復以洪州爲豫章郡。唐武德五年，復曰洪州，仍置總管府。七年，改都督府。貞觀元年，隸江南道。開元二十一年，隸江南西道。天寶元年，復爲豫章郡。乾元元年，復爲洪州。上元二年，置南昌軍。咸通中，爲鎮南軍節度使治。五代初屬楊吴，南唐交泰元年，建南都，升爲南昌府。宋初復爲洪州。隆興三年，曰隆興府，爲江南西路治所。元至元十四年，置總管府。十五年，改府爲隆興路。二十一年，又改爲龍興路。以裕宗故更名。明初爲洪都府，尋改南昌府，爲江西布政司治所。本朝因之，爲江西省治。領州一、縣七。

南昌縣。附郭。府治東南偏。東西距八十一里，南北距一百一里。東至進賢縣界八十里，西至新建縣界一里，南至豐城縣界一百里，北至新建縣界一里。東南至進賢縣界六十里，西南至豐城縣界一百里，東北至南康府都昌縣界二百五十里，西北至南康府建昌縣界一百二十里。漢置南昌縣，爲豫章郡治。後漢及晉以後皆因之。隋改縣曰豫章，爲洪州治。大業初，仍爲豫章郡治。唐仍爲洪州治。寶應元年，改曰鍾陵。貞元中，復曰南昌。五代南唐爲南昌府治〔二〕。宋初亦爲洪州治，隆興後爲隆興府治。元爲龍興路治。明爲南昌府治。本朝因之。

新建縣。附郭。府治西北偏。東西距八十一里，南北距一百八十一里。東至南昌縣界一里，西至奉新縣界八十里，南至南昌縣界一里，北至南康府星子縣界一百八十里。東南至南昌縣界十里，西南至瑞州府高安縣界七十里，東北至南康府都昌縣界二百五十里，西北至南康府建昌縣界一百二十里。自漢至唐爲南昌縣地。宋太平興國六年，始析南昌洪崖等十六鄉置新建縣，與南昌縣皆爲倚郭。元爲龍興路治。明爲南昌府治。本朝因之。

豐城縣。在府南少西一百二十里。東西距一百七十里，南北距一百五十里。東至撫州府臨川縣界一百里，西至瑞州府高安縣界七十里，南至撫州府樂安縣治一百十里，北至南昌縣界四十里。東南至撫州府樂安縣治一百三十里，西南至臨江府清江縣治九十里，東北至進賢縣治一百六十里，西北至新建縣界五十里。漢南昌縣地。後漢建安中，置富城縣，屬豫章郡。晉太康元年，改曰豐城，仍屬豫章郡。宋、齊因之。梁大通二年，屬巴山郡。隋平陳，縣廢，開皇九年，改置廣豐縣。仁壽二年，復曰豐城，屬豫章郡。唐永徽初，徙縣章水東，屬洪州。天祐中，改曰吴皐。五代南唐復曰豐城。宋屬隆興府。元至元二十三年，升爲富州，屬龍興路。明洪武二年，復爲豐城縣，屬南昌府。本朝因之。

進賢縣。在府東南一百十里。東西距一百四十五里，南北距一百四十里。東至饒州府餘干縣界九十里，西至南昌縣界五十五里，南至撫州府臨川縣界四十里，北至饒州府餘干縣界一百里。東南至撫州府東鄉縣治九十里，西南至豐城縣治一百四十五里，東北至饒州府餘干縣治一百四十里，西北至新建縣界一百四十里。漢南昌縣東境。晉太康初分置鍾陵縣，屬豫章郡，尋省。梁、陳時復置。隋廢。唐武德五年復置，屬洪州。八年復廢。宋初，置進賢鎮，崇寧二年升爲縣，屬隆興府。元屬龍興路。明屬南昌府。本朝因之。

奉新縣。在府西一百二十里。東西距一百六十里，南北距四十里。東至新建縣界四十里，西至義寧州界一百二十里，南至瑞州府高安縣界二十里，北至靖安縣界二十里。東南至新建縣界四十里，西南至瑞州府新昌縣治一百四十里，東北至南康府安義縣治六十里，西北至靖安縣界四十里。漢海昏縣地。後漢永元十六年，分置建昌縣，中平二年，又分置新吴縣，皆屬豫章郡。晉因之。劉宋徙建昌治海昏城。陳初，於新吴縣置南江州，尋廢。隋開皇九年，省入建昌。唐武德五年，復置新吴縣，屬南昌州。八年省，永淳二年復置，屬洪州。南唐昇元元年，改曰奉新縣。宋屬隆興府。元屬龍興路。明屬南昌府。本朝因之。

靖安縣。在府西北一百六十里。東西距一百四十里，南北距一百十里。東至南康府安義縣界二十里，西至義寧州界一百二十里，南至奉新縣界二十里，北至武寧縣界九十里。東南至奉新縣界十里，西南至奉新縣界十里，東北至南康府建昌縣界三十里，西北至武寧縣界一百里。漢海昏縣地。後漢爲建昌縣地。唐廣明中，置靖安鎮。楊吳乾貞二年，改爲場。南唐昇元元年，升爲縣，屬洪州。後州升爲南昌府，縣屬焉。宋屬隆興府。元屬龍興路。明屬南昌府。本朝因之。

武寧縣。在府西北三百八十里。東西距一百六十里，南北距二百四十里。東至南康府建昌縣界七十里，西至義寧州界九十里，南至靖安縣界一百二十里，北至湖北武昌府興國州界一百二十里。東南至建昌縣界九十里，西南至靖安縣界一百二十里，東北至九江府德安縣治一百七十里，西北至湖北武昌府興國州界二百里。漢海昏縣地。後漢建昌縣地。建安中，分置西安縣。晉太康元年，改曰豫寧，屬豫章郡。宋、齊以後因之。陳武帝置豫寧郡。隋平陳，廢郡并縣入建昌。唐長安四年，又分建昌置武寧縣，屬洪州。景雲元年，復曰豫寧。寶應元年，復曰武寧。宋屬隆興府。元至元二十三年，於縣置寧州。大德八年，徙州治分寧，以武寧還屬龍興路。明屬南昌府。本朝因之。

義寧州。在府西北三百五十里。東西距二百一十里，南北距二百里。東至武寧縣界六十里，西至湖南岳州府平江縣界一百五十里，南至瑞州府新昌縣界一百二十里，北至湖北武昌府通山縣界八十里。東南至奉新縣界八十三里，西南至湖南長沙府瀏陽縣界二百四十里，東北至湖北武昌府興國州治三百四十里，西北至武昌府崇陽縣治一百八十里。春秋時吳艾邑。漢置艾縣，屬豫章郡。後漢至晉以後皆因之。陳屬豫寧郡。隋省縣入建昌。唐初爲武寧縣地，貞元十六年，分武寧西界置分寧縣，屬洪州。宋屬隆興府。建炎四年，置義寧軍，尋罷。元至元二十三年，置寧州於武寧縣，以分寧屬之。大德八年，移州來治，仍屬龍興路。明洪武初，改州爲寧縣。弘治十六年，復升爲州，屬南昌府。本朝因之。嘉慶六年，改爲義寧州。

形勢

水路四通，山川特秀。劉宋雷次宗豫章記。襟三江而帶五湖，控蠻荊而引甌越。唐王勃滕王閣序。在江、湖之間，東南一都會。宋曾鞏修城記。吳頭楚尾。洪芻職方乘。

風俗

士好經學。晉書。風土爽塏，沃野墾闢，人食魚稻，多尚黄老之教，重於隱遯。雷次宗豫章記。俗同吴中，君子善居室，小人勤耕稼。隋書地理志。勤生而嗇施，薄義而喜争。宋曾鞏分寧雲峯院記。

城池

南昌府城。周十一里一百八十步，門七，濠闊十一丈。明初因舊址改築，本朝康熙四年修。雍正七年、乾隆六年、九年、十一年、十九年、四十七年、四十九年、嘉慶十四年重修。南昌、新建二縣附郭。

豐城縣城。周七里二百步，門四，又小門三，南以坪港爲濠，北臨劍水。明正德五年土築，嘉靖中甃甎。本朝康熙元年修，乾隆十年、二十五年、嘉慶二十三年重修。

進賢縣城。周五里二百六十步，門六。明正德八年土築，嘉靖三十八年甃甎。本朝康熙二年修，乾隆十年重修。

奉新縣城。周四里一百三十步，門四，周圍鑿池。明正德五年因舊址土築，萬曆十一年甃甎。本朝順治十八年修，康熙二年、乾隆二十六年重修。

重修。

靖安縣城。周二里二百四十步，門四。明正德六年土築，嘉靖四十三年甃甎。本朝康熙二十八年修，乾隆二十六年重修。

武寧縣城。周四里，門六。明弘治中土築，嘉靖四十四年甃甎。本朝康熙三年修，五十五年、雍正十年、乾隆十一年、十八年重修。

義寧州城。周五里二百步，門四，水門八，北負山，東、南、西三面臨河。明正德六年土築，萬曆中甃石。本朝康熙六年修，乾隆二十四年、嘉慶二十四年重修。

學校

南昌府學。在府治南。唐光啓中建，在城北，宋治平二年遷今所。明洪武、正德時重建，本朝順治、康熙間屢經修葺，乾隆八年、二十九年屢修。入學額數二十名。

南昌縣學。在縣治東南。元元統初建，在城南進賢門外，明洪武初遷今所。本朝順治十五年重修。入學額數二十名。

新建縣學。在縣治南。明洪武中建，本朝順治十八年重建。入學額數二十名。

豐城縣學。在縣治東。宋紹興十三年建，本朝順治十二年重建。入學額數二十名。

進賢縣學。在縣治南。宋崇寧三年建，在縣東南，明洪武初遷今所。本朝康熙二十七年重建。入學額數十五名。

奉新縣學。在縣治西南。宋咸平初，建於馮水上，後屢遷。淳祐中，始改建今所。明洪武初重建，本朝順治、康熙間屢修。入學額數十五名。

靖安縣學。在縣治東。宋紹興中建，明洪武初重建，本朝康熙中修葺。入學額數八名。

武寧縣學。在縣治西。舊在治東，本朝康熙五十六年遷建今所。入學額數八名。

義寧州學。在州治東，即宋分寧縣學。元祐八年建，本朝雍正三年重建。入學額數十二名。

豫章書院。在府城進賢門内理學名賢祠右。本朝康熙五十六年建，御賜「章水文淵」額，恭懸講堂。雍正十一年，奉敕重新，并賜帑金千兩，置田以贍學者。

友教書院。在府學南。

東湖書院。舊在府治東南隅。宋嘉定中，郡丞豐有俊假李寅涵虚閣故址建，今爲南昌縣學。本朝嘉慶九年，南昌縣知縣黎世序復建於百花洲後。

西昌書院。在新建縣。本朝嘉慶二十一年，知縣鄭祖琛建。

龍光書院。在豐城縣學西。舊在滎塘劍池廟左，宋紹興中，邑人陳自俛建，朱子榜其堂曰「心廣」，爲作記。元至正中自俛裔孫重建，明嘉靖中改建今所。

貞文書院。在豐城縣南八十里。元揭傒斯之父來成，以學行師表一方，謚貞文。至正中，傒斯請立書院，遂賜以額，歐陽原功爲記。

鍾陵書院。在進賢縣學北華蓋山。舊在邑南霧嶺，明正德中改福勝寺建。萬曆三十年，邑令黄汝亨遷建今所。

梧桐書院。在奉新縣西羅坊鎮。南唐羅仁節、仁儉講學之所。山多梧桐，故名。

華林書院。在奉新縣西南華林山。宋雍熙中，光禄寺丞胡仲堯建，王禹偁有序。

柳山書院。在武寧縣西南柳山，唐柳渾讀書處。宋紹興中建書院。明成化中，因舊址再建。

濂溪書院。在義寧州治東旌陽山麓。周子爲分寧簿時建，明天順初重建。本朝康熙七年重建，乾隆八年重修。按：舊志載府治南有宗濂書院，宋江萬里建，以祀周子，理宗曾親書「宋濂精舍」額，後爲玉虚觀。又進賢門内有正學書院，明嘉靖中即廢陽春書院改建，後改貢院。謹附記。

户口

原額人丁三十七萬一千五百四丁。今滋生男婦大小共四百六十二萬三千五十八名口，計七十一萬一千八百八十九户。前、左衛屯男婦大小共五萬三千九十八名口，計六千三百八十二户。

田賦

田地六萬八千四百四十二頃二畝有奇。額徵地丁銀二十二萬八千二百三十一兩九錢二分，米二十三萬六千九百九十五石三斗六升八合。南昌前衛屯田，在九江府彭澤縣，共五百五十五頃四十一畝四分四釐，額徵地丁銀四千三百九十一兩七分六釐。南昌左衛屯田，在九江府德化、德安、瑞昌及南康府星子等四縣，共九百七十九頃一十五畝六分，額徵地丁銀七千八百二十兩二錢三分四釐。

山川

漸山。在南昌縣東南六十八里。竦如卓筆，俗名尖山。南接進賢縣界。

麥山。在南昌縣南三十里。遠望如墨，又名墨山，或名脈山。

斜山。在南昌縣西南十五里。又名霞山。

大球山。在新建縣西南七十里。相連有小球山。

逍遥山。在新建縣西南八十里，道家以爲第四十福地。山之陽有許旌陽玉隆宫。又義寧州南六十里亦有逍遥山，高千丈，周七十里。高峻幽僻，人迹罕到。

釣磯山。在新建縣西十里章江西。山廣百步，四周皆水。舊傳洪厓先生釣遊處。

西山。在新建縣西，章江門外三十里。一名南昌山，即古散原山也，或作厭原山。道家以爲第十二洞天。酈道元水經注：石頭津步西二十里曰散原山，疊嶂四周，杳邃有趣。西北五六里有洪井，飛流懸注，其深無底，舊説洪厓先生之井也。北五六里有風雨池，山高瀨激，激著樹木，霏散遠灑若雨。西有鸞岡，洪厓乘鸞所憩泊也。四周有水，謂之鸞陂。岡西有鶴嶺，云王子喬跨鶴所經過。有二厓，號曰大蕭、小蕭，言蕭史所遊萃處也。樂史太平寰宇記：南昌山，在縣西三十五里，高二千丈，周三百里，跨南昌、建昌、新吳三縣。宋余靖記：西山巖岫四出，千峯北來。其形勢高與廬阜等，而不與之接，餘山則枝附矣。

罕王山。在新建縣西六十里。又昭山，在縣西八十里。

雞籠山。在新建縣西北十里。其山盤旋聳秀，東枕大江，登臨最勝。

銅山。在新建縣西北。寰宇記：南昌山迤邐相接者，吳王濞鑄錢之山，時有夜光，遥望如火，以爲銅之精光。縣志又有銅尖嶺，在縣西南七十里。

吉州山。在新建縣北一百八十里。上有居民，世傳秦時移此。

李岐山。在新建縣北一百四十里，鄱湖西。春夏水高，其巔獨露，舟楫值風濤者皆泊其下。

松門山。在新建縣北二百十五里。寰宇記：其山多松，北臨大江及彭蠡湖。山有石鏡，光明照人。謝靈運入彭蠡湖口詩云：「攀崖照石鏡，牽葉入松門。」

几山。在新建縣東北一百四十里。屹立湖中，有石橋、釣臺、仙巖諸勝。

擔石山。在新建縣東北一百八十里。豫章記：擔石山如石堆湖心，遂成小山。寰宇記：擔石湖中有兩山，其孔如人穿擔狀。

鍾城山。在豐城縣東四十里。前爲城岡，山下有瀑泉，大旱不竭。

櫧山。在豐城縣東六十里，接臨川縣界。山多櫧木，有徐孺子讀書臺。

鳳凰山。在豐城縣東七十里。晉升平中，鳳凰將九雛見於豐城山，即此。下有九子池。右爲道人山。又義寧州北二百步亦有鳳凰山，上多靈草。

龍門山。在豐城縣東南一百里。前有七寶峯，下有龍湫，浩涵澄澈，深不可測。有石堅潤可爲硯。又義寧州東北三十里亦有龍門山，洞穴玲瓏，寬廣可通行人。下有清水巖，多産蘭蕙，黄庭堅以爲天下絶勝處。

堯山。在豐城縣南一百五十里，上有堯壇，接臨川縣界。

始豐山。在豐城縣南七十里。寰宇記：即神仙三十七福地之一。縣志：山周十里，高三百丈，上有藥臼、洗藥池。石壁上有白玉蟾影及手書，山西有仙人掌、石碁局。

羅山。在豐城縣南八十里，晉羅文通學道於此。山頂有池，冬夏不竭，一名池山。富水所出。

杯山。在豐城縣南一百五十里。周百里，形如覆杯。豐水所出。

澄山。在豐城縣西南一百四十里。有水澄澈，土人取以造麴，色如丹砂。又名孤山。

赤岡山。在豐城縣西二十里。唐置吴皋縣，嘗治於此。又二十里爲金壩山。

馬鞍山。在豐城縣西北六十里。延袤百餘里，巉巖嶮崎，元邑人陸叔祥鑿石開道其上。又有馬鞍山，在武寧縣西百里。

龍頭山。有三。一在豐城縣北十里，又名磯頭山。上有曲池亭，章江至此折而東流，故名。下爲金花潭。一在進賢縣北，爲西河之委。一在奉新縣東北三十里，周遭環水。

楊梅山。在進賢縣東五十里。

棲賢山。在進賢縣東七十里。舊名小天台山，唐時戴叔倫讀書於此，改今名。有雄嵐峯。潤陂水出焉。

三臺山。在進賢縣南儒學前，一曰鳳臺，一曰鸞臺，一曰鶴臺。騫翥秀特，下瞰常河九曲。

槲山。在進賢縣南四十里。多槲木，冬夏常青。唐臧嘉猷隱此，一名臧山。

鐘山。在進賢縣西南五里。舊志：一名上、下破山。二山臨水破裂。元大德間，於此得銅鐘十二。

麻山。在進賢縣西南二十里，上有麻姑壇。豫章記：晉王、郭二仙憩息之地。後包真人於此昇舉。有龍井，禱雨輒應。

金山。在進賢縣西南四十里，昔嘗産金。下有淘金井。與臨川縣接界。

烏石山。在進賢縣治西二百步。多巨石，色皆黑。

英山。在進賢縣西十五里。臨青嵐湖，通邑水口所關。上有仙井。

北山。在進賢縣北百里。濱鄱湖，四周皆水。其土平衍，利耕作，居民千餘户。元巴延子中隱此。「巴延」舊作「伯顔」，今改正。

龍岐山。在進賢縣北百餘里鄱湖南岸。

岐山。在奉新縣東南三里。扼南北二水之衝，平對諸峯，如拱揖狀，爲遊觀勝區。

駕山。在奉新縣西南三十里。舊志：相傳唐宣宗在潛邸時嘗遊此，故名。其南有王見山。又南爲烏龍山。

華林山。在奉新縣西南五十里。寰宇記：昔浮丘公隱居之所。今南峯號爲浮丘嶺。其山三峯聳峻，高險危秀，周迴百里。縣志：在縣西南四十里，一名浮雲山，半屬高安。山腰有李八百石洞。南有浮雲宫，宫前有劍池、丹井。

晏嶂山。在奉新縣西南八十里，四面如屏。南有劉仙巖、風洞。

磐山。在奉新縣西二十里。寰宇記：太史城東南有磐山。縣志：山勢蜿蜒，踞水陸之衝。漢末劉表從子磐嘗據此，因名。

九仙山。在奉新縣西一百里。北有温泉池，其湯一温一沸。

百丈山。在奉新縣西百二十里，舊名大雄山。寰宇記：山有吳猛修道處。雄傑蔥秀，不與羣山鄰，因以名之。縣志：百丈山周四十里，與義寧州接界。危巒秀嶂，傑出西北。最高者曰大雄峯，前則平原坦夷，四山環拱。東有迦葉峯，南有靈境亭、駐蹕峯，北有野狐崖、鳳凰塢、筍石，西北有流觴曲水。唐宣宗嘗至此避暑，鑿石引泉爲九曲，每曲置石墩爲坐，石梁跨水以通往來。元趙孟頫書「流觴曲水」四字鐫於石。

藥王山。在奉新縣西北五十里。寰宇記：上有藥王廟，因名。其山盤險而上，及頂，平闊可二十里，中有湖水，澄深無底。湖岸四時花木芳穠，風景異於他處。縣志：亦名越王山，上有寶蓮湖。西南有琵琶峯、雷公巖、鄒公洞、龍鬚洞、鳳凰池諸勝。

登高山。在奉新縣治北百步，一名龍山，又名獅山。其嶺平坦，舊爲射圃，每九日士女登高於此。山北有井曰馮井，井有墻，延袤數百尺，俗呼倉城，相傳漢時馮氏倉場故址。

烏嵐山。在靖安縣南二十里，接奉新縣界。「嵐」一作「藍」。

葛仙山。在靖安縣西二十里。按豫章志，仙本楚人，漢末隱此，或云即葛洪也。有煉丹壇，壇左有葛仙菴。明正德間，土寇胡雪二立寨山上〔二〕，即瑪瑙崖是也。

金城山。在靖安縣西北五里。馬湖繞其麓〔三〕。

桃源山。在靖安縣西北四十里，勝槩宛若武陵。上有仙姑壇，及龍鬚、藥臼、車箱等九洞。其水下注，南與毛竹磲水合。唐校書郎劉眘虛嘗居此，號爲孝弟鄉。一云是宋支離翁劉子虛居址。相近爲石門山，山有寶峯院，唐權德輿有碑記。又有名山，洪芻祐聖院記云：「右鶴嶺而左名山，長溪出焉。」

吳憩山。在靖安縣北五里。相傳晉吳猛嘗遊憩於此，故名。其東爲繡谷山，山半瀑布如練。其西爲白雲山。

石門山。在靖安縣北四十里瀏潭之右。縣志：上有寶蓮峯，即馬祖道一卓錫之地。峯側有宴坐巖。

洪屏山。在靖安縣北七十里。四圍壁立，路止一線可通，行者畏之。

鳳山。在武寧縣東五里，下瞰修水。

遼東山。在武寧縣東三十里，世傳丁令威化鶴之所。

梅崖山。在武寧縣東八十里，汾水出此。

武安山。在武寧縣東南二十五里。

三卷山。在武寧縣東南三十里。下有羊腸徑，鳳口港出此。

嚴陽山。在武寧縣南四十里。相傳嚴陽尊者結庵於此。有石鑊泉二道，自石中出。

白崖山。在武寧縣南九十里，孤高險峻。

朱家山。在武寧縣南百二十里。相近爲半山，俱接靖安縣界。山路崎嶇，旁臨溪澗，不宜車馬。

柳山。在武寧縣西南四十里，以唐柳渾嘗隱於此而名。

大孤山。在武寧縣西南百四十里。孤高險絶，修、醴水出此。相近爲銀鑪山，清江港出此。

四望山。在武寧縣西五百步。

七里山。在武寧縣西一里。其山陡峻，下瞰龍潭，不通行道。宋邑人李宗道於山腰鑿路七里許，明弘治中移鑿山下，行者便之。

羅坪山。在武寧縣西六十里。又西十里爲赤岡山。

太平山。在武寧縣西北八十里，煙港水出此。

遼山。在武寧縣西北八十里。高大險遠，爲邑巨鎮。

九宫山。在武寧縣西北一百八十里。其陰隸湖北通山縣。上有瀑布，下有温泉。

玉枕山。在武寧縣北一百八十步。

神童山。在武寧縣北十里。宋周天驥居此，舉神童科，故名。官塘水出此。

伊山。在武寧縣北三十里，有龍湫。

雙嶠山。在武寧縣東北二十里，雙峯並峙。磧溪水出此。相近爲南臯山，雙港水出此，南入修水。

丫髻山。在武寧縣東北四十里，形如丫髻。箬溪港出此。

石鏡山。在武寧縣東北四十里。有石壁，色黑如鏡，鑑物分明。相近有重巖山，人跡罕到。又十里爲三山，有三港水南入修江。

魯溪山。在武寧縣東北七十里，枕魯溪上。有石佛洞，世傳劉真人修道處。王象之輿地紀勝：洞幽邃嵌空，有樓臺宫闕之狀，峭壁瓌奇，鼇象交列，有真仙古佛之容儀，雖絶世工巧，追琢不能及。

楊新山。在武寧縣東北一百四十里，與湖北興國州接界。

旌陽山。在義寧州東一里。寰宇記：獨立峻秀，煙雲迴泊。旌陽許君曾遊，故名。州志：山隔修水，横截湍流。上有醮星壇。

梅山。在義寧州東五里，上多梅樹。

龍峯山。在義寧州東四十里。

海湖山。在義寧州東南四十里，勢如列屏。相近有彌王山，有水入安坪水。

北嶺山。在義寧州東南六十里，連亘三十餘里。以居驛道北，故名。相近爲洞山，周十餘里。

毛竹山。在義寧州東南一百二十里，南跨武寧。高數千仞，周二百餘里，勢連東津。山産毛竹，故名。圖經：此山路塞，宋治平間，余奭開鑿至爛泥坪，始通往來。

南山。在義寧州南二里。上圓下方，懸崖峭壁，下瞰修江。崖口有藏龍洞，下有釣磯及玉溜、積雪石。

壘金山。在義寧州南十五里。有高岡亭、飛龍閣、招黄臺、石門諸勝。

東嶺山。在義寧州南八十里。根盤二十餘里，路通一線。多産蘭菌。山下分三路達筠、洪。相近爲鯉魚山。

東鄉山。在義寧州南百里。

大幽山。在義寧州西南八十里，延袤二十餘里，前後深淵幽澗。中有金雞橋。

東津山。在義寧州西南一百二十里，周二十里。宋時余奭鑿爲通道。

血木山。在義寧州西南百四十里，延袤十里，亦名血樹山。寰宇記：在分寧縣西南二百八十里，與湖南瀏陽縣分界。山多血木，故名。

黄檗山。在義寧州西南一百五十里，與銅鼓石對面。相近有仙羊寨山。

大潙山。在義寧州西南二百五十里，周四十里。西通湖南瀏陽，東通新昌，南通萍鄉。林木茂盛，昔爲盜藪。明萬曆中，設銅鼓石營守備於此。

雞鳴山。在義寧州西五里，舊名雞鳴峯。寰宇記：青嵐峭絶，上無人跡，每聞雞鳴，狀若天鷄之類。

鹿源山。在義寧州西八里。寰宇記：與瀑布水相去一里。上有九峯，婉轉迴顧，勢似相揖。古老相傳昔有仙人，嘗乘白鹿出入其間，故名。

九龍山。在義寧州西四十五里。其峯有九，高千餘仞，上有靈泉怪石。又西十五里有龍泉山，其巔有水，冬夏不竭，相傳有龍伏其中。

攝仙山。在義寧州西七十里。中有二巖，巖各有穴，下有龍潭。相近爲巉巖山，中有四十餘穴。每天晴，穴内風出，子、午、卯、酉時尤盛。

南屏山。在義寧州西八十里，修水上臺源之濱。相近爲烏石山。

明山。在義寧州西百里。後有石竇，徑二尺五寸，深尺餘，水常不竭。

百口山。在義寧州西一百十里，周二十里。有坑穴百餘，故名。

大湖山。在義寧州西百四十里，高千丈，周二十里。其頂寬平，有池廣六丈，泉流不竭，注下爲百菖水。

黄龍山。在義寧州偏西一百八十里，與湖北通城縣相接。一名輔山。高千餘仞，頂有湫池，歲旱禱之輒應。東南十里有鳴水洞，水行兩石間，高數十丈，直下聲如雷，流十餘里始達平田。相近有青龍山。

幕阜山。在義寧州西一百九十里。寰宇記：山高千餘丈，周一百二十里。按：吴書云，劉表從子磐爲寇於艾西，吴以太史慈爲建昌都尉，拒磐於此，置營幕，乃以名焉。縣志：與湖北通城縣相接。上有繫舟峯〔四〕，列仙壇，匯沙、芙蓉二池，海棠、仙人二洞。下有二水，東合修水，西合焦水。相近有柏山，汨水出焉。

龍安山。在義寧州西北九十里。舊志：宋末黄介率鄉民保聚於此。

白湖嶺。在南昌縣南九十里，接進賢縣界。其南有白水湖，故名。又名白狐峯。

雷王嶺。在新建縣西南二十里，西山發脈處。中祀雷神，一名靈峯嶺。其南爲吴王嶺，有吴王廟，祀孫策。

梅嶺。在新建縣西三十里西山。漢元鼎五年，樓船將軍楊僕請擊東越，屯豫章梅嶺以待命，即此。上有梅仙壇，俗傳梅福學仙處。其南有葛仙峯，下有川曰葛仙源。北有桃花嶺，又西有緱嶺，皆在西山。

蜜嶺。在豐城縣西十五里，又名仙姑嶺。下有蜜泉，味甘美。

梅仙嶺。在豐城縣西二十里。相傳梅子真嘗鍊丹於此。又連珠嶺，在縣西九十里。

師古嶺。在進賢縣東六十里。鍾陵港水出此。

香鑪嶺。在進賢縣東南四十里，亦名香鑪峯。通濟、池陂二港水出此。

野塘嶺。在進賢縣東南六十里，一名野塘峽，接東鄉縣界。有泉利灌溉。

霧嶺。在進賢縣南百步許，環迤如帶。元大德中，縣尹趙銓鑿爲衢道。舊有税課局，明正統中廢。又盤賢嶺，在縣南三里，世傳宋朱子與吕祖謙遊此。

流嶺。在進賢縣西南二十里，有石泉流不竭。又名鄭公嶺。

羅溪嶺。在進賢縣西二十五里。其麓有溪。

泉嶺。在進賢縣西四十里。頂上有泉，下注於澗，冬夏澄澈。

北嶺。在進賢縣東北十里，有泉東注洪源。又尋江嶺，在縣東北十五里，明初取鐵於此。

虬嶺。在奉新縣東南二十里，半屬高安。

黄土嶺。在武寧縣北百二十里，接湖北興國州界。黄土嶺水出此。

八疊嶺。在義寧州南一百二十里，接奉新、新昌二縣界。

諶母峯。在靖安縣北十里。相傳東晉時，有諶母得道於此。

横岡。在南昌縣東南四十里。

翻車岡。在新建縣西南四十里，上有許仙廟。又彩鸞岡，在縣西八十里，與逍遥山相近，上有會仙亭故址。

龍岡。在靖安縣西南四十里。相近有雙峯，高秀挺出，下有瑶壇、石鑪，相傳爲仙人遺跡。

洪崖。在新建縣西四十里西山，一名伏龍山。左右石壁斗絶，飛泉奔注。下有煉丹井，亦曰洪井，相傳洪厓先生得道處。

雷巖。在武寧縣南八十里，一名雷洞，險不可入。

雙泉巖。有二。一在義寧州西一百二十里，巖口可容百人，有池澄澈。一在州東泰鄉，其中幽邃，有水通武寧之康灘。

秦人洞。在新建縣西五十里，齊源嶺側。嘗有人秉炬入行五里許，豁然開朗，有泉横不可渡。

天寶洞。在新建縣西八十里，西山最勝處。洞口有石泉，狀如水簾，注山下金鐘湖，宋嘗遣使投金龍玉簡於此。

翔鸞洞。在新建縣西山。明統志：石洞敞豁，可容數十人，景物清曠。相傳唐明皇公主隱於洞之南。洞側有歐陽拾遺書堂。

投龍洞。在奉新縣西南四十里，舊名浮丘石室。唐明皇於此投金龍，故名。

白水洞。在奉新縣西南七十五里金港，一名大澎潭。兩岸峭壁高十餘丈，夾港石巉流怒，噴瀉如練。

牛皮洞。在武寧縣西南五十里。長田港水出此。

龍鬚洞。在武寧縣西北三十里，路徑險仄。龍鬚水出此。

相公石。在新建縣西六十里。輿地紀勝：石室嵌空，可容數人。宋齊丘訪陳陶，嘗憩於此，至今名相公堂。

石柱。在義寧州西南二百里郁江口。周二百五十步，四面如削。下有神祠。

章江。在府城西章江門外，闊十里。一名贛水，即古湖漢水也。自臨江府清江縣流入豐城縣界，經縣西，又北經南昌縣界，又北經新建縣界，又北注鄱陽湖，入南康府星子縣界。水經注：贛水過新淦縣西，又北過南昌縣西，盱水、蜀水注之。又北歷南塘，又逕谷鹿洲，又北逕縣城西，又北歷度支步，又逕郡北爲津步，又東北逕王步，又北逕南昌左尉廨西。又北逕龍沙西，又逕椒丘城下，又歷釣圻邸閣下，又北逕鄡陽縣，餘水注之。又與鄱水合，又有僚水入焉。省志：贛江自清江北流，經豐城西爲劍江。繞而北，觸磯頭山，繞而東行，至縣東北數里復折而北，名爲曲江，形如半月，中分三潭，亦名金花潭。又北豐水注之。又北受雩韶水，過龍霧洲，入南昌、新建二縣界。杭溪水合瑞州水東流入之，瀦爲象牙潭。北流經府城西爲章江，又北受修江諸水，匯於彭蠡。府志：章江流至城南之南浦，別爲支流，沿城南隈而復合。中裂三洲，民居其上，爲石橋以濟。下流繞城西北入西鄱湖，俗名西河。

東湖。在府城東南隅。水經注：東大湖，十里二百二十六步，北與城齊，南緣迴折至南塘。水通大江，增減與江水同。漢永元中，太守張躬築塘以通南路，兼遏此水。冬夏不增減，水至清深，魚甚肥美。每於夏月，江水溢塘而過，居民多被水害。至宋景平元年，太守蔡廓西起隄，開塘爲水門，水盛則閉之，内多則洩之，自是居民少患。唐書地理志：南昌縣南有東湖。元和三年，刺史韋丹開南塘斗門以節江水。府志：今湖僅周五里，又分爲西、北二湖，故豫章城中有「三湖九津」之説。九津者，三湖之所洩也。水出城下水關橋，置内外閘，湖强則放之達江，江湖俱强，則閉外閘，引湖水達濠。東北匯蜆子、艾溪二湖，趨楊家灘以入東鄱湖。

南湖。在南昌縣東五十里。源出進賢縣羅漢嶺，東北流八十里，合三陽水入鄱湖。

藥湖。在新建縣西南一百三十里，接豐城縣界。周四十餘里。石龕、龍潭、瑞河九十九汊水流注於此，下入象牙潭。

鄱陽湖。在新建縣東北，跨南昌、饒州、南康、九江四府之境。長三百里，闊四十里，即古彭蠡也。一名宫亭湖。隋時以接鄱陽山，故又名鄱陽。寰宇記：宫亭湖在州北，水路二百四十三里。圖經：鄱陽湖東至饒州府餘干縣，西至新建縣之荷陂里，南至進賢縣之北山，北至南康府都昌縣。其南歸南昌界者，則爲宫亭湖。縣志：鄱陽湖在縣東北一百五十里，謂之東鄱湖。宫亭湖，亦作邦亭湖，在縣北一百八十里，謂之西鄱湖。實一湖也。

百斤湖。在豐城縣東十里。廣百餘頃，溉田五百餘頃。又株湖，在縣東十五里。長十餘里，溉田千餘頃。赤湖，在縣東二十里。廣二三里，溉田五百餘頃。銅湖，在縣東二十五里，上通豐、富水，下接撫河，綿亘三十里。

坪港湖。在豐城縣南。接豐、富水，一縣水所鍾，溉田五百餘頃。又蛟湖，在縣南十五里，約長五里。源發劍池，東北流匯爲湖，流入長樂港，溉田二百餘頃。

敖家湖。在豐城縣城西，廣袤百畝。外爲敖家壋，内爲裏壋，爲縣要害。又有楊柳湖，亦廣袤百畝，濱於裏壋。

蓮花湖。在豐城縣北五里，溉田百餘頃。其水流繞縣治，名腰帶水。

日月湖。在進賢縣東北二十里，一名洪源湖，池陂水所匯。中有二小山，東曰日，西曰月，水涸則分爲二，漲則合爲一。北流入鄱湖，中有石人灘。

軍山湖。在進賢縣北四十里，延袤五十餘里。縣志：縣境之水，日月、軍山二湖爲最大，而總入於鄱湖。

青嵐湖。在進賢縣西北英山之北。一曰清南湖，以清溪、南陽二水皆出於此也。又曰洞陽湖。中有閃山。

白沙湖。在進賢縣西北，亦曰武陽湖。與南昌之大、小沙湖相連，延袤四十餘里。

武陽水。在南昌縣東。自撫州府臨川縣流入，又北逕新建縣界入東鄱湖。亦名撫河，即古盱水也。漢書地理志：南城縣盱水，西北至南昌入湖漢。水經注：盱水流逕南昌縣南，西注贛水。縣志：水在縣東三十五里，源出盱江。自臨川北流逕此，號武陽渡，一名辟邪渡。又北入宫亭湖。

西洛水。在南昌縣東南七十里。源出盱江，東北流入武陽水。

蜀水。在新建縣西南，一名筠河，又名瑞河，又名錦江。自瑞州府高安縣流入，合於章江。漢書地理志：建成縣〔五〕，蜀水東至南昌入湖漢。縣志：水在縣西南六十里，至縣境象牙潭入章江。

吴源水。在新建縣西南七十里，亦名黄源水。源出縣西南蕭峯下，縈流六十里入蜀水。又芭蕉源水，在縣西南五十里，源出施仙巖，合霞源、潘源二水，縈流七十里入蜀水。又麥源水，在縣西四十里；白石源水，在縣西三十里，皆流入蜀水。

銅源水。在新建縣西三十五里，源出香城南。又香城源水，在縣西八十里，源出香城山，曲折注於洪崖，入鸞陂。

白沙水。在新建縣北八十里樵舍鎮下。西北流逕昌邑城，東南至神塘湖，轉流入慨江口。又李岐水，在縣東北，流逕趙家圩，東至漁門口入鄱湖。

豐水。在豐城縣南。寰宇記：水在洪州南一百八十里，豐城縣東南杯山所出。縣志：源發永豐縣界，北流歷長安、長樂二鄉，繞劍池，由縣西長樂港入章江〔六〕。每春漲，江水逆入爲患。明永樂中設隄障之，導其流東入縣南三溪津，至石灘與富水合。又繞故城至縣東南二十里吴城渡，與槎水合。又逕縣東，至小港口入章江。

富水。在豐城縣東南。源出羅山，西北流會豐水、槎水入劍江。

槎水。在豐城縣東南。源出縣南猴峯，西北流至吴城與豐水合。隨地築堰三十餘所，以利灌溉。

雩韶水。在豐城縣東南一百十三里，撫河支流也。自臨川縣北分出，名横汊河。西北流入縣界合隱溪水，至大港口入章江。又隱溪水，在縣東四十里槠山之南，東北流與横江諸水合，入雩韶水。

杭溪水。在豐城縣西北。源出介山，西北流匯於藥湖。

潤陂水。在進賢縣東七十里。源出雄嵐峯，北流匯爲陽方湖，又東北入餘干縣界瑞洪鎮，入鄱湖。

三陽水。在進賢縣北六十里。上源在縣西，曰南陽、洞陽、武陽，三水合流故名。諸水皆會於此。又北經南昌縣東北界，匯鄱湖。

馮水。在奉新縣南。源出縣西，東北流入南康府安義縣界，至新建縣西北慨江口入章江，即古上僚水也。水經注：僚水，導源建昌縣，東逕新吳縣，又逕海昏縣，分爲二。一水東北出豫章大江，謂之慨口。寰宇記：奉新縣馮水，漢遷江東馮氏之族於海昏西里，賜之田曰馮田，水因以爲名。縣志：亦名奉新江。在縣南一百五十步。源出百丈山，流至側潭，深可載舟。又東流百餘里經縣南，又東北至新建、安義，與靖安、安義之水合。又至建昌涂步，與義寧州武寧、建昌之水合。又至蘆潭，入豫章江。

華林水。在奉新縣西南四十里。源出華林山，經同安、奉新二鄉，至馮田渡入馮水。

龍溪水。在奉新縣西二十里。源出藥王山，東南流合馮水。舊傳梁天監中，獲四目龜於此。

雙溪水。在靖安縣西。源出毛竹山，分爲二流，南水經縣南，北水經縣北，二支分繞縣治，故名雙溪。至縣東合流入安義縣界，與馮水合。

桃源水。在靖安縣西北，源出桃源山九洞。又石掌灘，亦出桃源山，皆南流入雙溪。

修水。在武寧縣南一百步。源出義寧州西，東北流過州南，經縣界，又東入建昌縣界。漢書地理志：艾縣修水，東北至彭澤入湖漢，行六百六十里。水經注：修水，出艾縣，東北逕豫章寧縣〔七〕，又東北逕永修縣，又東北注贛水。義寧州志：水源出黄龍山，東北流合幕阜山水，又東合東津水，又東合百莒水，又東合杭口水，又東合高城港，又東南合武寧鄉水，又東逕州南。至旌陽潭合秀水，又合安坪水，又東合吴坊水，又東合梁溪水，曰梁口。又東合鶴源水，又東入武寧縣界。省志：修水流逕武寧縣南，合官塘源港、魯溪水，又南受清江、長田、楊浦、石鑊、鳳口，北受茶培，東北受陂田、箬溪，東受磧溪諸港水，又東北流入建昌縣界。以其修遠，故曰修。

磧溪水。在武寧縣東門外。源出雙嶠山，南流逕縣東，繞城而西，至縣南入修水。又有雙港水，源出南皁、磧溪二山。陂田港，在縣東北三十里，源出昇仁鄉諸山。箬溪港，在縣東北六十里，源出丫髻山。魯溪水，在縣東北七十里，源出魯溪山。俱南流入修水。

白石港水。在武寧縣西南四十里，源出小流山斜港。又修醴水，源出大孤山。長田港，源出牛皮洞。鄧埠港，源出楊港山。楊浦港，源出嚴陽山。俱自縣西南北流入修水。鳳口港，在縣東南五里，源出石梘三卷山，亦北流入修水。

清江水。在武寧縣西南八十里。源出銀鑪山，北流入修水。亦名義溪、義浦，昔有周姓者七世同居其上，故名。又縣西南有楊湖港，源出義寧州大源山，北流至縣界，合清江入修水。

高坪水。在武寧縣西六十里。源出大原、郭坑諸山。又烟港，在縣西四十里，源出太平山。俱南入修水。

汾水。在武寧縣東北，亦曰分水。泉源出梅崖山，西北流七十里，入湖北興國州界，合楊新河。

鶴源水。在義寧州東北。寰宇記：在分寧縣東北七十里，冬夏不竭，田疇賴之。嘗有羣鶴飲集，故時人呼爲鶴源。州志：源出武寧九宮山，南流至石岐渡口入修水。

秀水。在義寧州治東。源出鳳凰山，南流入修水。又安坪水，在州東二里，源出毛竹山，北流入修水。

梁溪水。在義寧州東七十里。源出程山，北流經小港，入修水。

武寧鄉水。在義寧州西南二百四十里。源出大潙山，東流合東鄉水，至龍嘴崖入修水。東鄉水，在縣西南一百二十里，源出祥雲山，東北流至赤江津，入武寧鄉水。又鹿源水，在州西八里，源出鹿源山，南流經直港，入東鄉水。

汨水。在義寧州西。源出州西南柏山，西流入湖南平江縣界。

東津水。在義寧州西一百十里，源出東津山。又杏花水，在州西百九十里，源出幕阜山。俱東流入修水。

百莒水。在義寧州西北九十里。源出大湖山，東流經大石度口，至馬子湖入修水。又杭口水，在州西五十里，源出小流山，東南流出三港口，入修水，曰杭山口。

大横溪。在靖安縣北四十里，源出寶峯寺側。又長溪，出縣西北各山，下流俱入修水。

池陂港。在進賢縣東四十里，亦名南陽水。源出香鑪峯，西北流入洪源湖，又北匯於軍山湖，入鄱湖。又通濟港，在縣東南，源亦出香鑪峯，北流匯軍山湖。鍾陵港，在縣東五十里，源出師古嶺，流經潤安渡入湖。

長樂港。在進賢縣南三十里，亦名臧溪，以臧嘉猷居此得名。又縣東南三十餘里，有優游源水。縣東南五里，有院澤水。俱源出槲山，流合臧溪，至縣東南入城，又北出城，繞城北入青嵐湖。

羅溪港。在進賢縣西二十里，一名清溪。源出羅溪嶺，流至英山北，入青嵐湖，又北入南昌縣界爲南湖。

官塘源港。在武寧縣西，亦名腰帶水。源出神童山，南流經縣西門入修水。明弘治中，龍水衝突，穿縣治入江。嘉靖中，障復故道。本朝順治五年，改流經縣治前入修水。

百花洲。在南昌縣東東湖北。宋紹興中，嘗習水軍於此。

蓼洲。在南昌縣百花洲西南南塘灣外，兩洲相並，水自中流入章江。上有居民數百家，即水經注所謂谷鹿洲，舊作大艑處也。唐天祐三年，淮南將秦裴攻洪州，軍於蓼洲，即此。又有黄牛洲，在縣西南一里。郭家洲，在縣南十里。相近又有吳家、滕家二洲。

鳳凰洲。在新建縣西章江中。自章江門外横亘而北，抵石頭口，如鳳翼然。又楊子洲，在縣西北章江中，周二十里，有居民百餘家。

三洲。在豐城縣北三里石隄外。上洲曰楊林，中曰牛宿，下曰金雞。又有白洲，在縣北十五里，爲下流水口。又楊梓洲，在縣西南二十五里。

龍霧洲。在豐城縣東北四十里江中，上有橘林。舊志：明時有漁者得金鐘於此，亦名金鐘口。

龍馬洲。在進賢縣北軍山湖畔，亦曰龍馬坪。宋德祐二年，元兵逼撫州，州將密祐逆戰於進賢坪，進至龍馬坪，即此。

石頭渚，在新建縣西北。水經注：贛水西岸有磐石，謂之石頭津步。陳書：蕭勃舉兵廣州，新吴洞主余孝頃舉兵應勃，遣其弟孝勱守郡城，自出豫章據石頭。寰宇記：晉殷羨爲豫章太守，都人附書百餘封，行至石頭渚，以書投水中曰：「殷洪喬非是致書郵。」故時人號爲投書渚。縣志：石頭津，在縣西北十里，今爲石步鎮，置石頭驛。

南浦。在南昌縣西南廣潤門外，往來艤舟之所。章江至此分流。唐王勃詩：「畫棟朝飛南浦雲」，即此。舊有南浦亭，宋王安石有詩。

龍沙。在新建縣北。水經注：贛水又北逕龍沙西，沙甚潔白，高峻而陁，有龍形，連亘五里。舊俗九月九日登高處也。寰宇記：在州北七里。縣志：亦名龍岡。

苦竹灘。在豐城縣西南十里。亦曰苦竹洲，旁多竹，故名。陳初，廣州刺史蕭勃遣歐陽頠頓軍苦竹灘，即此。

三硔灘。在武寧縣東七十里，接建昌縣界。有數大石横列水中，名和尚石，爲最險要處。

新縣灘。在武寧縣西三十五里。唐景雲中，縣治灘側，故名。又斜石灘，在縣西一百里。

洪水灘。在義寧州西九十里。其右有毛嶺山，山下田三千餘畝，鑿石濬水，可以灌溉。

生米潭。在新建縣西南四十里，相傳西山天寶洞之南門也。上有市曰生米市。宋紹興元年，岳飛討李成將馬進於洪州西山，自上流絶生米渡，出其不意破之，即此。

象牙潭。在新建縣西南八十里，即章江西曲處也。陳書周文育討余公颺、余孝勱，率衆軍入象牙江，即此。

龍潭。在武寧縣西一里。

洗馬池。在府治南府學右，相傳漢灌嬰洗馬處。

風雨池。在新建縣西山之巔。寰宇記：在洪州西北七十七里洪井北西山最高頂，四面山巖，人跡罕到。

劍池。在豐城縣西南三十里，相傳晉雷煥得龍泉、太阿二劍處。池前有石函，長踰六尺，廣半之，俗呼爲石門。

雙泉。在新建縣北。北曰虎跑〔八〕，南曰淺沙，冬夏不竭。

給事泉。在豐城縣東櫧山智度寺。宋紹興間，給事胡安國與其子寅寓此，愛其泉美，故名。

孝感泉。在豐城縣西南八十里聖乘院。明統志：宋少卿曹戩寓此。其母喜茗，寺初無井，戩齋戒虔祝，斸地爲井，才尺餘泉湧出，人以爲孝感，故名。

瀑布泉。在義寧州西七里。寰宇記：從雞鳴峯西流，出修水北岸石上，飛流直下三十餘丈。

冷、煖泉。在義寧州西一百八十里黄龍山下。二泉相去數尺。

温泉。在義寧州，有三。一曰石壁温泉，二曰白沙灣温泉，俱在州西南一百四十里武鄉。一曰長茅温泉，在州東南八十里安鄉。

蛟井。在南昌縣西南四里。寰宇記：俗號横泉井，蓋許遜除蛟害之所。

雙井。在義寧州西三十里，宋黄庭堅所居之南溪。土人汲以造茶，絶勝他處。

校勘記

〔一〕五代南唐爲南昌府治　「南唐」，原脱「南」字。按，李存勖所立唐疆域在江北，南昌不在其境，此南昌府爲南唐李璟交泰元年所置。因據本志敍例補「南」字。

〔二〕土寇明雪二立寨山上　「雪」，原作「雷」，據乾隆志卷二三八南昌府山川（下同卷簡稱乾隆志）及雍正江西通志卷七山川改。

〔三〕馬湖繞其麓　「馬湖」，乾隆志同，雍正江西通志卷七山川作「馬湖水」，疑是。

〔四〕上有繫舟峯　「繫」，原作「擊」，據乾隆志及雍正江西通志卷七山川改。

〔五〕建成縣　「成」，原作「城」，乾隆志同，據漢書卷二八上地理志改。

〔六〕由縣西長樂港入章江　「章」，原闕，乾隆志同，據雍正江西通志卷七山川補。按，章江即贛江也，與輿圖合。

〔七〕東北逕豫章寧縣　乾隆志同。按，殿本水經注卷三九贛水注有按語云：「案，『豫』下近刻衍『章』字。」考宋書州郡志，豫章郡下有豫寧縣。則「豫章寧縣」當作「豫寧縣」，或添「豫」字作「豫章豫寧縣」。

〔八〕北曰虎跑　「虎跑」，乾隆志作「虎踞」，雍正江西通志卷七山川作「馬跑」，似以通志爲是。

大清一統志卷三百九

南昌府二

古蹟

建昌故城。在奉新縣西。後漢永元十六年，分海昏置。建安中，孫策嘗以太史慈爲建昌都尉。劉宋元嘉二年，徙縣治海昏，而故城廢。按：寰宇記有太史城，在奉新縣西四十里，太史慈創置。周迴三里，西南有城角山，東南有磐山，北枕江水。其地險固，基址尚存，蓋即建昌故城也。

南昌舊城。在今南昌縣東。漢置。水經注：南昌縣城，漢高祖六年，始命灌嬰以爲豫章郡治，此即灌嬰所築也。圖經：南昌縣凡三改五移。隋開皇中，自郡西南徙之城北。唐貞觀中，徙附郡城。明初又移今治。城邑考：漢城，周十里八十四步。南曰松陽門，西曰皐門、昌門，東北二門，各以方隅爲名。晉咸安中，太守范寧更闢東北、西北二門。唐初築城之西南隅。垂拱初，都督李景嘉又增築之，凡八門。元和四年，刺史韋丹更築城東北隅，於是廣倍漢城。宋築洪州城，又倍於舊，周三十里，門十六。紹興六年，李綱帥洪州，以城北歲湧江沙，截城東北隅入三里許，爲十二門。元因宋舊。其城西面瞰江，不利守禦，明太祖定洪都，乃命改築今城。古今記：漢豫章城，亦曰灌嬰城，在今縣東灌城鄉城隍橋西，今爲黄城寺。府志：城中故有子城。三國吴五鳳二年，太守張俊於城東城造雙闕，亦曰雙門。南唐建爲南都，俗呼雙門爲東、西華門，仍舊都之號也。元建行省於子城内。明永樂元年，爲寧王府。正德十四年，宸濠反，府廢，乃闢中爲行道，通行旅。

鍾陵舊城。在進賢縣西北。漢南昌縣之東境。晉析置鍾陵縣，後省。梁、陳時復置。南史：梁武帝擢郭祖深爲豫章鍾陵令；又陳武帝封從子褒爲鍾陵縣侯，是也。隋時廢。唐武德五年復置，八年又廢，入南昌。宋改置進賢鎮，崇寧二年升爲縣，即今治也。縣志：宋時割南昌縣歸仁、崇禮、崇信、真隱四鄉，及新建縣玉溪東、西二鄉置縣。大觀二年，復返新建二鄉，而割南昌欽風鄉益之。今有鍾陵市，在縣東南昌縣界。又有鍾陵鄉故城，蓋在今二縣界。

豫寧舊城。在武寧縣西。寰宇記：武寧縣在州西北三百六十里。後漢建安中，分海昏立西安縣。晉太康元年，改爲豫寧。宋書「王僧綽封豫寧侯」，即此。陳武帝立豫寧郡。隋廢郡，以豫寧入建昌，隸洪州。唐長安四年，分建昌置武寧。景雲元年，又改豫寧。寶應元年，以避御名，依舊爲武寧。縣志：故城在縣西二十里甘羅村。唐天寶四年，移於今治。按：唐會要：貞元十五年，武寧縣民鄧廣奏武寧所隸凡二十鄉，而太清鄉甘羅村，縣令所治在焉。據此則貞元時猶治甘羅村，移治當在其後，非天寶時也。又寰宇記別載西安故城，在分寧縣西二十里，即今義寧州之西。兩地相隔甚遠，疑誤。

孫州故城。在南昌縣西南。唐武德五年，分豫章縣地別置南昌縣，又置孫州治焉。八年，州縣俱廢。

豐城故城。在今豐城縣西南。本富城縣，晉改置豐城。唐徙今治。顧野王輿地志：後漢建安中，初立富城縣於富水之西。晉太康元年，改爲豐城縣，移於豐水之西。元和志：豐城縣，北至洪州一百四十七里。晉故城在今縣南四十一里，即雷孔章得寶劍處也。寰宇記：縣在州西南一百三十里。又故豐城，豫章記云吴末時，恒於此有小赤氣見於牛斗之間，占者以爲吴方興，惟張華以爲不然。雷煥謂寶物精在豫章之城，遂以煥爲令。至縣，掘獄地，得龍泉、太阿二劍。曹學佺名勝志：唐永徽初，遷縣於章水東，始爲今治。縣志：富城故城，在縣南六十里富城鄉。豐城故城，在縣西南劍池側。又有吴皋城，在縣西赤岡山下，一名黄金城，今爲榮塘市〔二〕。

廣豐故城。在豐城縣東。梁置。寰宇記：梁大通二年，分豐城立廣豐、新安二縣，屬巴山郡。陳初，廢新安入廣豐。光大二年，移巴山郡於廣豐縣西二里獨潴水南岸，築立城郭。隋開皇九年，廢巴山郡，又併豐城縣入廣豐，即故巴山郡城也。又避諱，改豐城縣。大業十三年，林士弘毁城邑，遂廢。唐武德五年復立。縣志：故城在縣東二十五里，今爲廣豐鄉。

新吴故城。在奉新縣西。後漢置。宋書州郡志：豫章新吴，漢靈帝中平中立。隋書地理志：開皇九年，併新吴入建昌。唐書地理志：武德五年，析建昌置新吴縣，八年省。永淳二年復置。元和志：縣東至洪州一百五十里，舊隸楚，今新屬吴，故曰新吴。宋史地理志：隆興府奉新，唐新吴縣，南唐改。縣志：故城在今縣西三十里。唐神龍二年，東徙於馮川之北，即今縣治也。

分寧舊城。即今義寧州治。唐會要：貞元十五年，武寧縣民鄧廣等奏曰：「縣治太清鄉、西鄉趨縣餘三百里，小民往返，疲於道路。伏見並西八鄉有常洲亥市居其中，於八鄉道里實爲均一，請即市建縣爲便。」詔可。明年因建爲縣。元和志：分寧縣，東南至洪州六百五十里。刺史李巽奏分武寧西界置，因以爲名。寰宇記：縣本武寧之亥市。其地凡十二支，去武寧二百餘里。

艾縣舊城。在義寧州西。本春秋吴邑。左傳哀公二十年：吴公子慶忌出居於艾。漢置縣，屬豫章郡。隋省入建昌。寰宇記：分寧縣有古艾城。新志：艾城在州西百里龍岡坪，故城猶存。

西平舊城。在義寧州。寰宇記：在分寧縣西二百九十七里。漢書云「鄧通，西平人」，即此縣也。隋省。按：西平未詳建置，疑舊屬西安之地。

劉繇城。豫章記：劉繇城，在豫章縣北四十里。寰宇記：在南昌縣東北三十八里。蓋孫策略地曲阿，攻揚州，刺史劉繇敗奔豫章，築城自保。人號爲劉繇城。

齊城。在南昌縣東南。輿地志：吴大帝太元二年，立孫奮爲齊王，都武昌。諸葛恪徙奮於此。水經注：豫章郡東南二十餘里有一城，號曰齊王城，蓋孫奮離宫也。

墌口城。在南昌縣西南七十里。梁末廣州刺史蕭勃舉兵，遣其將歐陽頠、傅泰出南康，趨豫章，傅泰據墌口城與周文育相持，即此。或曰城在吉安府北七十里，似誤。墌，一作「蹠」。

都尉城。在南昌縣南三十里，北與府城相連。縣志：隋大業二年置，三年廢。

昌邑城。在新建縣西北六十里慨口。劉昭後漢志注：海昏縣有昌邑城。豫章記曰，城東十三里江邊名慨口，昌邑王每乘海東望，至此輒憤慨而還，故謂之慨口。寰宇記：城在州北，水路一百三十七里。縣志：今名遊塘城。

椒丘城。在新建縣北。虞溥江表傳：孫策在椒丘，遣虞翻説華歆。豫章記：建安五年，孫策起兵，破劉勳於尋陽，謀取豫章，太守華歆築此城以禦之。寰宇記：椒丘城，在州北，水路屈曲一百四十八里。

王步城。在新建縣北。水經注：贛水東北逕王步，步側有城，云是孫奮爲齊王鎮此。

吳城。在豐城縣東南三十里。俗傳吳孫權祖鍾居此。

黄中城。在進賢縣南五里，一名黄牛城。

余城。在奉新縣西。寰宇記：在奉新縣西十五里。梁書云：「于慶入洪州，遂攻新吳縣，余孝頃起兵拒之，築此城。」周三里百五十步。

黄城。在奉新縣西南奉新鄉。野田中有平坡，周圍一里，相傳宋岳飛引兵經此，累土爲屯宿之所。

越王城。在奉新縣西五十里。明統志：相傳越王勾踐伐楚，屯兵於此。

武安城。在武寧縣東南十五里武安山上。四面如壁，其上平坦。元末邑人胡紹遠兄弟保障鄉民，於此立寨，亦名武安寨。

升平里。故新建縣治。寰宇記：新建縣，本南昌縣地。太平興國六年，割南昌水西十四鄉置縣，仍於州城升平里故唐將林仁肇私第，充縣廨署。府志：故縣治，在郡城東隅。

度支步。在新建縣西北。水經注：贛水北歷度支步，是晉度支校尉立府處，步即水渚也。縣志：度支步，在縣西北五里。

梅福宅。在南昌縣。寰宇記：在州東北三里，西接開元觀。東西墨池、書堂餘址猶存。

徐穉宅。在南昌縣南。水經注：贛水北歷南塘，塘之東有孺子宅，際湖南小洲上。寰宇記：在州東北三里梅福宅東。

戴叔倫宅。在進賢縣東棲賢山，今爲書院。

吴猛宅。在義寧州南東津側，今爲丹霞觀。亦名吴仙里。

黄庭堅宅。在義寧州西二十五里雙井北岸。有永思堂，旁有釣臺。下有水曰明月灣。

物華樓。在南昌縣洗馬池上。宋嘉祐中建。王安石詩：「千里名城楚上遊，江山多在物華樓。」其址今爲府學射圃。

夕佳樓。在新建縣西北。元末齊哩克扣闔門死難，有司徙其樓於西北城角，以旌忠烈，名齊家樓。明萬曆間，更名夕佳樓。

「齊哩克扣」舊作「偰列箎」，今改正。

涵虚閣。在南昌縣東湖北。宋國子博士李寅建，楊億作記。

滕王閣。舊在新建縣西章江門上，西臨大江。唐顯慶四年，滕王元嬰都督洪州時建。後都督以九日宴僚屬於閣上，王勃省父過南昌，與宴爲序。後又有王緒爲賦，王仲舒爲記。韓愈所謂「讀三王所爲序、賦、記，壯其文詞」者也。宋、元時俱重修。明太祖幸南昌，嘗宴詞臣閣上。後頹廢。景泰中重搆，在章江門外，額曰西江第一樓。成化間葺治，復曰滕王閣。後再燬。本朝康熙年間凡三建。閣左有亭，以奉御書滕王閣序。

秋屏閣。在新建縣城北十五里。宋曾鞏云：「豫章城中，凡樓觀見西山正且盡者，惟秋屏閣耳。」本朝康熙二十八年，重建於北蘭寺内。

逍遥閣。在新建縣西山，宋洪炎有詩。

三賢閣。在奉新縣治東，祀宋周敦頤、蘇軾、黄庭堅。元歐陽原功爲記。

碧波亭。一名渌波，在南昌縣東湖西。

望江亭。在南昌縣東湖百花洲上。唐韋丹築南塘隄以捍潦水，因建亭。

列岫亭。在新建縣北龍沙，前對西山。取謝朓「窻中列遠岫」句爲名。

龍沙亭。在新建縣北龍沙岡，本唐洪州熊氏清風亭，權德輿有序。明萬曆中，移建龍光寺南。

寶氣亭。在豐城縣西北，瞰大江。有二碑，刻唐李德裕劍池賦。

四望亭。在武寧縣治西，宋李綱建。

豫章臺。在新建縣北七里龍沙岡南。宋、元時有之，後圮。明太祖破陳友諒，駐南昌，築臺諭父老於此。

嘯臺。在進賢縣北龍岐山，元辛好禮建。

施肩吾石室。在新建縣西，去天寶洞十里。唐元和中，肩吾舉進士，退隱於此，嘗著山居百韻詩。

蘇翁浦。在南昌縣東湖百花洲上。宋隱士廣漢蘇雲卿蒔蔬織屨於此，亦稱三洲蘇圃。

關隘

市汊巡司。在南昌縣南六十里章江濱。舊置巡司，今因之。又舊置驛，南去豐城縣之劍江驛百里。

生米渡巡司。在新建縣南四十里生米渡口。本朝乾隆三十年，改烏山巡司置。又舊有趙家圍巡司，在縣東北七十里，今移於武寧之高坪市。

大江口巡司。在豐城縣西大江岸。本朝乾隆三十年，改柿源巡司置。又舊有江滸口巡司，在縣西南早禾洲，明宣德四年置，今裁。

梅莊巡司。在進賢縣東南六十餘里梅莊市。本朝乾隆三十年，改鄔子寨巡司置，兼管潤陂巡司。舊置水驛於其右，今廢。又舊有花園巡司，在縣東南四十里，明置，本朝雍正六年裁。龍山巡司，在縣北一百里，明正統初置，後廢。

羅坊巡司。在奉新縣西六十里。明初置，今因之。又白沙場，在縣西七十里，亦名富溪，舊置巡司，今廢。

高坪巡司。在武寧縣西北六十里高坪市，本朝雍正六年置。

八疊嶺巡司。在義寧州南八疊嶺。明正統四年置巡司，後廢。本朝雍正六年復置。

排埠塘巡司。在義寧州西南武鄉，本朝雍正六年置。

三江口鎮。在南昌縣東南。舊置巡司，本朝雍正七年，移駐長來館。乾隆四十四年，裁巡司，置主簿，仍駐此。

吴城鎮。在新建縣北一百八十里吴城驛南。本朝雍正七年，移南康府同知駐此。乾隆三十年，改屬南昌府，兼移昌邑巡司駐此。四十四年，裁巡司，置主簿，仍駐此。

芊韶鎮。在南昌縣南一百里。陳永定初，周文育擊歐陽頠，自豫章僞遁，由間道兼行至芊韶。芊韶上流則苦竹灘諸營，下流則墟口城、石頭諸營。文育據其中，築城饗士，頠等大駭，退入泥溪。即此。泥溪，在臨江府新淦縣。

樵舍鎮。在新建縣西北六十里。九域志：新建縣有大安、新城、樵舍、大通、西嶺、松湖六鎮。明正德中，王守仁擒宸濠於此。舊置巡司及驛丞，今皆裁。

松湖鎮。在豐城縣西北六十里，接新建縣界。

港口鎮。在豐城縣東北。九域志：豐城縣有港口、河湖、曲江、赤江四鎮。舊志：明初置巡司於縣北三十里大港口，後移於縣東北十五里小港口，正德七年革。又有河湖巡司，亦廢。

曲江鎮。在豐城縣東北十里。又赤岡市，在縣西十五里赤岡山下，即古赤岡鎮也。

昌邑鄉。在新建縣西昌邑山。舊置巡司，本朝乾隆四十四年裁。

柿源鄉。在豐城縣南一百里。明洪武初置巡司，本朝乾隆三十年移駐大江口。

銅鼓營。在義寧州西南一百五十里。明萬曆四年建，設守備駐此。有城，周一里有奇。本朝雍正二年，移瑞州府同知、南瑞鎮後營遊擊及千、把總駐此。

鄔子寨。在進賢縣東北一百餘里，與餘干瑞洪鎮相對。明洪武初置巡司，本朝乾隆三十年移駐梅莊。

百丈寨。在奉新縣西百丈山下，明萬曆五年設哨寨於此。

馬腦崖寨。在靖安縣西二十里葛仙山上。明正德六年，華林賊胡雪二立寨於此〔二〕，八年春始平之。

定江寨。在義寧州西南一百五十里。宋建炎中置寨，元末巡檢劉儼保障於此。明洪武八年，改爲巡司，萬曆四年遷於新昌黄岡。今爲定江上、下市。

雙坑堡。在靖安縣北，明萬曆中設哨於此。

黄竹汛。在武寧縣西八十里清江坪，接義寧州界。又丫髻汛，在縣東北丫髻山，接建昌、德安界。楓林汛，在縣南，銀鑪汛，在縣西南，接靖安、奉新界。莘野汛，在縣西北，接通山界。舊皆設哨，久廢。

黄家渡市。在南昌縣東三十里，明正德中伍文定等擊宸濠處。輿程記：自黄家渡東四十里爲趙家圩，又東四十里爲團魚洲，達饒州府餘干縣界。

潤陂市。在進賢縣東七十里。九域志南昌縣有潤陂鎮，即此。朱子有過潤陂詩。明洪武初置巡司，今裁。

土坊市。在進賢縣西五十里。九域志：南昌縣有土坊鎮。縣志：舊并置土坊驛，今廢爲鋪。

梁口市。在義寧州東四十里，舊置税場。又税課局，在州東六十步，後遷州東四十里。又酒税務，在州東一里，後遷州東六十步。又茶場，在州東二百步。皆宋置，久廢。

修口市。在義寧州西四十餘里修水之口。又查田市，在州西八十里，舊置税場。九域志分寧縣有奎田市，即查田之訛也。

杉市。在義寧州西一百里杉木寨。明洪武八年置巡司，弘治十七年移置州西崇鄉，今裁。

烏山鋪。在新建縣西七十里。宋置大通驛，元改烏石驛。明設巡司，本朝乾隆三十年移駐生米渡。

渣津。在義寧州，有州同駐此。

木高。在武寧縣，有縣丞駐此。

南浦驛。在南昌縣西南廣潤門外，有驛丞。舊有遞運所大使，今裁。又武陽驛，在縣東南四十里，道出撫州，久廢。

新興驛。在新建縣西北六十里。舊置新興鋪，本朝康熙十三年改置爲驛，今裁。

劍江驛。在豐城縣北門西半里，水程上抵蕭灘，下抵市汊。舊置驛丞，今裁。又舊有馬驛二，久廢。

仁和驛。在義寧州東一百八十步，今改公館。又碧峯驛，在州南二十五步；梁口驛，在州東六十里。皆久廢。

津梁

躍龍橋。在南昌縣學宫之右，横跨東湖，亘三十丈。舊名高橋，明萬曆十五年重修，改今名。

洪恩橋。在南昌縣東湖北。唐觀察使李巽建，宋少府監杜植修，又名杜公橋。

百花橋。在南昌縣東隅百花洲之閲武亭南。

南浦橋。在南昌縣南塘灣之西南，通蓼洲路。明洪武初，都督朱文正建，永樂中御史石簏重造。

程公橋。在新建縣西山崇勝院前。宋守程師孟有德政，嘗至院盤桓，後寺僧建橋溪上，題曰程公。

洪崖橋。在新建縣西山翠巖寺側洪井上。劉宋雷次宗有記。

龍瑞橋。在新建縣洪崖鄉，通奉新、高安路。

吴溪橋。在新建縣忠孝鄉，路當南瑞要衝。

華嚴橋。在新建縣新興驛北十里，爲南北孔道。

石鎮橋。在新建縣西北十里石頭渡。明萬曆中邑人張位建，并築隄七里。

文岡橋。在豐城縣東南八十里，跨槎水。

石灘橋。在豐城縣東南二十五里。又雙乘橋，在縣東南六十里。皆跨富水。

中溪橋。在豐城縣南十五里。又洑溪橋，在縣南六十里。俱跨豐水。

洪源橋。在進賢縣東十五里日月湖上流。明萬曆中建，併築隄，延袤二里許。
鍾陵橋。在進賢縣東五十五里，元大德中建。
雲橋。在進賢縣西二十里。
馮川橋。在奉新縣南門外，爲邑要路，長五十餘丈。
陽烏橋。在奉新縣東二十里。寰宇記：五橋相續，横截川原。嘗有羣烏棲集此側，故村、館俱名陽烏，而橋亦名之。
藏溪橋。在奉新縣西十里。寰宇記：長五丈五尺，許遜斬蛟之所。蛟入穴，遜以片石書篆文鎮穴口，今現在。
青雲橋。在靖安縣東南一百五十步。
清湖橋。在靖安縣西一里，宋建。
錦橋。在靖安縣北三百步，一名繡谷橋。
北津橋。在靖安縣北門外一里許，宋邑人舒邁建，後圮。本朝順治十六年邁裔孫應中重建。
看鶴橋。在武寧縣治東二百五十步，世傳丁令威留迹於此。又臥象橋，在縣西五百步。
望蓮橋。在義寧州東一里。又東一里有伏龍橋，俱跨秀水。
棲霞橋。在義寧州東南七十五里，跨毛竹山水，長二十丈。
温湯橋。在義寧州西南一百四十里，跨温湯水。元建。
玉峽橋。在義寧州西南一百七十里，跨山源水。
跨鼇橋。在義寧州西一里，跨鼇坑瀑布水。

留仙橋。在義寧州西一百四十里，跨黄龍山水。宋建。相傳葛仙翁嘗憩於此。

章江渡。在新建縣西，又名沙井渡。江闊十餘里，每風濤，舟子多載，往往遭溺。後有司禁約，大舟不得過二十人，勒石滕王閣下，與南浦渡同。

隄堰

萬柳隄。在南昌縣東湖上。湖舊與江通，漢永平中，太守張躬始築隄以通南路，謂之南塘。劉宋景平中，太守蔡廓乃於西起隄。唐元和三年，刺史韋丹又築隄，長十二里，設斗門以洩暴漲，俗呼爲南塘塍。宋嘉定中，通判豐有俊植柳其上，故名。明萬曆中，知府盧廷選重造内外閘，築隄岸，甃石五百餘丈，并置五橋，植柳環之，又疊土阜三以固水口。

萬公隄。在南昌縣東。每撫河水漲，田塍浸没。明太常卿萬思謙築隄五里，甃閘三座，以時啓閉。

章江隄。在新建縣章江門外。宋趙槩知洪州，始作石隄二百丈，後圮。明成化、弘治中重築。又周公隄，在城北德勝門外，明嘉靖中巡撫周相築，以捍江水。又譙隄，在縣西南，當章、盱二水之衝。明嘉靖中，知府譙孟龍築隄，障民田數萬畝。

豐城江隄。在豐城縣西北章江岸。南接清江樟樹鎮，北至宋坊圩，接南昌界，隄塆凡百餘里。自唐至今，歷歲修築，改建石工，以障章江之水。

斗門南隄。在豐城縣南，以障豐、富水之逆入者。明永樂初，知縣范約築。

長樂港隄。在豐城縣西南十里豐水出江故道。元嘗塞而復決，明永樂間重築。

舒家墻。在南昌縣嵩安鄉，南通撫河。每春夏泛漲，周迴百里田禾浸没。本朝康熙八年，郡人羅顯汶倡築新堤十餘里〔三〕。

繩灣墻。在豐城縣西劍江西，延袤數十里。明洪武中築。

滕坊墻。在豐城縣西七十里，濱瑞河，長二十餘里。明正統七年修築，隨圮。俗傳中有水怪，乃鑄三鐵牛鎮之，始成。

豫章溝。在府城東湖東北。舊有古溝一道，爲宣洩省會全城積水，年久淤塞，本朝乾隆三十三年重修。

陵墓

周

澹臺滅明墓。在南昌縣東湖上總持寺後。相傳滅明南遊，至江卒，葬於此。宋漕使程大昌建祠寺旁，堂曰友教，大昌有記。

漢

徐穉墓。在南昌縣南。水經注：贛水歷白社西，有徐孺子墓。吳嘉禾中，太守徐熙於墓隧種松，太守謝景於墓側立碑。永安中，太守夏侯嵩於碑旁立思賢亭，至今謂之聘君亭。通志：墓在南昌進賢門外望仙寺東，隧道深五尺，墓居其中。前有石刻隸書「漢南州高士徐孺子之墓」。

許劭墓。在南昌縣南。寰宇記：在洪州南三里，南昌縣南六里。按雷次宗豫章記云：「劭就劉繇於曲阿，繇敗，隨繇至豫章，中路疾卒，因焚屍柩。吴天紀中，太守沈法秀招魂葬劭於此〔四〕。」

海昏侯劉賀墓。在新建縣北昌邑城中。有大冢一、小冢二百許，舊名百姥冢。

三國　吴

太史慈墓。在奉新縣南鄉，地名感古。宋隆興元年，敕於墓側建順應廟。

吴王墓。在武寧縣東南八十里吴王峯，相傳孫鍾葬母於此。其後孫權稱吴王，因追稱焉。

晋

桓伊墓。在府城南門外石馬街。寰宇記：在州南十六里。石闕存焉，仆在道旁。

温嶠墓。在南昌縣城南宣妙寺前，濱江。

南北朝　宋

胡藩墓。在府城南十九里。

唐

王季友墓。在豐城縣東槠山之南。

劉眘虛墓。在奉新縣西北越王山東原。

南唐

徐鉉墓。在新建縣西山鸞岡。又鉉父延休、弟鍇墓皆在焉，世稱三徐墓。

宋

黄疇若墓。在豐城縣沆江上。

徐經孫墓。在豐城縣南桂村。

吴居厚墓。在進賢縣歸仁鄉。人物志：初敕葬鍾陵鎮，賜奮德褒賢碑。後又敕改葬麻仙山，命學士强淵明誌，即今處。

羅必元墓。在進賢縣東六十里。

黄庭堅墓。在義寧州西二十五里雙井。

元

黄沖墓。在南昌縣招賢鄉。死僞漢之難，越六月，其父得其元，斂而葬之。

廖立孫墓。在豐城縣西南長安鄉。揭傒斯題其碑曰「有元純孝廖立孫之墓」。

揭傒斯墓。在豐城縣西北興仁鄉富陂。

明

況鍾墓。在靖安縣西五十里富仁都。

祠廟

五賢祠。在府學内，祀漢梅福、陳蕃、徐稺，晉范寧，唐韋丹。

梅仙祠。在府城内南昌府學旁，祀漢梅福。宋紹興初，封爲吏隱真人。

八隱祠。在府城内磨子巷王文成祠左，本朝康熙六十年建。祀漢梅福、徐稺，晉范宣、陶潛、周續之，唐臧嘉猷、陳陶，宋蘇雲卿。

大忠祠。有二。一祀宋岳飛、文天祥、謝枋得，一祀元末齊哩克扣。俱在府城内。「齊哩克扣」改見前。

王文成祠。有二。一在府城内大忠祠右，明嘉靖中建。一在磨子巷，本朝康熙六十年建。俱祀明新建伯王守仁。

徐孺子祠。有二。一在府治南東湖之南，南唐徐廙續豫章志以稺宅在州東北，陳蕃爲遷於南塘湖南際小洲是也。宋曾鞏始即故處結茅爲堂，圖孺子像，有記。其一南唐所建，前臨大道，徐鉉有記。明洪武初，遷於南昌縣學之左，本朝康熙二十九年再建。

周濂溪祠。有二。一在南昌府學右，宋隆興中建，朱子有記。一在義寧州東二里旌陽山麓，明弘治中，學使邵寶即講堂遺址祀之。

理學名賢祠。在南昌縣進賢門内。祀周澹臺滅明，晉范寧，唐韓愈，宋范仲淹、歐陽修、周敦頤、程珦、羅從彦、朱熹、張栻、陸九韶、陸九齡、陸九淵、黄幹、李燔、張洽、黄灝、蔡元思、真德秀、饒魯、陳澔，元吴澄，明胡儼、吴與弼、張元禎、羅倫、胡居仁、邵寶、蔡清、王守仁、羅欽舜、鄒守益、羅洪先、歐陽德、羅汝芳、舒芬、胡直、胡敬方、鄧以讚、魏良弼、萬思謙、李材、王時槐、萬廷言、鄧元錫、章潢、鄒元標，凡四十七人。按：進賢門内舊有豫章先賢祠，祀宋羅從彦等十二人。後增祀歐陽德等，改爲二十四賢祠。本朝康熙二十九年，巡撫宋犖增祀澹臺子羽等二十三人，改今名。

忠節名賢祠。在南昌縣進賢門内。舊爲同仁祠，祀明孫燧、許逵、王守仁、胡世寧〔五〕、伍文定、唐龍六人。本朝康熙二十九年，巡撫宋犖增祀晉陶潛，唐狄仁傑、張九齡、顔真卿，宋李綱、張叔夜、楊邦乂、胡銓、洪皓、歐陽珣、岳飛、文天祥、謝枋得、江萬里，及明黄子澄、練安、胡閏、周德、顔瓌、王省、王艮、曾鳳詔、鄒瑾、魏冕、李時勉、劉球、于謙，并增周憲、黄宏、馬思聰、宋以方、熊浹、韓雍、林俊、蔡懋德、李邦華、吴甘來，凡四十三人，改今名。

旌忠祠。在南昌縣進賢門内。明嘉靖三年建，祀孫燧、許逵、周憲、黄宏、馬思聰、宋以方六人，謝遷有記。

賢良祠。在南昌縣廣潤門内，本朝雍正十年敕建。

蘇雲卿祠。在南昌縣百花洲上，明正統七年建。

大節祠。在南昌縣躍龍橋南，祀明建文壬午死事諸臣。黄子澄及練安等十五人。萬曆四年詔建，萬恭有記。

劉樞密祠。在奉新縣寶雲寺後。宋樞密劉珙鎮隆興，奏蠲無産之税，民德之，爲立祠。

高令祠。在奉新縣驛舍側。宋高南壽知縣事，邑民賴以全活者甚衆，爲之立祠。

柳貞公祠。在武寧縣柳山，祀唐柳渾，宋章鑑有記。

江東廟。在府治南玄妙觀内。舊志：神姓石名固，相傳漢高祖時有功德於民，故祀之。

睢陽廟。在府治南，祀唐張巡。

諶侯廟。在府城南，祀漢奉車都尉、荆州長史諶重。

風神廟。在府城内磨子巷，本朝乾隆三十七年建。

武陽郡公廟。在南昌縣鐵柱宫，祀唐觀察使韋丹。明宣德末，按察使石璞奏建，成化中移於三橋東巷。

忠臣廟。在南昌縣五桂坊西，明洪武初建。祀文武諸臣與僞漢陳氏戰死者：後翼統軍元帥趙德勝、右副指揮使劉齊、左翼元帥牛海龍、樞密院判李繼先、左副元帥趙國旺、統軍元帥許圭、右翼元帥同知朱潛、千户張子明、臨江府同知趙天麟、百户徐明、士伍張德山、夏茂成、洪都知府葉琛、行省都事萬思誠，凡十四人。

温忠武廟。在南昌縣進賢門外，祀晉江州刺史温嶠。

黄司空廟。在南昌縣進賢門外，祀陳江州刺史黄法𣰰。

王中尉廟。在新建縣昌邑山〔六〕，祀漢中尉王吉。

章江廟。在新建縣德勝門外。明統志：昔漢灌嬰討定南方，居人章文獻地於嬰，請築郡城。郡人懷之，立祠章江上，因名。宋賜號霈澤王廟。

龍沙廟。在新建縣治北。寰宇記：龍沙廟，即西漢末太守賈萌也。萌與安成侯張普共謀誅王莽，普反告莽，收萌殺之。時人爲之立廟。按：漢書王莽傳末云，九江連率賈萌，守郡不降，爲漢兵所誅。樂史所記，事正相反。水經注又謂萌與張普争地，爲普所害，即日靈見津渚，民爲立廟。傳聞各異如此。

何無忌廟。在新建縣生米鎮。無忌，晉江州刺史，以討盧循戰死，民爲立廟。

龍津廟。在豐城縣西劍池。祀晉張華，以雷煥配食。初名張雷廟，宋紹興中改今名。

密都統廟。在進賢縣西四十里，祀宋都統密祐。

樊修職廟。在進賢縣北六十里。明統志：宋時賊王虎作亂，樊率鄉民力戰死之，虎亦敗衂。事聞，贈修職郎，民爲立廟。

昭靈廟。在靖安縣西，祀楚三閭大夫屈原。每歲端午，邑人競渡弔祀之。

寺觀

普賢寺。在南昌縣惠民門内。舊爲龍興院，唐觀察使裴休迎黄檗禪師居此。南唐時改名。本朝康熙四十一年重建。

延慶寺。在南昌縣順化門内。晉建，唐咸通中重建，本朝順治中重修。

應天寺。在南昌縣進賢門内，唐光啓初建。

繩金塔寺。在南昌縣進賢門外，唐天祐中建。内有繩金寶塔。

佑清寺。在新建縣治東。舊爲上藍禪院，唐馬祖道一以梁葛鱓宅建。宋改能仁寺，明爲永寧寺〔七〕，本朝順治五年重建，改今名，爲有司祝釐習禮之所。

香城寺。在新建縣西山，晉沙門曇顯建。爲西山最幽絶處。

翠巖廣化寺。在新建縣西四十里。梁景明初建，名常緣。唐名洪井，又改翠巖，南唐改今名。

大安寺。在新建縣北門内，晉僧安世高建。明初重建。寺有吴赤烏元年所鑄鐵鑪，高六尺許。

北蘭寺。在新建縣德勝門外，南唐建，後廢。本朝康熙十六年重建，并建秋屏閣、列岫亭、烟江疊嶂堂。

壽昌寺。在豐城縣治東，唐馬祖建。今爲祝釐之所。

福勝寺。在進賢縣南。寺後有玉版居，明提學黄汝亨建。

百丈寺。在奉新縣西百丈山。唐僧大智建爲鄉導菴，宣宗敕建大智壽聖禪寺，柳公權書碑。

寶雲寺。在奉新縣東北。梁太清元年建，名信誠寺。後馬祖講經，致紫雲之祥，改今名。

寶峯寺。在靖安縣北石門山。唐貞元中，馬祖示寂藏塔於此。寺内多勝蹟。

雙林寺。在靖安縣北五里。梁天監中，西域沙門竺曇過此，愛其山水，遂居焉。

玄妙觀。在南昌縣南惠民門外。唐時有大樟樹爲妖物所憑，真人胡惠超焚其樹，創信果院。元改今名。

建德觀。在新建縣東易俗坊，晉咸和中建。相傳南嶽魏夫人煉丹之所。本朝康熙八年重修。

開元觀。在新建縣修仁坊。舊有唐滕王元嬰碑文，爲真人萬振作，今毁。

翊真觀。在新建縣西南梅嶺。觀内有二松，根株既分，相去五尺，仍合爲一幹，名曰「義松」。宋黄庭堅有贊。

宗華觀。在新建縣西。舊名彭真觀，乃彭真君故居。

丹陵觀。在新建縣北鄉象牙潭，晉鍾離權修道之所。宋賜額萬年宫，後改爲觀，易今名。

白鶴觀。在豐城縣西嚴家山。真君甘戰飛昇於此，建飛仙菴，後改廣福菴。唐高宗改今名。

崇真觀。在進賢縣治西，宋建。相傳王、郭二仙寓此。

昭德觀。在奉新縣西，晉劉道成故宅也。舊名闓業觀，宋改今名。

真常觀。在奉新縣越王山。舊名招仙觀，相傳文簫、吴彩鸞跨虎之地。宋改今名。

棲霞觀。在靖安縣治西。明統志：東晉女冠劉懿真得道之所。

精靈觀。在武寧縣東三十里，相傳丁令威沖舉處。一名丁仙觀。

旌陽觀。在義寧州東二里，一曰得日觀。

石亭觀音院。在新建縣章江門外。唐觀察使韋宙，以父丹有遺愛碑在此，築石亭覆之，奏爲院。本朝順治中於前建鈞天閣，與滕王閣並峙。

雲溪院。在新建縣西梅嶺。宋南昌袁陟嘗與曾鞏、王安石遊此，陟後卜居其旁。

雙嶺崇勝院。在新建縣西北。晉刺史胡尚捨宅爲院，延天竺僧曇顯居之。有謝靈運繙經臺。

海慧院。在豐城縣北，又名感仙院。唐馬祖建。

妙濟萬壽宮。在南昌縣西南廣潤門内，一名鐵柱宮。左有井，與江水相消長。中有鐵柱，相傳許旌陽所鑄，以鎮蛟螭之害。唐咸通中，額曰「鐵柱」。宋大中祥符中，賜名景德觀，政和中改延真觀，嘉定間御書鐵柱延真之宮。明嘉靖中，賜今名。本朝康熙十年重建，雍正元年修。

紫極宮。在南昌縣惠民門外，晉建，面西山之勝。中有吴彩鸞寫韻軒。

黄堂隆道宮。在新建縣松湖，舊名黄堂觀。相傳許、吴二真君並師丹陽諶母，及歸，母取香茅望南擲之。二人歸，尋飛茅止處，建黄堂祠。黄堂，以諶母所居名也。元虞集、揭傒斯俱有記。

玉隆萬壽宫。在新建縣西逍遥山。舊名遊帷觀，真君許遜故宅也。相傳遜飛昇時，所御錦帷自雲中墮故宅，鄉人因置遊帷觀。宋祥符中改今名。

文昌宫。嘉慶八年建，係奉新縣捐職州同岳廷堅、豐城縣捐職州同金名標仝捐修。

名宦

漢

梅福。九江壽春人。爲郡文學，補南昌尉。後去官歸壽春。

周生豐。泰山南武陽人。建武七年爲豫章太守，清約儉惠。

張躬。永平中守豫章，築東湖隄以通南路，謂之南塘。水有所瀦，人皆德之。

欒巴。魏郡内黄人。順帝時遷豫章太守。郡土多山川鬼怪，小人常破貲産以祈禱。巴悉毁壞房祀，剪理奸巫，如是妖異自消。百姓始頗爲懼，終皆安之。

劉寵。東萊牟平人。桓帝時爲豫章太守。

陳蕃。汝南平輿人。桓帝時爲豫章太守。性方峻，不接賓客，士民亦畏其高。徵爲尚書令，送者不出郭門。

華歆。高唐人。獻帝時拜豫章太守。爲政清静不煩，吏民感而愛之。

三國　吴

孫鄰。堅從子，嗣父賁領豫章太守。在郡垂二十年，討平叛賊，政績修理。

顧邵。吴人。爲豫章太守。下車視先賢徐孺子之墓，優待其後。禁淫祀非禮之祭。小吏資質佳者，輒令就學，擇其先進，擢置右職。舉善以教，風化大行。

謝景。南陽宛人。赤烏中出爲豫章太守。在郡有治績，吏民稱之，以爲前有顧邵，其次即景。

晉

謝鯤。陳國陽夏人。出爲豫章太守，涖政清肅，百姓愛之。

甘卓。丹陽人。元帝渡江，以功拜豫章太守。卓外柔内剛，爲政簡惠，善於撫綏。卒，贈驃騎將軍。

劉胤。東萊掖人。元帝時出爲豫章太守。郡人莫鴻，南土豪族，因亂殺本縣令，横恣無道，百姓患之。胤至，誅鴻及諸豪右，界内肅然。

范寧。南陽順陽人。孝武時爲豫章太守。大設庠序，遠近至者千餘人，資給衆費，一出私禄。并取郡四姓子弟皆充學生，課讀五經，由是江州人士並好經學。

南北朝　宋

蔡廓。考城人。起家著作佐郎，出爲豫章太守。漢張躬所築南塘，每於夏月，江水溢塘而過，多水害。廓乃起隄開塘爲水門，水盛則閉之，内多則洩之，居民少患。

齊

王綸之。琅邪臨汾人。永明中出爲豫章太守，下車祭徐孺子、許子將墓，圖陳蕃、華歆、謝鯤像於郡堂。爲政寬簡，稱良二千石。

顧憲之。吴人。永明中爲豫章内史。在任清簡，務存寬惠。

梁

丘仲孚。烏程人。武帝時遷豫章内史。在郡更勵清節，及卒，喪將還，豫章老幼號哭攀送，車輪不得前。

張緬。范陽方城人。武帝時爲豫章内史。爲政任恩惠，不設鉤距，吏民化其德，亦不敢欺。故老咸云數十年未有也。

張綰。緬弟，大同中爲豫章内史。在郡述制旨禮記正言義，四姓衣冠士子聽者常數百人。安成人劉敬宫挾妖道〔八〕，聚黨攻郡，有衆數萬，進寇豫章新淦縣。綰修城隍，設戰備，募召敢勇，得萬餘人。旬月間，賊黨悉平。

蕭勵。武帝從子。遷豫章内史，道不拾遺，男女異路。去郡之日，吏人悲泣，數百里中，舟乘填塞，各賫糧以送。

陳

周羅睺。尋陽人。宣帝時，爲豫章内史。獄訟庭決，不關吏手。民懷其惠，立碑頌德。

隋

豆盧通。昌黎陟河人。開皇中，遷洪州總管，在職寬惠。

杜彦。雲中人。開皇中，拜洪州總管，甚有治名。

榮建緒。無終人。開皇中，爲洪州刺史，有能名。

蘇孝慈。扶風人。仁壽初，爲洪州總管，有惠政。

唐

吴兢。浚儀人。遷洪州刺史，表臧嘉猷、劉眘虚之里，以勵風俗。

韓朝宗。長安人，爲洪州刺史。在郡，乞罷貢梅煎，以乳柑代之。天寶初，召爲京兆尹。

宋

王明。大名成安人。開寶中，金陵平，詔明安撫諸郡，因命知洪州。

袁逢吉。鄢陵人。開寶中爲豐城令。知州王明與轉運使張去華條上治狀。

李虚己。建安人。太宗時通判洪州。時父寅春秋高，寅母尚無恙，虚己雙轝迎侍，臨東湖築第宇以居。後又知洪州。

欒崇吉。封丘人。真宗時知洪州。有司歲斂民財造舟，崇吉至，奏罷之。

夏竦。德安人。仁宗初知洪州。洪俗尚鬼，多巫覡惑民。竦索部中得千餘家，敕還農業，毀其淫祠。以聞，詔江浙以南悉禁絶之。

楊告。綿竹人。爲豐城主簿。邑有賊殺人，投屍於江，人知主名而畏不敢言。告聞，親往擒賊，有言賊欲報怨者，告不爲動。既而果乘夜欲刺告，告又捕致於法，境内肅然。

余靖。曲江人。仁宗時知新建縣。

趙槩。虞城人。仁宗時知洪州。城西南薄章江，有泛溢之虞，槩作石隄二百丈，高五丈，以障其衝，水不爲患。僚吏鄭陶、饒奭挾持郡事爲不法，前守莫能制，州之歸代卒，皆故時羣盜。奭造飛語曰：「卒得廩米陳惡，有怨言，不更給善米，且生變。」槩不答，卒有自容州戍逃歸而犯夜者，斬之以狥，因收陶、奭抵罪，闔府股栗。

張瓌。全椒人。仁宗時知洪州。營校督役苛急，其徒三百人將以夜殺之，求不獲，持鍤譟其門，請易校。瓌召問諭遣，明日推治黠者十人，不爲易校。

程師孟。吴人。知洪州。積石爲江隄，濬章溝，揭北牐以節水升降，後無水患。民爲立生祠。

周敦頤。道州營道人。爲分寧主簿。有獄久不決，敦頤至，一訊立辨，邑人驚曰：「老吏不如也。」知南昌，南昌人皆曰：「是能辨分寧獄者。」富家大姓、黠吏惡少，惴惴焉不獨以得罪於令爲憂，而以汚穢善政爲恥。

曾鞏。南豐人。神宗時知洪州。歲大疫，鞏命縣鎮亭傳悉儲藥待求，軍民不能自養者，資其飲食衣衾之具，分醫視診，書其全失多寡爲殿最。師征安南，所過州爲萬人備。他吏暴誅亟斂，民不堪命，鞏先期區處，師去，市里不知。

孔宗翰。孔子四十六代孫。知洪州，以治聞。

胡世將。晉陵人。高宗時知洪州，兼江西安撫制置使。屬建昌兵變，殺守倅，嬰城以叛。世將以便宜發兵，討平之。

張浚。綿竹人。紹興二十五年，以觀文殿大學士判洪州。

吴芾。仙居人。孝宗時知隆興府。芾前後守六郡，各因其俗爲寬猛，吏莫容奸，民懷惠利。

楊萬里。吉水人。孝宗時知奉新縣。戢追胥不入鄉，逋賦者揭其名市中，民懽趨之，賊不擾而足。縣以大治。

程迥。應天寧陵人。孝宗時知進賢縣。縣大水，無稻麥，郡蠲租税至薄。迥白於府，悉蠲之。境内有婦人傭身紡績以養姑，其子爲人牧牛，亦乾飯以養祖母。迥白郡，給以錢粟。

韓邈。嘉泰中知隆興府。奏隆興惟分寧産茶，他縣無茶，而豪民武斷者乃請引，窮索一鄉，使認茶租，非便。於是禁非産茶縣，不許民擅認茶租。

王居安。黄巖人。寧宗時知隆興府。初，盗起郴黑風峒，羅世傳爲之倡，李元勵之徒並起江西，列城皆震。朝廷以居安爲帥，督戰於黄山，勝之，賊走韶州。密爲方略，誅元勵，斬世傳，羣盗次第平。居安在軍，賞厚罰明，將吏盡力，用以賊擊賊之策，故兵民無傷。江西人祠而祝之，刻石紀功。

趙崇憲。餘干人。寧宗時知南昌縣事，奉行荒政，所活甚衆。

真德秀。浦城人。嘉定中知隆興府。承寬弛之後，稍濟以嚴，尤留意軍政。欲分鄂州軍屯武昌，及通廣鹽於贛與南安以弭汀贛鹽寇，未及行，值母喪歸。明年蘄、黄失守，盗起南安，討之數載始平，人服其先見。

趙良淳。餘干人。度宗時知分寧縣。分寧江西劇邑，俗尚譁訐，良淳不用刑戮，不任吏胥，取民之敦孝者身親尊禮之，至甚桀驁者乃繩以法，俗爲少革。

元

李廉。廬陵人。龍興路録事。日治公事，夜課諸生。

綽哈。扎拉台氏。靖安縣達嚕噶齊。至正十二年，蘄黄賊數萬來寇，綽哈率衆戰於象湖，大破之。乃起進士胡斗元等謀畫，而以勇士黄雲爲前鋒，自二月至八月，戰屢捷。而賊黨益盛，黄雲戰死，綽哈被圍，尋爲賊所執，殺於富州。子明安圖襲父職爲達嚕噶齊。十三年，率衆敗賊，將復縣治，十四年賊兵復至，明安圖迎戰力竭，賊執而咼之。「綽哈」舊作「潮海」，「扎拉台」舊作「扎剌台」，「達嚕噶齊」舊作「達嚕花赤」，「明安圖」舊作「民安圖」，今俱改正。

黄紹。臨川人，至正中爲靖安尹。蘄黄賊起，與達嚕噶齊綽哈同集義兵爲禦賊計。賊來寇，紹赴行省求援，道阻絶，既至，龍興亦被圍。後圍解，與明安圖招諭叛境，遇賊於建昌之高坪，與戰不勝，正衣怒罵，爲賊所害。

明

葉琛。麗水人。知洪都府。降將祝宗、康泰反，琛被執不屈，大罵死之。追封南陽郡侯，祀功臣廟。

張沖。龍巖人。正統中知進賢縣。多惠政，有瑞蓮、靈芝、野蠶成繭之異，秩滿奏留。又九年，卒於官，百姓巷哭祀之。

吕聲。桐廬人。天順中知進賢縣。敏捷有才幹，凡所修舉，功能立就。邑嘗多疫，聲剪爪齋沐禱神，七晝夜不少怠。又建社學數十區以訓蒙，人咸感之。

張翯。長洲人。成化中知南昌府。性剛鯁，達吏事，剖決如流。中官王慶索賂不與，臨行挾翯上舟，欲挫辱之。民號擁登舟，奪翯以歸。

祝瀚。山陰人。弘治中知南昌府，廉明有威。出餘金墾田二萬畝，以贍諸生，築圩五百餘處。有靈鵲巢梁、馴雁隨車之異。

李承勳。嘉魚人。由工部郎中遷南昌知府。正德六年，贛州賊犯新淦，靖安賊據越王嶺瑪瑙崖〔九〕，華林賊陷瑞州，諸道兵不敢前。承勳督民兵勦，數有功。華林賊殺副使周憲，憲軍大潰，承勳單騎入憲營，衆復集。都御史陳金即檄承勳討賊，大破之，賊遂平。

萬士賢。南海人。正德中任靖安知縣。瑪瑙賊亂，士賢練兵築城，佐知府李承勳討平之。宸濠反，遣宋祥四等募瑪瑙餘黨，士賢斬祥四等以定衆志。宸濠擒後，省刑節用，撫恤瘡痍尤至。

劉源清。東平人。正德中授進賢知縣。宸濠反，源清誓衆以死守計，積薪環室，命家人曰：「事急，火吾家。」一僕逸，手刃以狗。縣中諸惡少與賊通者，悉杖殺之，宸濠妃弟婁伯歸上饒募兵，源清邀戮之。賊檄至，立斬其使。會餘干知縣馬津、龍津驛丞孫天祐亦起兵拒賊，賊遂不敢東窺。

劉守緒。興國州人。正德中知奉新縣。宸濠反，守緒率兵出間道，夜襲賊伏於新、舊墳廠，破之，遂復南昌。

顧佖。成都人。正德中知豐城縣。積粟數萬石，水旱減價以糶。宸濠反，佖捕斬從逆者四十八人以徇，極力備禦。後從王守仁討賊有功，遷大理丞。

商大節。鍾祥人。嘉靖中知豐城縣。縣無城，累遭寇掠，大節始城之，捕境内巨寇幾盡。

本朝

楊泰。偏關人。順治初知靖安縣。金聲桓叛，城陷，泰自殺。

徐鳳鳴。奉天人。順治中知進賢縣。土寇入侵，鳳鳴率衆與戰，矢集其面，氣益奮，手殺數十人，賊懼引去。

黎士毅。長汀人。順治中知南昌縣。邑舊税溢額，士毅力請上官奏除之。山賊彭氏以僞劄聚衆，攻剽四出，督兵捕斬其魁。

林鍾。南平人。順治中由豐城丞知靖安縣。邑多盜，官兵進勦，賊拒險不出。鍾屏騎間入賊營，諭以禍福，衆感動，悉出就撫。賊既平，議請蠲租減耗，與之更始。

屠尚。江南常州人。順治中知靖安縣。盧洪十倡亂華坊坪，尚與參將張允重率兵協攻，踰月平之。曾兩粤用兵，奉檄造舟，尚設法措置而民不知。在官三載，無封殖之私。

張慎行。南宫人。順治中知靖安縣。時安義黠寇猝至，慎行募集鄉勇，出奇計追逐，殲之。

魏雙鳳。獲鹿人。康熙中知新建縣。大兵自楚入廣，軍需旁午，雙鳳理之裕如。以暇創立縣治、學宫，修驛築塘，課士西昌書院。績最，擢御史。

王斗樞。諸城人。康熙中知進賢縣。繕城隍，新學校，墾荒田若干頃。時閩亂，土賊間起，南康盜李標等泝湖上，焚掠連晝夜。斗樞奉檄進勦，多斬獲。

董宏毅。奉天正紅旗人。康熙中知奉新縣。時耿逆煽亂，賊至逼城，宏毅率官兵捍禦，手斬爲内應者，發矢先斃僞左將軍，生擒六人。賊潰，城賴以全。明年，賊萬餘踞城北獅山，礮石雨下。宏毅殲其前鋒，又斬賊於邑之棉花地，賊悉平。邑遭亂後，丁缺田荒，爲繪圖申請，減賦之半。在職四載，勤勞奉公。

任暄猷。汝寧人。康熙中知寧州。戌卒亂，連山賊入攻，把總周焜戰殁，暄猷練鄉勇數千，三戰皆破之。

楊周憲。大興人。知新建縣。江西舊多火患，教民疏列火巷，遇災多免延燎。遞卒役勞而食薄，購田贍之。修學建書院，善政畢舉。嘗葺邑志，著羣書衍義。

校勘記

〔一〕今爲榮塘市　「榮塘市」，乾隆志卷二三八南昌府古蹟（下同卷簡稱乾隆志）及雍正江西通志卷三八古蹟皆作「黄金陂」。

〔二〕華林賊胡雪二立寨於此　「胡雪二」，原作「胡雷二」，據乾隆志及明史卷一九九李承勛傳。明武宗實録卷九二正德七年十月乙酉條記事改。

〔三〕郡人羅顯汶倡築新堤十餘里　「堤」，原作「限」，據乾隆志及雍正江西通志卷一四水利一改。

〔四〕太守沈法秀招魂葬砌於此　「法」，原作「去」，乾隆志同，據太平寰宇記卷一〇六江南西道四洪州及雍正江西通志卷四六秩官一改。

〔五〕胡世寧　「寧」，原作「安」，據乾隆志及雍正江西通志卷一〇八祠廟改。按，本志蓋避清宣宗諱改字。

〔六〕在新建縣昌邑山　「邑」，原作「色」，據乾隆志及雍正江西通志卷一〇八祠廟改。

〔七〕明爲永寧寺　「寧」，原作「安」，據乾隆志改。

〔八〕安成人劉敬宫挾妖道　「成」，原作「城」，乾隆志卷二三九南昌府名宦同，據梁書卷三四張緬傳改。按，「宫」，梁書武帝紀、資治通鑑作「躬」。

〔九〕靖安賊據越王嶺瑪瑙崖　「越」，原闕，乾隆志同，據明史卷一九九李承勳傳補。

大清一統志卷三百十

南昌府三

人物

漢

李淑。豫章人。更始初爲軍師將軍。時所授官爵，皆羣小賈豎，淑上書諫。更始怒，繫淑詔獄。

何湯。南昌人。事桓榮爲高弟，以才名拜郎中，守開陽門候。上微行，夜還，湯閉門不納，明旦賜食。建武十六年夏旱，公卿皆暴露請雨，洛陽令著車蓋出門。湯將衛士，鉤令車收案。詔免令官，拜湯虎賁中郎將。上嘗歎曰：「赳赳武夫，公侯干城，何湯之謂也。」後以明經授太子尚書，推薦桓榮，榮之顯由湯云。

程曾。南昌人。習嚴氏春秋，講授數百人，著書百餘篇，皆五經通難。又作孟子章句。建初三年，舉孝廉，除海西令。

唐檀。南昌人。習京氏易、韓詩、顔氏春秋。元初七年，郡界有芝草生，太守劉祇欲上言。檀曰：「方今外戚豪盛，陽道微弱，斯豈嘉瑞乎！」乃止。永建中舉孝廉，除郎中。是時白虹貫日，檀因上便宜三事，陳其咎徵，棄官去。著書二十八篇，名唐子。

徐穉。南昌人。家貧，常自耕稼，非其力不食。恭儉義讓，所居服其德，屢辟公府不起。太守陳蕃在郡，不接賓客，惟穉來特設一榻，去則懸之。後舉有道，家拜太原太守，皆不就。延熹二年，陳蕃、胡廣等上疏薦穉，宜登三事。桓帝以安車玄纁修禮徵之，不至，時稱「南州高士」。

徐胤。穉子。篤行孝弟，亦隱居不仕。太守華歆禮請相見，不詣。漢末寇賊縱横，皆轉相約敕，不犯其閭。

三國　吴

聶友。豫章人。少爲縣吏。虞翻徙交州，縣令使友送之，翻與語奇焉，爲書與豫章太守謝斐，以爲功曹。使至都，諸葛恪友之。時論謂顧子嘿、子直，其間無所復容。恪欲以友居其間，由是知名。

楊迪。豫章人。黄龍時爲宣詔郎。時廷尉監隱蕃交結豪傑自衛，將軍全琮等皆傾心敬待，惟迪及南陽羊衜拒不與通。蕃後叛，衆乃服之。

晉

熊遠。南昌人。元帝初，累遷尚書左丞、散騎常侍，帝每歎其公忠。轉御史中丞。時尚書刁協用事，遠奏免協官。冬雷電，遠上疏陳三失，補會稽内史。王敦作逆，加遠將軍，拒不受。還，拜太常卿。敦深憚之。

幸靈。建昌人。少號爲癡，後爲人療疾，去妖怪輒有驗。性至恭，見人即先拜，言必自名。周旋江州間十餘年，賴其術以濟者極多。

羅企生。豫章人。爲殷仲堪諮議參軍。仲堪敗，文武無送者，惟企生從焉。桓玄至荆州，或勸其詣玄，企生曰：「殷侯遇我以國士，不能共殄醜逆，亦何面目復求生乎！」玄聞之大怒，即收企生。問所欲言，惟乞一弟以養母，遂遇害。

南北朝　宋

胡藩。南昌人。少孤，居喪以孝聞。過江陵，知殷仲堪必敗。武帝召參軍事，從征伐，屢立奇功，封山陽縣男。累遷太子左衛率。卒，謚壯侯。

雷次宗。南昌人。少入廬山，篤志好學，尤明三禮、毛詩，不受徵辟。元嘉十五年，徵至都，開館雞籠山，聚徒教授。久之還廬山，後又徵詣都，築室鐘山，謂之招隱館，使爲太子諸王講經。卒於鐘山。子肅之，頗傳其業。

梁

滕曇恭。南昌人。五歲，母楊氏患熱，思食寒瓜，土俗不產。曇恭歷訪不能得，銜悲哀切。俄遇一桑門曰：「我有兩瓜，分一相遺。」還以與母，舉室驚異，尋訪桑門，莫知所在。及父母卒，哀慟幾絶，蔬食終身。豫章内史王僧虔引爲功曹，不就。王儉號爲「滕曾子」。

唐

沈季詮。洪州豫章人。事母孝，未嘗與人争，皆以爲怯。季詮曰：「吾怯乎？爲人子者，可遺憂於親乎？」貞觀中，侍母渡江，暴風，母溺死。季詮號哭投江中，少頃，持母臂浮出水上。都督謝叔方具禮祭而葬之。

劉眘虚。新吴人。開元中爲崇文館校書郎，與孟浩然、王昌齡友善。評者目其詩情幽興遠，思苦語奇，可以傑立江表。

臧嘉猷。南昌人。開元中刺史吴兢召之，不赴，著無求論以見志。天寶間詔至都堂論政，左相李適之稱其學究天人，宜加拔擢。嘉猷以親老不仕，賜束帛歸，命以所居里爲旌賢坊。

王季友。豐城人。家貧賣屨，博極羣書，善爲詩。李勉觀察江西，引爲賓客，甚敬之。

宋

胡仲堯。奉新人。累世聚居，至數百口。雍熙初，詔旌其門。淳化中，州境旱，仲堯發廩減市直以賑饑，太宗嘉之。除本州助教，累遷國子主簿，致仕。弟仲容，淳化五年賀壽寧節，授試校書郎，又以御書賜之，公卿多賦詩稱美。累遷光禄丞，致仕。

陳恕。南昌人。太平興國進士，通判澧州〔二〕，歷知大名府，皆以吏幹聞。拜鹽鐵使，釐去宿弊，太宗深器之，題殿柱曰「真鹽鐵陳恕」。真宗時拜吏部侍郎，知貢舉，取王曾爲首，歎曰：「名世才也。」母亡，哀慕過甚，遂至羸瘠。遷尚書左丞，病劇，薦寇準自代。恕多識典故，精於吏理，前後掌利柄十餘年，强力幹事，胥吏畏服，有稱職之譽。

袁抗。南昌人。舉進士，累遷益州路轉運使。三司歲市綾錦鹿胎萬二千匹，抗奏蠲其半。黎州歲售蠻馬，詔擇不任戰者却之，抗以諸部仰此衣食，請如舊制。召爲三司鹽鐵副使，改少府監，卒。抗喜藏書，至萬卷，江西士大夫家鮮及也。子陟，刻厲好學，善爲詩，終殿中丞。

陳執中。恕之子，以父任爲秘書正字。真宗時，大臣無敢言建儲者，執中進演要三篇，以早定天下根本爲説。帝袖其疏示輔臣，遂立皇太子。慶曆中，同中書門下平章事，封岐國公。在中書八年，不敢干以私，四方問遺不及門。卒，贈太師，謚曰恭。

余良肱。分寧人。第進士，調荆南司理參軍，通判杭州，知虔州，皆有善政，除三司判官。關陝用兵，朝議貸都下民錢，良肱争之，議遂格。提舉汴河司。時議伐汴隄木以資狹河，良肱屢争不能得，請不與其事。遷光禄卿，知宣州，治爲江東最。子卞，博學多大略。知沅州，討平五溪叛蠻。卞弟爽，尚氣自信，應元豐詔，上便宜十五事，言過剴切。元祐末，復請太皇太后還政。章惇恨爽不附己，除名竄封州。崇寧中，與卞俱入黨籍。

黄庠。分寧人。博學强記，超敏過人。初至京師，就舉國子監、開封府、禮部，皆第一。比引試崇政殿，以疾不時入，天子遣内侍即邸舍撫問，賜藥劑。時庠名動京師，所作程文，傳誦天下，近世布衣罕比。

黄廉。分寧人。第進士，歷州縣。神宗詔訪時務，對甚悉，擢監察御史裏行。河決曹村，壞民田廬，受詔安撫，所活二十五萬。元祐初，爲户部郎中。陸師閔茶法爲川陝害，遣廉按察，奏罷其太甚者。累拜給事中。

黄庭堅。分寧人。幼警悟，讀書數過輒成誦。舉進士，調葉縣尉，知太和縣，以平易治。哲宗立，召爲校書郎。神宗實録成，擢起居舍人。性篤孝，母病彌年，衣不解帶，及亡，廬墓下，哀毁幾殆。紹聖初，出知鄂州，章惇、蔡卞惡之，貶涪州别駕、黔州安置，徙戎州。徽宗初，起知太平州，復謫宜州，卒。庭堅學問文章，天成性得，與張耒、晁補之、秦觀俱遊蘇軾門，天下稱爲「四學士」。而庭堅尤長於詩，世以之配軾稱「蘇黄」。自號山谷道人。

范璿。豐城人。政和進士。知甌寧縣，秩滿，人争留之，列治狀十事於郡守以聞。遷兵部員外郎，上言帝王弔伐事，語剴切。時秦檜主和議，璿力争曰：「宰相須開懷聽天下人言，安可以私意害公議耶！」出知南劍州。著有松谿集。

徐俯。分寧人。父禧，以獻策累官給事中。元豐中，城永樂，詔禧往相其事。夏人趨新城，禧亟赴拒戰，城陷死之。贈吏部尚書，謚忠愍。俯以父蔭授通直郎，累至司門郎。張邦昌僭位，遂致仕。建炎初，用薦爲右諫議大夫，累擢權參知政事。俯有俊才，與曾幾、吕本中遊。有詩集六卷。

李大性。本端州人，其先積中入元祐黨籍，始家豫章。大性少力學，習本朝典故，以父任入官，累遷工部郎。陳傅良、彭龜年等以言事相繼去，大性抗疏力諫。孝宗崩，光宗疾未能執喪，大性疏言若待金使祭奠，然後執喪，則貽譏中外。歷户部尚書。開禧將用兵，大性條陳利害，忤韓侂胄，出知江陵府。除刑、兵二部尚書，再知平江府。卒，謚文惠。與弟大異、大東，並爲名臣。

黄疇若。豐城人。淳熙進士。知廬陵縣，治爲諸邑最。開禧初應詔言急務，拜監察御史，多所陳奏。吴曦叛後，朝廷擇人，命疇若知成都府。蠲積欠，罷冗員，平諸蠻，留蜀四年，弊根蠹穴，苗薅髮櫛。召權兵部尚書。以焕章閣學士致仕。所著有竹坡集。

范應鈴。豐城人。開禧進士。調永新尉，累知崇仁縣、吉州，皆有政績。召爲金部郎官，遷尚左郎官，所言皆讜直。歷大理少卿，卒。應鈴開明磊落，守正不阿，别白是非，見義必爲，不以得失利害動心。徐鹿卿稱其經術似兒寬，決獄似雋不疑，治民似龔遂，風采似范滂，理財似劉晏，而正大過之。人以爲名言。所著西堂雜著十卷、對越集四十九卷。

羅必元。進賢人。嘉定進士。調撫州司法參軍，知餘干縣，皆有風力。淳祐中，通判贛州。賈似道總領荆湖，克剥日甚，必元上疏，以爲蠹國脈、傷民命，似道銜之。改知汀州，爲丁大全按去。度宗朝，直寶章閣致仕。必元嘗從危稹、包遜學〔二〕，見理甚明，風節甚高，鄉人皆尊慕之。

徐鹿卿。豐城人。博通經史，以文學名於鄉。嘉定中第進士。都城火，應詔上封事，真德秀稱其氣平論正，有憂愛之誠心。歷知安南縣、建昌軍，治行大孚。擢度支郎官，入對，極陳時弊。爲江東轉運判官，兼領太平，移浙東提點刑獄，皆有政績。擢太府少卿，請定國本、正紀綱、立規模，上嘉納之。累官禮部侍郎。卒，謚清正。鹿卿居家孝友，喜怒不形，居官廉約，毫髮不妄取。所著有泉谷文集、奏議、講義，及手編漢唐文類〔三〕、文苑菁華。

黄嵤。分寧人。嘗從朱熹學，熹深期之。而嵤亦以道自任，反覆辨論，必無所疑然後止。舉進士，知盧陽縣，獠人感悦。遷知台州，葉適謂嵤條目建置，憂民如家。著有復齋集。

徐經孫。初名子柔，豐城人。寶慶進士，累官太子詹事，輔導東宫，敷陳經義，隨事啓迪。景定三年春雷，詔求直言，經孫所對，切中時病。公田法行，經孫條其利害，忤賈似道，免歸。

冷應澂〔四〕。分寧人，寶慶進士。調廬陵主簿，即以廉能著。知萬載縣，葉夢得列其行事〔五〕，風厲餘邑。景定初，知德慶府，擒伏峒獠，經略雷宜中薦應澂可大用。累遷直寶章閣、廣南東路經略安撫使。屢平大寇，未嘗輕殺，笞杖以降，亦加審慎。至其臨事輒斷，雖勢要不爲撓奪。

黄介。分寧人。制置使朱禩孫帥蜀，介上攻守策，禩孫愛之以自隨。後家居，率鄉民爲保聚計。元兵至，介堅守，且射且詬，面中六矢不爲動。再戰，身被鏃如蝟，面頸復中十三矢，倚柵而死。家童陳力亦戰死。子用中，以母劉氏被掠，及壯，求母四方，逾十年得於京師以歸，州里稱黄孝子云。

元

熊朋來。豫章人。教授生徒，儒者倚以爲重。朝廷以東南儒學之士，惟福建、廬陵最盛，特起爲兩郡教授。所至，考古篆籀文字，調律吕，協歌詩，以興雅樂。既滿考家居，門人歸之者日盛，旁近舍皆滿，至不能容。朋來爲説經義，老益不倦。其學尤深三禮。有集三十卷，學者稱天慵先生。

雷光霆。寧州人。家居教授，程鉅夫、詹天遊皆其徒也。嘗著九經輯義、史子辨、詩義指南若干卷。至元中遣使徵之，未至卒，學者稱龍光先生。

陰幼遇。奉新人。家數百口，五世同居。著有韻府羣玉。兄幼達，字中夫，爲注釋。

趙一德。新建人。至元中被俘至燕，爲鄭留守家奴，歷事三世。一日拜請於其主鄭阿爾薩蘭，欲歸視父母，伏地涕泣，阿爾薩蘭母子感動，許之，期一歲而返。一德至家，父兄已殁，惟母在，年八十餘。一德葬父兄畢，如期而返。阿爾薩蘭母子歎其孝，縱爲良，將辭歸，會阿爾薩蘭以冤被誅，詔簿録其家，羣奴各亡去。一德獨留，詣中書訴枉，得雪，還其籍。阿爾薩蘭之母嘆曰：「疾風勁草，於汝見之。」遺以田廬，不受而去。皇慶元年，旌其門。「阿爾薩蘭」舊作「阿思蘭」，今改正。

揭傒斯。富州人。父來成，宋鄉進士。傒斯讀書刻苦，父子自爲師友。大德間，程鉅夫、盧摯薦於朝。三入翰林。天曆初，開奎章閣，首擢授經郎，教勳戚大臣子孫。文宗時有諮訪，恒以字呼之而不名，甚見親重。元統初，累升侍講學士，知經筵。修遼、金、宋三史。卒，追封豫章郡公，謚文安。傒斯少窮約，暨有禄入，輒愀然曰：「吾親未嘗享是。」爲文嚴整簡當，詩尤清婉麗密，朝廷大典册及元勳茂德銘辭，必以命焉。

熊凱。南昌人。精理學，以明經開塾四十餘年，時稱遥溪先生。子東，造詣高遠，從遊益衆。凱門人熊良輔，最知名，有易傳集疏、風雅遺音、小學入門等書。

熊復。新建人。以五經教授鄉里，四方來學者常數百人。著春秋成紀。

湯霖。新建人。少喪父，事母至孝。母嘗病熱，曰：「惟得冰，我病可愈。」時天氣甚燠，霖求冰不得，累日號哭池上。忽聞池中戛戛有聲，乃冰澌也，取以奉母，病果愈焉。

齊哩克扣。本輝和爾人。父文質，官於江西，因家龍興。兄弟五人俱登第。克扣由翰林出監潮州，罷歸。至正間，紅巾賊起，檄守北門，城陷，投井死，妻妾子女死者十一人。「齊哩克扣」舊作「偰列箎」，「輝和爾」舊作「畏兀」，今俱改正。

胡斗元。靖安人。至正十年，領鄉薦第一，署鰲溪書院山長。賊至靖安，斗元以鄉兵擊敗之，入縣治，與達嚕噶齊綽哈共圖戰守。及綽哈被執，賊脅之使降，駡不屈，以土埋其腰不死，又縛至暗室。斗元仆牆以出，逃入深山而死。

巴延子中。其先西域人。祖父仕江西，因家焉。由東湖書院山長，辟爲分省都事，使守贛州。陳友諒破贛，子中間道走閩，出奇計復建昌，浮海如元都獻捷。累遷吏部侍郎，持節發廣東何真兵救閩，至則廖永忠已降何真。子中墮馬折足，致軍前，脅降之不屈，義釋之。乃潛隱進賢之北山。明洪武十二年，詔以幣聘。使者至，子中曰：「事晚矣。」爲歌七章，飲鴆而死。「巴延」舊作「伯顔」，今改正。

明

李叔正。靖安人。年十二能詩，爲「江西十才子」之一。洪武初，以薦徵爲國子學正，改渭南丞，復召爲助教。時帝方加意國學，而諸生多貴胄，不率教。叔正嚴立規條，旦夕端坐，督課無倦色。擢監察御史，累遷禮部尚書，卒於官。妻夏氏，當陳友諒陷南昌時，投井死，叔正遂終身不再娶。

朱善。豐城人。九歲通經史，能屬文。隱山中，著詩經解頤、史輯。洪武八年，廷試第一，授修撰，擢文淵閣大學士。論説多稱旨。嘗講家人卦、心箴，帝大悦。告歸，卒。正德中，謚文恪。

朱夢炎。進賢人，以博洽聞。洪武初，召居賓館，命集古事爲質直語，以教公卿子弟。除國子博士，累拜禮部尚書。帝方稽古右文，夢炎援古證今，剖析源流，如指諸掌，朝論甚服。

曾秉正。南昌人。洪武初，爲海州學正。以天變詔羣臣言事，秉正上疏數千言，帝嘉之，召爲思文監丞。歷通政使，數言事忤旨，罷免。貧不能歸，鬻其四歲女。帝聞大怒，置腐刑死〔六〕。

包實夫。進賢人。父希魯，嘗受尚書於吴澄，動履端嚴，爲後進楷法。實夫明經篤學，事親至孝。洪武中，嘗暮歸遇虎，曳入林中，實夫拜且告曰：「爾食我何恨，如父母衰老缺養何！」虎復曳至故處而去。人因名其地爲拜虎岡。

胡儼。南昌人。洪武中舉鄉試，歷三縣教諭。建文初，授桐城知縣，多善政，桐人祀之朱邑祠。成祖即位，以解縉薦授檢討，直文淵閣，拜國子監祭酒，朝廷大著作多命儼。居國學二十年，教範嚴肅，進太子賓客，致仕。宣德初，以禮部侍郎召，辭歸。

黄宗載。豐城人。永樂初，爲湖廣僉事，姦猾莫敢犯。坐事謫横青驛驛夫，起爲御史，彈劾不少避。巡按交阯，及歸，無私橐。累遷南京吏部尚書，乞休歸。宗載持廉守正，學問文章皆負時望。

向寶。進賢人，授兵部員外，擢應天府尹。永樂時，累遭讒謫。仁宗即位，召爲右都御史兼詹事〔七〕。尋掌南京都察院，致仕。寶有文學，居官廉介，士論重之。

龔鐩。南昌人。永樂中歷雲南僉事，秩滿還朝。言時政闕失，忤旨下獄。用薦起原官。宣德末，再用薦擢四川按察使，決淹獄，杜牽連。居官四十餘年，家無儲蓄。

劉端。南昌人，官大理丞。成祖即位，遣端還職，命治方孝孺獄。時方暑月，坐縱孝孺息樹陰，劓鼻死。同邑王高，與端同年進士，又同爲大理丞，亦坐縱孝孺劓死。隆慶初，俱敕祀南昌大節祠。

王讓。南昌人，由舉人爲國子學録。成祖知其孝行，命入侍皇太孫説書。太孫升儲，由助教擢贊善。既即位，超拜吏部右侍郎。讓言誠行篤，有儒者矩度，居官亦善自守。

史安。豐城人。永樂進士，授禮部郎中。宣德二年，交阯復叛，安從兵部尚書李慶及安遠侯柳升討之。升連破賊柵，有矜色，安曰：「驕者兵家所忌，賊示弱以誘我，未可知，宜設備。」升不聽，果中伏敗没，安死之。

熊槩。豐城人。永樂進士，授御史，擢廣西按察使，調廣東。宣德初，擢大理卿，巡視江南、浙西八郡，捕治豪惡不少貸，於是奸宄帖息，閭閻清静。賜璽書奬勵。遷右都御史，兼署刑部，尋感風眩卒。

萬觀。南昌人。永樂進士，授御史，出知嚴州府，居九年，考績爲天下第一。改陽平府，治聲益著，擢山東布政使。

范衷。豐城人。永樂進士，歷壽昌知縣、汝州知州，一以清節自持，妻子告乏亦不顧。吏部尚書王直舉天下廉吏數人，衷爲第一。性至孝，廬父墓，瓜生連枝，有白兔三常馴擾墓側，鄉人莫不高其行。

況鍾。靖安人。永樂中，由吏員授禮部主事，遷郎中。宣德中，擢知蘇州府，賜敕以遣之。至則鋤强植弱，興利除害，不遺餘力。秩滿當遷，郡人乞留，詔進二秩再任。卒於官，吏民聚哭，立祠祀之。

熊尚初。南昌人。始爲吏，以才擢都察院經歷。正統中，用薦遷泉州知府。盜起，上官檄之監軍，不旬日降賊數百。已而賊逼城下，守將不敢禦，尚初提民兵數百，拒於古陵坡，力戰而死。郡人哀之，爲配享忠臣廟。

丁鉉。豐城人，以進士歷刑部郎中。正統三年，超拜右侍郎。嘗理茶四川，賑饑山東、河南，皆著惠愛。十四年，扈駕北征，死於土木之難。景泰初贈尚書，後謚襄愍。

王得仁。新建人，本姓謝。五歲喪母，哀號如成人。初爲衛吏，以才薦授汀州府經歷。秩滿當遷，軍民數千乞留，詔贈秩再任。推官缺，英宗從軍民請，就令遷擢，政績益著。率兵討賊，遘疾卒。喪還，哭奠者屬路。天順末，詔立祠祀之。子一夔，天順四年進士第一，授修撰，進諭德。成化七年彗星見，應詔陳五事，語極剴摯，被旨切責。累遷工部尚書，卒贈太子少保，謚文莊。

李裕。豐城人。景泰進士，授御史，巡按陝西，有强直聲。擢山東按察使，平大峴山賊寨七十餘。累遷右副都御史，總督漕運，兼巡撫江北諸府，皆有治績。後以吏部尚書致仕。

楊瑄。豐城人。景泰進士，授御史，剛直尚氣節。天順中，印馬畿内，至河間，民遮訴曹吉祥、石亨奪其田，瑄以聞，並列二人怙寵專權狀。帝語閣臣曰：「真御史也。」後爲亨等所陷，下獄論死，會大風雨雹，得從末減，改戍，半道赦還。或謂當詣亨、吉祥謝，卒不往，復戍南丹。憲宗即位，還故官，遷浙江副使，歷十餘年，政績卓然。進按察使，卒於官。

熊懷。豐城人。天順進士，由刑部主事知廣平府，歷廣東左布政使，皆有治行。性嚴重，寡言笑，薄嗜慾，議論侃侃，居官嚴於自守，未嘗通問政府。終南京刑部侍郎〔八〕。

張元禎。南昌人。五歲能詩。登天順進士，選庶吉士，授編修。憲宗立，疏請行三年喪，預修英宗實録，與執政議不合，引疾歸。居家講求性命之學，閱二十年。弘治初，詔修憲宗實録，疏勸帝行王道，反覆萬言。累進學士，充經筵日講官，掌詹事府。帝晚年德益進，元禎因請讀太極圖說、通書、西銘諸書，帝亟取觀之，喜曰：「天生斯人，以開朕也。」武宗立，進吏部左侍郎，尋卒。天啓初，追謚文裕〔九〕。

劉志清。豐城人，六世同居。成化中旌表。

楊峻。進賢人。成化進士，知丹徒縣，有治聲。擢御史，清軍湖廣，除衛所勾户補軍之害，摘奸發弊，吏莫能欺。歷浙江布政使〔一〇〕。鎮守太監横取於民，峻面數其罪，勢稍戢。遷南京光禄卿，諸上供常制外，悉從減省。致仕歸，所居與縣鄰，十年未嘗入其庭。親喪廬墓，至老不宴飲。

艾璞。南昌人。成化進士，累官都御史〔一一〕。巡撫蘇松諸郡，平崇明巨寇施鈕。魏國公徐俌争民田，璞勘實，歸之民。俌賄劉瑾，搆璞逮獄，編管海南爲民。瑾誅，復官致仕。璞嘗奉詔求言，陳修德六事、聖政七事。爲光禄，請減齋醮供事冗費，侃侃有直臣風。

楊廉。豐城人。父崇，受業吴與弼門人胡九韶，得其端緒，官至永州知府。廉承家學，早以文行稱。成化末舉進士，選庶吉士，授南京户科給事中。數言時政。歷順天府尹，擢南京禮部右侍郎。武宗將南巡，疏諫不報，及至南京，命百官戎服朝見，廉乞用常儀，更請謁見太廟，報許。世宗嗣位，就遷尚書，疏争大禮，不納，遂乞歸。廉與羅欽順友善，爲居敬窮理之學，自禮樂錢穀至星曆算數，具識本末。著書二十餘種，學者稱月湖先生。卒，贈太子太保，謚文恪。

陳伯宣。靖安人。爲諸生，親喪廬墓。子恩復刺血和藥愈母疾。弘治中，父子並旌。

楊源。瑄子。以通曉天文，授五官監候。正德初，劉瑾亂政，源以星象摇動、霾霧時作，奏言小人擅權，下將叛上。瑾怒，矯旨杖三十。尋又奏火星入太微垣帝座前，乞收攬政柄，思患預防。瑾復矯旨，杖六十，謫戍肅州。以創卒於河陽驛，其妻斬蘆荻葬之。熹宗時，賜謚忠懷。

葉釗。豐城人。弘治進士，歷南京刑部員外郎。武宗立，應詔陳八事，中言中官典兵之禍，且國初宦官悉隸禮部，請復舊制，易置司禮；罷革東廠，使不得擅權亂政。劉瑾見疏，憤甚。又乞詔還劉大夏，宥諫官戴銑等。瑾益怒，逮下詔獄，削籍歸。講學嶽麓石鼓書院。瑾誅，起禮部員外郎，已先卒。學者祀之石鼓書院。

朱廷聲。進賢人。弘治進士，授御史。正德初，尚膳太監劉杲以病乞改督京倉，廷聲言方議改革，不當復增以失信天下。尋與御史趙佑、徐鈺等交章極論中官之罪，劉瑾指爲奸黨，勒罷之。瑾誅，起浙江僉事。嘉靖中，歷右副都御史，巡撫湖廣。終刑部右侍郎。

宋景。奉新人。弘治進士，知睢州，以廉辦稱。嘉靖中，歷山西副使、布政使，皆有政績。累遷南京兵部尚書，參贊機務。奏裁守備參隨私人，汰革冗費，省公私錢六十餘萬。入爲左都御史。景練達國體，志行剛方，不通私情。卒，贈太子少保，謚莊靖。

熊浹。南昌人。正德進士，授禮科給事中。宸濠將變，浹與同邑御史熊蘭草奏，授御史蕭淮上之。出覈松潘邊餉，劾副總兵張傑貪虐狀，奪其職。世宗踐阼，疏言宜推崇本生。累遷右都御史，掌院事。會刑部郎中魏應召按張福獄，浹是應召議。帝怒，褫職。久之，起爲南京禮部尚書，尋召入爲兵部尚書，改吏部。以疏論乩仙之妄忤旨，斥爲民。浹雖由議禮顯，然不甚黨比，尤愛護人才。其去吏部也，善類多思之。隆慶初復官，卒謚恭肅〔一二〕。

熊蘭。南昌人。正德進士，授御史。宸濠蓄異志，蘭發其謀。巡按廣東，所至旌廉黜貪，人莫敢犯。弟葛，以學行聞，宸濠招之不可，羈禁歲餘，終不附。

辜增。南昌人。宸濠反，見迫，抗節不屈，一家百口皆死。

葉景恩。新建人，居吴城。宸濠捕景恩，脅降之，不屈死。濠兵過吴城，弟景充以二百人邀擊，不勝，族衆四十九人皆死之。

萬木。新建人。宸濠反，與同邑鄭山集鄉人結寨自固。賊黨謝重一馳馬入村，執縛睢陽廟前，并馬生焚之。後與山歛江上，爲賊所傷，趨見宸濠，烙而椎之，皆駡賊死。

趙楠。南昌人。爲諸生。兄模，嘗捐粟佐賑。宸濠夜捕模索金，楠代兄往。脅以威，不屈，被掠而死。

舒芬。進賢人。正德十二年進士第一，授修撰。時武宗數微行，芬疏諫不報。及議南巡，復偕編修崔桐等上疏極諫，帝怒，命跪闕下五日，杖三十，謫福建市舶副提舉。世宗即位，召復故官。帝欲尊崇本生，芬偕其僚連章極諫，尋與同官楊慎等伏左順門哭争。帝怒，下廷杖。旋遭母喪，歸卒。芬負氣峻厲，以倡明絶學爲己任，貫串諸經，尤精於周禮。學者稱梓溪先生。萬曆中，追謚文節。

萬潮。進賢人。正德進士，官禮部主事。以諫南巡下獄廷杖，與舒芬、夏良勝、陳九川稱「江西四諫」。世宗立，起故官，歷浙江參政。忤權貴，調廣西。累遷右都御史，巡撫延綏，所至著政績。

余禎。奉新人。正德進士。嘉靖初，爲兵部主事。以伏闕争大禮，廷杖死。穆宗立，贈光禄少卿。

周期雍。寧州人。正德進士，授南京御史。劉瑾既誅，爲瑾斥者悉起，兼劾羣閹者未得録。期雍偕同官王佩力請，遂皆召用。焦芳、劉宇猶在列，劉大夏、韓文、楊守隨、林瀚、張敷華未雪，期雍皆極論之。嘉靖初，授浙江參議，討平温、處礦盗。累遷右僉都御史，巡撫順天。終刑部尚書。

魏良弼。新建人。嘉靖進士，歷刑科給事中。巡視京營，劾罷保定侯梁永福、太僕卿曾直等，直聲大著。南京御史馬敭等以劾吏部尚書王瓊被逮，良弼請釋之。帝怒，下詔獄。贖職，遷禮科都給事中。彗星見，劾罷大學士張孚敬。踰月，復劾吏部尚書汪鋐，忤旨奪俸。及孚敬再起柄政，與鋐修前隙，遂以考察削職。隆慶初，即家拜太常卿，卒。天啓初，追謚忠簡。

魏良政。良弼弟。王守仁撫江西，與良弼弟良器、良貴咸學焉，良政功尤專。孝友淳樸，燕居無惰容，嘗曰：「不尤人，何人不可處？不累事，何事不可爲？」舉鄉試第一而卒。良弼嘗言：「吾夢中見師伊，輒汗流浹背。」其爲兄敬憚如此。

魏良器。性超穎絶人，王守仁亟稱之。主白鹿書院，生徒至數百人。其學雖宗良知，而踐履平實。學者稱藥湖先生。弟良貴，亦以學行重，官右副都御史。

李遂。豐城人。少從歐陽德學。登嘉靖進士，歷禮部郎中，忤尚書夏言，下獄謫湖州同知。累遷右僉都御史，提督操江軍政，忤旨罷歸。會倭擾江北，以故官撫鄖陽四府，前後二十餘戰，賊盡殄。遷南京兵部侍郎。振武營軍變，遂撫安之，密捕首惡治罪。以功擢南京參贊尚書，捕斬妖僧，申嚴什伍，留都自是無患。以老致仕。卒，贈太子太保，謚襄敏。弟逢，由進士爲吏科給事中。侍郎劉源清下吏，逢救之，坐並繫。得釋，改户科。世宗幸承天，偕同官諫，下獄，謫永福典史。終德安知府。

曾鈞。進賢人。嘉靖進士，擢禮科給事中。奏罷四方銀場，劾罷參贊尚書劉龍，又劾翊國公郭勛、禮部尚書嚴嵩等，直聲震一時。出爲雲南副使、四川參政，皆有聲。累遷右副都御史，總理河道四年，功績甚著。入爲刑部右侍郎，乞歸，卒。贈尚書，謚恭肅。

萬虞愷。南昌人。嘉靖進士，擢南京兵科給事中。覈武職冗員，黜戚畹冒襲，及他越資遷授者百二十人。尋劾罷南京户部尚書閔楷、督儲都御史劉渠，出爲山東參議，歷右副都御史，總督漕儲，所至著政績。終刑部右侍郎。虞愷敦樸有行義，不務爲名高，一時推爲長者。

萬思謙。南昌人。學宗王守仁。嘉靖進士，知嘉定縣，築城備倭。歷官南京太常卿。會張居正奪情視事，移書責之，坐罷。

萬恭。南昌人。嘉靖進士，歷大理卿。寇逼通州，帝方急兵事，遂擢兵部右侍郎。恭列上選兵、議將、練兵車火器諸事，皆報可。後巡撫山西，總理河道，皆有功績。恭强毅敏達，諳國家大計，一時稱才臣。

吴桂芳。新建人。嘉靖進士，歷禮部主事、揚州知府。禦倭有功。累遷兵部右侍郎，提督兩廣軍務。羣盜李亞元、葉丹樓連歲爲患，新舊倭繼至，桂芳次第討平之。萬曆初，總督漕運，兼撫鳳陽，開草灣及老黄河故道，修築高郵東西二堤。尋命兼理河漕，進工部尚書。卒，贈太子少保。

江治。進賢人。幼有孝行，受知於孫燧、王守仁。嘉靖中舉進士，歷廣東僉事，公廉有聲。掌鹽政，吏以羨金進，叱却之。隆慶初，累遷南京工部右侍郎，力裁織造浮費。湖口舊設關榷税，治言於户部尚書馬森罷之。致仕歸，杜門謝客，惟與窮交子弟講勵德行。年九十餘卒。天啓初，謚恭恪。

李遷。新建人。嘉靖進士。隆慶中，累擢兵部右侍郎，總督兩廣，與巡撫殷正茂等討平古田，擒巨寇韋銀豹、黄朝猛等，又擊破惠、潮山寇。召爲南京刑部尚書，引疾歸。遷出入中外三十年，不妄取一錢。歸時年七十，母喪廬墓不怠。卒謚恭介。

劉顯。南昌人。膂力絶人，家貧，入蜀爲武生。嘉靖中，宜賓苗亂，顯從官軍陷陣，格殺五十餘人，擒首惡三人，諸軍繼進，賊盡平，由是知名。歷蘇松參將，大破倭於安東，遷副總兵。倭劫江北，又盡殄之，擢署都督僉事，節制振武營軍。尋以總兵官鎮廣東，與參將戚繼光等，共破福建倭。又以江北倭未平，移鎮狼山。隆慶初，改鎮貴州，勦平儂賊。會四川都掌蠻反，命顯往鎮，屬以軍事，不期月羣蠻蕩平。復擊西川番没舌、丢骨、人荒諸砦，斬其首惡，撫餘衆。諸番畏威，咸獻首惡，西陲以安。

蔡國珍。奉新人。嘉靖進士。嚴嵩當國，欲羅致門下，不應，出爲福建提學副使。以侍養歸，家居垂二十年。起廢籍，歷吏部侍郎，進尚書。三殿災，率諸臣請修省。又倡廷臣詣文華門，請舉皇長子册立冠婚，言必得請方退，不許。尋稱疾乞休。國珍素有學行，爲時望所屬。卒，贈太子太保，謚恭靖。

魏時亮。南昌人。嘉靖進士，官兵科給事。疏言四方多盜，皆由民貧而吏不恤，請安輯災民，蠲除逋課，酌常平義倉，以贖鍰備糴，詔允行。隆慶初，上疏諫不視朝，劾中官王本無人臣禮。尋又極言宗禄不給，邊餉不支，公私交困，請立宗學，給宗田。又興屯鹽諸政，語皆切實，其他陳奏甚多。萬曆中，累遷右副都御史，攝京營戎政。終南京刑部尚書。卒，謚莊靖。

袁貞吉。南昌人。嘉靖進士，知松江府，以廉直聞。累遷河南巡撫。歲薦饑，表請發粟分部周賑，全活數十萬衆。召爲左都御史。卒，贈太子太保，謚簡肅。

李材。遂子。少受學於鄒守益，得王守仁之傳。嘉靖末，舉進士，累遷廣東僉事。討平羅旁賊，又殲倭於海口，進副使。萬曆初，張居正柄國，引疾去。起歷雲南洱海參政，備兵金騰，大破緬甸，擢鄖陽巡撫。巡按劾材在雲南冒軍功，逮下詔獄論死，幽繫五年，乃戍鎮海衛。所至輒講學，至戍所，學徒益衆。久之赦還，卒。學者稱見羅先生。子頴，父逮獄時始婚於家，聞變，挾一蒼頭，囚服詣獄侍奉六載，父出戍，又隨侍十三年。天啓改元，伏闕訴父寃，得雪。内外薦辟，不就。

鄧子龍。豐城人，驍勇絶倫。嘉靖中，應辟平江西賊，累功爲廣東把總。萬曆初，從張元勳平巨盗賴元爵、陳金鶯、羅紹清等，累遷湖廣參將，討平麻陽、靖州諸苗。緬甸犯雲南，詔移永昌，屢破賊衆，進副總兵。丁改十寨賊作亂，奮擊大破之。倭陷朝鮮，子龍提水軍爲前鋒，時年踰七十，意氣彌厲，攜壯士二百，直前奮擊。忽他舟誤擲火器入子龍舟中，舟焚，乘勢來攻，力戰死。贈都督僉事，廟祀朝鮮。

鄧以讚。新建人。隆慶五年，會試第一，廷試第三，授編修。萬曆初，座主張居正柄政，移疾歸。後歷南京祭酒，就擢禮部侍郎，轉吏部。再疏請建儲，且力斥三王並封之非，事竟寢。召爲吏部右侍郎，力辭不拜。以讚生有異質，好讀書講學，而篤於孝行，立志端潔。登第二十餘年，在官僅一考。居母憂，不勝喪而卒。贈禮部尚書，謚文潔。

涂杰。新建人。隆慶進士。由龍游知縣入爲御史，擢光禄少卿。三王並封詔下，杰與本寺丞王學曾合疏力爭，忤旨削籍。熹宗時，贈太常少卿。

萬國欽。新建人。萬曆進士。爲御史時，不避權貴。和爾齊諸部犯臨洮、鞏昌，帝召閣臣咨方略，申時行以款貢足恃爲言，國欽抗疏，極言時行等朋奸誤國，且列其納賄數事。謫劍州判官，後終南京刑部郎中。「和爾齊」舊作「火落赤」，今改正。

劉幼安。南昌人。萬曆進士，授編修，歷左中允，直皇子講幄。時册立未舉，外議紛紜，幼安旁慰曲喻，依於仁孝，光宗心識之。礦使四出，幼安發憤上疏，極言稅監李道、王朝諸不法狀，不報。以母病歸，起南京祭酒，三載復奉母歸。後召爲禮部侍郎，未至卒。贈尚書，謚文簡。

陳道亨。新建人。萬曆進士，歷南京吏部郎中。同里鄧以讚、衷貞吉亦官南都，人號「江右三清」。由湖廣參政，遷山東按察使、右布政使，轉福建，所至不私一錢，以右副都御史提督操江〔一三〕。光宗立，總理河道。妖賊徐鴻儒作亂，道亨守濟寧，扼諸要害，運道獲通。拜南京兵部尚書。楊漣劾魏忠賢〔一四〕，被譙責，道亨偕九卿力争，不納，遂乞歸。崇禎初，贈太子少保，謚清襄。子弘緒，好學能文，爲晉州知州，坐事謫湖州經歷。罷歸，累薦不起。

饒伸。進賢人。萬曆進士，授工部主事。時黄洪憲典順天鄉試，首録閣臣王錫爵子衡，申時行壻李鴻亦預焉。禮部郎中高桂發其事，反奪俸。伸抗疏争之，下詔獄削籍。起南京工部主事，累遷刑部侍郎。熹宗時，魏忠賢亂政，告歸。所輯學海六百餘卷，時稱其浩博。兄位，亦進士，累官工部右侍郎〔一五〕。母劉氏，年百歲，兄弟同歸侍養，稱盛事。

劉一燝。南昌人。萬曆進士，選庶吉士，累官禮部侍郎。光宗立，晉尚書，兼東閣大學士。帝崩，李選侍匿皇長子不出，一燝入臨畢，大言：「誰敢匿新天子者！」乃出之。一燝急趨前呼萬歲，掖升輦，至文華殿，即東宫位。明日羣臣疏請移宫，一燝偕同官請即日降旨，竚立宫門以俟。選侍不得已移他宫，事始大定。熹宗踐祚，與韓爌同心輔政，發内帑，抑近倖，登俊良，搜遺逸，中外欣欣望治。已而魏忠賢、客氏漸用事，羣小附和，力攻一燝，遂致仕歸。忠賢矯旨削奪。崇禎初復官。卒贈少師，後追謚文端。兄一焜，萬曆進士，歷考功郎中，掌京察，盡斥執政私人。累官右僉都御史，巡撫浙江，政績甚著。

朱謀㙔。寧獻王權七世孫〔一六〕，封鎮國中尉。曾祖宸浲，石城鎮國將軍，却宸濠餽遺，以方正著。父多煃，奉國將軍，端謹好經術，親課謀㙔經史。謀㙔束修自好，貫串羣籍，通曉朝家典故。萬曆中，以中尉理石城王府事，典藩政三十年，宗人咸就約束。所著書百二十種，皆手自繕寫。及卒，南州人士私謚爲貞静先生。又朱多熕，瑞昌王府鎮國中尉。博學，工詞賦，草書得晉人遺法。多⿰火奎，字用晦，封奉國將軍，專意著述，王世貞定爲「續五子」之一。多炡，亦奉國將軍，敏穎絶人，善詩歌，兼工繪事。皆謀⿰土韋諸父行也。多炡子謀⿰土軍，亦能詩，湯顯祖嘗序其集。

章潢。南昌人。年十六，即有志聖賢之學。以「通天地人曰儒」自命，輯自古河圖、太極諸圖，及天道、地道、人道，悉以類編次，凡百二十七卷，曰圖書編。又著周易象義、詩經原體、書經原始、春秋竊義、禮記劄言、論語約言諸書。弟子從遊者甚衆。主白鹿書院，御史吴達可薦之，吏部侍郎楊時喬請遥授順天府儒學訓導，如陳獻章、來知德故事，報可。私謚文德先生。

劉綎。顯子。勇敢有父風，每遇敵，提刀陷陣，軍中號曰劉大刀。初以廕爲指揮使，從顯平九絲蠻，先登，勇冠諸軍。緬甸犯雲南，擢遊擊，往征，賊首岳鳳聞其至，懼乞降。乘勝攻蠻莫及孟養二酋，皆削平。進副總兵，鎮其地。坐事革任。羅雄土司者繼榮叛，遣綎進討，斬繼榮，賊盡平。録功爲廣西參將。朝鮮用師，充禦倭總兵官，斬獲獨多。遷四川總兵，討平播酋楊應龍，進左都督。建昌倮亂，命綎討之，傾其巢。萬曆四十七年，同楊鎬出遼東，遇大兵於阿卜達喇，戰死。綎於諸將中最驍勇，大小數百戰，威名震海内。天啓初，贈少保，祠曰表忠。本朝乾隆四十一年，賜謚忠壯。「阿卜達喇」舊作「阿布達里」，今改正。

張神武。新建人，萬曆中武會試第一。遼左兵興，以經略袁應泰薦，命從征。神武率親丁二百四十餘，疾馳至廣寧，遼陽已失。巡撫薛國用留之，不可，遂率所部前進，戰殁，餘人俱死之。贈都督僉事。本朝乾隆四十一年，賜謚烈愍。

萬燝。恭之孫。萬曆進士。天啓初，遷工部員外郎。時楊漣等以劾魏忠賢被嚴旨，燝憤甚，抗章極論。忠賢大怒，矯旨廷杖一百，又命羣閹毆之，遂卒。崇禎初，贈光禄卿，後謚忠貞。

胡良機。南昌人，萬曆進士。天啓初，擢御史，疏論乳媪中涓，請停内操，又疏言魏忠賢之惡不減汪直、劉瑾。忠賢深恨之，出按貴州，遂斥爲民。崇禎初，起按宣、大，又爲中官王坤劾罷。後爲南京吏部主事。

吴羽文。南昌人。萬曆進士。崇禎中，歷官文選郎中，痛絶諸弊，數與温體仁牴牾。賊毀皇陵，有詔肆赦，體仁令刑部以逆案入詔內，羽文執止之，而議起錢龍錫、李邦華等。體仁搆之，坐謫戍。久之復官。

萬時華。南昌人。性至孝，以文名海內。學使侯峒曾稱爲真儒，祀之學宮。著有溉園集。

姜曰廣。新建人。萬曆進士，授編修。天啓時使朝鮮還，陳海外情形，有裨軍國者八事。魏忠賢以其爲「東林」，黜之。崇禎初，官至詹事，掌南京翰林院。福王立，拜禮部尚書，兼東閣大學士。與高弘圖協心輔政，爲馬士英所惡，嗾其黨誣劾之，遂力求去位。曰廣骨鯁廉介，有古大臣風，扼於憸邪，未竟其用。

李曰輔。南昌人。萬曆中，舉于鄉，爲成都推官，偕諸將攻復重慶。崇禎四年，擢南京御史。帝遣中官出鎮，抗疏争之，謫廣東布政司照磨〔一七〕。歸隱西山香城寺，讀濂洛書不輟，十餘年卒。

傅冠。進賢人。天啓初進士及第。崇禎中，累官東閣大學士，罷歸。唐王時以原官督師，恢復江西，尋致仕。後被執不屈，死於汀州，血漬地，久而猶鮮。本朝乾隆四十一年，賜謚忠烈。

李右讜。豐城人。天啓進士，擢御史，號敢言。崇禎五年，出按淮揚。時中官在外率横恣，衆懼莫敢言，右讜獨列上督理鹽漕太監楊顯名貪恣事狀，請并治其黨。顯名遂誣訐右讜，調他曹，南渡初復官。

萬元吉。南昌人。天啓進士，歷潮州、歸德推官。崇禎中，楊嗣昌出督師，奏爲軍前監紀，甚著勞績，累官南京兵部郎中。福王時，進太僕少卿，監視江北軍務。四鎮不協，元吉輯和之。及南都覆，走福建，唐王擢爲兵部右侍郎，總督江西、湖廣諸軍，兼巡撫南贛。與楊廷麟等守贛州，城破，赴水死。本朝乾隆四十一年，賜謚忠節。

武起潛。進賢人。天啓進士。初爲武清知縣，有諸生爲人所訐，納金酒甕以獻，起潛召學官及諸生發之。治縣一年有聲，調繁遵化縣，坐事被劾，解官候代。會大兵臨遵化，起潛與後任知縣徐澤憑城拒守，城破，並殉難。本朝乾隆四十一年，賜謚節愍。

李汝璨。南昌人。崇禎初進士，知蘄水縣，有政聲。入爲刑科給事中，數有論建。久旱求言，疏諫回天四要，忤旨下獄，削籍歸。京師陷，衰絰哀號，作祈死文，未幾卒。

諶吉臣。南昌人。父應華，萬曆時以參將援朝鮮，戰歿。吉臣由舉人爲雲夢知縣，李自成陷城，不屈見殺。本朝乾隆四十一年，賜謚烈愍。

陳美。新建人。崇禎中，由鄉舉薦爲常山知縣，再知宜城縣。嘗擊敗張獻忠兵，巡撫薦於朝，未及擢用。李自成兵寇宜城，美固拒八晝夜，城陷，抗罵不屈，爲賊支解。本朝乾隆四十一年，賜謚忠烈。

魏時光。南昌人。崇禎時，爲廣濟典史，邑遭殘破，長吏設排兵三百人，委之教練。賊據州河口，憚時光不敢渡。時光募死士乘夜襲其營，手殺數賊，賊不敢逼。俄賊大至，部卒皆散，時光單騎據高坡，又殺數人。賊環繞之，靮絶被執，不屈死。本朝乾隆四十一年，賜謚烈愍。

龔新。南昌人。崇禎時，爲内鄉知縣。李自成陷城，不屈死。本朝乾隆四十一年，賜謚節愍。

萬敬宗。南昌人。崇禎末，由貢生爲光化知縣。到官以死自誓，賊薄城，闔門殉節，賊義之，城獲全。本朝乾隆四十一年，賜謚節愍。

王錫。新建人。崇禎進士，知巴縣。張獻忠攻重慶，悉力捍禦，城陷被執，大罵不屈。賊縛樹上射之，又臠而烙之，既死復燬其骨。本朝乾隆四十一年，賜謚節愍。

熊緯。南昌人。崇禎末進士，授行人。兩都既覆，常涕泣悲憤，後走延平，唐王擢爲給事中，從至汀州。城潰，不屈死。本朝乾隆四十一年，賜謚節愍。

萬文英。南昌人。崇禎進士，爲鳳陽推官。賊破城時，文英卧病，賊索之，子元亨年十六，泣語父曰：「兒不得復事親矣。」出門呼曰：「若索官何爲？我即官也。」賊縶之。顧見其師萬師尹亦被縶，紿賊曰：「若欲得者官耳，何縶此賤吏？」賊遂釋之。元亨乃極口大駡，賊怒，斷頸死，文英獲免。福王時，起禮部主事，丁艱不赴。唐王授爲兵部員外，監黄道周諸軍，協守廣信。諸軍敗於鉛山，文英舉家赴水死。本朝乾隆四十一年，賜謚節愍。子元亨附入祠祀。

周定仍。南昌人，崇禎進士。舉兵保廣信，唐王即以爲右僉都御史，巡撫其地，城破死之。本朝乾隆四十一年，賜謚節愍。

胡奇瑋。進賢人。崇禎末，歷官兵部主事。唐王授爲湖東副使，守廣信，兵敗死之。本朝乾隆四十一年，賜謚節愍。

徐世溥。新建人。父良彦，舉進士，歷宣府巡撫，魏忠賢以「東林」故，謫戍清浪，崇禎中官至南京工部侍郎。世溥好讀書，爲詩古文，潛思論撰，所著易經解、夏小正、洪範正義、禹貢圖説、榆溪集等書。

黎元寬。南昌人。明崇禎進士，歷浙江提學副使，以忤温體仁罷歸，遂不出。搆草廬於谷鹿洲，與生徒講學。所著有文集三十卷、詩五十卷。

舒頔。進賢人。明永樂甲辰進士，累官廣東道監察御史，執魏府悍奴抵罪，考治溧陽積獄，活數十人。監神木廠，執法不爲末減，擒獲蘇州累年巨寇。尋擢中丞，未抵任卒。本朝入祀鄉賢祠。

舒琮。進賢人。明成化丁未進士，授蘭溪教諭，升廣平府通判。督馬政，甦民疾苦。本朝入祀鄉賢祠。

傅應期。進賢人。萬曆戊午舉人，授順昌、宣化知縣，歷升太僕寺卿。本朝入祀鄉賢祠。

徐文漣。奉新人。明萬曆丁酉舉人，由教諭升潋州府同知。當奢酋蹂躪之後，奉檄經略永寧，請建城於大壩及古藺州，控扼險阻。又改土歸流，丈田起科，於是荒徼土田盡入版圖。本朝入祀鄉賢祠。

涂文焕。奉新人。明萬曆癸未進士，仕至浙江温州府知府。潔己愛民，所至豪猾爲之斂跡。本朝入祀鄉賢祠。

甘文翰。奉新人。天性純篤，事母以孝聞。選嘉魚知縣，修學校，治津梁，減火耗，革陋規，訟至立即剖決，邑以大治。嘉人以名宦祀之。本朝入祀鄉賢祠。

宋士中。奉新人。明萬曆庚子舉人，授豐縣知縣，有異政。擢淮安府同知，以開河工議敘，擬内擢，以事忤逆璫寢不行，遂拂衣歸。卒祀鄉賢祠。

帥衆。奉新人。明萬曆丙辰進士，授淳安知縣，擢浙江道御史。逆璫擅政，抗疏指陳時政，語侵璫，卜怒，鐫職。尋召還，在臺前後數十疏，多切中時事。祀金華名宦，入祀鄉賢祠。

張應辰。奉新人。甫一歲而孤，依於叔父母，事之如所生。德養醇厚，學問深邃，家貧，以教授生徒爲事，歲入給用外，悉以周井里窮乏。卒，入祀鄉賢祠。

本朝

辜正煤。南昌人。順治初，知河南濟源縣，墾荒千餘頃。以勞卒官，貧不能殮，士民賻助，乃得持喪歸。

朱師聖。進賢人。金聲桓叛，掠其家，師聖與父易衣，父逸而師聖被執。抗節不屈，賊怒殺之。

彭士望。南昌人。少有雋才，及長，好談經濟。慕漳浦黄道周爲人，裹糧走謁。及道周繫獄，爲之傾身營救。嘗參揚州幕，辭歸，徙家寧都，與魏禧輩讀書金精山之易堂，諸人各以名節詩文相砥礪，士望尤重躬行，務實學。鄉人有死節者，子幼被掠，士望傾橐贖之，爲娶婦。其急風義類如此。

劉崑。南昌人。順治進士，由東鹿知縣擢雲南府同知。吴三桂叛，遣使諭降，不屈被杖，遣戍騰衝衛。雲南平，詔授登州府同知，遷知常德府致仕。

張焜。南昌人。順治中，由鄉舉知永壽縣。縣數遭寇躪，城廬盡燬，焜至，重築新城。邑故無井，焜披榛得泉山巔，疏導入城。父老相傳此宋呂大防惠民泉，涸廢數百年，一旦復之。是歲境内穀多雙穗，有至八九穗者。吴三桂叛，總督摩囉檄焜參贊軍務，以勞卒。「摩囉」舊作「莫洛」，今改正。

羅士毅。新建人。順治進士，知廣東信宜縣。民多積逋，士毅請上官奏除，不可，則鬻産代償。豁冤獄十餘人，報最爲粤東第一。遷知陝州，致仕歸，率僮僕耕作。飦粥不給，怡然若素。

郭曰燧。新建人。順治進士，由郎中出知台州府。海寇入侵，曰燧身先士卒，擊却之，繕治城垣，多方捍緝。以母老乞養，杜門不履城市三十餘年。

喻昌。新建人。讀書精醫術，兼通釋典。遊吴中，僑居常熟，治療多奇中。年八十，預知死期，坐論而化。所著醫門法律、尚論篇行於世。

傅宏烈。進賢人。順治初，知慶陽府。首發吴三桂逆謀，謫戍廣西。甲寅之亂陷賊中，宏烈佯與賊結，而密通款於朝，備陳賊可滅狀。賊平，即軍中授廣西巡撫。時梧、柳諸郡猶未下，加撫蠻滅寇將軍，使規取象林以討賊。宏烈感激，拜表即行，次柳州，降卒復叛，挾如賊營，遇害。贈兵部尚書，謚忠毅。

朱紱。進賢人。順治進士，由庶吉士改浙江道監察御史。巡視漕務，力却饋遺，巡視河東鹽政亦然。累升都察院左僉都御史，致仕歸，家無餘財。入祀鄉賢祠。

李永昌。奉新人。以把總守南豐。闖賊犯城，永昌率其子名芳出戰，斬四百餘級，追至沙洲。賊衆突至，名芳馬陷見殺，永昌戰益力，矢盡，猶手刃數十人，乃自刎。事聞，贈永昌參將，名芳都司僉書，賜祭葬，廕子弟一人。

熊一瀟。南昌人。康熙進士，由庶吉士改御史，有直聲。累遷順天府尹，建貢院號舍，疏免地租以紓民困。歷工、刑二部侍郎，改兵部督捕。督捕職緝逃人，例嚴連坐，一瀟請止罪家長，餘不問，從之。以工部尚書致仕。在官四十餘年，以清慎稱。

曹家甲。新建人。康熙進士。性剛毅，知龍溪縣，以不能事上官罷職。尤精形家言，登眺名勝，足跡半天下。著地理原本四卷。聖祖仁皇帝特召相視蒙古地形，理藩院奏請官之，以老病辭歸，卒。大學士朱軾誌墓。

周尚功。豐城人。由行伍任陝西略陽守備，轉江南福山都司。海寇入京口，尚功率兵赴援，寇解去。升福延永安營遊擊，擒山賊李月高，又搜捕餘黨陳楚生等，悉平之。調陝西興安右營遊擊，簡蒐軍實，夙弊以清。調永寧中營遊擊。吴逆之亂，不從去官，住永寧。康熙十九年，賊胡國柱圍城，踰月城陷，尚功被執，罵賊不屈，全家被害。乾隆二十九年，入祀昭忠祠。

丁蕙。豐城人。以孝稱。父病亟，刺血和藥飲之，即愈。康熙中舉進士，改庶吉士，累官福建提學僉事、登萊副使，所至有聲。致仕歸，濬沙湖及蘆花港以資灌溉，鄉人利之。

甘顯祖。奉新人。舉于鄉，以孝稱。年十六，土寇竊發，身負七旬祖母陳暨母熊並幼弟，走竄山谷。遇賊，泣請以身代祖母及母弟死，賊釋之。三任教職，以正學勗諸生。以子汝來貴，贈兵部尚書。

甘汝來。顯祖長子。康熙進士，知淶水縣。有侍衛畢里克欺擾邑民，汝來治之，以擅鎖職官罣吏議。聖祖仁皇帝廉其實，即復職，罷淶民雜派歲六千餘金。調新安，開白楊隄以溉民田。知太平府，罷龍州土司，定思明土司與安南禄州界，招撫土官岑應宸，擒姦逆莫東旺、羅文罡。累官吏部尚書，贈太子少保。謚莊恪。

帥我。奉新人。康熙舉人，官中書。甲寅寇變，奉父母匿深山。時母病，與僕舁竹輿走，踵血淋漓不止。後父病篤，祈天請代，夢神告以松節可療，輒應。所著有墨瀾亭集、簡齋詩文稿。

劉吴龍。南昌人。雍正癸卯進士，由庶吉士改吏部主事。在任十年，銓務公平，冰蘗自守。後任江蘇學政，得士甚盛。及入爲刑部尚書，留心讞決，無枉無縱。卒於官。謚清愨，與甘顯祖、甘汝來、帥我俱入祀鄉賢祠。

周萬達。新建人。爲諸生數十年，踐履篤實，學問該博，學者多尊師之。雍正元年舉於鄉，尋卒。

李湖。南昌人，乾隆丙辰進士。歷任至廣東巡撫，守己清約，綜練政務，知無不爲。在巡撫任整飭吏治，規條肅然，粤東積弊一清。卒贈尚書，謚恭毅，入祀賢良祠。

曹秀先。新建人。乾隆丙辰進士，由編修歷官至禮部尚書。讀書務砥礪爲有用之學。歷任部職，謹慎恪勤，凡數典試，皆稱得士。視學江蘇，以整飭士習爲務。嘗奉命勘浙西水道，籌畫水利奏行之。工書，刻石最富。卒贈太子太傅，謚文恪。

裘曰修。新建人。乾隆己未進士，由編修歷官至工部尚書、太子少傅。曰修學品端醇，才猷練達。入直内廷，屢膺使命。審理案件，查勘河南、江南、直隸水利，盡心經畫。卒謚文達。

吴一嵩。新建人。乾隆乙丑進士，知河南正陽縣，歷四川重慶知府。三十八年，以用兵金川，調辦站務，總理大營糧務。逆酋薄大營，率糧臺官吏悉力拒守，被害於木果木。贈道銜，祀昭忠祠。又彭元瑋，南昌人，四川候補知府，亦在木果木軍營陣亡，賜卹入祀昭忠祠。又馬雄，南昌人，任陝西略陽守備，乾隆三十八年以陣亡，予卹，入祀昭忠祠。又黄彬，南昌人，任廣東崖州樂安巡檢，以被匪拒捕，射傷身死，贈按察司知事。

彭元瑞。南昌人。乾隆丁丑進士，由編修累官至工部尚書。孝友承家，文章經國，性廉潔而好施，人皆德之。卒贈協辦大學士，謚文勤，入祀鄉賢祠。

裘行簡。曰修子。欽賜舉人，授内閣中書，累官兵部侍郎，署直隸總督。所至興滯補弊，廉介自矢，公俸所餘，於義舉絶不少吝。以勞瘁卒，恩給一品卹典，謚恭勤，入祀鄉賢祠。

黄麒瑞。南昌人。由監生候選同知。性孝友，置義田千畝以贍族，設義塾教之。歲饑，於捐賑常數外，復出千金以資展賑，又捐二千金於漏澤園，爲掩胔之資。生平義舉，不可悉數。入祀鄉賢祠。

萬承風。義寧州人。乾隆辛丑進士，改庶吉士，授檢討，累官兵部侍郎。居心正直，立品端方。任廣東學政，首革陋規，歷主文衡，俱能得士。卒，晉贈禮部尚書，謚文恪，入祀鄉賢祠。

流寓

晉

范宣。陳留人，家於豫章。太守殷羨，見宣茅茨不完，欲爲改宅，宣固辭之。庾爰之以宣素貧，厚餉給之，宣又不受。閑居屢空，常以誦讀爲業，譙國戴逵等皆聞風宗仰，自遠而至。諷讀之聲，有若齊魯。

唐

權皐。丹徒人，安禄山亂，客洪州。時南北道梗，踰年詔命不至。有中人過州，頗求取無厭，南昌令干遘欲按之，謀於皐。皐良久不答，泣曰：「今何由致天子使，而遽欲治之？」遘悟，厚謝之。

施肩吾。分水人〔一八〕。以洪州西山爲仙靈窟宅，卜居終隱。著西山集。

五代　南唐

鍾蒨。隨兄懷建家豫章，仕唐爲檢校、勤政殿學士。宋師入金陵，蒨朝服坐於家，兵入，闔門殉難。

陳陶。嶺南人，隱居洪州西山。種柑橙，令山童賣之自給。妻子亦知讀書。陶以修鍊爲事，後不知所終。

宋

邵成章。欽宗朝内侍。康王即位，上疏具黄潛善、汪伯彦之罪，帝怒，除名南雄州編管。久之，帝思成章忠直，召赴行在，其徒譖之，遂止之於洪州。金人入洪，聞其名，訪得之，謂之曰：「知公忠直，能事吾主，可享富貴。」不應，脅以威亦不從。金人曰：「忠臣也，吾不忍殺。」

蘇雲卿。廣漢人。紹興中來豫章東湖，結廬獨居，灌園織屨，鄰曲稱曰蘇翁。少與張浚爲布衣交，浚爲相，馳書幣，屬豫章帥漕親造其廬，必爲致之。帥漕密物色得之，出書函金幣請共載，辭不可，期以詰朝上謁。旦遣使迎伺，排闥入，書幣不啓，翁已遁，竟不知所往。

元

黄雲。撫州人，寓靖安。以勇捷稱。至正中蘄黄賊攻靖安，達嚕噶齊綽哈以雲爲前鋒，戰屢捷。後賊黨益盛，衆寡不敵，雲身中數十創，噴血罵賊而死。「達嚕噶齊綽哈」，譯俱見前。

明

謝復。祁門人。初從吴與弼遊，晚卜室西山之麓。學者稱西山先生。

列女

南齊

萬晞。豫章人。少孀居，無子，事舅姑尤孝。父母欲奪而嫁之，誓死不許。内史顧憲之賜以束帛，表其節義。

唐

段居貞妻謝氏。字小娥，豫章人。居貞本歷陽俠少年，娶歲餘，與謝父同賈江湖上，並爲盜所殺。小娥赴江流，人救免。夢父及夫告所殺主名，爲申蘭、申春兄弟，乃名盜亡命者也。小娥詭服爲男子，物色歲餘，得蘭於江州、春於獨樹浦。因託傭蘭家，見所盜服用故在。出入二期，一日蘭盡集羣偷釃酒，與春醉卧，小娥閉户拔刀，斬蘭首，大呼捕賊。鄉人踰牆擒春，得贓千萬。其黨數十，小娥悉疏其人上之官，皆抵死。乃還豫章。人争聘之，不許，祝髮事浮屠道，垢衣糲飯終身。

宋

彭烈女。分寧人。從父泰入山伐薪，父遇虎，將不脱。女拔刀斫虎，奪其父而還。事聞，詔賜粟帛，敕州縣歲時存問。

吴中孚妻。進賢人。少寡，景定元年兵亂，攜孤女自沉於縣之染步，曰：「義不辱吾夫。」

元

霍榮妻段氏。龍興人。榮無子，嘗乞人爲養子。榮卒，段年二十六，養舅姑以孝稱。舅姑歿，榮諸父仲汶貪其産，謂段曰：「汝子假子也，可令歸宗，汝無子宜改適。」即入室引鍼刺面，墨漬之，誓死不二。大德二年旌其門。

鄭伯文妻丁氏。新建人。大德間，伯文病將歿，丁與訣曰：「君脱有不諱，妾當從，但君父母已老，妾且忍死以奉其餘，必不改適他人以負君。」伯文卒，丁年二十七，居喪哀毁。服除，父母屢議奪嫁之，丁每聞必慟哭，父遂止。舅姑常病，丁夙夜護視，衣不解帶，及死，喪葬盡禮。事上，表其門。

陳淑真。富州人，陳璧女。璧故儒者，避亂移家隆興。淑真七歲，能誦詩鼓琴。至正十八年，陳友諒寇隆興，淑真取琴彈之，曲終流泣曰：「吾絶絃於斯乎！」父母怪問之，曰：「陷城必遭辱，不如早死。」明日賊至，其居鄰東湖，遂溺焉。水淺不死，賊抽矢脅之上岸，淑真不從，射殺之。

劉氏二女。龍興人。長曰貞，年十九，次曰孫，年十七，皆未嫁。陳友諒寇龍興，其母泣謂曰：「城或破，置汝何地？」二女曰：「即死，不辱父母也。」城陷，二女登樓自縊，婢鄭奴亦自縊。

高烈女。寧州人。年十七，有殊色。元季盜起，匿巖穴中，盜得之，抗聲曰：「我室女，無父母命，豈敢擅事人！」盜甘言誘之，不屈，拔刀欲殺，欣然受刃而死。

明

劉天瑞妻熊氏。南昌人，年二十三而寡。生子仲高，娶喻氏，年二十亦寡。生子觀方四歲，婦姑紡績自給，觀竟成立，孫曾二十餘人。熊年九十一，喻亦八十二，人以爲節孝之報。

余繼妻熊氏。字賽奴，豐城人。年二十一歸繼，繼疾不起，熊出篋中衣，對繼紉二襲，泣謂曰：「有不幸，吾當服之俱死。」繼卒，眎殮畢，即衣所紉衣自經，同日合葬。

徐試妻胡氏。豐城人。試卒未葬，鄰家火，子婦李氏撫柩籲天，誓與俱焚。火及屋，泣謂胡曰：「婦在此，姑亟自全。」胡不肯去，姑婦抱持號泣。天忽反風，環燒百餘家，唯柩所獨存。觀者嘆異。

賴文璧妻胡氏。字負貞，豐城人。歸賴僅兩旬，夫溺死，即自沉於水，家人救免。母憐其少，欲嫁之，胡不從，聞納聘遂自經。

葉氏女。字兆姺，南昌人。幼字新建李氏子光庭。光庭死，女年十三，誓不改嫁。父母以其幼，强受他人聘，即自縊。

潘濡妻熊氏。豐城人，熊懷女。夫溺死，熊破鏡以半納夫柩，半自隨。年八十三卒，遺命以半鏡殉。

郭匡晉妻温氏。新建人，事舅姑極孝。姑失明，晨夕侍側，飲食親調以進，行必扶攜，伺就枕然後即安。姑疾，刲股療之，立愈。及夫卒，温年二十一，子幼。或諷更適，誓以死守，至九十餘乃卒。

趙孝女。名郡珍，進賢人，趙叔式女。正德中，叔式爲吏，攜家京師。母萬氏病，郡珍親嘗湯藥，衣不解帶者累月。母歿，遂自縊。

胡鍠妻何氏。進賢人。正德六年，寇至，姑老疾不能行，何負之踰牆避焉。姑尋卒，其冬寇復至，衆皆逃避，何泣守姑柩不去，被執，投水死。

諶珂妻蕭氏。南昌人。正德七年，流賊至，蕭攜幼子避東坪圩，賊追及欲辱之，投井死。

諶烓妻陳氏。豐城人。烓爲南湖嘴巡司吏。正德七年，流賊執陳與女壽英，欲污之，厲聲罵賊，俱被支解。

余陽妻張氏。奉新人，年二十一。華林賊入境，掠張至旅店欲辱之，張大罵，見殺。同縣易功廉妻江氏，年二十五，爲賊所執，驅之行，據地不起，賊斷其首而去。

樊鳳英。南昌人，樊昱女，字新建萬尚宏，將嫁而尚宏病，鳳英爲廢寢食。及聞訃至，即登樓自縊。

萬氏女。字會貞，新建人，萬國龍女，許字南昌胡欽恭。欽恭痘殤，會貞易縞衣白母，欲臨其喪，不許，乘間自經。同縣萬言女字考英，許字閔士毅，士毅殀，欲往哭之，父母不可，亦自經死。

聶莊妻潘氏。豐城人。莊行賈泗州〔一九〕，病歿，舅姑促令改嫁，投水死。同縣蔣欽妻黎氏，嘉靖中寇至，恐爲所污，投小池，以面入泥中死。

葉惟青妻魏氏。新建人。年十九夫亡，遺腹生子自昂，教之成立。凡三刲股，一救姑，一救夫，一救父，世稱其節孝。

祝氏。寧州人。許聘同里盧榮，未嫁而榮病革。女請往視，慰之曰：「君不諱，我爲立後。」遂斷一指以誓。榮卒，立兄弟子繼之。一日忽謂諸婦曰：「我將浴，若等且去。」浴竟更衣，無疾而逝。

黄廷繼妻陳氏。南昌人。于歸半載，廷繼客遊南畿，家甚貧，夜分紡績以供菽水。三年夫歿於外，訃至，七日不食，自經死。

涂崇義妻淦氏。靖安人。崇禎末，紅巾賊至，與崇義弟崇信妻張氏俱登樓。賊聚薪焚樓，呼二氏下，不從，遂俱死。

劉鳳儀妻張氏。武寧人。明末闖賊至，抱二子匿山中，爲賊所得，欲辱之，罵賊被殺。同縣盛彌俊女，亦爲賊所執，甘言誘之，張目大罵而死。

張士璵妻王氏。寧州人。闖賊陷城，士璵投楚，謀舉義兵。王匿山中，以二子付其僕，焚香告天，整衣自縊死。

熊明遠妻吳氏。進賢人，性端莊儉約。年二十七而寡，撫子成立。賊至，同子婦走避龍岐沙洲，爲所獲，俱死之。

楊太沖妻。新建人。大兵至，夫婦不食三日，及城破，左右相向而縊。有鼠銜棗栗祭之。

饒宇棨妻張氏。進賢人，大學士位孫女。戊子兵亂，夫被殺，氏觸石死。

本朝

劉元鏜妻吴氏、妾朱氏。南昌人。順治五年，金聲桓叛兵縱掠，元鏜以家東渡。騎突至，吴伏溝草中，朱被執，駡甚厲，騎縛以行，過東溪，奮躍索斷，騎怒殺之。騎去，吴出行數十步，騎忽大集，遂被執。兵以刀背步步擊之，且駡且哭，行過南陂，躍入水死。時七月三日。越三日，元鏜取歸殮之，肌體容髮竝如生。同縣劉徵妻黄氏，亦爲賊所掠，不從死。

劉氏。南昌人，劉永參女，字新建萬承雋。未嫁而承雋卒，遂自殉。

朱統鈾妻萬氏。南昌人。年二十二夫亡，苦節守志，歷七十餘年，壽九十三。

涂文舉妻蕭氏。南昌人。年二十七而寡，家貧，紡績易米養孀姑，自採野菜和羹食。姑病，湯藥備至，姑嘗言：「垂暮無子，不失所，以有媳也。」遺孤歲餘，撫而教之成立。

周朝榮妻劉氏。南昌人。夫亡，絶粒數日。姑無依，以死持之，强起治喪。姑失明，扶持奉養備至，立嗣撫之如己出。

涂存恒妻熊氏。南昌人，壽至百歲。

徐文璠妻朱氏。新建人，年十八歸徐。金聲桓叛，爲遊騎所掠，逼之上馬。厲聲曰：「吾可殺不可辱。」兵怒，刺其乳，駡益厲，遂殺之。

羅廷璠妻楊氏。新建人。廷璠知楚雄府，卒官。楊扶櫬歸葬，值金聲桓兵亂，避於桐源，爲流寇所掠，不從見殺。

熊州俊妻甘氏。豐城人。寇至，慮見逼，急囑俊負母逃。俊猶豫，甘指水訣曰：「吾死所矣。」遂赴水死。

黃承芳妻楊氏。豐城人。夫亡，葬畢自縊，家人救免。外氏欲奪其志，楊正色拒之，終身不歸。

陶某妻姜氏。進賢人。爲賊所掠，不從死。

余觀生妻陳氏。奉新人。年十六歸觀生，時曾祖姑猶在，舅攜子館他邑，家食不給，爲糜粥奉堂上，自啖水漿。居十載夫殁，撫三遺孤成名，年八十有二。

涂璋妻舒氏。靖安人。年十七歸璋，璋病，舒封股和藥服之，不愈。時子生始三月，舒欲從殉，或曰：「若孤何？」乃撫子基，卒成立。

項金妻龔氏。靖安人。年二十六夫亡，家貧無子，苦節六十餘年。

甘應俊妻熊氏。奉新人。夫亡守節，養姑教子，兼盡其道。康熙四十六年旌。

李汝暹妻彭氏。南昌人，年二十一夫故，欲以身殉。姑諭以撫孤，斷髮而起，績紡養姑，教子有成。同縣朱中和妻黃氏，曾唯妻錢氏，范維榮妻鄧氏，徐國韜妻裴氏，劉運池妻趙氏，章世謙妻吳氏，王宏組妻喻氏，劉宗鼒妻魏氏，涂居位妻姚氏，朱中樞妻盛氏，萬士軒妻熊氏，向士驥妻熊氏，徐德濾妻李氏，熊文燦妻胡氏，陳而志妻劉氏，涂以儀妻吳氏，胡良國妻鍾氏，陶唐德妻徐氏，吳相夏妻劉氏，黃士錦妻熊氏，文廷啓妻熊氏，喻文宏妻周氏，熊玉漣妻丁氏，宗開萬妻徐氏，聶日錕妻齊氏，楊天櫻妻吳氏，楊天榕妻黃氏，王輔旦妻辛氏，涂居達妻陳氏，姚琦妻萬氏，蕭東山妻李氏，呂裖輝妻葉氏，柏蘊章妻王氏，萬尚進妻趙氏，萬正任妻王氏，左良雍妻周氏，魏虒作妻蕭氏，梁以梧妻朱氏，胡俊妻黃氏，涂羲畫妻呂氏，魏懋昌妻喻氏，胡忠桂妻李氏，李惠十妻毛氏，李應符妻鄒氏，辛正修妻鄧氏，徐大忠妻李氏，吳國祚妻徐氏，吳于朋妻汪氏，梁今堡妻陶氏，傅廷松妻徐氏，周朝發妻胡氏，樊實度妻萬氏，黃先經妻彭氏，文士楷妻萬氏，秦大同妻唐氏，黃安燦妻楊氏，萬本鉉妻涂氏，萬本鉞妻彭氏，姚標德妻胡氏，姚標衡妻喻氏，徐本欽妻唐氏，吴國憲妻龔氏，趙學森妻袁氏，趙孟桂妻胡氏，黄雲章妻張氏，蔡鼎元妻彭氏，夏維周妻張氏，劉元正妻萬氏，楊利寬妻李氏，萬聖育妻張氏，鄧良焕妻龔氏，姚才炯妻趙氏，李濟瑞妻涂氏，齊啓癸妻章氏，李創業妻魏氏，胡水達妻章氏，彭朝瑚妻李氏，劉思豐妻錢氏，吴靄妻廖氏，魏載育妻熊氏，羅光宗妻朱氏，李有裕妻熊氏，潘念禮妻魯氏，彭符先妻藍氏，沈祖桂妻朱氏，熊正銓妻戴氏，馬英妻張氏，徐肇桂妻熊氏，龔應恒妻萬氏，鄧萬植妻陶氏，龔鳳翔妻劉氏，傅兆標妻閔氏，張廷馥妻王氏，朱議漢妻薛氏，辜光謙妻李氏，喻宗鉅妻龔氏，朱總熿妻汪氏，萬運祁妻李氏，鄧萬圩妻李氏，胡永鍾妻鄧氏，黄士夔妻李氏，彭廷蓁妻羅氏，彭宗錕妻淦氏，胡忠烺妻李氏，譚正乾妻鍾氏，魏懋泰妻黄氏，李應彩妻黄氏，陶建鳳妻張氏，應肅哲妾涂氏，繆光顯妻熊氏，李廷章妻陶氏，熊大受妻徐氏，胡習俊妻陳氏，胡讚黄妻楊氏，魏龍伯妻但氏，熊懋度妻尚氏，熊象文妻劉氏，李迪龍妻熊氏，陳士遷妻熊氏，羅光試妻郭氏，羅興綱妻陸氏，劉興麒妻黄氏，陶建轟妻劉氏，周常律妻熊氏，黄清祖妻羅氏，胡世校妻閔氏，熊重宣妻喻氏，龔懋魁妻劉氏，吴之壐妻閔氏，仇方烈妻諶氏，劉與清妻涂氏，李迪霖妻董氏，李廷武妻楊氏，熊之源妻宗氏，吴相采妻劉氏，劉君正妻羅氏，閔搓妻陳氏，劉繼曾妻項氏，左成湘妻任氏，鍾穎妻王氏，熊世培妻賴氏，張嗣興妻龔氏，楊天民妻熊氏，文士榛妻張氏，劉舜龍妻黄氏，梅志敏妻衷氏，楊承詔妻龔氏，黄炆妻羅氏，李明哲妻蕭氏，王守義妻姚氏，舉人彭元珥妻閔氏，張緒昉妻晏氏，劉昌仁妻張氏，吴正河妻傅氏，閔正萃妻魏氏，甘曰賡妻張氏，龔建惠妻胡氏，劉永旭妻熊氏，姜遠英妻萬氏，楊昌熾妻趙氏，吴曰輝妻萬氏，魏懋銘妻譚氏，萬興敏妻彭氏，熊孟泰妻于氏，吴士法妻尚氏，劉昌恕妻喻氏，胡泰繩妻謝氏，王三謨妻羅氏，徐鎮殿妻李氏，萬懋騶妻喻氏，萬本繖妻熊氏，拔貢楊垕妻危氏，李裔焕妻鄧氏，鄭啓泰妻涂氏，陶自溶妻孫氏，鄭啓奏妻曾氏，李賢璟妻熊氏，段文橿妻吴氏，萬承燦妻熊氏，張興侃妻萬氏，萬四錞妻黄氏，任師錫妻萬氏，狄應奎妻黄氏，仇啓芬妻萬氏，喻元聽妻夏氏，熊之堂妻趙氏，周垂桂妻李氏，萬承成妻周氏，蔡世美妻羅氏，又烈婦趙石一妻喻氏，羅錫紛妻熊氏，魏劉氏，貞女徐日溥未婚妻郭氏，秦應琢未婚妻羅氏，秦來蘭未婚妻劉氏，熊禄居未婚妻米氏，李其謝未婚妻王氏，周常禧未婚妻胡氏，均乾隆年間旌。

曹振先妻羅氏。新建人。年二十二歲夫亡，斷左食指以示不二，鄉人稱爲折指女。同縣杜國鴻妻李氏，熊湘妻涂氏，沈祖松妻朱氏，萬興灝妻易氏，杜正綱妻張氏，黄士成妻戴氏，萬象厚妻吴氏，夏懋樟妻凌氏，程稽巘妻姜氏，高虎妻申氏，劉鳳妻曹氏，熊世謨妻范氏，胡垣妻張氏，唐啓鑕妻胡氏，裘思鍵妻朱氏，李長忠妻章氏，宋文鶴妻陶氏，高朋妻申氏，萬敬禮妻劉氏，喻誌妾萬氏，徐嘉鳳妻劉氏，曹良選妻談氏，陳在泗妻龔氏，洪明錫妻程氏，袁求安妻李氏，鄧萬貫妻魏氏，夏永祐妻林氏，金鋭妻陳氏，鄧文綸妻陳氏，羅星晏妻吴氏，夏德隆妻姜氏，閔文峻妻程氏，戴光賢妻羅氏，嚴惟政妻劉氏，顔懋仁妻李氏，李嘉試妻杜氏，羅興邠妻聶氏，熊仲任妻朱氏，劉啓隲妻陳氏，范復俊妻柏氏，熊宏謀妻陶氏，胡景陶妻熊氏，李山妻熊氏，劉此浩妻陳氏，喻時憲妻周氏，何維泮妻段氏，葉汝誾妻夏氏，萬懋鹶妻蕭氏，胡思易妻程氏，胡秉哲妻熊氏，鄭應羆妻胡氏，萬文驊妻吴氏，申爲宰妻閔氏，萬人宰妻任氏，裘思鑾妻徐氏，裘德光妻王氏，熊季運妻裘氏，蕭士相妻杜氏，萬興益妻陳氏，萬承文妻葉氏，陳秉懿妻佘氏，趙汝賢妻魏氏，張文登妻葉氏，雷思元妻徐氏，郭一萬妻程氏，郭懋功妻任氏，蔡昌琦妻楊氏，凌之智妻夏氏，劉本濬妻楊氏，蔡曰偉妻徐氏，葉方發妻胡氏，趙儒澧妻吴氏，朱定政妻李氏，胡大鈿妻熊氏，胡承鑾妻熊氏，熊輝略妻徐氏，喻調昌妻譚氏，熊世奕妻邱氏，王應鍾妻胡氏，裘君儀妻舒氏，丁嘉寬妻夏氏，劉立榮妻沈氏，趙鳴玉妻劉氏，許國裕妻劉氏，王元濟妻蔣氏，周士穎妻喻氏，凌之鵠妻陳氏，葉宗聰妻陳氏，羅克述妻閔氏，熊尚玉妻凌氏，劉伯先妻李氏，謝希偁妻鄧氏，熊邦賢妻歐陽氏，劉尚梅妻萬氏，邱士透妻夏氏，楊政珍妻上官氏，胡大忠妻謝氏，談有後妻萬氏，張一茂妻龔氏，萬興才妻熊氏，葉一漢妻宋氏，龔如遠妻閔氏，徐新任妻艾氏，李公青妻羅氏，周以梓妻陳氏，趙汝棲妻萬氏，蕭吾禮妻羅氏，章至騶妻楊氏，趙士智妻萬氏，張顯忠妻劉氏，李士延妻趙氏，凌承鶴妻黄氏，黄華欽妻謝氏，劉宏楷妻邱氏，謝蘭初妻劉氏，張福蕃妻萬氏，楊煌謨妻王氏，何誦文妻朱氏，周定炯妻謝氏，陳士炳妻閔氏，任捷妻蔡氏，劉遇坤妻歐陽氏，李紹宗妻鄧氏，汪應元妻黄氏，朱之欽妻夏氏，郭廷珩妻胡氏，裘允煌妻范氏，裘曰暖妻郝氏，萬承緒妻劉氏，夏德亮妻李氏，鄧禮謨妻楊氏，況士璋妻熊氏，裘元諶妻陸氏，胡世楠妻秦氏，閔良柱妻諶氏，鄧咸統妻熊氏，萬人起妻章氏，朱總灴妻王氏，安麒妻温氏，涂日煒妻王氏，裘維猷妻杜氏，伍永述妻葉氏，雷正耀妻劉氏，陸立光妻李氏，楊盛妻陳氏，楊文梗妻劉氏，均乾隆年間旌。

陸宗道妻楊氏。豐城人。夫亡矢志守節，荼苦自甘，撫孤有成。同縣萬伯壎妻任氏，何岳妻張氏，甘成妻佘氏，潘非諒妻熊氏，匡懋賢妻崔氏，葉錫宗妻徐氏，熊明達妻佘氏，江都主簿朱熿妻楊氏，周惟政妻張氏，丁朝印妻徐氏，游煥章妻甘氏，游洪甲妻李氏，揭鎮妻丁氏，鄒惟秀妻魏氏，羅興元妻毛氏，陳愈蕃妻揭氏，佘欽爵妻聶氏，熊偉妻酆氏，甘曰焜妻陸氏，周光葉妻鄭氏，浙洪蘭妻熊氏，李敬妻劉氏，徐之軔妻何氏，熊大秀妻褚氏，劉文漢妻李氏，龔珩妻郭氏，龔定遠妻甘氏，周廷相妻傅氏，袁應楫妻蔣氏，熊元宦妻胡氏，周久聖妻鄧氏，李樒妻胡氏，鄔汝權妻劉氏，孫志學妻李氏，揭朋妻江氏，楊肇龍妻諶氏，黄甲俊妻鄒氏，佘山簣妻陸氏，甘汾妻曾氏，劉以傑妻任氏，劉維珍妻鄒氏，吕鍾珏妻徐氏，甘班妻劉氏，鄢維康妻周氏，李誥妻潘氏，林象明妻佘氏，袁孔訓妻夏氏，蕭仕福妻熊氏，陳漢度妻聶氏，李紹宗妻熊氏，曾日柱妻徐氏，唐秉泰妻涂氏，范士謨妻丁氏，雷上錩妻吴氏，熊揚銓妻李氏，陸躍龍妻李氏，熊紹魁妻佘氏，熊高季妻楊氏，傅沛桂妻鄢氏，于世啓妻熊氏，李允剛妻袁氏，熊嗣掞妻曷氏，楊應棟妻熊氏，熊儀森妻金氏，烈婦袁道庚妻吴氏，杜成九妻熊氏均乾隆年間旌。

雷兆英妻于氏。進賢人。夫亡守節，勤苦自持。同縣王藩妻陶氏，胡江魁妻傅氏，趙孟旦妻洪氏，王浩妻周氏，樊秉謙妻鍾氏，胡天錫妻文氏，黄先耀妻熊氏，王昇遠妻饒氏，張人龍妻蕭氏，黄文周妻吴氏，胡昭文妻樊氏，萬景信妻焦氏，艾顯達妻熊氏，傅紹賓妻曹氏，萬守相妻孫氏，支傅妻熊氏，喻公掖妻雷氏，雷乘齡妻徐氏，陳啓烇妻萬氏，羅興俊妻雷氏，黄居唐妻朱氏，陶自龍妻王氏，周叔宣妻樊氏，吴政發妻胡氏，吴心佑妻熊氏，文思傑妻胡氏，齊汝成妻喻氏，張賢濱妻曾氏，樊鳴謙妻鄭氏，舒懿彦妻熊氏，黄文德妻章氏，陶御添妻王氏，王連杏妻朱氏，齊以武妾易氏、梁氏，章華膴妻盧氏，雷鳴時妻萬氏，楊啓嵩妻焦氏，烈婦齊汝成妻喻氏，舒懿夏妻姜氏，胡西妻熊氏，胡受俚妻吴氏，周孔受妻熊氏，閔日漢繼妻李氏，烈女朱衣未婚妻陳氏，貞女樊本麟未婚妻閔氏，均乾隆年間旌。

宋三汶繼妻朱氏、妾郭氏。奉新人。朱適三汶，未期夫歿，年二十，撫前妻子與郭氏遺腹子，共持紡績，教子有成。乾隆三年以雙節旌。同縣甘來衮妻高氏，李獻遇妻徐氏，周一沂妻佘氏，劉上智妻胡氏，甘懋謙妻覃氏，胡國連妻翟氏，徐方揆妻帥氏，余一選妻錢氏，李文景妻陳氏，彭鳳彩妻楊氏，廖昌蕃妻熊氏，周鍈妻帥氏，胡世懋妻徐氏，張懋爵妻宋氏，涂星移妻李氏，廖邦春妻陳氏，唐顯衆妻馮氏，汪良珙妻劉氏，徐楫彥妻王氏，陶邦興妻羅氏，李繼龍妻況氏，帥士弼妻熊氏，熊志妻胡氏，周時虎妻晏氏，劉待晉妻徐氏，余天定妻陳氏，宋一錮妻劉氏，高承俊妻宋氏，徐膺發妻熊氏，涂士選妻趙氏，劉秉輒妻彭氏，劉宏鳳妻甘氏，涂祖茂妻胡氏，趙以恭妻鄧氏，謝大焯妻周氏，陳宗儒妻謝氏，陳奕慶妻廖氏，張之均妻廖氏，廖軾妻趙氏，徐業錦妻羅氏，余應良妻李氏，嚴盛禩妻趙氏，趙祖略妻洪氏，謝椗妻黄氏，宋士琇妻劉氏，王之俊妻廖氏，羅克昱妻黄氏，趙正昭妻羅氏，魏大瑞妻宋氏，鄒國正妻甘氏，劉調英妻陳氏，涂鍾本妻左氏，謝日華妻廖氏，袁懋新妻羅氏，趙祖宣妻彭氏，吴上達妻袁氏，李顯芳妻廖氏，熊應德妻周氏，宋士誠妻羅氏，劉希攽妻徐氏，舒一科妻徐氏，羅興典妻劉氏，許人淑妻章氏，涂驤生妻吴氏，涂駿生妻張氏，徐光球妻鄒氏，羅秉泰妻徐氏，涂士春妻江氏，涂獻杰妻陰氏，熊來七妻周氏，廖鼒妻陳氏，劉良鎮妻廖氏，鄧瞻淑妻張氏，甘士煒妻羅氏，閔宏烈妻鄒氏，周晨妻舒氏，劉秉亮妻涂氏，徐應紀妻黄氏，鄧學詰妻蔡氏，甘鶴齡妻趙氏，余宲妻鄧氏，帥斯吉妻徐氏，胡周爵妻趙氏，趙真祥妻帥氏，劉宏鑑妻彭氏，嚴亦慈妻廖氏，宋五翰妻余氏，汪有舟妻皮氏，蕭亮妻張氏，徐維統妻帥氏，王國渾妻涂氏，羅克翼妻劉氏，鄒人文妻陳氏，甘鴻逵妻彭氏，甘崑妻宋氏，許聘妻龔氏，烈婦鄧沐振妻王氏，貞女涂上遴未婚妻廖氏，均乾隆年間旌。

漆鳳翔妻徐氏。靖安人。年十七喪夫，遺腹生子，撫之方長，又喪，復撫二孤孫成立。苦志貞操，堅如金石。同縣漆鳳來妻舒氏，舒國楨妻余氏，舒斯奇妻余氏，舒運珽妻宋氏，徐廣文妻涂氏，涂楠妻余氏，涂星炆妻李氏，舒時俊妻劉氏，舒正誠妻熊氏，漆學遜妻舒氏，應大德妻周氏，涂進妻余氏，舒亮楷妻劉氏，舒運幹妻陳氏，會應舉妻鄭氏，蕭斯鳳妻舒氏，舒亮樞妻涂氏，熊軾妻應氏，舒天燦妻徐氏，舒涵妻劉氏，張招妻余氏，趙廷寬妻周氏，陳之炎妻徐氏，王萬進妻趙氏，均乾隆年間旌。

熊啓茹妻葉氏。武寧人。夫亡，苦志撫孤，勵節冰蘖，爲里黨所欽。同縣盧宣雲妻陳氏，石孔文妻張氏，李素松妻劉氏，李萬端妻熊氏，李仲玉妻劉氏，盧奎妻王氏，葉大備妻陳氏，盧熖妻徐氏，羅賓籲妻申氏，聶瑞明妻余氏，貞女黎氏，均乾隆年間旌。

王頤妻張氏。義寧州人。歸頤數年，夫亡，紡績自持，撫孤有成。同州廖會文妻温氏，陳宗瑗妻鄒氏，何榜妻劉氏，李其尤妻張氏，周子牛妻盧氏，帥匡瓚妻張氏，帥匡璠妻周氏，曾起修妻陳氏，蕭大斌妻鍾氏，曹光廷妻余氏，鄒玉陞妻黄氏，帥正元妻袁氏，烈婦劉正笏妻余氏，余德獻妻陳氏，烈女羅安遠未婚妻湯氏，均乾隆年間旌。

傅善漢妻萬氏。南昌人。夫亡守節。同縣毛振文妻萬氏，萬承璋妻熊氏，萬鎬妻徐氏，吴士榛妻伍氏，傅惟星妻熊氏，趙尚梅妻龔氏，喻崇電妻王氏，熊存愫妻劉氏，余秉紱妻黄氏，丁成曨妻朱氏，張由鏘妻黄氏，舉人萬廷藩妻彭氏，周汝鵠妻夏氏，魏宇鵠妻萬氏，章昌岐妻鄧氏，喻道謨妻熊氏，黄明瀠妻萬氏，黎麟祥妻張氏，胡芳瑄妻熊氏，熊中棟妻李氏，萬承雍妻彭氏，萬必霦妻羅氏，劉昌渭妻羅氏，陳志塏妻楊氏，徐啓炁妻劉氏，彭世焕妻朱氏，涂昭河妻羅氏，黄忠恕妻丁氏，彭承柄妻周氏，涂昭燃妻羅氏，吴壽谷繼妻謝氏，羅鳳儀妻胡氏，劉以淋妻樊氏，秦一烘妻李氏，邱元鈖妻聶氏，萬其中妻劉氏，徐啓孔妻吴氏，熊奉章妻胡氏，黄期佑妻萬氏，李天祐妻鄢氏，賴仁魁妻涂氏，萬表柱妻李氏，趙士年妻余氏，許文懸妻胡氏，葉世濟妻吴氏，萬于倫妻潘氏，熊漢囦妻劉氏，任邦璘妻左氏，盧世訓妻楊氏，熊存悦妻吴氏，周斯鸝妻李氏，周用佶妻劉氏，烈婦萬元長妻熊氏，烈女何孔堂之女喜英，貞女吴士逢未婚妻熊氏，閔賢煌未婚妻熊氏，袁氏，史静姑，劉懋寬未婚妻樊珍姑，高訓埈未婚妻李氏，陳宗行未婚妻羅氏，均嘉慶年間旌。

王英鄰妻郭氏。新建人。夫亡守節。同縣左光員妻毛氏，鄒以煊妻李氏，錢會忠妻陶氏，李同連妻熊氏，吴嗣茂妻葉氏，王世誠妻程氏，王緒鑑妻葉氏，熊瑞妻涂氏，胡論寬妻樊氏，戴典茂妻徐氏，陳方權妻熊氏，傅學雲妻徐氏，夏德沼妻陳氏，羅允凰妻李氏，杜藩妻魏氏，葉和蘇妻何氏，鄧國輪妻李氏，鄭英蓉妻李氏，徐綿珍妻黄氏，徐明遠妻申氏，趙大年妻陶氏，熊安逵妻劉氏，涂本蕘妻夏氏，陸泰妻倪氏，裘翼妻徐氏，葉殿池妻范氏，羅興遐繼妻陳氏，舉人方璨妻胡氏，方可聰妻熊氏，翰林院編修裘麟妻鍾氏，陳賓惠妻程氏，夏學荃妻吴氏，夏學莘繼妻危氏，烈婦熊安恕妻謝氏，楊謙呈妻戴氏，烈女胡中馳之女胡毛女，貞女彭氏，曹顯業未婚妻王氏，均嘉慶年間旌。

章添琳妻楊氏。豐城人。夫亡守節。同縣胡時梅妻毛氏，楊尚廣妻劉氏，王遴妻徐氏，鄒之碧妻鄧氏，毛廷機妻諶氏，周洪瑞妻萬氏，范守元妻熊氏，甘肇魁妻蔡氏，周洪鈞妻李氏，朱其維妻楊氏，衛正煒妻丁氏，涂勁妻雷氏，孫光族妻黄氏，黄曰山妾汪氏，朱光誥妻陳氏，陳英唐妻蔡氏，金安宴妻鄒氏，袁名衍妻黄氏，烈婦萬光旭妻楊氏，楊浹妻袁氏，袁克福妻周氏，胡允奇妻張氏，陳言七妾張氏，范志薰妻熊氏，李事興妻陳氏，夏道仁妻徐氏，熊祥麟妻李氏，鄒學超妻楊氏，貞女徐氏，徐綏祖未婚妻李氏，陳襟章未婚妻徐氏，均嘉慶年間旌。

胡抑廷妻楊氏。進賢人。夫亡守節。同縣饒棖妻葉氏，饒昌貴妻段氏，王志傳妻陳氏，龔宏江妻陳氏，李左宜妻温氏，陳大漢妻胡氏，龔序爵妻許氏，胡士繩妻萬氏，均嘉慶年間旌。

彭敏祚妻劉氏。奉新人。夫亡守節。同縣胡文郡妻諶氏，羅克恭妻陳氏，袁國洪妻童氏，詹益誠妻余氏，徐正功妻來氏，涂建萱妻宋氏，鄧基誠妻唐氏，汪有宋妻陳氏，張億廣妻諶氏，金正行妻劉氏，鄧冕妻羅氏，舉人蔡勷繼妻張氏，余開任妻諶氏，賴日璠妻陰氏，胡運新妻王氏，彭祓祖妻趙氏，周貞銘妻章氏，陳鍾檀妻廖氏，嚴有恒妻蔡氏，甘立材妻彭氏，胡洋俊妻魏氏，帥開歡妻胡氏，鄧自適妻魏氏，彭煇祖妻李氏，甘本塏妻涂氏，童承公妻閔氏，張家俊妻吴氏，章士欽妻夏氏，章士錦妻傅氏，周成邵妻龔氏，均嘉慶年間旌。

余蘭妻鄒氏。靖安人。夫亡守節。同縣舒鍵妻李氏，舒瑞麟妻熊氏，劉賢璞妻李氏，項文林妻舒氏，王斯信妻涂氏，舒斯模妻周氏，烈婦周春桂媳楊氏，均嘉慶年間旌。

瞿志開妻劉氏。武寧人。夫亡守節。同縣劉廣蕃妻盧氏，葉挹霖妻陳氏，熊高燿妻冷氏，均嘉慶年間旌。

張大煤妻胡氏。義寧州人。夫亡守節。同縣徐肇樸妻周氏，胡起鳳妻王氏，張焌成妻胡氏，王山妻張氏，孫榮祖妻戴氏，徐彩五妻匡氏，周緒瑋妻袁氏，袁璘妻胡氏，徐完璧妻萬氏，朱悦心妻查氏，陳寧晃妻王氏，陳美山妻黄氏，陳麟佩妻嚴氏，蕭菁妻謝氏，張問政妻李氏，胡祖德妻陳氏，彭采藻妻盧氏，傅琴堂妻韓氏，王浩妻徐氏，劉榮千妻熊氏，賴錫書妻鄒氏，李開贊妻郭氏，樊天篤妻幸氏，烈婦冷秀庭妻樊氏，保康縣知縣陳世章妻殉難節婦朱氏，均嘉慶年間旌。

仙釋

晉

許遜。世居許昌，父肅避地南昌，因家焉。少從吳猛得神方秘法。太康初，爲旌陽令，尋去官。謁諶母於丹陽，授以道術，時斬除蛟蛇毒物以濟人，精修山中。年百三十六歲，於寧康二年八月一日，拔宅上昇。

吳猛。新吳人。幼以孝聞，夏月不驅蚊蚋，恐噬親也。仕吳爲西安令。年四十，遇異人，授以神方秘術。後又同許遜謁諶母受法，還豫章。嘗渡江值風，猛以白羽扇畫水而渡，觀者駭異。遜上昇之歲，猛亦於西平乘白鹿車，與弟子四人沖虛而去。

彭伉。蘭陵人。仕晉爲尚書左丞。永康中，來南昌事許遜，遜以長女妻之。永和二年，舉家上昇。又施岑，沛郡人，從居九江。雄偉多力，弓劍絶倫。遜每出，使與甘戰執劍從侍。寧康初，乘雲而去。又甘戰，豐城人，有孝行。從遜遊，異其材器，凡奥文秘訣，委命掌之。及遜上昇，歸豐城，布德施惠，鄉人感化。陳大建初，乘彩麟車上昇。又旴烈，豫章人，事母至孝。慕遜道，結草宅旁，得聞道要。遜飛昇日，母子相隨去。又鍾離嘉，南昌人，母爲遜妹。遜教以神方，隨遜沖舉。又時荷，四明山道士。遜昇天，持龍節前驅。又周廣，從遜執僮僕之禮。又陳勛，慕遜道，爲旌陽縣吏，因得師遜，爲入室弟子。又曾亨，豐城人，從遜同昇。

唐

吴彩鸞。猛女也。唐太和末，書生文簫寓紫極宫，一日遊西山，與彩鸞遇，因約與歸。簫貧不自給，彩鸞寫孫愐唐韻，日得一部鬻之，得錢五緡，如是十載，稍爲人知，乃往越王山，各跨一虎，陟峯巒而去。

張氳。晉州人，號洪崖子，隱姑射洞。明皇召見問曰：「先生善嘯，可得聞乎？」應聲而發，響若鸞鳳。拜官不受，還山服氣。洪州大疫，有狂道士賣藥，得者必愈。明皇曰：「必氳也。」三召不赴。天寶末，忽大霧尸解。張説有洪崖子傳一卷。

道一。漢州什邡人，姓馬氏，故稱馬祖。得法於南嶽懷讓，自建陽遷臨川，次至南康。大曆四年，開道場於鍾陵開元寺。元和三年，賜謚大寂禪師，塔曰大莊嚴塔。本朝雍正十二年，加封普照大寂禪師。

希運。閩人。幼出家於黄蘗山，額間隆起如珠。遊天台至京洛，及來南昌，馬祖已示寂，乃往石門參百丈師。後觀察使裴休迎住龍興寺，大中間示寂，謚斷際禪師。本朝雍正十二年，加封正覺斷際禪師。

嚴陽尊者。初結庵嚴陽山。天祐間，居明心寺，據坐磐石，常有二虎一蛇馴擾左右。及入滅，建塔寺中。宋淳熙時起塔，髮垂至踵，指甲過臂。

五代

錢朗。南昌人，讀書西山。以五經登科，仕唐，累官光禄卿。文宗時，歸隱廬山，得補腦還元法。吴越王錢鏐迎至臨安，師事之。雲孫數人，以明經爲縣宰，皆皓首矣，而朗猶如童子。後尸解，蓋百七十餘歲云。

傅得一。鐵柱宫道士。兒時入山，遇弈者啖以果。後往來新淦，蹤跡狂詭，嘗夜卧深雪中，鼻息如雷。淳熙初，召對德壽殿，賜號靈寶。

超慧。住寧州黃龍寺。初遊嶽麓，遇一僧曰：「東北行，遇洪即止，逢龍可往。」及至黃龍山，有雙峯庵，馬和尚以法付之而去。後禪侶雲集，黃龍一派被天下。

慧南。信州章氏子，住黃龍寺。初依泐潭，再造石霜慈明，於言下大悟。開法同安，嘗發三問，學者莫契其旨，叢林目之爲「黃龍三關」。

祖心。傳誨機之教於慧南，住黃龍，名其方丈曰誨堂，人因呼爲晦堂。黃庭堅乞指捷徑處，晦堂曰：「論語『吾無隱乎爾』，請公詮釋。」黃擬對至再，不然其説。一日相隨行次，時巖桂盛開，秋香滿院。晦堂曰：「聞木犀香乎？」黃曰聞。晦堂曰：「吾無隱乎爾。」黃即拜。

元

大訢。南昌人。博通經典，旁及儒家道流之説。文宗時，召赴闕，特賜三品文階。嘗編禪林清規，所著有四會語録、蒲室集。

明

來復。豐城人。少出家，明内典，通儒術，善爲詩文。元時與虞集、歐陽原功諸人游，明初以高僧召至京，與宗泐齊名。所著有蒲庵集。

本朝

張逍遥。居新建西山虎洞，時與虎狎。初至夜卧，傾崖下，霜雪覆面，盎若春醪之溢。久之乃結小石屋於古松間，幅巾羽扇，静坐其中。談人休咎，歷歷皆驗，問以金丹，不言。順治十八年，一夕尸解去。

等可。居新建西山吴原里。生時父夢老僧拈黄菊笑曰：「吾雲堂貫休也。」覺而志之。及重九日等可生，生不飲乳，六七歲即能詩。後遊方二十餘年，還南昌，卓錫古泰定寺。

土産

葛。府境俱出。元和志：洪州貢。通志：出西山厚田者佳。

紵布。府境俱出。元和志：洪州貢。唐書地理志：又貢絲布。

茶。府境出。茶譜：洪州西山白露、鶴嶺茶，號爲絶品。今紫青香城者爲最，雙井茶芽亦佳。

梅煎。唐書地理志：洪州土貢梅煎、乳柑。寰宇記：唐開元二十五年，都督韓朝宗以梅煎難得，取乳柑代之。今並停。

甘橘。寰宇記：洪州土産。

藥。元和志：洪州貢丹參、旋覆花。通志：南昌出苦參，西山中出黄精。武寧香柔山産香薷。

蠟。寰宇記：洪州土産。按：舊志載唐書地理志：洪州有銅坑。明統志：唐時西山出。豐城縣東八十里溪水沙中出金。豐城、進賢二縣出鐵，舊有冶，今俱廢。謹附記。

校勘記

〔一〕通判澧州　「澧」，原作「灃」，乾隆志卷二三九南昌府人物(下同卷簡稱乾隆志)同，據宋史卷二六七陳恕傳改。

〔二〕必元嘗從危稹包遜學　「稹」，原作「禎」，乾隆志同，據宋史卷四一五羅必元傳改。

〔三〕及手編漢唐文類　「漢唐」，原作「唐宋」，乾隆志同，據宋史卷四二四徐鹿卿傳改。

〔四〕冷應澂　「澂」，原作「徵」，乾隆志同，據宋史卷四一六冷應澂傳及雍正江西通志卷六七人物志改。下文同改。

〔五〕葉夢得列其行事　「葉夢得」，乾隆志、宋史冷應澂傳同，雍正江西通志卷六七人物志作「葉夢鼎」，並小字注曰：「一作『得』。」按，葉夢得卒於宋高宗紹興年間，冷應澂知萬載縣在理宗寶慶至景定間，此必非其人。葉夢鼎淳祐間權知袁州，萬載縣在其轄下，時、事適合。「得」當爲「鼎」字之誤。

〔六〕置腐刑死　乾隆志同。按，明史卷一三八曾秉正傳言其「置腐刑，不知所終」。

〔七〕仁宗即位召爲右都御史兼詹事　「仁宗」，原作「宣宗」，乾隆志同，據明史卷一五〇向寶傳改。

〔八〕終南京刑部侍郎　乾隆志同。按，國朝獻徵録卷四九有熊懷傳，謂官至南京刑部右侍郎。疑此脱「右」字。

〔九〕天啓初追謚文裕　「文裕」，原作「文恪」，乾隆志同，據明史卷一八四張元禎傳改。

〔一〇〕歷浙江布政使　乾隆志同。按，國朝獻徵録卷七一有楊峻傳，謂其陞浙江右布政使，雍正江西通志卷六四名宦九又謂其歷任浙江左布政使。未知孰是。

〔一一〕累官都御史　乾隆志同，雍正江西通志卷六四名宦九「都御史」上有「副」字，明武宗實録卷一一四正德九年七月乙酉條記事云「都察院右副都御史艾璞卒」，又不同。似當以實録爲是。

〔一二〕隆慶初復官卒謚恭肅　乾隆志同。按，據明史卷一九七熊浹傳，熊浹卒於嘉靖時「隆慶初復官，予祭葬，謚恭肅」。則復官爲死後恩典，此處「卒」字當删。

〔一三〕以右副都御史提督操江　「御史」，原闕，乾隆志同，據明史卷二四一陳道亨傳補。

〔一四〕楊漣劾魏忠賢　「漣」，原作「璉」，乾隆志同，據明史卷二四一陳道亨傳改。

〔一五〕累官工部右侍郎　「右」，原闕，乾隆志同，據明史卷二三〇饒伸傳補。

〔一六〕寧獻王權七世孫　「寧」，原闕，據乾隆志及明史卷一一七諸王傳補。

〔一七〕謫廣東布政司照磨　「司」，原作「使」，據乾隆志改。

〔一八〕施肩吾分水人　「水」，原作「州」，據乾隆志及雍正江西通志卷一〇三仙釋志改。按，分水屬唐江南道睦州。

〔一九〕莊行賈泗州　「州」，原作「洲」，據乾隆志及雍正江西通志卷九七列女改。

饒州府圖

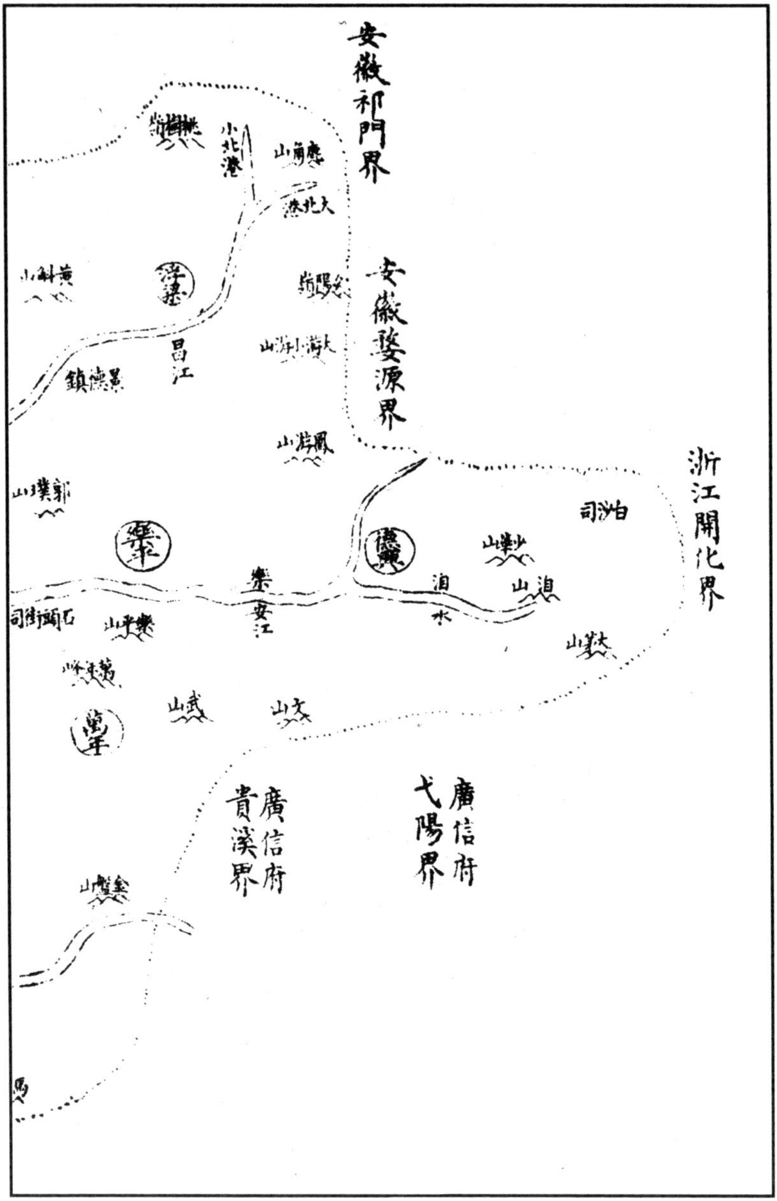
安徽祁門界
小北港
鹿角山
大北港
浮梁
昌江
景德鎮
安徽婺源界
鳳游山
郭璞山
樂平
德興
浙江開化界
白沙司
洎山
洎水
樂安江
石頭街司
武山
文山
廣信府貴溪界
廣信府弋陽界

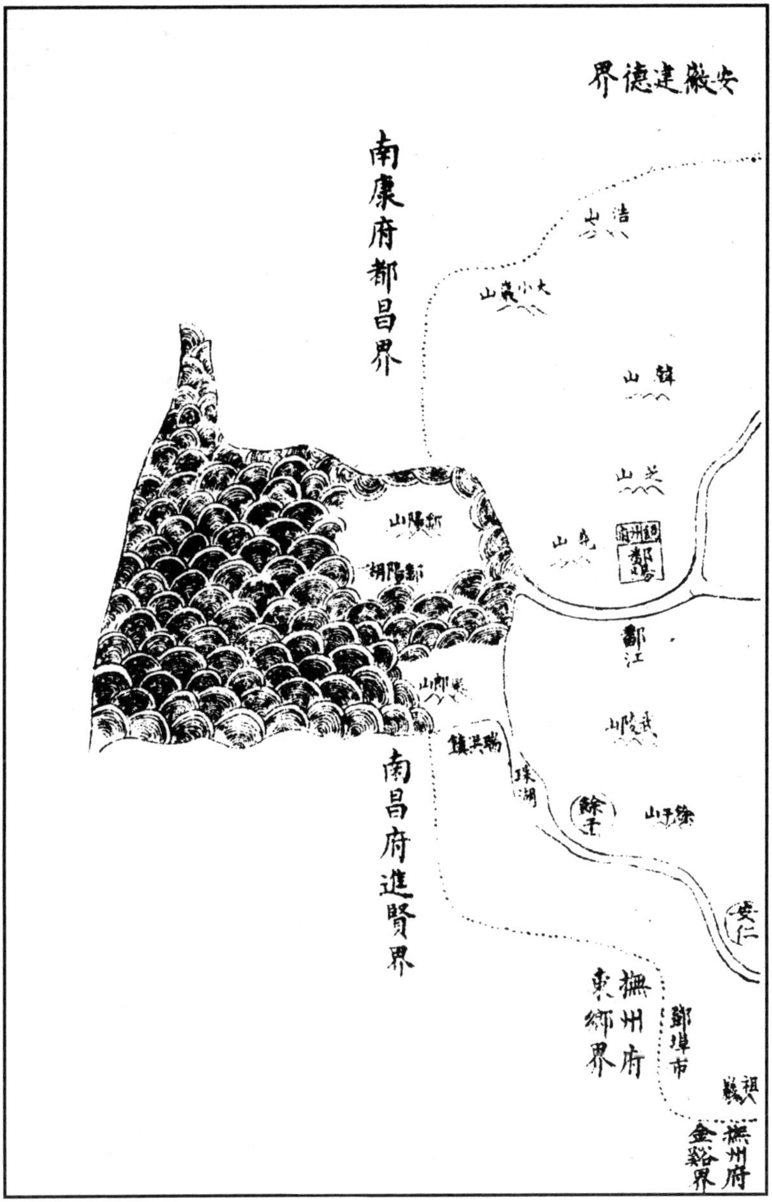
安徽建德界
南康府都昌界
饒州府
鄱陽
芝山
鄱陽山
鄱陽湖
鄱江
武陵山
瑞洪鎮
珠湖
餘干
餘干山
南昌府進賢界
安仁
撫州府東鄉界
鄧埠市
撫州府金谿界

饒州府表

	饒州府	鄱陽縣
秦		鄱陽縣置屬九江郡。
兩漢	豫章郡地。後漢建安十五年分置鄱陽郡，屬揚州。	鄱陽縣屬豫章郡。 鄡陽縣屬豫章郡。
三國	鄱陽郡	鄱陽縣屬鄱陽郡。 廣昌縣吳置。 鄡陽縣吳屬鄱陽郡。
晉	鄱陽郡元康元年改屬江州。	鄱陽縣 廣晉縣太康元年改名，爲鄱陽郡治。 鄡陽縣
南北朝	鄱陽郡梁承聖二年置吳州。陳光大二年罷。太建十三年復置。	鄱陽縣齊爲郡治。陳爲州治。 廣晉縣齊屬鄱陽郡。陳省。 宋省。
隋	鄱陽郡開皇初郡廢，置饒州。大業初復爲郡。	鄱陽縣州治。大業初郡治。
唐	饒州鄱陽郡武德四年復置州，屬江南西道。	鄱陽縣州治。 武德四年復置廣晉縣，屬浩州。八年省入。
五代	饒州鄱陽郡屬南唐。	鄱陽縣
宋	饒州鄱陽郡屬江南東路。	鄱陽縣州治。
元	饒州路至元十四年升路，隸江浙行省。	鄱陽縣路治。
明	饒州府初曰鄱陽府，尋改名，屬江西布政使。	鄱陽縣府治。

續表

餘干縣	樂平縣	浮梁縣
餘汗縣屬豫章郡。	餘汗縣地。	鄱陽縣地。
餘汗縣吴屬鄱陽郡。	樂安縣地。	
餘汗縣		
餘汗縣宋改「汗」曰「干」。齊復故。	陳爲銀城縣地。	
餘干縣開皇九年復改爲「干」，屬饒州。大業初屬鄱陽郡。		
餘干縣屬饒州。武德四年析置玉亭縣。七年省。	樂平縣武德四年置，九年省。後復置，屬饒州。	浮梁縣武德四年置新平縣，八年省。開元四年改置新昌縣。天寶元年改名，屬饒州。
餘干縣	樂平縣	浮梁縣
餘干縣屬饒州。	樂平縣	浮梁縣
餘干州元貞元年升州，屬饒州路。	樂平州元貞元年升州，屬饒州路。	浮梁州元貞元年升州，屬饒州路。
餘干縣洪武初仍爲縣，屬饒州府。	樂平縣洪武四年仍爲縣，屬饒州府。	浮梁縣洪武初仍爲縣，屬饒州府。

續表

德興縣	安仁縣	萬年縣
餘汗縣地。	餘汗縣地。	鄱陽、餘汗二縣地。
樂安縣 吳析置，屬鄱陽郡。		
樂安縣	析置晉興縣。永嘉七年改名興安。尋省。	
陳省，改置銀城縣。	安仁縣 陳天嘉中置。	
	開皇九年併入餘干。	
樂平縣地。	武德四年析置長城縣，屬饒州。八年省入餘干。	
德興縣 南唐昇元中改置，屬饒州。		
德興縣	安仁縣 端拱元年復置，屬饒州。	
德興縣 屬饒州路。	安仁縣 屬饒州路。	
德興縣 屬饒州府。	安仁縣 屬饒州府。	萬年縣 正德七年置，屬饒州府。

大清一統志卷三百十一

饒州府一

在江西省治東北三百里。東西距五百三十里，南北距三百七十里。東至浙江衢州府開化縣界三百七十里，西至南康府都昌縣界一百六十里，南至撫州府臨川縣界二百里，北至安徽池州府建德縣界一百七十里。東南至廣信府治四百五十里，西南至南昌府治三百里，東北至安徽徽州府治六百里，西北至九江府彭澤縣治三百二十里。自府治至京師五千二十里。

分野

天文斗分野，星紀之次。

建置沿革

禹貢揚州之域。春秋時爲楚東境，後屬吳。史記吳世家：吳王闔閭十一年，使太子夫差伐楚，取番。戰國屬楚。秦置番陽縣，屬九江郡。漢屬豫章郡。後漢因之。建安十五年，孫權分置鄱陽郡，屬揚州。

晉元康元年，改屬江州。宋、齊因之，屬揚州。梁承聖二年，於郡置吴州。陳光大二年州罷，太建十三年復置。隋開皇初，平陳廢郡，改置饒州。大業初，仍爲鄱陽郡。唐武德四年，復曰饒州。天寶元年，仍曰鄱陽郡。乾元元年，復曰饒州，屬江南西道。五代屬南唐。明統志：南唐置永平軍。宋仍曰饒州鄱陽郡，屬江南東路。元至元十四年，升饒州路總管府，隸江浙行省。明初改鄱陽府，尋又改饒州府，屬江西布政使司。本朝因之，屬江西省。領縣七。

鄱陽縣。附郭。東西距二百五十里，南北距二百三十五里。東至樂平縣界九十里，西至南康府都昌縣界一百六十里，南至餘干縣界七十五里，北至安徽池州府建德縣界一百六十里。東南至萬年縣治一百二十里，西南至南昌府進賢縣治二百六十里，東北至浮梁縣界一百五十里，西北至南康府都昌縣治二百四十里。春秋時楚番邑。秦置番陽縣〔一〕。漢曰鄱陽，屬豫章郡。後漢建安十五年，置鄱陽郡。晉初移郡治廣晉，以鄱陽爲屬縣。劉宋因之。蕭齊復移郡來治。梁、陳爲吴州及鄱陽郡治。隋開皇中爲饒州治，大業初，復爲鄱陽郡治。唐仍爲饒州治。宋因之。元爲饒州路治。明爲饒州府治。本朝因之。

餘干縣。在府南少西一百二十里。東西距九十五里，南北距一百二十五里。東至萬年縣界三十五里，西至南昌府進賢縣界六十里，南至撫州府東鄉縣界八十里，北至鄱陽縣界四十五里。東南至安仁縣界八十里〔二〕，西南至東鄉縣界六十里，東北至鄱陽縣界四十里，西北至南昌府南昌縣界九十里。春秋時越西境干越地。漢置餘汗縣，屬豫章郡。後漢因之。三國吴改屬鄱陽郡。晉因之。劉宋曰餘干。蕭齊復曰餘汗。隋開皇九年，復改餘干，屬饒州。大業初，屬鄱陽郡。唐屬饒州。宋因之。元元貞元年，升爲州，屬饒州路。明洪武初，仍爲縣，屬饒州府。本朝因之。

樂平縣。在府東一百二十里。東西距一百二十里，南北距一百四十里。東至德興縣界九十里，西至鄱陽縣界三十里，南至廣信府貴溪縣界八十里，北至浮梁縣界六十里。東南至廣信府弋陽縣治二百十里〔三〕，西南至萬年縣治八十里，東北至安徽徽州府婺源縣治二百里，西北至安徽池州府建德縣治三百二十里。本漢餘汗縣地。三國吴及晉、宋、齊、梁俱爲鄱陽郡樂安縣地。陳爲銀城縣地。唐武德四年，始置樂平縣，屬饒州。九年省，後復置，仍屬饒州。宋因之。元元貞元年，升爲樂平州，屬饒州路。明洪武四年，仍爲縣，屬饒州府。本朝因之。

浮梁縣。在府東北一百八十里。東西距一百二十里，南北距一百八十里。東至安徽徽州府婺源縣界六十里，西至鄱陽縣界六十里，南至樂平縣界六十里，北至安徽徽州府祁門縣界一百二十里。東南至德興縣治一百八十里，西南至餘干縣治三百里，東北至安徽徽州府休寧縣治三百二十里〔四〕，西北至安徽池州府建德縣界一百十五里。本漢鄱陽縣地。唐武德四年，析鄱陽置新平縣，屬饒州。八年省。開元四年，改置新昌縣，仍屬饒州。天寶元年，改曰浮梁。宋因之。元元貞元年，升爲州，屬饒州路。明洪武初，仍爲縣，屬饒州府。本朝因之。

德興縣。在府東二百四十里。東西距一百十五里，南北距一百二十里。東至浙江衢州府開化縣界八十五里，西至樂平縣界三十里，南至廣信府弋陽縣界八十里，北至安徽徽州府婺源縣界四十里。東南至廣信府上饒縣治二百十里，西南至廣信府貴溪縣治二百四十里，東北至安徽徽州府婺源縣治一百十里〔五〕，西北至浮梁縣界一百八十里。漢餘汗縣地。三國吴置樂安縣，屬鄱陽郡。晉及宋、齊、梁因之。陳天嘉元年，縣廢。唐爲樂平縣地。五代南唐昇元間，改置德興縣，屬饒州。宋因之。元屬饒州路。明屬饒州府。本朝因之。

安仁縣。在府南少東二百十里。東西距五十里，南北距九十里。東至廣信府貴溪縣界二十里，西至撫州府東鄉縣界三十里，南至撫州府金谿縣界八十里，北至餘干縣界十里。東南至貴溪縣治六十里，西南至金谿縣治一百四十里〔六〕，東北至萬年縣界三十里，西北至餘干縣界二十里。漢餘汗縣東南地。晉析置晉興縣。永嘉七年，改興安縣，尋廢。陳天嘉中置安仁縣。隋開皇九年，併入餘干。唐武德四年，析置長城縣，屬饒州，八年省入餘干。宋開寶八年，置安仁場於此。端拱元年，升爲安仁縣，仍屬饒州。元屬饒州路。明屬饒州府。本朝因之。

萬年縣。在府東南一百二十里。東西距八十里，南北距五十五里。東至廣信府貴溪縣界五十里，西至餘干縣界三十里，南至安仁縣界十五里，北至樂平縣界四十里。東南至貴溪縣治一百五十里〔七〕，西南至餘干縣界十五里，東北至德興縣治一百六十里〔八〕，西北至鄱陽縣界五十里。漢鄱陽餘汗縣地。明正德七年，割鄱陽、餘干、樂平及廣信之貴溪四邑地置縣，名曰萬年，屬饒州府。本朝因之。

形勢

地沃土平。唐歐陽詢帖。地居澹浦，邑帶鄱川。唐王德璉饒州記序〔九〕。廣谷大川，當吴楚之交會。明統志宋黄唐語。南接豫章，西接楚，東姑蔑，北鵲岸，東北鳩兹，西南艾，西北灊，延袤千里。山川序列，道路四達。府志。水滙西南，山環東北。鄱陽志。

風俗

語有吴楚之音。唐歐陽詢帖。忠孝繼出，吴芮遺風。唐王德璉鄱陽記。其人喜儒，故其俗不鄙。宋彭汝礪夏侯處士誌。物産豐饒。方輿勝覽。工巧足用，懋遷以給。府志。

城池

饒州府城。周九里三十步，門六。負芝山，瞰鄱江，左右環東湖蟦洲，三面阻水，濠深廣丈餘。明初因舊址改築。本朝康熙十七年修，二十二年、乾隆四十三年、嘉慶十九年重修。鄱陽縣附郭。

餘干縣城。周六里二百四十步，門九，水門三。正面及西北瀕水，餘多枕山。明嘉靖四十一年創築，萬曆中重築。本朝順治十六年增建東、西、北三樓，康熙二年修，二十年重修。

樂平縣城。周五里一百八十步，門四。明正德五年創築。本朝康熙十年建四城樓，築壩引洎水以衛城郭。乾隆五十三年修。

浮梁縣城。周四里有奇，門六，濠廣一丈五尺。元至正中築，明永樂中甃石，嘉靖三十七年更築。本朝康熙三年修，十年、嘉慶十二年重修。

德興縣城。周六里二十四步有奇，門六，水門一，水洞七。南、北、東三面依山，西帶河爲濠。明嘉靖四十一年築，本朝順治年間修。

安仁縣城。周七里，門八。西、南、北三面俱臨大河。明正德五年土築，嘉靖五年甃石，四十一年增築。

萬年縣城。周三里二百四十步，門四，濠廣丈餘。明正德七年築。本朝康熙九年修，二十一年重修。

學校

饒州府學。在府治西。明初建於縣治東天寧寺，後燬。本朝順治七年，以明淮藩故址改建。康熙元年繚以石垣，自後屢加修葺。入學額數二十名。

鄱陽縣學。在府城東東湖濱。舊在城北隅，明弘治中遷建。本朝康熙年間修。入學額數二十名。

餘干縣學。在縣治東。明嘉靖三十六年，自東岡山遷此，後燬，本朝康熙六年重建。入學額數十五名。

樂平縣學。在縣治東。宋熙寧五年建，明弘治二年重建，後燬。本朝順治八年重建，康熙年間屢修。入學額數十二名。

浮梁縣學。在縣治東南。宋元豐中建，後燬。明洪武初重建，本朝康熙年間屢修。入學額數十二名。

德興縣學。在縣治東南。宋治平中建，明洪武三年重建，本朝順治、康熙年間屢修。入學額數十二名。

安仁縣學。在縣治東。宋建炎中建，明末燬。本朝順治十一年重建，雍正三年修。入學額數十二名。

萬年縣學。在縣治東。明萬曆四十三年建，明末燬。本朝順治九年建於縣西，康熙四年遷縣東，十三年復遷於此。雍正七年修。入學額數十二名。

鄱江書院。在府城北，宋朱子門人講學之所。

忠宣書院。在鄱陽縣龍山巖，宋建，祀洪忠宣皓。明時，其裔孫洪春請建於府治西丹霞觀故址，李瓚記。

忠定書院。在餘干縣治南琵琶洲，宋丞相趙汝愚與朱子講道處。

東山書院。在餘干縣東羊角山中峯。舊在山側，宋趙汝愚暨從弟汝靚建。汝愚子崇憲，師事朱子，於此講學，謝枋得有記。明正德中改建於此，本朝乾隆二十四年重建。

南溪書院。在餘干縣東、萬年縣西境，宋柴中行講學之所。元時其子孫作書院以教里族，程鉅夫記。

南谷書院。在餘干縣東南南極峯，明儒胡居仁講學處。

慈湖書院。在樂平縣東登高山。舊在縣治東南，宋楊簡爲令，以禮讓變俗，時號慈湖先生，簡殁，因立書院。明萬曆中改建於此。按：舊志載長薌書院，在浮梁縣西南景德鎮，宋慶元三年，監鎮李齊愈建；新田書院，在浮梁縣新田都，宋侍郎李椿年建，久廢。又蒙齋書院，在德興縣治東，舊在縣之遊奕塢，宋朱子門人程端蒙講學之所，其子孫改建於此。初庵書院，元邑人傅立建，立號初庵，故名。銀峯書院，在縣東南肯堂山，舊在縣之延福坊，宋淳熙間邑人余瀚、余淵延朱子講學其中，明崇禎中改建於此。錦江書院，在安仁縣西南四十里，宋倪玠講學處，元至正中，其子鎧請賜額。石洞書院，在萬年縣治東，舊在萬年鄉，宋儒饒魯建，明正德中改建於此。謹附記。

户口

原額人丁一十四萬八千三百六十二，今滋生男婦大小共一百七十七萬八千一百七十一名口，計三十二萬三千二十三户。又衛所屯軍男婦大小共五萬三千九百一十九名口，計八千四百十七户。

田賦

田地六萬九千六百頃五十八畝一分二釐有奇，額徵地丁銀一十八萬五千四百六十兩六錢七分二釐，米一十二萬五千三百一十五石一斗三升二合。饒州所屯田在鄱陽縣，共九十五頃九十畝三分八釐，額徵地丁銀九百六十三兩二錢七釐。

山川

薦福山。在鄱陽縣東三里東湖濱。舊有萬松關、百花洲、茶園諸勝。

白鹿山。在鄱陽縣東五十里。明統志：唐永徽中張蒙遊獵，逐白鹿於此。

巍石山。在鄱陽縣東九十里，一名獅子山。自頂至麓皆石，巉巖峭壁，下臨深溪。

郭璞山。在鄱陽縣東一百里。高百仞，盤亘五十里，東抵樂平界，爲鄱陽羣山之冠。相傳郭璞嘗寓此。一名鄡陽山。

閣山。在鄱陽縣南十里，亦名仙閣山。寰宇記：上有仙人白子高壇兼祠宇，南對白溪水。

表恩山。在鄱陽縣西南四十里，濱鄱陽湖。每春水漲，則山在湖中。

强山。在鄱陽縣西南六十里，一名狂山。兩山特起，濱鄱陽湖，接都昌界。

龍王山。在鄱陽縣西十五里雙港口，前瞰鄱江，爲一郡水口。上有龍王廟。一名塔山。

堯山。在鄱陽縣西三十里。寰宇記：堯九年大水，人居此避水，因以爲名。又鄱陽記云州北有堯山，嘗以堯爲號，又以地饒衍，遂加「食」爲號。

蓮荷山。在鄱陽縣西四十里鄱陽湖中。周百餘里，望之如荷葉浮水。

連山。在鄱陽縣西北一百里，周四十餘里。林木森鬱，雲合即爲雨候。

石步山。在鄱陽縣西北一百四里。中有石室如堂殿，常有煙靄不可入。一名龍嶺。

鄱陽山。在鄱陽縣西北一百十五里鄱陽湖中。府志：初名力士山，亦名石印山，唐改今名。

獨山。在鄱陽縣西北一百五十里，一名獨角山，峭石濱湖。

大、小巖山。在鄱陽縣西北一百七十里。北曰大巖，南曰小巖，高聳對峙。一名密巖山。自大巖分支向西南者爲黄金山，接都昌界。

浩山。在鄱陽縣西北一百八十里。高數百仞，周百餘里。唐初置浩州，以此爲名。

芝山。在鄱陽縣北一里。周十餘里，爲負郭之勝。明統志：初名土素山，唐刺史薛振於山巔得芝草三莖，因改名。山下有能仁寺，登其閣可望匡廬。

嶽廟山。在鄱陽縣北五里，一名千峯山。山凹有嶽廟，故名。

博士山。在鄱陽縣北十里。又北五里有風雨山，舊爲雩壇。

韓山。在鄱陽縣北六十里，上有韓信祠，因名。明淮王葬此，改名安山。又北十里爲望湖山，可望鄱陽湖。又北十里爲荆山。

八稜山。在鄱陽縣北九十里。峯巒危聳，八稜攢峙，盤亘七十里，近郭諸山皆分脈於此。

論石山。在鄱陽縣北一百四十里。

馬迹山。在鄱陽縣東北二十里。山勢縈旋，衆峯環拱。明統志：道書爲五十二福地。晉王遥煉丹其上，有斗壇、煉丹井、藥盂遺跡。

鐵籃山。在鄱陽縣東北一百里。

逍遥山。在鄱陽縣東北一百五十里。八稜諸山，皆由此發脈。

萬斛山。在鄱陽縣東北一百八十里，一名禮城山。盤亘百里，東連樂平，北接浮梁界。

馬頭山。在鄱陽縣東北一百八十里。高百仞，古木蒼鬱，下臨清流。

餘干山。在餘干縣東門外，一名冠山。寰宇記：其山兩峯曲轉相向，狀如羊角，舊名羊角山。唐天寶六年，敕改餘干山。省志：冠山平地崛起，巍然如冠，一名雙覆峯。上多奇樹怪石，前瞰琵琶洲。唐陸羽於此煮茶，有龍泉池、雲風堂、乘風亭，今廢。縣志：冠山前有二嶺，下瞰市湖，左曰煙波，右曰白雲。

冕山。在餘干縣東五里，與冠山相對。上有龍潭、龍岡，岡下有泉味甘。明統志：隋末林士弘退保餘干，市民避此得免，遂名免山。後人以邑有冠山，改曰冕山。

文機山。在餘干縣東二十五里。又東五里爲仙居山。

黄蘗山。在餘干縣東南八十里，亦名小廬山。後有龍泉，歲旱禱之。有梁僧曹晞坐禪石。

玉馬山。在餘干縣南十里，俗訛王母山。寰宇記：自撫州南城縣入臨川縣，凡歷三邑，乃分一支入縣境。山下有白石如馬，俗號白馬山。唐天寶六年，敕改今名。

五彩山。在餘干縣西南八十里。明統志：戰國時吴申自鄱陽徙居之，生子芮。時山有五彩雲氣，故名。

李梅山。在餘干縣西南八十里，一名平原峰，又名貞女峰。周三十餘里，接東鄉縣界。

藏山。在餘干縣西一里。明統志：上有梅巖，宋時趙汝愚讀書其下，理宗爲書「梅巖」二字。

洪崖山。在餘干縣西北六十里，瀕鄱陽湖。明統志：相傳唐張氲煉丹其上，有丹井遺跡。

康郎山。在餘干縣西北八十里鄱陽湖中。明初舟師救南昌，與陳友諒戰於此，後建忠臣廟於其上。明統志：相傳有姓康者居之，因名。一名抗浪山，謂能與風濤抗也，譌曰「康郎」。輿程記：山在湖中，爲風帆表幟。東至袁岸口三十里，道出饒州。東南至瑞虹八十里，道出安仁及撫州。西至團魚洲二十里，道出南昌。東北至饒河口五十里，道出都昌。北至都昌六十里，道出南康、九江。

石虹山。在餘干縣北十里，有横石跨水，故名。又有一石室甚廣，旁列石障如屏。

武陵山。在餘干縣東北三十里，臨大湖。即古之武林。史記東越傳：元鼎六年，東越王餘善發兵拒漢，道入白沙、武林、梅嶺。天子使樓船將軍楊僕出武林。索隱：「今豫章北二百里接鄱陽界，地名白沙。沙東南八十里，有武陽亭，亭東南三十里，地名武林。此白沙、武林，當閩越入京道〔一〇〕。」

萬春山。在餘干縣東北七十里，接萬年縣界。兩峰峭拔，中有池，水清味甘。

康山。在樂平縣東二里，縣之主山也。其麓有康氏居此，故名。又名東山。相近有登高山。

翥山。在樂平縣東十里，北臨樂安江。又東十里爲天分山，山石黑白相半，故名。

軍山。在樂平縣東六十里。明統志：山勢崇高，唐末鄉軍保山捍寇，故名。

芙蓉山。在樂平縣東六十里。

石城山。在樂平縣東南六十里，一名石城巖，又名仙人城。方輿勝覽：石城巖，在縣南六十里，山徑委深，行十餘里皆怪石縈結。中有空洞，李常題曰叢玉，李伯時繪爲圖。縣志：山有洞曰會仙，西曰潛光巖。

文山。在樂平縣東南七十里。山勢磅礴，連亘弋陽、貴溪二縣界，多幽險。

利石山。在樂平縣南四十里，唐時取其石以供銀冶。

仙鶴山。在樂平縣南六十里。寰宇記：上有三峰，峰有湖，春冬不竭。中峰古觀壇，地高三丈，古老相承是張道陵學道處，今立仙鶴壇。舊名鵠鳴山，唐天寶六年改爲仙鶴。按：此山今在樂平縣南。寰宇記云在鄱陽縣南八十里，誤。

樂平山。在樂平縣西南二十里。寰宇記：在縣西三十八里。按鄱陽記云，其山有石如墨，舊名石墨山。唐天寶六年，敕改今名。

吴溪山。在樂平縣西十五里。寰宇記：山有石室，東西七十步。

乳泉山。在樂平縣西北四十里。寰宇記：在縣北六十七里，内有石如硯，山西出乳泉。舊名石硯山，唐天寶六年，敕改今名。

鏹山。在樂平縣北五十里。

錬銅山。在樂平縣北六十里。唐時嘗置場冶銅，因名。

烏聊山。在樂平縣東北五十里，山南有龍停湖。其東爲釣臺山、仙女潭，其西爲鴦塘之盤石，石下有潭曰大汾。

石屋山。在樂平縣東北六十里，俗譌爲石吴山。吴溪水流經其下。

⿰山樂崌山。在樂平縣東北八十里，介饒、徽間。其東爲葛山，兩山間有洪巖、風巖、氣巖、天井、桐木、冷水諸巖，而洪巖特著。山腰有石室，南北相通，方四十丈，雲氣泉聲不絶。

鳳游山。在樂平縣東北八十里。山勢盤礴，爲徽、饒間巨鎮。舊名濬源，唐改今名。山麓有石竅廣尺許，日常兩潮，其出洶湧，收則立涸，謂之潮泉。

青峰山。在浮梁縣東一里，舊名鳳岡山。宋程瑀讀書其上。相近有金鼇山。

王師山。在浮梁縣東五里。明統志：宋朱貔孫未顯時，居其下，有道人過云：「兹山秀拔，當出王者師。」後貔孫果拜太子諭德，爲度宗師。

程山。在浮梁縣東六十里，界連樂平，即石吴山之别峰也。明統志：程氏居其下，族盛大，遂改山名。

芭蕉山。在浮梁縣東八十里。翠巘插天，望之如芭蕉。

同瞻山。在浮梁縣東南四十里。自蒙嶺、廬嶺而來，至此特起，形勢高秀。其東爲黄山，北爲瓦屋山。

大游、小游山。在浮梁縣東南六十里。高越諸山，延袤百餘里。左支爲大游，入婺源界；右支爲小游。

最高山。在浮梁縣南一里，宋辛次膺嘗僑居此。

顯教山。在浮梁縣南三里。古新昌縣治此，後爲顯教寺，因名。

九英山。在浮梁縣南五十里。省志：唐甯賡有九子，據此以禦黄巢，後人因名山曰九英。

石門山。在浮梁縣南六十里，宋彭汝勵讀書處。旁有龍池。

石埭山。在浮梁縣西南，一名石觜頭。山腰有道通景德鎮。

陽府山。在浮梁縣西南二十五里景德鎮，峭立溪側。下有陽府寺，泉石幽勝。縣志：地煖無積雪，物皆早秀，故名。

萬户山。在浮梁縣西南三十里。奇秀聳拔，與陽府山並峙。

金魚山。在浮梁縣西三十里，下有金魚灘。

江山。在浮梁縣西北四十里，江山水出此。

黄連山。在浮梁縣西北六十里，建師港水西源出此。

孔阜山。在浮梁縣北五里。山勢北來，重峰疊秀，狀類覆釜。

石鼓山。在浮梁縣北三十里，臨溪有石如鼓。

白石山。在浮梁縣東北七十里。峭壁萬仞，白石磷磷，上有瀑布一瀉千丈。與芭蕉山對峙。又北三里爲虎頭山，險峭不可登。上有龍池。

鹿角山。在浮梁縣東北八十里。東爲牛軛嶺，横槎水所出；西爲雞籠尖，江家山水所出。

鄧公山。在德興縣東三里，舊名銀山。元和志：銀山，在樂平縣東一百四十里，每歲出銀十萬餘兩。寰宇記：鄧公山，在德興縣北六里，本名銀山，因鄧遠爲名。明統志：山在縣東三里。唐總章初，因邑人鄧遠之請，置場。至宋天聖間，山穴傾摧，而銀課未除，范仲淹守郡，請罷於朝。有詩云：「三出專城鬢已霜，一封奏罷鄧公場。」

南山。在德興縣東二十里。又東十里爲箬坑丁山，宋姜夔隱居讀書之所。

少華山。在德興縣東三十里，一名三清山。高五百丈，盤亘數百里，跨饒、信、衢三州。諸峰羅立，巖洞幽奇。最高者爲玉京峰，值天氣清朗，匡廬、彭蠡，明滅可見。

泊山。在德興縣東八十里，泊水發源於此。

肯堂山。在德興縣東南二里。明統志：宋邑人余歟，持節江南，詔許歸省侍其親，乃構堂山下，張商英扁曰繡綵。其子瀚復新之，朱熹扁曰肯堂。因以名山。

將坑山。在德興縣東南七里。其西相連者曰鳳凰山。又西曰理旗山、大花山。

高湖山。在德興縣東南三十里。四圍聳峭，絶頂平曠。相近有紫駝山，其北有桂湖。

龍潭山。在德興縣東南五十里，横溪水出此。

大茅山。在德興縣東南一百里。千峰萬嶂，爲縣境諸山之冠。相近又有小茅山。

歲寒山。在德興縣西南五里，又名獅子山。屹然臨溪，素崖壁立，白波奮流，自成潭渚，水石搏擊，噌吰鏜嗒有聲。宋至和間，周冕隱居於此，鐫「歲寒」二字於上。汪藻故居亦在焉。

福泉山。在德興縣西南八十里。上有天池，湧泉下注，可資灌溉。

天門山。在德興縣西半里。周十里，高二百二十丈。下有怪石嶙峋，横障泊河諸水。

葛峰山。在德興縣西十里。長亘百餘里，界連樂平。

洪雅山。在德興縣西北五里。寰宇記：德興縣有洪崖山。疑即此。

銅山。在德興縣北三十里，唐置銅場處。

張古山。在安仁縣東五十步，一名張徽山。其東爲挹仙嶺。明統志：相傳晉張徽學道於此。

泉塘山。在安仁縣東八里。山足有七孔，泉流不竭。

鐵山。在安仁縣東十五里。其石堅固，居民取爲碓磑。

金盤山。在安仁縣東十五里鐵山北。綿亘三十里，當安仁、貴溪之衝。上有花尖嶺。

積煙山。在安仁縣西南七十里，宋末陳奎死節處。

華山。在安仁縣西北七里。山高數百丈，環繞二十餘里，狀類池州九華山。又名曰雲蓋峰，爲邑屏障。

紫雲山。在安仁縣西北三十里。

玉真山。在安仁縣治北，瞰臨錦江。曹學佺名勝志：唐進士柳敬德寓此讀書，刻「玉真臺」三字於石壁。

吴山。在安仁縣北二十里，本名盧山。明正德三年，姚源寇起，參政吴廷舉立營於此，因名。

牛頭山。在安仁縣北二十五里，聳秀數百仞。其左爲吉泉峰。

青山。在安仁縣東北十里。

犁壁山。在萬年縣東五里許，絶壁峭峙。一名掛榜山，今名奇壁峰。

雲蓋山。在萬年縣東，望之如蓋，高出雲表。産竹木茶笋，居民資以爲生。

武山。在萬年縣東四十里，接貴溪界，怪石巉巖瞰江滸。有仙人巖、龍穴諸勝。山頂有石池，四時泉流不竭。又東十里有文山，接樂平、貴溪界。

團湖山。在萬年縣西南，接餘干、安仁二縣界。其下有團湖坪，宋末張孝忠與元兵戰死於此。

托裏山。在萬年縣西十餘里。屹峙河濱，爲縣水口。

軸山。在萬年縣西北。平坂中特起，峭壁百丈，西南臨江。

木瓜嶂山。在萬年縣北十里，南麓即梁山坂。又北有馬耳山。

齋堂山。在萬年縣北，崛起數百仞。

南沖嶺。在鄱陽縣西北一百五十里。高百仞，周二十餘里，峰巒秀拔。元時爲驛路。

龍嶺。在鄱陽縣北九十里，綿亘數里。

斜坑嶺。在鄱陽縣北一百九十里，高百仞，周三十里，瀑布飛流，林木蔭蔚，上生秋蘭。

和尚嶺。在浮梁縣東五十里，慈溪水出此。又東二十里，有高嶺，與婺源石城山相連，最險峻。

夕陽嶺。在浮梁縣東婺源縣界。上有黄竹嶺、長豐嶺，旁爲新嶺、巖嶺。明統志：在縣東一百二十里，相傳藍采和吹笛於此。

南村嶺。在浮梁縣南五十里，與樂平縣接界。

庫源嶺。在浮梁縣北三十里，磨刀港水出此。

桃樹嶺。在浮梁縣北一百五十里，下有桃樹鎮。又梁和嶺，在縣北，爲江南徽、池界，小北港水出此。

萬年嶺。在德興縣西南七十里。

黎浦嶺。在安仁縣南五里，嵯峨綿亘。金谿之田埠、貴溪之龍虎山二水，流經其下。

吴嶺。在安仁縣西南六十里。明統志：相傳吴芮與東越王嘗戰於此。其嶺有洗馬池，石上有巨人迹。

金竹嶺。在安仁縣北五十里。產修竹，皆黄碧色。

百丈嶺。在萬年縣東五十里，接貴溪縣界。相近有石牛嶺。

桃嶺。在萬年縣東南三里。

禪嶺。在萬年縣南十里。又南充嶺，在縣南，環溪水出此。

三界嶺。在萬年縣西，當萬年及餘干、安仁之交，故名。

寅吉峯。在鄱陽縣東。高百仞，盤亘二十餘里。

南極峯。在餘干縣東南五十里。又雕峯，在縣西南三十里。石螺峯，在縣西南五十里，巉巖多石，山陽有石室，其紋如螺，故名。

五花峯。在浮梁縣東八十里。五峯並峙，狀如蓮花。亦名蓮花峯者，在縣北一百里，上有瀑布，懸流百丈。

石榴峯。在浮梁縣東南五里，一名塔尖山。

楊梅峯。在德興縣西南六十里。峯勢高出，數十里外即見。麓多楊梅。

吉泉峯。在安仁縣東北三十五里，數峯高數百仞。

萬年峯。在萬年縣北十里。壁立數百仞，林木蓊蔚。其南一支，直至北城，接真武嶺，爲縣之主山，因以名縣。西北有奎光峯。

雙峯。在萬年縣東北十五里。宋儒饒魯宅當其前，因以爲號。

雩紫峯。在萬年縣東北五十里。屹立千仞，盤屈十餘里。南爲梅嶺，北爲銅錢嶺。

雷岡。在鄱陽縣東北。寰宇記：大雷岡在縣東北七十里，後漢雷義所居。小雷岡在大雷岡側，晉雷煥所居。省志：東曰大雷，西曰小雷，岡盤六七里。

福屯岡。在餘干縣南五里，多石，無草木。

月巖。在樂平縣北五十里。鄭氏世居其麓。

梅花巖。在樂平縣東北六十餘里。巖深三十丈，南北相通，有井、有田、有竈、有澗、有池，皆石也。池深莫測，一山之水歸焉。上有古梅數十株。

洞靈巖。在浮梁縣東三十里。有洞四，曰慶雲、蓮花、含虛、張公，皆幽勝。

水龍巖。在浮梁縣東四十里，有二巖，黃壇水入注巖中，潛行二里復出。迤南曰鳳游巖，有大石室。

仙巖。在安仁縣東南七十里，接貴溪界。明統志：巖半有穴二十四，大小相對，下有溪流。舟人仰視穴中，有杵臼、織機、紡車、牀具、水桶、倉板之類。每占其倉板，開則歲豐，閉則歲歉云。名勝志：此外又有燕巖、鎖巖、白雲、鹽倉、鈎藤、馬嘴、楊子、金仙諸巖，相去不過十里。

馬祖巖。在安仁縣南六十里。四面壁立，仰觀有隙如線，上有瀑泉飛下十餘丈。巖間禪舍極幽邃，相傳馬祖道一於此卓錫。

滴乳巖。在安仁縣北五十里。縣志：宋尚書湯漢讀書其側，每晨巖下滴乳香一撮，以供鑪炷。後漢殁，乳遂絶。

管坊洞。在安仁縣南七十里。羣峰峭立，其中深邃可容萬人，有田可耕。又縣南有雲錦洞，相傳漢張道陵修道處。

姚源洞。在萬年縣東門外里許。洞深十五里，兩山並峙，林木蓊蔚，土田肥美。明正德間爲盜據，縣由此設。

龍舌嘴。在鄱陽縣東六十餘里，平岡長二十餘里。

鄱江。在鄱陽縣南，一名長港。樂安江自東南來，昌江自東北來，流至城東會爲一，名鄱江。環城南而西折北流，又分二支，名雙港，分流入鄱陽湖。漢書地理志：鄱陽鄱水，西入湖漢。水經注：鄱水出鄱陽縣東，西逕其縣南武陽鄉，又西流注於贛。寰宇記：浮梁、樂平、餘干等三縣水合爲鄱江，經郡城南，又過都昌縣，入彭蠡湖。鄱陽縣志：鄱江上流有二。一自安徽婺源縣徑德興、樂平流入，徑縣東六十里，曰大渡。一自安徽祁門縣徑浮梁流入，徑縣東北三十里，曰小渡。至縣東合流，徑城南又西，而廣信西界諸水復自餘干來合焉。折北十餘里，又分二支。一支自西而北，又折西徑棠陰鎮出饒河口，入鄱陽湖。一支自西而北，復折西注於堯山港，又二十里入老鸛港，匯於烏玲湖，由湖西南出，徑虬門入鄱陽湖。又老鸛港一支，轉北十餘里，折東入車門港，匯爲北珠湖。其經流一名長港，一名雙港。宋時知州史定之植柳江濱，亦名柳林港。

樂安江。在樂平縣南。上流名大溪水，源出安徽婺源縣芙蓉嶺，西流入德興縣境，至縣東北六十里海口村，合銀港南部諸水，流徑縣北二十里，又西南至港口合洎水，又西至樂平縣明口合長樂水，爲樂安江。至桐山港口合建節水，又西合吴溪水，徑縣南，又西至鄱陽縣界，會諸水爲鄱江。寰宇記：樂安江，源出樂平縣東北扶餘嶺，合餘干水。又有明溪、銀溪、石吴溪，並流合樂安江。

昌江。在浮梁縣南門外，亦名大河，又名北河，即祁門縣大北港之下流也。自祁門縣流入縣東北界，西南流匯小北港及鄱源、歷降、大演諸水，入鄱陽縣境。又西南流百餘里，會樂安江爲鄱江。縣志：自倒湖流入縣界，西南十里至白沙洲，又十里至桐林寺，又十里至青石灘，又十里至武林溪口會小北港水，又十五里至明溪合梅湖水，又十五里爲没潭（二），又五里合建師港水，又三里爲鑑潭，又二里爲石鼓，合磨刀港水，又南二十五里至縣東南，爲昌江口，合東河水，又西二十里至景德鎮西港口合西河水，又南五里至小港嘴合南河水，又二里至金魚灘，又三里至官莊，入鄱陽縣界。

錦江。在安仁縣南，即貴溪之信河下流也。自貴溪縣西北流入安仁縣界，至縣東南會白塔河，西流徑縣南，又西北入餘干縣界，至縣西瑞洪入鄱陽湖。在安仁者，一名安仁港；在餘干者，又名龍窟河。寰宇記：興業水，一名安仁港，在餘干縣南一百二十里。發源自貴溪縣西漏石村，經縣過，合餘干江水。港中有崩崖橫石，懸水千仞，湍走浪激，聲合風雷。舟楫所歷，少有程準，或篙工失手，則人墜舟破。居民賴其膏澤之利，首冠一境，溉田一百二十頃。明統志：江有雲錦石，故名。餘干縣志：龍窟水，在縣西南十五里。自安仁縣流入，又北至縣東南桐口灘分流，其經流西出縣南佈村，又西北注瑞洪，入鄱湖。大抵縣境之水，代有變更。漢時西津塞，則龍窟爲大河。齊、梁間，龍窟河塞，則馮田、西津爲大河。隋開皇中，何杞塞西津，開龍窟，既而龍窟復塞，馮田、西津復爲大河。宋咸平間，陳襄塞西津，龍窟復爲大河。今大河直走龍窟，而馮田、西津冬涸如行陸地。

鄱陽湖。在鄱陽縣西四十里，即禹貢彭蠡。隋時始曰鄱陽，以接鄱陽山而名也。會江、饒、衢、徽之水，匯於大江，跨南昌、南康、饒州、九江四郡，周四百五十里。其東境屬饒，中有雁泊小湖，每春漲則與鄱江連接，水縮則黄茅白葦，曠如平野。餘詳見南昌、南康、九江三府。

澹津湖。在府城中央，一名市心湖，納一城之水穿城而出，入於鄱江。水雖淺，大旱不涸。

東湖。在鄱陽縣東。相傳吴芮習水戰於此，有督軍臺，亦名督軍湖。納風雨、薦福山諸水，南入鄱江。又有西湖，在府城西門外。

大雷湖。在鄱陽縣東南九十里。合諸山水，徑大渡入鄱江。相近又有方家湖、陶家湖、灌塘湖、白水湖、獺湖，皆納諸水，并鄱江支流，仍入鄱江。

南珠湖。在鄱陽縣西南三十里，納餘干、古埠沙港諸水入鄱江。相近有楓木湖，亦納各支水入鄱江。又北珠湖，在縣西北，受老鸛港支水入鄱江。按：鄱陽縣境諸水，會於鄱陽湖者爲「大合」，會於珠湖者爲「小合」。諸小湖在鄱陽南岸者凡一百九十二，雙港南岸者凡一百七十，隨地異名，難悉數記。

烏玲湖。在鄱陽縣西北，納童子樹、長石門諸港水，西南入鄱陽湖。又利池湖，在縣西堯山下。博士湖，在縣北博士山下。

桂湖。在鄱陽縣東北三十五里。相近有道汊湖，俱受諸山水，南徑小渡入鄱江。又孔目湖，亦在縣東北三十五里，東納大渡支流，西徑南湖入鄱江。相近又有角尾湖〔一二〕，又縣東六十里有沙隔湖，俱納大渡支流西入鄱江。

市湖。在餘干縣治前，餘水入此。省志：市湖中有越水，不與衆水相混，唐陸羽取以煮茶，謂味似鏡湖水。

清湖。在餘干縣南七十里。無源不流，其深莫測，歲旱不竭。

族亭湖。在餘干縣西。寰宇記：在縣西水路八十里，湖中流與南昌分界。按鄱陽記云，後漢時張遐封族亭侯，因此爲名。

龍停湖。在樂平縣西南。四時不竭，下流入樂安江。

北湖。在浮梁縣治東北，亦名蓮荷塘，亦名柳溪。其水引流入城，南入昌江。

倒湖。在浮梁縣東北一百三十里，與祁門縣接界，當往來經行之路。

内河。在樂平縣南。縣志：自鍙山而西，分爲三支。中支起康阜爲縣治，左支挾傅賢塘水，右支挾西塘水，至縣前二水始合，抱市西流，號内河。過龐公橋入樂安江。

白塔河。在安仁縣東南。有二源。一即建昌之瀘溪，北流至貴溪縣界，爲上清水。一出金谿之雲林麓，名青田港水。二水合流入縣境，又北至縣東南入錦江。又龍泉水，在縣南六十里，淵深莫測，引流入白塔河。

竹屯河。在萬年縣西南，亦名姚源水。自貴溪縣流入，徑縣南，又西流至餘干縣東三十里古樓埠，會馮田水。在餘干者，又名古埠水，灘高水淺，少旱則流絶，舟楫難行。餘干縣志：古埠水，一出貴溪鶴嶺，一出安仁洪大源，至三公橋合流。至餘干之古埠，會馮田水入珠湖。

殷河。在萬年縣北。源出百丈嶺，匯東南諸溪入泊江。又文溪水，在縣東北，源出雩源，會荷溪諸水入殷河，以其縈繞曲折，勢若迴文，故名。又南溪，源出岳源，亦入殷河。

餘水。在餘干縣南，即今馮田、西津諸水也。漢書地理志：餘汗縣餘水，北至鄡陽入湖漢。寰宇記：餘干水，自信州貴溪縣流入。又干越渡，在西南二十步，置津吏主守，四時不絕。唐大中元年，縣令倪衍置浮橋。明統志：餘水在餘干縣治前，會縣之東南諸溪餘水，故名。以其三道而入，又名三餘，或曰吴、楚、越之餘水也，故名三餘。縣志：即安仁港水之支流也。其水自桐口灘分流，一爲馮田水，北徑縣東馮田渡，至沙港合萬年古樓埠水，又合陳塘港水，北入珠湖。一爲西津水，西北流入破穴，徑縣南，即干越渡也。迤西北又分爲二，一南流會龍窟河，一北流入珠湖。

潤陂水。在餘干縣西南六十里。其源一出縣界李梅山，一出臨川縣大梅嶺，一出進賢縣贊皇嶺，同過巖前陂北合爲潤陂水。西流至族亭湖，會龍窟河。

吴溪水。在樂平縣北三十里。源出婺源游汀鄉，西流入縣界，繞石屋山，過苦竹渡，與浮梁計坑水合，瀦爲吴溪。又西入樂安江。

明溪水。在樂平縣東六十里。自德興縣流入樂安江，曰明口。又文溪，在縣東五十里。槎溪，在縣東六十里。清溪，在縣東八十里。三溪，在縣西三里。俱入樂安江。

鄱源水。在浮梁縣東，今名東河。源出婺源縣張公山，西流入縣界，又西南三十餘里合天寶水，又二里合横槎港水，又三里合江家山水，又十里合壽溪水爲龍潭，又四十五里入昌江，曰昌江口。

天寶水。在浮梁縣東南。有二源，東源出同瞻山陰，西源出彭充塢，西至程村合流，又西北十五里入鄱源水。又横槎港水，在縣東。有二源，東源出牛軛嶺，西源出桃溪大、小源，南流十餘里合横槎港，又西南十里入鄱源水。又江家山水，在縣東，源出雞籠尖，南流合慈谿水，又南入鄱源水。又壽溪水，在縣東南，源出同源，西北流二十里，亦入鄱源水。

歷降水。在浮梁縣南，今名南河。有二源，南源出婺源長溪，北源出同瞻山陽。合流而西，至景德鎮西南入昌江。又鯉魚橋水，在縣東南，源出婺源程坑，西流入縣界，又西流二十餘里入歷降水。又黄壇水，亦自婺源縣流入縣界，西北流合鯉魚橋水。又柳家灣水，在縣南，源出樂平縣，北流入縣界，又東北流四十里入歷降水。

大演水。在浮梁縣西三十五里，今名西河。源出安徽建德縣，東南流入縣西北界，流八十里合江山水，又東南二十里合洗馬橋水，又南十里出西港口入昌江。其江山水源出江山，南流四十五里入大演水。洗馬橋水，源出焦坑，東南流十五里合桂湖，又東南流六里入大演水。又梅湖水，在縣北。有二源，西源出滕溪嶺，東源出柳木，合流二十里入昌江。

建師港水。在浮梁縣北十五里。有二源。西水出黄連山，東流三十五里合東水。東水出郎溪，東南流十八里合西水，爲小西河，又東十里至建師港入昌江。

小北港水。在浮梁縣北。有二源。東源出梁和嶺，西南流二十里合葉坑水，又三十里與西水合。西源出宗流坑，南流三十五里合桃樹嶺水，又二十五里與東水合，爲小北港，又南流十五里合苦竹坑水，又南流二十五里入昌江。

苦竹坑水。在浮梁縣東北。源出祁門縣赭公嶺，西南流五十里入縣界，又十五里至淩村港口，入小北港。

磨刀港水。在浮梁縣東北。有二源，一出庫源嶺，一出棗木灣，西流十里合流，又西三里至磨刀港入昌江。

南部水。在德興縣東九十里。源出泊水，東七里，西北流徑縣東三十里南部鄉，又北入大溪。

泊水。在德興縣南。源出泊山下泊灘里，西流徑縣南，又二十里入樂安江下流，通名泊川。今樂平縣亦名泊陽，以此水爲名。又隴頭水，在縣東南七十里，源出廣信玉山縣，西北流至縣東南入泊水。又有桐水，源出縣東五里，西流至縣南入泊水。

長樂水。在德興縣南四十里。源出大茅山，西流合上饒桐川水，又西流爲長樂水，又西至樂平縣明口會大溪，爲樂安江。

又橫溪水，在縣東南。源出龍潭山下，西流合渾溪、瑞港，入長樂水。渾溪水，在縣東南五十里，源出港頭山。瑞港水，在縣西南三十里，源出石榴源。下流俱合橫溪水。

建節水。在德興縣西南五十里。源出弋陽縣霧山，北流會上饒僚源諸水，又逕縣西至樂平桐山港，入大溪。

泉塘水。在安仁縣東。源出泉塘，流入錦江。

白家汀港。在鄱陽縣東南九十里，東承餘干溪流，西入鄱陽湖。又新開河，亦在縣東南，南接白家汀港，北會鄱江。

樹長港。在鄱陽縣西北一百二十里。源出箬嶺，西流合石門、小港入烏玪港。

童子渡港。在鄱陽縣北五十里。受建德山澗諸水，合張公、犂耙水，西南流入烏玪湖。

鄔子港。在餘干縣西。寰宇記：在縣西北二十里，餘干水之一支，水口即擔石湖也。

銀港。在德興縣東北九十里，一名寅港。源出浙江開化縣界，西流入縣，經銀城堡入大溪水。

龍溪。在德興縣東二十里。初名浮溪，宋學士汪藻居此，徽宗賜名龍溪。

雲錦溪。在安仁縣南，源出福建光澤縣。峭壁千仞，絢草成章，故名雲錦。西北流入錦江。

藍溪。在安仁縣西。有三源：一出盧山，一出青山，一出紫雲嶺，俱南流入錦江。

環溪。在萬年縣南。源出南充諸山，會九芝水入竹屯河。

玉石澗。在安仁縣治東。其水自縣東南十里，合掌塘流入錦江。

烏石澗。在安仁縣南三十里。源出臨川縣，流徑縣南入白塔河。又鶩湖澗，在縣南四十里，亦流入白塔河。

洪源澗。在安仁縣東北五十里。水出縣東三十里大源，西流入萬年竹屯河。又南山水，在縣北五十里，源出南山，下流亦入竹屯河。

蠡洲。在鄱陽縣東。寰宇記：一名鼈洲，在舊縣東三里。縣志：今名螺螄洲。

蠙洲。在鄱陽縣西南二十五里。寰宇記：蠙洲在縣南二十五里。鄱陽記云貞觀中因雨雹，有蚌出珠，百姓採之。其水平淺可涉。

琵琶洲。在餘干縣治南。寰宇記：江山迴抱，積沙而成，狀如琵琶。

汰金洲。在樂平縣西十五里。寰宇記：平沙臨水，先有麩金場，開元後廢。又有五里水口，亦出麩金。

唐家洲。在安仁縣治西，捍蔽江口。

懷蛟潭。在鄱陽縣南鄱江中。寰宇記：懷蛟水，在縣南二百步江中。石際有潭，往往有蛟浮出，時傷人馬。每至五月五日，鄉人於此以船競渡，刺史張栖貞懸孝經於標竿賞之。俗謂懷蛟水，或曰孝經潭。

大汾潭。在樂平縣東北三十里鵞塘盤石下，深不可測。

吴王潭。在德興縣東南五十五里。清澈可鑑，潭底有巖如屋。縣志：宋張燾毀長沙王廟，投其像於江，祝曰：「隨所止，復祀之。」像泝流三里許，止潭中，遂爲立廟，因名。又有徐公潭，在縣南四十里。

銀潭。在德興縣東北九十里。崖深數丈，有眼直通山頂。

流杯池。在府城西南千户所，宋范仲淹所鑿。又有白蓮池，在府西，匯桃源山水。

天仙池。在樂平縣東北十里。

龍泉池。在浮梁縣南六十里。明統志：水深莫測，歲旱投以楮鏹，有魚銜之而下，即雨。

淬劍池。在德興縣南七里，相傳吴芮淬劍於此。又化龍池，在縣學東，宋紹興中鑿。

甯家陂。在浮梁縣南。其水北注昌江，名小坑港，相傳梁末所鑿。溉田二千餘畝。明正德間重浚。

東良陂。在萬年縣東門外，水極深廣。明正德間用石築。

清潔灣。在鄱陽縣東螺洲南岸。寰宇記：在縣東南七里。隋開皇中，太守梁文謙莅官清潔，取此灣水以自供，後人思其德，號爲清潔灣。

佛指泉。在浮梁縣西能仁寺前。井底有石指，其泉從上湧出，味甘洌，冬夏不竭。明統志作市佛泉。

膽泉。在德興縣。有二。一在縣東十五里，一在縣東三十里。亦曰銅泉，以泉浸鐵，數日輒類朽木，刮取其屑，鍛錬成銅。元史：至正十二年，中書省臣張理獻言：「德興三處膽水浸鐵，可以成銅，宜各立銅冶場。」即此。

白沙。在鄱陽縣西。漢武帝使下瀨將軍出白沙，即此。史記索隱：今豫章東北二百里，接鄱陽界，地名白沙，有小水入湖，名曰沙坑。寰宇記：白沙，在縣西水路一百二十里，沙白如雪，因以爲名。

七星井。在府城内，宋范仲淹鑿。舊有七竅，如北斗形，今湮。

龍井。在餘干縣東南八十里。歲旱，汲水禱之，輒有應焉。

龍女井。在餘干縣西南六十里。明統志：相傳楊吴時有蔡氏女，年十六，父母欲嫁之，女不從，父母撻之，因投井。追至無跡，但見雙履浮水上，時以爲龍女。今歲旱輒禱焉。

劍井。在浮梁縣治東。明統志：相傳晉藺真人卓劍處。其水清洌，大旱不竭。

校勘記

〔一〕秦置番陽縣　「番」，原作「鄱」，據上文及乾隆志卷二四〇饒州府建置沿革（下同卷簡稱乾隆志）改。按，秦置縣曰番陽，漢始改字作「鄱」。顔師古讀「番」作「蒲何反」，與「鄱」音同。

〔二〕東南至安仁縣界八十里　「界」，原作「治」，據乾隆志改。按，據雍正江南通志卷六疆域，餘干縣自龍津驛水路六十里至本府安仁縣交界，龍津驛在餘干縣界十五里龍窟河濱（見下文關隘），則自餘干縣治至安仁縣界實爲七十五里，與八十里之數大體相當。又據本志下文，安仁縣治西北二十里至餘干縣界，則兩縣治相距九十五里，與八十里之數。頗爲縣遠。本志「治」字蓋誤書，因據改。

〔三〕東南至廣信府弋陽縣治二百十里　「治」，乾隆志作「界」。下西南、東北、西北各句「治」字，乾隆志亦皆作「界」。未知孰是。

〔四〕「東南至德興縣治一百八十里」至「東北至安徽徽州府休寧縣治三百二十里」　三「治」字，乾隆志皆作「界」，未知孰是。

〔五〕「東南至廣信府上饒縣治二百十里」至「東北至安徽徽州府婺源縣治一百十里」　三「治」字，乾隆志皆作「界」，未知孰是。又，據本志書例，「安徽徽州府」五字當刪。

〔六〕東南至貴溪縣治六十里西南至金谿縣治一百四十里　兩「治」字，乾隆志皆作「界」，未知孰是。

〔七〕東南至貴溪縣治一百五十里　「治」，乾隆志作「界」，未知孰是。

〔八〕東北至德興縣治一百六十里　「治」，乾隆志作「界」，未知孰是。

〔九〕唐王德璉饒州記序　「璉」，原作「連」，據乾隆志及雍正江西通志卷四形勝改。下文同改。

〔一〇〕當閩越入京道　「入」，原作「之」，乾隆志同，據史記卷一一四東越列傳索隱改。

〔一一〕又十五里爲没潭　「没」，乾隆志作「投」，未知孰是。

〔一二〕相近又有角尾湖　「尾」，乾隆志作「尼」，未知孰是。

大清一統志卷三百十二

饒州府二

古蹟

鄱陽故城。在今鄱陽縣東。漢縣也。後漢書雷義傳注：鄱陽縣城，在今饒州鄱陽縣東。寰宇記：故鄱陽縣，即吴芮所居之城也。在彭蠡湖東，鄱水之北。舊志：鄱陽舊縣，在今縣東六十里。今名故縣鎮，民居稠密。按：宋書州郡志孫權立鄱陽郡，治鄱陽縣，赤烏八年，徙治吴芮故城。據此則漢時所置已非故地，至吴時乃復吴芮之舊。隋、唐以來，不言遷徙，可知今縣即吴芮故城。元和志云「饒州城即吴芮所居」，是也。在東界者，蓋漢縣。寰宇記謂故城爲吴芮城，疑誤。

鄡陽故城。在鄱陽縣西北。漢置縣，屬豫章郡。後漢因之。三國吴屬鄱陽郡。晉因之，劉宋省。寰宇記：廢鄡陽縣，在鄱陽縣西北一百二十里。按鄱陽記云，漢高帝六年置，宋永初二年廢。

廣晉故城。在鄱陽縣北。三國吴置廣昌縣。晉太康元年，改曰廣晉，移鄱陽郡來治。宋因之。蕭齊仍移郡治鄱陽，以縣屬之。梁因之。陳時廢。唐武德四年復置，屬浩州。八年，省入鄱陽。寰宇記：廢廣晉縣，在鄱陽縣北一百五十里。名勝志：在鄱陽縣西北一百八十里，今名廣晉鄉，有城基。按：晉初改廣昌爲廣晉，非改鄱陽也。晉、宋、齊三志，鄱陽、廣晉兩縣並見。梁書陸襄傳：鄱陽郡民鮮于琛殺廣晉令王筠。可知此縣在梁時尚存。隋志不言，蓋陳時廢耳。元和志謂晉武帝改鄱陽爲廣晉，隋開皇九年改廣晉爲鄱陽，與諸史不合。明統志又謂宋省，亦誤。

餘汗故城。在今餘干縣東北。本春秋時越西界干越地，漢置爲縣，自後因之。淮南子：秦始皇使尉屠睢爲五軍南征，一軍結餘干之水。漢書地理志「豫章郡餘汗」注：應劭曰：「汗音干。」又嚴助傳：淮南王安上書曰：「越人欲爲變，必先田餘干界中〔一〕。」元和志：饒州餘干縣，東至州一百里，漢餘汗縣。開皇九年，去「水」存「干」，名曰餘干。縣志：故城在縣東北四都。又縣東冕山，縣南瓜畬村，縣北管櫪市，皆有故城。按：明統志載白雲城在餘干縣治西，相傳隋末林士弘所築，劉長卿詩「孤城上與白雲齊」，蓋即餘干古城也。與縣志不同。其遷徙不可考。又元和志、舊唐書皆謂隋時去「水」爲「干」，而宋書州郡志已作「餘干」，漢書嚴助傳亦作「餘干」，或傳寫譌也。

樂平故城。在今樂平縣東南。唐初以樂安廢縣改置樂平縣，在今德興縣界，後徙於此。元和志：饒州樂平縣，西至州一百四十里，南臨樂安江，北接平林，因曰樂平。縣志：故城在今縣東南桐山鄉長樂水口。按：樂平縣，唐時遷於長樂水口，不知何時又移今治。縣志乃云唐乾符五年爲黄寇所毁，中和間移今治。此臆説也。遷治若在唐時，寰宇記必詳及之，而今不載，當是宋後所移。又元和志謂後漢靈帝置樂平縣，蓋誤以樂安爲樂平也。

新平故城。在浮梁縣東北。唐武德四年，析鄱陽縣置，八年省。開元四年，復改置新昌縣，後改名浮梁，即今縣也。寰宇記：廢新平縣，在饒州東三百三十里，李大亮析鄱陽縣置，常季武併入鄱陽〔二〕。浮梁縣志：新平故城，在今縣北百里化鵬、新定二鄉之間。按：明統志云，新平廢縣在浮梁縣東三百二十里，唐開元初置，誤。

新昌故城。在浮梁縣東南昌江口之左。唐開元初置，後移今治，改名浮梁。元和志：饒州浮梁縣，西南至州二百二十里。寰宇記：唐武德五年，析鄱陽東界置新平縣，後廢。開元四年，改置新昌縣於昌水之北，因鄉名焉。其年又移在新昌江口西岸，正東臨江，地當江衝。二十四年，鄧暕爲縣令，因移於舊城正北一百步。縣志：新昌故城，在縣東南昌江口之左，今顯教寺是也。又昌江之南，有城曰南城，唐末黄巢之亂，縣令金安嘗徙百姓居此，尋復故治。

樂安故城。在德興縣東。三國吴孫權置，晉、宋、齊因之。陳廢，唐初嘗置樂平縣於此。寰宇記：後漢樂安縣〔三〕，在銀城，今樂平縣東，水路三百二十里。按輿地志，陳天嘉元年廢，唐建樂平縣，亦在銀城。後因歙寇程海亮剽掠，兼山勢險峻，隴地高下，權移常樂水口。德興縣志：樂安廢縣，在今縣東百里樂平鄉。按：宋志云樂安，吴立。吴志建安八年，使程普討樂安，韓當領樂安長。其立縣當在是時。元和志以爲靈帝時置，寰宇記引豫章記又云永元中置。然郡國志不載，難以爲據。

安仁故城。在今安仁縣東南。寰宇記：安仁故城，在餘干縣東南一百五十里。按鄱陽記：「晉永嘉七年，分餘干置興安縣，尋廢。陳天嘉中，復於興安故地置安仁縣。」至隋開皇九年，併入餘干。今故城猶存。按九域志，開寶八年，以餘干縣地置安仁場。端拱元年，升爲縣，在饒州南二百里，即今縣也。陳時安仁縣，隋志失載。以寰宇記所記道里考之，當在今縣之東南。

玉亭廢縣。在餘干縣東南。唐武德四年，析餘干地置，屬饒州。七年省入長城，八年又省長城入餘干。

銀城廢縣。在德興縣東。陳置，隋廢入鄱陽縣。明統志：在德興縣東一百二十里。縣志：今名銀冶堡。

長城廢縣。在安仁縣南。唐初與玉亭同置，尋省。名勝志：今安仁縣長城鄉，是其廢址。

英布城。在鄱陽縣西北一百五十里，相傳漢吴芮築以居布。又有吴芮觀獵城，在鄱陽故城西十八里。

童敏城。在鄱陽縣東北永平關東。隋末，邑人袁賨率衆避寇保此。

彭綺城。在樂平縣東。明統志：吴黄武中，鄱人彭綺所築。舊志：今縣東十里翥山麓有綺城遺址，一名翥山寨。

吴闌城。在德興縣南七里。明統志：世傳吴芮嘗馳馬於此，又有吴王鑄印堆、鳳凰臺、走馬隄、淬劍池、大小花山。宋張燾居此。

石港城。在安仁縣東南十里。元至正中，邑人王溥就所居依山臨溪築城以自固。明洪武初歸附，置税課局。今爲石港市。

荷溪城。在萬年縣東北四十里，去樂平之仙鶴鎮十里許。明正德中，因姚源賊起，總制秦金築土城，移仙鶴巖巡司戍此。事平，汰巡司，其城尚存。

古武陽亭。在鄱陽縣境。漢書地理志：鄱陽縣武陽鄉右十餘里，有黃金采。史記索隱：白沙東南八十里，有武陽亭。縣志：在縣東五十里。

萬年鄉。即今萬年縣治。本餘干縣地。明正德三年，民余乾七等以知縣潘泰爲政暴横，與其黨入姚源谷中，相聚爲盜，官兵討之累年。七年，陳金議行招撫，割餘干之萬年、新政二鄉，鄱陽之文南、文北二鄉，樂平之新進、豐樂二鄉，貴溪之歸桂鄉，置縣鎮之，治萬年鄉，因以爲名。

永平監。在鄱陽縣東。元和志：饒州永平監，置在郭下，每歲鑄錢七千貫。九域志：在州東四里。縣志：今爲永平關，在縣東門外，南鄱江，北東湖，居民繁盛。

鄧公場。今德興縣治。寰宇記：德興縣，在饒州東一百八十里，本饒州樂平縣之地。有銀山，出銀及銅。唐總章二年，邑人鄧遠上列取銀之利，上元二年因置場監，令百姓任便採取，官司什二税之。其場即以鄧公爲名，隸江西鹽鐵都院。至南唐升爲德興縣。四面皆水。

金場。在德興縣南二十里，宋時冶金處。又銀場，在縣東六十里，唐冶銀處。又硃砂碏，在縣東三十里，高數百仞，碏石槎牙，罅間産硃砂。今湮没。

吴芮舊居。在浮梁縣東北。寰宇記：在縣東北六十里。鄱陽記云「鄱陽源水，吴芮所居處，鄉人立爲祠堂。東有石澗，深三尺，鄉人將牲牢告啓，擊鼓三通，其水衝出，隨用並足」。輿地紀勝：芮宅有馬跡石，有龍泉，泉出石壁，四時不絕。漢梅鋗宅亦在其處。

文翁宅。在鄱陽縣東。寰宇記：在縣東一百五十里，基址俱存。東帶鄱陽，南連溪水，西接望夫岡，有井清澄。隴前栽桐樹。

洪皓故宅。在樂平縣東北洪巖下。

薛仁輔宅。在樂平縣清泰坊。明統志：宋岳飛獄成，大理少卿薛仁輔不署奏牘，明飛無罪。秦檜怒，謫饒州。仁輔卜居樂平，宅旁有一塘，後人因名薛塘。

饒魯宅。在萬年縣東若源村，又遷於縣北石子村。

延賓坊。在府城内蕭家港。輿地紀勝：相傳爲陶侃故居。侃友范逵嘗過侃，倉卒無以爲待，侃母截髮以易酒肴，故名。按：侃傳「吴平，徙家尋陽」，是侃少時已家尋陽矣。又云鄱陽范逵過侃，及逵去，侃追送百餘里。若同在鄱陽，何必如此遠送。周訪傳「訪爲尋陽縣功曹，時陶侃爲散吏」，是又侃家尋陽之明證也。此延賓坊，及舊志所載縣南四十里有陶母墓，疑皆屬附會。

洪遵别墅。在鄱陽縣北。名勝志：郡北朝天門外有洪遵别墅，名曰小隱，又名盤州庵。又有雲竹莊、瓊花圃，皆諸洪别墅。

柳公樓。在府城。寰宇記：在州城西北角，梁柳惲爲鄱陽守所創。憑眺顯豁，實江國之勝境。唐大曆中，第五琦以爲望歸樓。貞元十九年，李吉甫復其名曰柳公樓，循舊迹也。

鄱江樓。在府城南城上。唐錢起有陪使君叔鄱江樓宴鄭中丞詩。明統志：諸樓觀皆屢更名，惟此不改。

聚遠樓。在德興縣南。宋神宗時余士隆建，王拱辰，蘇洵與子軾、轍，黄庭堅，皆有詩。

雲錦樓。在安仁縣前，下瞰錦江。宋縣令崔同亨建。

看雲樓。在安仁縣西。明統志：元吴全節伏老之所，順帝書扁賜之。

遺書閣。在樂平縣儒學講堂後。明統志：宋楊簡嘗爲邑令，既去，門人袁公輔提刑江東，命肖像，藏其遺書於此。

登瀛閣。在樂平縣東南永善鄉。明統志：宋程通叔建，聚書教宗族子孫，因名登瀛勉之。馬存記。

賜書閣。在浮梁縣。宋元豐七年，神童朱天申年十二，背誦十經，神宗召見，賜五經出身，仍賜錢五萬貫買書。因建閣於家，藏書其上。從弟天錫，年十歲，亦能誦七經，並蒙恩賜。

飽山閣。在浮梁縣治前。明統志：宋尚書程瑀建。四面多山，爲一邑登覽之勝。

慶朔堂。在府治内。明統志：宋守范仲淹建，取古諸侯藏朔之義。堂前有手植九松。府治後有得心堂，取吴芮「得江湖間民心」之義。

九賢堂。在府治内。明統志：九賢：吴周魴，晉虞溥，梁陸襄，隋梁文謙、柳莊，唐馬植、李復、顔真卿，宋范仲淹，皆治郡有德政者，圖像其中。

識山堂。在府治内。輿地紀勝：望廬山於三百里外，最爲楚東絶勝。

三善堂。在餘干縣治西偏。明統志：宋令沈度，政有三善：一曰田無廢土，二曰市無閒居，三曰獄無宿繫，民謳歌之。堂成，父老請以爲名。

景蘇堂。在德興縣治西。宋蘇軾子邁嘗爲縣尉，後人思之，故名。

綵衣堂。在安仁縣。輿地紀勝：周氏之居也。熙寧六年，楊傑爲之記曰：「龍塘周氏，五世同居。子養其父，而逮養其祖之祖；父鞠其子，而及鞠其孫之孫。州閭鄉黨，推爲令族云。」

魯公亭。在鄱陽縣薦福山。明統志：山有唐歐陽詢所書薦福寺碑，顔真卿嘗覆以亭，後人因名。

秋香亭。在府治内。明統志：宋提點鑄錢使魏廉，於廳旁作亭，培菊數本，故名。范仲淹爲作賦。

蜀錦亭。在府治慶朔堂右。明統志：范仲淹植海棠二株，其後鄒柯築亭，題曰蜀錦。王十朋詩：「亭廢名猶在，春來花自芳。猶餘蜀中錦，愛惜比甘棠。」

五老亭。在鄱陽縣北芝山巔。因范仲淹有「五老夕陽開」之句，故名。

溪山風雨亭。在餘干縣西一里懸崖處，多古梅，曰梅巖，有宋理宗御書「梅巖」二字刻於石。有溪山風雨亭，是趙忠定公讀書處。

四望亭。在府城上，四望豁然。宋范仲淹建。

止水亭。在鄱陽縣北芝山後。明統志：宋江萬里罷相還，居此，鑿池創亭，扁曰「止水」。及元兵陷城，萬里赴水死。

干越亭。在餘干縣東南。寰宇記：在縣東南三十步，屹然孤嶼，古之遊者，多留題焉。明統志：在羊角山，前瞰琵琶洲。唐劉長卿、施肩吾皆有詩。省志：唐初縣令張俊彥建〔四〕。

白雲亭。在餘干縣南。寰宇記：在縣西南八十步，對干越亭，跨古城之危，瞰長江之深。劉長卿題詩曰「孤城上與白雲齊」，因以爲名。

煮泉亭。在餘干縣餘干山下。輿地紀勝：陸羽嘗汲水煮茶於此。

乘風亭。在餘干縣餘干山，爲一邑絶覽之地。天氣清明，望見廬山。

浮碧亭。在浮梁縣昌江南。明統志：宋縣令張景修詩：「一泓秋水不見底，十里曉山無盡頭。」

舒嘯亭。在德興縣治東雷山巔。旁有崖曰香石崖，有洞曰黃龍。右有天池，闊僅尋尺，盛夏隆冬，其水不竭。左有涸池，深數尋，雖久雨不注勺水。蘇軾詩云：「勝覽雷山舒嘯亭。」即此。

觀魚臺。在鄱陽縣西。寰宇記：在州西門外。鄱陽記云番君至此觀魚。下有池，闊九十步，池内有走馬埒，又名落照池。

釣臺。在樂平縣樂安鄉。一巨石，可坐以釣，上有二膝迹。

玉石臺。在安仁縣北三十里。明統志：唐碑稱「玉石雲岫，崖巒甚奇」。

沙堆。在浮梁縣東北五十里。寰宇記：其形狀如覆船，鮮浄特異。鄱陽記云「每年豐稔，其沙即堆積如舊；若移上岸，即年儉」。

關隘

石門鎮巡司。在鄱陽縣北一百八十里廣晉鄉。宋、元、明時站路，今仍要道。

白沙鎮巡司。在德興縣東一百二十里。明置巡司，今因之。

石頭街巡司。在萬年縣北四十里石鎮市，臨洎河，通鄱陽、樂平。明正德中置巡司，今因之。

棠陰鎮。在鄱陽縣西七十五里立德鄉。其地當鄱陽上下驛津，明置巡司，本朝雍正四年裁。

康山鎮。在餘干縣西北康郎山。明初置巡司，隆慶中，移於黄坵埠。

黄坵埠鎮。在餘干縣東南五十里。元置巡司，明初廢。隆慶中，移康山巡司駐此，今裁。

瑞洪鎮。在餘干縣西北七十里鄱陽湖濱，爲湖南往來要會，有縣丞及鄱湖營把總駐此。又西六十里，即新建縣之趙家圩。

仙鶴鎮。在樂平縣南六十里仙鶴山下，接萬年縣界。舊置巡司，明正德中移駐萬年縣荷溪，旋汰。

八澗鎮。在樂平縣北七十里。舊置巡司，今裁。

景德鎮。在浮梁縣西南三十里，瓷器所出，有同知及巡司、浮梁營把總駐此。九域志：浮梁縣有景德鎮。舊志：其地水土宜陶，宋景德中置鎮於此，因名。明初因元舊，置税課局。宣德初，始置御器廠，於是有官窑、民窑之分。

桃樹鎮。在浮梁縣西北一百二十里，因桃樹嶺爲名。舊置巡司，後徙縣東北百里勒工市〔五〕。今移景德鎮。

白塔鎮。在安仁縣南五十里。明初置巡司，宣德間裁。又有田南巡司，在縣東崇義鄉田南村，洪武中裁。

康郎營。在餘干縣鄱陽湖中康郎山忠臣廟左，有都司駐此。轄十四汛，稱險要。

花園港營。在餘干縣東，歲撥官一員、兵五十名駐防於此，周年一更。

黄梅寨。在浮梁縣東北一百四十里高嶺洞。其地險絶，與安徽徽州府接界。

橋頂寨。在萬年縣南淦村，接安仁桃源界。又縣東白石村有黄柏寨，縣北有富公寨，舊俱爲戍守處。

文山戍。在樂平縣東南文山之陰，地控饒、信間。元初立千户所鎮之，明初鎮以百户，又置巡司，尋廢爲治鄉戍。

新義站。在鄱陽縣北六十里。又魯城站，在縣北百里，接建德縣之石門站，爲北出逕道。舊皆置驛，久廢。

永泰市。在德興縣西南四十里。元初置酒税務，明初置巡司，洪武十年裁。

萬村市。在德興縣西南八十里。宋初置酒坊，元廢。

鄧家埠市。在安仁縣西南四十里，與撫州東鄉縣、廣信貴溪縣接界。本朝嘉慶十六年，移縣丞駐此。

芝山驛。在鄱陽縣西南月波門外。元置，曰鄱江驛，又名鄱陽驛。明洪武四年，改名芝山驛，今裁。相近有柴棚局河泊所，明洪武三年，自都昌柴棚遷此，今亦裁。

龍津驛。在餘干縣南十五里龍窟河濱。元置，今裁。

康山驛。在樂平縣東。唐、宋間置驛，久廢。

銀峯驛。在德興縣西南四十里。又建節驛，在縣西南永泰村，俱宋置，元廢。

紫雲驛。在安仁縣治西，臨錦江側。宋置水馬站，明初專設水站，今裁。

津梁

大龍橋。在府治東。相近有小龍橋，俱跨澹津湖。

王公橋。在鄱陽縣治西。宋知州王十朋，徙知夔州，民乞留不得，至斷其橋。後葺橋，以王公名之。

晝橋。在鄱陽縣東永平關。相近有德新橋，俱洩東湖水。又寶勝橋，在東北關，跨東湖水尾。

格勒橋。在鄱陽縣東北三十五里，跨湖水尾。

文明橋。在樂平縣治南，明洪武中建。

鐵柱橋。在浮梁縣東五十里臧家灣。初置鐵柱十二，架木爲橋，後易以石。

通駟橋。在浮梁縣治西，宋建。

壽元石橋。在德興縣南二十里界田渡，長四十餘丈，闊三尺。

玉峯橋。在安仁縣治東，跨玉石澗。城中水從此出。

衣錦橋。在安仁縣治東。

孝烈橋。在安仁縣北，跨洪源澗。明統志：宋謝枋得女嫁周氏，早寡，聞枋得與其母李氏死節，遂出奩資作橋，橋成赴水死。邑人義之，故名。

隄堰

邵父隄。在鄱陽縣東。唐書地理志：縣東有邵父隄。東北三里有李公隄，建中元年，刺史李復築，以捍江水。省志：邵父隄，歲久傾圮。明嘉靖三年，兵備道范輅築石隄三十里，留釣橋、畫橋二坽，以消溢水，易名范公隄。

馬塘。在鄱陽縣東北。唐書地理志：鄱陽東北四里有馬塘，六里有土湖，皆刺史馬植築。

祝君坽。在鄱陽縣東北懷德鄉，唐景雲中，刺史祝欽明所浚。東通鄱江，西接繕尾。

陵墓

周

越女墓。在餘干縣。寰宇記：在縣東北一里。鄱陽記云越王女葬此。

漢

英布墓。寰宇記：在鄱陽縣北一百六十里，高三丈六尺。

梅鋗墓。在餘干縣南安樂鄉。

張遐墓。在餘干縣南雕峯。

唐

金安墓。在浮梁縣北十五里。

饒娥墓。在樂平縣東三十里，有祠。

孝子沈普母墓。在德興縣北十五里。明統志：唐元和初，有芝草產其上。

宋

熊本墓。在鄱陽縣東薦福山。

程振墓。在樂平縣西懷義鄉。

洪皓墓。在鄱陽縣東故縣鎮。又皓子适墓，在縣北仁義鄉；遵墓，在縣北芝山；邁墓，在縣西北三十里龍吼山。

張燾墓。在德興縣南。

程瑀墓。在浮梁縣東北六十里。

辛次膺墓。在浮梁縣南三里金沙灘。

汪澈墓。在浮梁縣東南三十里義合鄉。

王剛中墓。在萬年縣東北豐樂鄉。

趙汝愚墓。在餘干縣南雕峯，子崇憲亦葬此。

柴中行墓。在萬年縣東南新政鄉。

馬廷鸞墓。在樂平縣東南永善鄉。

饒魯墓。在萬年縣北萬春鄉。

明

孫原貞墓。在德興縣西。

胡居仁墓。在餘干縣南安樂鄉。

戴珊墓。在浮梁縣北肥灣。

張憲墓。在德興縣西南六十里。

祠廟

江公祠。在府學東，祀宋丞相江萬里。

洪忠宣祠。在府治右，祀宋洪皓。又有祠在樂平縣金山鄉。

忠孝行祠。在府城北門内。明統志：相傳晉石敬純爲父報讐，追殺牛昌隱，道經鄱陽，民爲立祠。

胡忠臣祠。在鄱陽縣治西，祀明大理卿胡閏，以女貞姑附。

饒娥祠。在樂平縣東長城鄉墓前。祠名顯孝，唐柳宗元記。

劉節度祠。在樂平縣東六十里。明統志：相傳唐僕射劉汾子漢英，值黄巢亂，佐父捍禦一方，後仕至節度使。民思之，立祠。

金令祠。在浮梁縣治儀門左，祀唐縣令金安，明嘉靖中，增祀其子叔彦、叔遲。舊志云：安，京兆人，唐末父子相繼爲令，皆有功於民者。

張將軍祠。在安仁縣治北隅，祀宋末張孝忠，元歐陽原功有記。

吴王廟。在府城内毛家港，祀漢吴芮。又有吴山祠，在餘干縣北，亦祀芮，附以裨將梅鋗。水旱疾疫，禱之輒應。

顔范廟。在府治慶朔堂右。舊在府治頒春堂，宋郡守王十朋遷此。祀顔真卿、范仲淹。

郭西廟。在鄱陽縣東永平關。明統志：祀梁太子，以禦火災。

許真君廟。在餘干縣東仙人峯。明統志：相傳晉許遜於此上昇，鄉人立廟祀之。

忠臣廟。在餘干縣西北康郎山，祀明初死事之臣丁普郎等三十六人。歲久圮，本朝康熙三年重建。

昭烈廟。在浮梁縣治東，祀唐忠臣張抃，宋汪應辰有記。

董端公廟。在德興縣東南七十里。明統志：唐黄巢亂，端公糾義保境，邑賴以安，鄉人祀之，蘇軾書扁額。按：豫章書有董全禎，唐天祐中爲殿中侍御史〔六〕，兼八砦將首，分守鄱陽。與梁兵戰敗，自斷其首，已而雷電晦冥，如有戈甲甚盛，賊大驚潰。邑人廟祀之。此云端公，即全楨也。記載不同，附志於此。

程烈女廟。在德興縣治南。

寺觀

永福寺。在府治東。相傳梁鄱陽王蕭恢捨宅爲寺，名顯明。元重建，改今名。

薦福寺。在鄱陽縣督軍湖北。唐建，元季燬，明永樂中重建。

龍居寺。在鄱陽縣東北巍石山。名勝志：宋岳飛統兵過此，題詩。

昌國寺。在餘干縣西冠山麓。梁天監中建，曰思禪，宋元符中改今名。

安隱寺。在樂平縣治西。晉大興二年建，宋祥符中賜額。

寶積寺。在浮梁縣北，唐大中時建。相傳宋佛印修戒於此。

馬祖禪寺。在安仁縣南七十里。唐建，元末燬，明洪武初重建。

玄妙觀。在府城東。晉咸寧中建，舊在東湖百花洲，唐大中時移至城東，改名開元。宋大中祥符間，又名天慶，元改今名。明初重建。

延祥觀。在鄱陽縣東北馬迹山，相傳晉王遥沖舉處。隋大業中建，元燬，明初重建。

清溪觀。在餘干縣習泰鄉，相傳白水真人吴丹修煉處。齊梁間建。

清源觀。在浮梁縣治東。晉建，名雙溪，宋宣和初賜今額。

妙元觀。在德興縣東。晉昇平初建，唐名仙鶴，宋政和初改今名。

崇文宫。在安仁縣治西，元大德中吴全節建。

名宦

秦

吴芮。鄱陽令，甚得江湖間民心，號曰鄱君。

漢

唐蒙。建元中，爲鄱陽令，後拜郎中，通夜郎，置犍爲郡。

三國　吴

步騭。臨淮淮陰人。建安十五年，出領鄱陽太守。

韓當。遼陽令支人。從孫權破黄祖，還討鄱陽，領樂安長，山越畏服。

周魴。吴郡陽羡人。黄武中，鄱陽大帥彭綺作亂，攻没屬城。乃以魴爲鄱陽太守，與胡綜戮力致討，遂生擒綺，送武昌。賊帥董嗣負阻刼鈔，豫章、臨川並受其害。魴遣間諜，授以方策，誘殺嗣。嗣弟怖懼，詣武昌降，由是數郡無憂。在郡十三年卒，賞善罰惡，恩威並行。

晉

虞溥。高平昌邑人。除鄱陽内史，大修庠序，廣招學徒，移告屬縣，俱爲條制，於是至者七百餘人。溥乃作誥以奬訓之。爲政嚴而不猛，風化大行，有白烏集於郡庭。

南北朝　齊

柳惲。河東解人。試守鄱陽相，聽吏屬得盡三年喪禮，著之文教，百姓稱焉。

梁

陸襄。吴郡吴人。大通七年，出爲鄱陽内史。先是，郡民鮮于琛爲亂，有衆萬餘，將出攻郡。襄先率民吏修城隍爲備禦，及賊至，連戰破之，生獲琛。時鄰郡豫章、安成等守宰，案治黨與，因求賄貨，皆不得其實，惟襄郡部枉直無濫。民歌曰：「鮮于平後善惡分，民無枉死賴陸君。」又有彭、李二家，因忿争，遂相誣告。襄引入内室，和言解之，爲設酒食，令其盡歡，同載而還。民又歌曰：「陸君政，無怨家。鬭既罷，讐共車。」在政六年，郡大治。

隋

柳莊。解人。開皇十一年，徐璒等反於江南，以行軍總管長史隨軍討之。璒平，即授饒州刺史，甚有治名。

梁文謙。安定烏氏人。煬帝即位，轉饒州刺史。歲餘爲鄱陽太守，稱爲天下之最。

唐

顔真卿。京兆萬年人。至德中，貶饒州刺史。

李復。宗室。建中初，爲饒州刺史，築隄以捍江水，民德之。

李吉甫。趙人。貞元中，歷饒州刺史。會前刺史繼死，咸言牙城有物怪不敢居。吉甫命菑除其署以視事，吏由是安。誅破奸盜窟穴，治聲流聞。

馬植。扶風人。太和中，爲饒州刺史。鄱陽東北有馬塘，北有土湖，皆植所築。

穆贊。河内人。以御史中丞貶饒州別駕，久之拜刺史。贊質性强直，進觀察使，卒於官。

鄭珣瑜。滎澤人。貞元間，爲饒州刺史。性嚴重少言，未嘗以私託人，而人亦不敢謁以私。清静惠下，賤斂貴發以便民。

盧知猷。河中蒲人。僖宗時，爲饒州刺史，以政最聞。

顔標。乾符中，爲饒州刺史。王仙芝將王重隱陷饒州，標死之。

宋

馬亮。合肥人。太宗時，知饒州。州豪白氏多執吏短長，嘗殺人，以赦免，愈驁横，爲閭里患。亮發其奸誅之，部中畏懾。州有鑄錢監，匠多而銅錫不給。亮請分其匠之半，别置監於池州，歲增鑄緡錢十萬。

范正辭。齊州人。太平興國中，出知饒州。州多滯訟，至則夙繫皆決遣之。會詔領料州兵送京師，有王興者懷土憚行，以刃故傷其足，正辭斬之。興妻詣登聞上訴，太宗召見正辭，廷辨其事。正辭曰：「東南諸郡，饒實繁盛，人心易動。興敢扇摇，苟失控馭，則臣無待罪之地矣。」上壯其敢斷，特遷江南轉運副使。

范仲淹。吴縣人。仁宗時，出知饒州。歲餘徙潤州。

蔣静。宜興人。第進士，調安仁令。俗好巫，疫癘流行，病者甘死不服藥。静悉論巫罪，聚其所事淫像，得三百軀，毁而投諸江。

蔣興祖。宜興人。以蔭調饒州司録。睦州盜起，旁郡皆震，興祖白州將，糾吏卒，緝戰具，盜不敢謀。

郭僎。祥符人。建炎中，權浮梁宰。未行，時有賊張頂花已逼縣境，衆止之。僎曰：「安逸則就，艱危則辭，非我所學。」逕至縣，約束吏士，誓以死戰。賊入，邑官竄伏，僎曰：「吾爲宰，義不可去。」端坐公署，遂遇害。詔贈承義郎，録其後二人。

葉義問。壽昌人。高宗時，爲饒州教授，攝郡。歲旱，以便宜發常平米賑民，提刑黄敦書劾之，詔勿問。樞密使徐俯門僧犯罪，義問繩以法。俯嘗舉義問，怒甚。乃袖薦書還之。

唐文若。眉山人。紹興中，知饒州。興學宫，減田租奇耗二萬石。又請歲糴常平倉之儲什三，與民平市，農末俱利，而粟不腐，因以著令。餘干有劇盜，巡尉不能制，文若遣牙兵捕而戮之。

王十朋。樂清人。孝宗時，知饒州。饒濱湖，盜出没其間，聞十朋至，一夕遁去。時久旱，入境雨至。丞相洪适請舊學基益其圃，十朋曰：「先聖所居，十朋何敢予人！」移知夔州。

詹體仁。浦城人。隆興初，調浮梁尉。郡上體仁獲盜功狀，當賞，體仁曰：「以是受賞，非吾之願也。」謝不就。

李舜臣。井研人。乾道中，知德興縣。專尚風化。民有母子昆弟相訟，連年不決，爲陳慈友孝恭之道，遂爲母子兄弟如初。間詣學講説，邑士皆稱蜀先生。罷百姓豫貸，償前官積逋，踰三萬緡。民病差役，舜臣勸糾諸鄉，以税數低昂定役期久近，爲義役。期年役成，民大便利。銀坑罷雖久，小民猶負銀本錢，官爲償之。天申大禮助賞，及軍器所需，皆不以煩民。

婁機。嘉興人。孝宗時，通判饒州，平反冤獄。

程迥。餘姚人。孝宗時，調德興丞。盜入縣民齊匊家，平素所不快者，皆罥絓逮獄，迥辨其冤者縱遣之。後以奉祠，寓居鄱陽之蕭寺。

劉爚。建陽人。孝宗時，調饒州録事。通判黄奕，將以事汙爚，而己自以贓抵罪。都大坑冶耿某，憫遺骸暴露，議用浮屠法，葬之水火。爚遺書曰：「使死者有知，禍亦慘矣。」請擇高阜爲叢冢以葬。

楊簡。慈谿人。知樂平縣，興學訓士，諸生聞其言有泣下者。楊、石二少年爲民害，簡寘獄中，諭以禍福，咸感悟，願自贖。由是邑人以訟爲恥，夜無盜警，路不拾遺。紹興五年，召爲國子博士。二少年率縣民隨出境外，呼曰楊父。

洪咨夔。於潛人。寧宗時，試饒州教授。作大冶賦，樓鑰賞識之。

馬光祖。金華人。寶慶中，知餘干縣。

程元鳳。徽州人。淳祐七年，知饒州。郡初罹水災，元鳳訪民疾苦，夙夜究心，修城堞，置義阡，寬誅求，察誣證。進江淮荆浙福建廣南都大提點坑冶，仍兼知饒州。冶司歲有冬夏帳銀，悉以補郡積年諸税斂之不足者。芝生治所，衆以治行所致，元鳳歎曰：「五穀熟則民蒙惠，此不足異也。」

羅必元。進賢人。理宗時，知餘干縣。趙福王府驕横，前後宰貳，多爲擠陷。至是以汝愚墓占四周民山，竟爲直之，人益壯其風力。

唐震。會稽人。咸淳十年，知饒州。時興國、南康、江州諸郡皆已歸元。元兵略饒，饒兵止千八百人。震發州民城守，上書求援，不報。元兵使人入饒，取降款，通判萬道同諷震降，震叱之。城中少年感震言，殺使者。明年二月，兵大至，衆遂潰。震入府中玉芝堂，兵入，執牘使震署降，震擲筆於地不屈，遂死之。兄椿與家人俱死。贈華文閣待制，謚忠介。

元

齊秉節。蒲臺人。至元二十三年，鎮饒州。安仁劇賊蔡福一叛，秉節與有司會兵討之，擒福一，餘黨悉平。

王都中。福寧州人。武宗時，遷饒州路總管。年饑，米價翔踴，都中以官倉米定價三等，言於行省，以爲須糶以下等價，民乃可得食，未報。又於下等價減十之二，使民糴。時宰怒其專擅，都中曰：「饒去杭州二千里，比議定往還，非半月不可。人七日不食則死，安能忍死以待乎！」時宰聞之，乃罷。郡歲貢金，而金户貧富不常。都中考得其實，乃更定之。包銀法，户不過二兩，而州縣徵之加十倍，都中一以詔書從事。以内憂去，郡民爲立生祠。

卜天璋。洛陽人。皇慶中，以更田制授饒州路總管。既至，聽民自實，事無苛擾，民大悦，版籍爲清。時省臣董田事，妄作威福，郡縣争賂之，覬免譴，饒獨無有。省臣銜之，將中以法，求其罪無所得。縣以饑告，天璋即發廩賑之。僚佐持不可，天璋曰：

「民饑如是，必俟得請而後賑，民死矣。失申之責，我獨任之。」民賴全活。火延饒之東門，天璋具衣冠向火拜，勢遂息。境有虎爲害，天璋移文山神，立捕獲之。以治行第一，升廣東廉訪使。

韓鏞。濟南人。至正七年，授饒州路總管。饒俗尚鬼，有覺山廟者，自昔爲妖以禍福人，爲盜賊者事之尤至，將爲盜必卜之。鏞至，即撤其祠宇，沉土偶人於江。凡境内淫祠，不合祀典者，皆毁之，人初大駭，已而皆歎服。鏞知民可教，俾俊秀入學宫，求宿儒爲五經師，月必考訂課試，以示勸勵。鏞自奉澹泊，僚屬亦皆化之。先是，朝使至外郡者，官府奉之甚侈，一不厭其欲，即騰謗於朝。其出使於饒者，鏞供以糲飯，退皆無有後言。

魏中立。濟南人。至正時，守饒州。賊陷湖廣，分攻州郡，官軍疲懦，不能拒。所在無賴子乘間竊發，不旬日，衆數萬。中立聞警，即率丁壯分塞險要，戒守備。賊至，以義兵擊却之。已而賊復合，遂爲所執，以紅衣被其身。中立叱之，鬚髯盡張，大罵不已，遂被害。

明

陶安。當塗人。知饒州。陳友定兵攻城，安督吏民拒守，援兵至，賊敗去。諸將欲屠從寇者，安曰：「民爲所脅，奈何殺之。」不許。太祖賜詩褒美。

鄭選。靈壁人。以武略將軍，守禦饒州。度營制，訓士卒，甚有法度。逋寇唐丑人等作亂，選擊平之。

李寧〔七〕。知餘干。材敏有斷，盜起攻城，寧率鄉兵擒其渠。復搜山澤散匿者三百人，正其罪。修築决圩三十餘里，民懷其惠。

胡維孝。定遠人。知樂平縣。方國華入寇，被執不屈，死之。

辜阜。江夏人。知德興縣，招撫流亡，賊至聚民保障。又奏罷採銅之役，民德之。

郎敏。洛陽人。洪武中，知饒州府。樂平奸民詣闕訴大姓五十餘家謀逆，敏力爲奏辯，詔誅奸民，盡釋被誣者。其他政績甚著。

李益。洪武中爲饒州府通判，後遷知府。在任十有八年，習知民情，性寛大，不事苛細，以故民尤愛之。永樂初，饒境大蝻，益遍告神祇，忽大雨，蝻盡死。

張彦方。龍泉人。建文時，爲給事中，乞便養，改樂平知縣。應詔勤王，抵湖口被執，械至樂平斬首，懸於譙樓，當暑，一蠅不集。

葉砥。上虞人。永樂中，知饒州府。先教化，後刑罰，訟者必以理諭遣。政清民安，户口滋息。年八十，卒於官，郡人無少長皆哭盡哀。

趙濬恭。定海人。永樂中，知德興縣。時田疇多蕪，濬恭計口授田，録民力强弱爲三等，以定差役。歲歉，自貸富室，以賑民饑。後卒於官。

王佐。蘄州人。景泰間，知饒州。先任徽州同知，去則民上章挽車以留之。及去饒，如去徽。明年，饒民聞佐再來，趨迎爲之罷市。謡曰：「王佐再來天有眼。」其得民心如此。

劉焕。江陵人。成化中，爲鄱陽令。築隄數千丈，以捍水患，得良田數千畝。治行爲江西最。以督役得疾，卒於官。

顧應祥。長興人。弘治末，爲饒州推官。吏以其年少易之，及見應祥，剖決精敏，乃讋服。姚源洞賊執樂平令汪和以去，應祥單騎叩其壘，諭以禍福，和得還。

趙德剛。閩縣人。正德中，知德興縣。姚源寇至，邑無城，伐木爲栅以拒賊。時大吏統兵者，欲以金錢啗賊，德剛曰：「民困安可重斂！」遂身入賊巢，諭以義，誘致賊黨數十人戮之，賊引去。歲大饑，請於朝，得蠲三年賦。

李俊。饒州守禦千户。正德五年，姚源賊次梁山坂。官兵行伍未集，賊乘虚入，衆潰。俊獨奮身直前，手射十餘人。力屈被執，與弟李二遠同遇害。

祁敕。正德中，知饒州府。斥舞文吏，讞獄務得情。增築鄱陽白馬隄、浮梁胡白渠。將鑿井以濟囚渴，忽泉湧出，人名之曰應德泉。與諸生講授，置籍以紀善惡，延社學師，以所没官田爲館穀資，且下其法於屬縣。

馬津。滁州人。正德中，知餘干。宸濠反，偕進賢知縣劉源清起兵討賊，以功擢監察御史。

孫天祐〔八〕。正德中，任龍津驛丞。會宸濠反，天祐起兵拒賊。賊七殿下者，奪運舟於龍津，天祐與戰，殺數人。賊黨募兵過龍津，天祐又追殺之，焚其舟。賊黨婁氏，率衆西下，亦爲天祐所遏，擒七十餘人。賊兵不敢經東湖者，天祐力也。

劉安。慈谿人。嘉靖中，以御史謫餘干典史。能勤於職，築決隄數十丈，人稱爲劉公隄。

陳吾德。歸善人。萬曆中，知饒州府。廉潔果斷，申嚴保甲，禁民間溺女。以忤張居正免官。

王如春。黄巖人。天啓中，知餘干縣。自龍津築隄數十里，民稱王公隄。

成勇。山東樂安人。天啓中，授饒州推官。謁鄒元標於吉水，師事之。中使至，知府以下皆郊迎，勇獨不往，且捕笞其從人。中使將愬之魏忠賢，會敗獲免。

本朝

翟鳳翥。聞喜人。順治六年，知饒州府。兵燹後，鳳翥招集流亡，請蠲荒蕪糧税八萬有奇。郡學圮，移建故淮藩遺址。又建芝山、錦雲、東山諸書院，講學課士，民風丕變。在任五年，遷本省興屯道僉事。

王起彪。錢塘人。順治六年，知德興縣。時寇氛未息，德興在羣山中，賊猝至，起彪率民兵禦之。衆寡不敵，遂遇害。

婁維嵩。直隸人。順治七年，知浮梁縣。兵燹之餘，居民四散，維嵩設法招徠。浮梁歲漕萬餘石，每石徵銀五錢，令里民赴南昌辦買，後以米價騰貴，吏緣爲姦。維嵩請徵於縣，出資建倉，民賴以甦。編審汰逃亡萬餘口，除實荒田一千餘頃，至今民頌其德。

程瀚。上元人。順治中，知安仁縣。地連撫州之東鄉，其民置田縣界，曰寄莊，爲官民病者數百年。瀚至，別立寄莊單頭，徵其賦。自是縣民無代賠之苦，寄莊亦免頑抗之累。

鄭邦相。咸寧人。順治中，知鄱陽縣。天資明敏，無滯獄，無遺賦。邑素多盜，屢獲屢脱，邦相嚴行緝捕，悉置之法，民甚賴之。

王臨元。平山衛人。康熙九年，知浮梁縣。十三年七月，山賊陷城，臨元自縊。贈按察使司僉事。

郭萬國。許州人。知饒州府。康熙十四年五月，耿逆陷城，萬國死之，贈光禄寺卿。同時殉難者：同知范文英，奉天人。萬年知縣王萬鑑，臨海人。並贈參政。鄱陽縣丞陸之蕃，會稽人，贈僉事。石門巡檢翁鳳翥，鄞縣人。饒州税課司大使李崇道，清苑人。均贈經歷。

校勘記

〔一〕必先田餘干界中　「田」，原作「由」，乾隆志卷二四〇饒州府古蹟（下同卷簡稱乾隆志）同，據漢書卷六四上嚴助傳改。按，傳原文下尚有「積食糧，乃入」之語。

〔二〕常季武併入鄱陽　「常季武」，乾隆志、雍正江西通志卷四一古蹟、文淵閣四庫本太平寰宇記卷一〇七江南西道五饒州同，金陵書局本、南宋版殘本太平寰宇記作「韋季武」。按，史料有闕，未知孰是。

〔三〕後漢樂安縣　「樂」，乾隆志同，各本太平寰宇記卷一〇七江南西道饒州均作「東」。按，輿地廣記卷二四云「本吴樂安縣」，乾隆志蓋據此改「東」爲「樂」字。

〔四〕唐初縣令張俊彦建　「張俊彦」，乾隆志作「張彦俊」。按，雍正江西通志卷四一古蹟亦作「張彦俊」。疑本志誤倒。

〔五〕後徙縣東北百里勒工市　「勒工」，乾隆志卷二四一饒州府關隘（下同卷簡稱乾隆志）同，明史卷四三地理志作「勒上」。疑不能定，待考。

〔六〕豫章書有董全禎唐天祐中爲殿中侍御史　「禎」原作「楨」，「天」原作「太」，據明一統志卷五〇饒州府人物及凌迪知萬姓統譜卷六八改。

〔七〕李寧　「寧」，原作「安」，據乾隆志改。按，本志避清宣宗諱改字，今改回。下文同。

〔八〕孫天祐　「祐」，原作「佑」，據乾隆志及明武宗實録卷一七五改。下文同。

大清一統志卷三百十三

饒州府三

人物

漢

雷義。豫章鄱陽人。初爲郡功曹，嘗濟人死罪，罪者後以金謝之，義不受，金主伺義不在，默投金於承塵上。後葺屋宇得之，金主已死，義乃以付縣曹。後舉茂才，讓於陳重，刺史不聽，義遂佯狂出走。鄉里爲之語曰：「膠漆自謂堅，不如雷與陳。」三府同時俱辟二人，義遂爲守灌謁者，使持節督郡國行風俗，太守、令長坐者凡七十人。旋拜侍御史，除南頓令，卒於官。

唐

吉中孚。鄱陽人。官户部侍郎。與盧綸、韓翃、錢起、司空曙、苗發、崔峒、耿湋、夏侯審、李端皆能詩齊名，號「大曆十才子」。

陳饒奴。饒州人。年十二，父母亡，窶弱居喪，又歲饑，或教其分弟妹，可全性命。饒奴流涕，身丐訴相全養。刺史李復異之，給資儲，署其門曰「孝友童子」。

張讚。鄱陽人。與樂平謝維勤、沈普、姜嵎並以孝聞。

宋

馬遵。饒州樂平人。累官直龍圖閣。性樂易，善議論，其言事不爲激訐，故多見推行。杜衍、范仲淹皆稱道之。

熊本。鄱陽人，慶曆進士。熙寧六年，瀘州羅、晏夷叛，詔本察訪梓、夔。本發軍進討，諸夷皆從風而靡，願世爲奴。渝州南川獠木斗叛，詔本安撫夔路，木斗以溱州地五百里來歸，爲四砦九堡，建南平軍。累遷吏部侍郎，知洪州、杭州，卒。有文集、奏議共八十卷。

彭汝礪。鄱陽人。治平二年，舉進士第一。神宗用爲監察御史裏行，首陳十事，指摘利害，多人所難言者。王中正、李憲主西師，汝礪言不當以兵付中人。元祐中，遷中書舍人。詞命雅正，有古人風。進權吏部尚書，出知江州，卒。汝礪居家孝友，讀書爲文，志於大者，言動取舍，必合於義，與人交必盡誠敬。所著易義、詩義、詩文五十卷。

彭汝方。汝礪弟。以汝礪蔭爲滎陽尉，遷臨城主簿。汝礪卒，棄官歸葬豐稷。宣和初，知衢州。方臘叛，汝方獨守孤城，城陷，罵賊而死。贈龍圖閣直學士，謚忠毅。

洪彦昇。樂平人。元豐登第，歷殿中侍御史。論蔡京假紹述之名，敗壞先朝法度，朋姦誤國，公私困敝，願早賜英斷，遣之出京。何執中德薄位尊，願解其機政，以全晚節。及吕惠卿、鄧洵仁、蔡嶷之流，皆條摭其過，一不爲回隱。歷徽猷閣待制，知吉州，卒。

張根。德興人。第進士，調遂昌令，當改京秩，乞恩封及四親，遂致仕，屏處十年。曾布等及本道使者上其行義，徽宗召詣闕，爲帝言願陛下清心省欲，以窒禍亂之原，遂請罷錢塘製造局。提舉江西常平，屢建言，詔皆從之。改淮南轉運使，上書條列茶鹽常平等利病之數，遂極言土木花石綱之弊，忤權倖，坐貶。根性至孝，父病蠱戒鹽，根爲食淡。母嗜河豚及蟹，母終，根不復食。

張樸。根之弟，以進士歷官太常少卿、侍御史。鄭居中去位，樸言朋黨分政，非朝廷福。又劾郎員庸繆者十六人，斥諸外。升秘書少監。

馬存。樂平人。元祐進士，授鎮南節度推官。有文集二十卷行世。

金極。樂平人。紹聖進士，宰分宜。上書乞斬蔡京以謝天下，坐是入元祐黨，後以「市隱」自號。紹興初，贈太常博士。

程振。樂平人。少有軼才，徽宗時爲太子舍人。靖康元年，進吏部侍郎。金兵至河北，振請合諸道兵犄角擊之，帝不能用。拜開封尹，改刑部侍郎。金騎在郊，邀車駕出城。振爲何㮚言，宜思所以折之之策，㮚不從。遂爲金人所害。從子庭訪得其首，歸葬之。初，王黼使其客沈積中圖燕，振戒以後禍，既而振乃用是死，聞者痛之。振尹京時，兩宮方困於碁間，振極意彌縫，不使有纖芥可指。高宗即位，贈端明殿學士。端平初，賜謚剛愍。

程瑀。浮梁人。欽宗時，除左正言，即極言時病，復請黜免徐處仁、吴敏、唐恪等。高宗即位，遷給事中。時建修政局，瑀條上十四事，皆切時務。權邦彦簽書樞密院，瑀言其五罪。累遷兵部尚書。瑀在朝無詭隨，有奏議六卷。

汪藻。德興人。中進士第。時胡伸亦以文名，人爲之語曰：「江左二寶，胡伸、汪藻。」王黼與藻同舍，素不咸，終黼之世不得用。高宗踐祚，召試中書舍人，累拜翰林學士。屬時多事，詔令類出其手。常論所以待將帥者三事，後卒如其策。紹興中，知湖州，上所修日歷凡六百六十五卷，升顯謨閣學士。藻通顯三十年，無屋廬以居。博極羣書，老不釋卷，工儷語，所爲制詞，人多傳誦。

洪皓。鄱陽人。政和進士。建炎三年，擢徽猷閣待制，爲大金通問使。至雲中，尼雅哈迫使仕劉豫。皓曰：「萬里銜命，不得奉兩宫歸，恨力不能磔逆豫，忍事之耶！」尼雅哈將殺之，旁一酋跪請，得流遞冷山。金主欲以爲翰林學士，不能屈。留北中凡十五年乃還，忠義聞於天下。除徽猷閣直學士，以忤秦檜，出知饒州，尋安置英州，後徙袁州，至南雄州卒。久之，復徽猷閣學士，謚忠宣。皓久在北庭，不堪其苦，然爲金人所敬。既歸，使者至，必問皓爲何官，居何地。性急義，當艱危中不少變。后戚貴族，流落微賤者，皆力拔以出。博學强記，有文集五十卷，及帝王通要、姓氏指南、松漠紀聞等書。子适、遵、邁。「尼雅哈」舊作「粘罕」，今改正。

李椿年。浮梁人。政和進士。歷官司農丞、度支郎中，後知婺州，致仕。初母喪於中都，徒步護喪歸葬，有甘露之祥。所著有易傳十卷、文集十卷。

張燾。根之子。宣和進士。建炎初，通判湖州。明受之變，賊矯詔使燾撫諭江浙，燾不受。紹興中，權吏部尚書。金使至，朝議欲上拜金詔，燾不可。施廷臣等力贊和議，燾復上疏力詆。遣詣河南朝八陵。及歸，所言皆切中時病。秦檜恐忤敵意，出燾知成都府。累官資政殿大學士，卒謚忠定。燾外和内剛，帥蜀有惠政。論和議，朝野歸重焉。

朱嗣孟。樂平人。宣和進士，爲廣德司户兼司理。叛卒戚方兵破鎮江，犯廣德，守倉黄遣招安，無敢往者。嗣孟直詣賊壘，爲陳逆順禍福，使自擇所處，方以其迕己殺之。贈宣教郎，官其子。

汪澈。浮梁人，其先新安人。第進士，高宗時，除殿中侍御史。時邊防寖弛，澈陳養民養兵、自治預備之説數千言。左相湯思退不協人望，澈劾罷之。歷湖北、京西宣諭使，召入爲參知政事，與陳康伯同贊内禪。孝宗時，累遷樞密使，卒。澈爲殿中日，薦陳俊卿、王十朋、陳之茂爲臺官。在樞府，孝宗密訪人材，薦百十八人。自奉清約，雖貴猶布衣時。有文集二十卷、奏議十二卷。

王剛中。樂平人。紹興進士。秦檜怒其不詣己，授洪州教授。檜死，遷著作佐郎。孝宗爲普安郡王，剛中兼王府教授。

每侍講，極陳古今治亂之故，君子小人忠佞之辨。遷中書舍人，言禦敵必先自治，帝韙其言。擢知成都，置制四川，恩威並行，得將士歡心。孝宗立，召赴闕。金兵逼淮，陳戰守之策，除禮部尚書、同知樞密院事。奏開屯田、省浮費、選將帥、汰冗兵四事。剛中無他嗜好，公退惟讀書著文爲樂。有易說、春秋通義等書，凡百餘卷。

洪适。皓長子。皓使朔方，适甫十三，能任家事。紹興十二年，與弟遵同中博學宏詞科。高宗曰：「父在遠方，子能自立，此忠義報也。」後三年，弟邁亦中是選，由是三洪文名滿天下。孝宗時，拜中書門下平章事。卒謚文惠。所著有盤洲文集（一）。

洪遵。皓仲子。與适同試博學宏詞科，中魁選，擢爲秘書省正字。秦檜子熺爲官長，遵恬然不附麗。皓還，與朝論異，遵遂乞外。免喪召對，極陳父冤。拜起居舍人，修邇英記注。累遷翰林學士，兼禮部尚書。金人由海道窺二浙，命遵制平江，助副總管李寶禦之，有功。孝宗初，同知樞密院事。卒，謚文安。

洪邁。皓季子。紹興十五年中第。孝宗初，拜中書舍人，兼侍讀、直學士院。歷知贛州、建寧府、婺州，皆有善政。拜翰林學士，上四朝史。淳熙初，以端明殿學士致仕，卒謚文敏。邁以博洽受知孝宗，手書資治通鑑凡三，有容齋五筆、夷堅志行於世。

趙善應。丞相汝愚父，官江西兵馬都監。性純孝，親病，嘗刺血和藥以進，居喪哭泣毀瘠。與諸弟篤友愛。聞四方水旱，輒憂形於色。聘故人孤女爲子婦，葬同僚之不克葬者。道見病者，必收恤，歲饑，輟食以飼饑者。及卒，丞相陳俊卿題其墓曰「篤行」。

姜夔。德興人。工詩詞，號白石道人。嘗請於朝，欲正頌臺樂律，以議不合而罷。紹興間，秦檜當國，遂隱箬坑之丁山。參政張燾累薦不起，以隱逸終。著有白石道人詩集、詞集。

趙汝愚。漢恭憲王元佐七世孫，居餘干。早有大志。擢進士第一，始見即陳自治之策。帥福建，制置四川，孝宗謂有文武威風。紹熙二年，召爲吏部尚書，除知樞密院事。孝宗崩，光宗疾，不能執喪，丞相留正懼，欲去。汝愚度不得辭其責，乃遣韓侂胄以内禪意請於憲聖太后，遂奉嘉王即皇帝位，即喪次。命朱熹待制經筵，悉收召士君子之在外者。進右丞相，侂胄忌之，誣以謀危社稷，謫寧遠軍副使，永州安置。至衡州，爲守臣錢鍪所窘，暴卒，天下冤之。侂胄誅，復原官，謚忠定，配享寧宗廟庭，追封周王。所著詩文十五卷，諸臣奏議三百卷。

趙崇憲。汝愚長子。淳熙八年，對策第一。越三年，復以進士擢甲科。汝愚貶死，崇憲闔門自處。數年，復汝愚故官，升籍田令，歷知江州提舉、江西常平，兼權興隆府，又知静江府。所至有惠政。崇憲天性篤孝，居父喪，月餘始食，小祥始茹果實，終喪不飲酒食肉。

柴中行。餘干人。紹熙進士。嘉定初爲博士，首論主威奪而國勢輕；次論士大夫寡廉隅、乏骨鯁，宜養天下剛毅之氣；末論權臣用事，苞苴成風，宜行先朝痛繩臟吏之法。出知光州，遷京西轉運使，改知襄陽，提點湖南刑獄，皆有治行。入爲吏部郎官，遇事持正，不爲勢屈，銓綜平允。擢宗正少卿，調崇政殿説書，屢上直言。以右文殿修撰卒。所著有易繫集傳、書集傳、詩講義、論語童蒙記。

程端蒙。德興人。朱子門人。淳熙中，補太學生。時禁洛學，持書上諫議大夫王月然〔二〕，責其斥正學。以對策不合去，自是不復應舉。所著有性理字訓、毓蒙明訓、學則等書。

曹建。餘干人。少從程迥、陸九淵兄弟遊，學有所得。淳熙間，朱子過餘干，見建與語，大奇之。建家貧，事母孝，待弟姪盡友愛。其卒也，朱子表其墓。

董銖。德興人。朱子門人。注周易性理行於世。

劉伯正。餘干人。開禧進士，官監察御史。有事於明堂，雷電忽至，執事者皆離次，伯正立殿下，紳笏儼然，聲色不動，帝遂以大任期之。遷左司諫，疏言銓選、財計、刑獄之弊，帝善其言。累拜參知政事，卒。時論謂其以静重鎮輕浮，不求名譽云。

趙必愿。崇憲子。嘉定進士，知崇安縣，歷知處、泉、台、婺等州，皆有惠政。遷度支郎中，請以汝愚配享寧宗。三京兵敗，必愿言十事，皆切於邊要，又論濟王及國本事。火災、大水，連上封事。累官權户部尚書，以華文閣直學士知福州〔三〕，卒。必愿才器周博，心平量廣，而又早聞家庭忠孝之訓，故所立卓然可稱。

余安行。德興人。以經學爲里中所宗，官至大中大夫。所著春秋新傳、至言、集記等集，有詔藏之秘閣。

李伯玉。餘干人。端平二年進士第二，召試館職，歷詆貴戚大臣，直聲暴起。改校書郎，奏言臺評迎合上意，論罷尤焴、楊棟、盧鉞三人。度宗時，權禮部尚書。帝以伯玉舊學，欲用參大政，賈似道忌之，不果。趙汝騰嘗薦八士，各有品目，於伯玉曰「銅山鐵壁」，立朝風節似之。所著有斛峯集。

洪芹。适曾孫。登進士第，累遷將作少監。時詞臣無當帝意，丞相程元鳳言當今地望無踰洪芹者，進兼翰林。開慶元年，權中書舍人。屬兵興，帝悟柄任非人，詔書所至，聞者奮激，芹所草也。丁大全罷相典郡，芹奏乞從諫臣所請，追官遠竄，以伸國法。沈炎承帝怒，攻丞相吴潛，芹獨慷慨敢言，天下義之。

朱貔孫。浮梁人。淳祐進士，擢史館校勘。時丁大全執政，使其黨許以驟用，貔孫力拒之。遷監察御史，首疏論大全誤國之罪。累擢殿中侍御史，所論皆當世急務。董宋臣復出，朝論紛然，貔孫力斥其姦，卒奪祠。賈似道擅命，貔孫隨事進諫，不肯阿附。度宗即位，遷吏部尚書，不拜，以華文閣學士知寧國府，似道諷言者論罷。久之復官。有文集、奏議行世。

馬廷鸞。樂平人。淳祐進士，遷秘書省正字。初丁大全雅慕廷鸞，欲鈎致之，廷鸞不爲動。及當輪對，欲劾大全，大全瞷知之，以御史朱熠劾罷。由是名重天下。咸淳中，拜右丞相，罷歸。所著有六經集傳、語孟會編、楚詞補記諸書。

湯漢。安仁人。與其兄千、巾、中，皆知名，柴中行見而奇之。真德秀在潭，致漢爲賓客。江東提刑趙汝騰薦於朝。淳祐中，充國史實録院檢勘。會大水火災，兩上封事。授太學博士。皇太子冠，進冠箴，詔令太子拜謝。升秘書郎，轉對，極言邊事。度宗時，以端明殿學士致仕。有文集六十卷。

饒魯。餘干人。幼從黄幹游，性行端醇，學術精邃，累薦不起。以所居前有兩峯，因號雙峯。及卒，門人私謚文元。所著有五經講義、語孟紀聞、春秋節傳、學庸纂述等書。

董鼎。德興人。自幼力學，受業於黄幹，著書傳纂疏行世。同邑余芑舒，亦潛心程朱之學，所著有書傳解等書。

鍾季玉。樂平人。淳祐進士，歷知萬載縣、建昌軍，遷江西轉運判官，皆有治行。改都大提點坑冶。北兵渡江，季玉徙寓建陽，兵至不屈，死之。

陳學心。安仁人。淳祐進士，歷知高州、謝枋得起兵復安仁，命學心守之。元兵至，戰死。

陳夲。安仁人。咸淳進士。少與謝枋得游，枋得起兵安仁，首拔入幕。執安仁令李景，聲其罪斬之。引兵趨信州，就攝郡事。益王即位，入覲，領江東安撫使，出上饒，所部才千餘人。屯火燒山，戰潰被執，遁去。後三年復起兵，敗入積煙山自刎死。所著有鶴心集。弟年，同時被執，死焉。

趙良淳。汝愚曾孫，累世以學行名。良淳少學於鄉先生饒魯，知立身大節。及仕，所至以幹治稱。三遷至淮西運轄，馬光祖、李伯玉、范丁孫交薦辟之。咸淳末，廷議衆建宗室於内郡，以爲屏翰，除知安吉州。元兵至，良淳率衆守城，夜舍陴上不歸。援將吴國定開門納外兵，衆散去。良淳閉閤自經，兵士解救之。良淳大呼曰：「爾輩欲爲亂耶！」衆涕泣出，復投繯而死。

馬端臨。廷鸞仲子，博極羣書。以蔭補承事郎。宋亡，隱居教授鄉里，遠近師之。所著有大學集傳、多識録、文獻通考等書。

元

吴廷。浮梁人。博學明經，隱居著書，有四書語録、五經發明、春秋記聞等書。

黄鎰。鄱陽人。親喪明，以舌舐之復能視。至大中旌表。

朱公遷。樂平人。得雙峯饒魯之傳。至正初，爲處州學正。兵亂，轉徙無定，已而寓婺源，後歸家卒。所著有詩經疏義、四書通旨、約説性理等書。

李存。安仁人。延祐初，一試不第，遂杜門著書。秘書李孝先舉以自代，不果用。葺書室曰俟齋，人稱鄱陽先生。有俟齋集三十卷。

許則祖。樂平人。性剛，習武事。至正兵起，則祖倡義兵恢復德興縣，後屢戰勝。追賊，馬陷泥淖中，遂遇害。事聞，賜謚忠顯。

周伯琦。鄱陽人。至正初，爲宣文閣授經郎。每進講輒稱旨，帝嘗呼其字而不名。累官翰林直學士、兵部尚書，改浙西廉訪使。招諭張士誠，留平江十餘年。士誠滅，得歸鄱陽。伯琦儀觀温雅，粹然如玉，博學工文章，尤以篆隸真草擅名當時。著六書正譌、説文字原，有詩文若干卷。

明

許瑗。樂平人。元末，放浪吴越間。太祖駐婺州，瑗謁曰：「四方鼎沸，足下欲定天下，非延攬英雄難以成功。」太祖喜，置幕中參軍事。未幾，命守太平。陳友諒以舟師來寇，城破被害。

張琬。鄱陽人。洪武初，以貢入太學，試高等，爲給事中，改户部主事。一日帝問天下財賦户口之數，口對無遺。帝悦，立擢左侍郎。謹身殿災，上言時政；歲饑，請蠲民租百餘萬石。俱見嘉納。琬才敏有心計，卒年二十七，時人惜之。

周湞。鄱陽人。洪武初，爲大理丞，與定律令，爲「江西十才子」之一。官至刑部尚書。

費震。鄱陽人。洪武初，以賢良徵爲吉水知州，擢漢中知府。後坐事被逮，太祖以其有善政，釋爲寶鈔提舉，超拜户部侍郎。尋進尚書，奉命定丞相、御史大夫以下歲禄之制。出爲湖廣布政使，致仕。

鎦炳。鄱陽人。官中書典籤，出爲大都督府掌記。工詩，楊維楨、宋濂皆極稱之。江西通志作「劉昺」。

胡閏。鄱陽人。洪武中，授都督府都事，遷經歷。建文初，選右補闕，進大理少卿。燕師起，與齊、黄輩晝夜畫軍事。燕王入京，首召方孝孺草詔，繼召閏及高翔，三人至，則衰絰慟哭，聲徹殿陛。乃趨閏先入，諭令更服。閏曰：「死即死耳，服不可更也。」以族誅恐之，不動，命武士擧金瓜擊其齒，齒盡，抗聲不絶，遂族誅之。福王時，贈刑部尚書，謚忠烈。

孫原貞。德興人。永樂進士，授禮部主政，歷郎中。英宗初，擢河南右參政。初成祖徙江南富户於北京，逃且絶，即於其鄉僉補。原貞請令官吏大户犯死罪者，免其運甎，補富户數，從之。遷浙江布政使。正統末，閩、浙盜叛，遂拜兵部左侍郎，鎮守浙江，擣其巢，斬賊首，分兵勦平餘寇。景泰三年，進兵部尚書，尋改鎮福建。已復移鎮浙江，罷歸。原貞所至有勞績，在浙江名尤著。

王逢。樂平人。淹貫經史，精研理學，累徵不就。宣德初，復以明經召見，辭歸。著言行志諸書，學者稱松塢先生。

何英。鄱陽人。性警敏。學於王逢得其傳。累薦不起。所著有四書釋要、詩經增釋、易經發明。

洪信文。浮梁人。性至孝，將葬母，值雨雪，攀柩號慟，雨雪爲止。廬於墓，刻木爲像，朝夕哭奠，事死如生者十有三年。宣德中旌表。

胡居仁。餘干人。聞吴與弼講學崇仁，往師之。築室梅溪山中，事親讀書之外，不涉人事。居喪哀毁骨立，三年不入寢。其學以主忠信爲先，求放心爲要，謂聖學始終在於敬，因以「敬」名齋。端嚴凝重，對妻子如嚴賓。手置一册，詳書得失，用自程考。四方來學者日衆，至築室居之。常曰：「學以爲己，不求人知。」與羅倫、張元禎友善，數會於弋陽之龜峯、餘干之應天寺，證明所學。督學李齡、鍾成相繼聘主白鹿書院。過饒城，淮王請講易，待以賓師之禮。以布衣終身。所著有居業録。人以爲薛瑄之後，粹然一出於正，居仁一人而已。萬曆中，從祀孔廟，追謚文敬。

童軒。鄱陽人。景泰進士，授南京吏科給事中。詔採翠毛、魚魫諸物，軒諫止之。擢雲南提學僉事，校士公明。以素諳曆法，遷太常卿，掌欽天監事。弘治時，歷南京禮部尚書，極言東南歲辦西北差徭之困。爲人廉介寡合，篤於内行，好學問，至老不倦。卒，贈太子少保。

戴珊。浮梁人。天順進士，擢御史，督南畿陝西學政，歷浙江按察使、福建布政使，終任不攜一土物。弘治二年，擢右副都御史，撫鄖陽，討平劇盜。歷南京刑部尚書，召爲左都御史。帝晚年召對大臣，珊與劉大夏晏見尤數。一日侍坐，帝曰：「時當述職，諸大臣皆杜門，如二卿雖日見客何害。」出白金賚之，曰：「少佐而廉。」以老疾求退，不許。珊德性和粹，洞達無城府，然往往不苟合，不可以非義奪。正德初卒，贈太子太保，謚恭簡。

董子仁〔四〕。樂平人。成化進士，擢兵科給事中。偕同官陳鶴、胡智，疏劾大學士商輅、尚書姚夔等，帝不悦，復與御史鄭已等合詞攻之。下獄廷杖。復官，又疏參李希安，以羽流不宜侍經筵，遂寢其命。歷吏科都給事中，尋以事謫石臼知縣。孝宗朝，官至四川參議。

舒清。德興人。成化進士，授工部主事，歷營繕郎中，裁抑浮費，忤宦官不顧。擢河南參議，有政績。再遷四川布政使，立遞減法以便民。弘治中，改廣西，益有聲。先是，清在四川，憲宗遣中使取銅鼓諸物，及是孝宗亦索古琴，皆抗疏切諫。尋以疾歸。正德中，姚源賊過其里，相戒曰：「此廉吏家。」斂兵而去。

祝瀾。德興人。成化進士，授兵科給事中。以直言忤旨，廷杖謫安州判。遷國子監丞，上孔廟祀儀，以顔、曾、思既配於殿，而其父尚列於廡，先師父母未褒封，請別立廟，以無繇、點、鯉配享，並罷公伯寮、荀況從祀。部議不合，再謫雲南經歷。後其議皆采行。瀾爲人多大節，爲諸生時，聘舒氏女，無何盲，其父母欲罷婚，瀾不可，竟娶瞽女，與之終身。

孫需。原貞孫。成化進士，爲常州府推官，擢南京御史。偕同官劾僧繼曉，忤旨予杖，出爲四川副使。弘治中，累官右副都御史，巡撫河南，改撫陝西鄖陽，所至有善政。正德中，累遷南京工部尚書，改刑、吏二部，疏陳修政弭災、戒游畋、抑權倖諸事，乞休歸。卒，謚清簡。

張憲。德興人。成化進士，授考功主事，歷郎中，凡十四年，廉慎如一日。尚書王恕賢之，遂擢山東左參政，累官南京工部尚書致仕。憲與孫需同里、同舉進士，相代爲尚書，又同以明德稱。

張吉。餘干人。成化進士，授工部主事。時李孜省、僧繼曉以左道進，會星變，吉上疏請親賢圖治，修德遠姦，遂極言孜省、繼曉之罪。忤旨，謫景東通判，以禮義教民，土官遣子受學。弘治中，歷肇慶同知、梧州知府、廣西兵備副使，終貴州布政使，咸以善政聞。吉學宗洛閩，不喜陸象山，爲陸學訂疑以正之。晚歲涵養益粹，疾甚，猶衣冠正坐。學者稱古城先生。

蘇章。餘干人。成化進士，爲兵部武選主事。以星變言事，謫姚安通判，再遷延平知府，有政績。終浙江參政。

彭程。鄱陽人。成化進士，授御史，巡視京城。降人雜處，多爲盜，事發則投戚里閹豎。程每先幾制之，有發輒得。巡鹽兩浙，嚴毅莫敢干。代還，巡視光禄，以諫造皇壇器忤旨，下錦衣獄，並家屬戍邊。

余祐。鄱陽人。年十九，師事胡居仁，居仁以女妻之。弘治十二年，登進士，爲南京刑部員外郎，以事忤劉瑾落職。瑾誅，起爲福州知府，有治行。後遷徐州兵備副使，忤中官進鮮過徐者，復調南寧同知。嘉靖初，歷雲南布政使，遷吏部右侍郎，未至卒。祐學務有用，不事空言，常舉誠敬以教學者，爲得居仁之傳。

余廷瓚。鄱陽人。正德進士，授行人司副。武宗將南巡，廷瓚上疏陳十不可，下獄杖死。世宗立，贈太常寺丞。福王時，追謚忠愍。

史桂芳。鄱陽人。嘉靖進士。性耿介，宗陳獻章之學。初知歙縣，廉直愛民，督師趙文華檄取萬金犒師，不應。歷知延平、汝寧二府，專以德化民。遷兩浙運使，老幼送者數千人。緼袍糲食，始終廉介一節云。

李頤。餘干人。隆慶進士。萬曆初，擢御史，清軍湖廣、廣西，請免士民遠戍，祗充傍近衛所軍。忤張居正，出爲湖州知府，累擢右僉都御史，巡撫順天。諸音酋長昂屢擾邊，頤設伏擒其心腹七人；又督將士敗伯牙于羅文谷。在鎮十年，威望大著。二十九年，以工部右侍郎管理河道，議上築決口，下疏故道，爲經久計。以勞卒。「諾音」舊作「朵顔」，「伯牙」舊作「巴雅爾」，今俱改正。

羅伏龍。餘干人。崇禎庚午舉人。福王時，參史可法幕，爲江都知縣。大兵圍揚州，可法謂伏龍亟去，伏龍曰：「大丈夫豈可臨難苟免！」城破死之。乾隆四十一年，賜謚節愍。

本朝

揚鼎臣。樂平人。順治十七年，父明由爲盜所執，索金取贖，罄家不能得。鼎臣毅然以身易父還，遂被害。

彭允升。安仁人。爲縣諸生。康熙十四年，盜入安仁，允升團結鄉勇禦之。被執，令招降所部，不從，遂遇害。

沙坤瑞。餘干人。性至孝，年十六喪父，貧無資，典身以殮，種蔬養母。母年八十餘，衰病不能起，朝夕奉侍無怠。及歿，廬墓三年，致馴虎伏蟒之異。

戴如芹。樂平諸生。孝行著聞，乾隆四十一年旌。

王傳。鄱陽人。康熙進士，歷官國子祭酒。孝友性成，品誼醇篤，居官尤甘冰蘗，杜絶苞苴。督學山左，以公明稱。雍正甲辰，世宗憲皇帝臨雍，進呈大學講義，精微貫徹，理學章明。卒於官，賜祭葬，入祀鄉賢祠。

張時。餘干廩生。居家孝友無間。博通經史，以詩詞見稱於時。入祀鄉賢祠。

范文程。樂平人，瀋陽籍。順治甲申，以翊戴功，晉内秘書院大學士，贊襄治理，整飭紀綱，悉以寬大行之，無不合節。晉太師，謚文肅，入祀鄉賢祠。

范承謨。樂平人，瀋陽籍。順治進士，官内翰林秘書院學士。授閩浙總督，被逆所執，殉節。謚忠貞，入祀鄉賢祠。

李思謨。浮梁人。知溧陽縣，清慎廉明，縣以治稱。後退居林下，好善樂施，扶危濟困，孜孜忘倦。入祀鄉賢祠。

鮑文宏。浮梁人。授惠州推官，治稱平允。設計討平巨寇，釋脅從田、程輩百餘人。查盤肇慶，冰蘖自勵。入祀鄉賢祠。

流寓

唐

盧綸。河中蒲人。「大曆十才子」之一。嘗避天寶亂，客鄱陽。

宋

顧臨。會稽人。紹興初，知河南府，忌者譖爲黨人，斥饒州居住。

蘇昞。武功人。常從張載學，後復師事二程。元祐末，吕大中以布衣薦爲太常博士，坐元符中上書言事，入邪籍，編管饒州，卒。

薛仁輔。河東人。官大理少卿。時秦檜搆岳氏父子獄，仁輔寃之，不署奏牘。檜怒，編管，遇赦移饒，因卜居樂平之安巷。今薛家塘即其遺址。

張運。貴溪人。高宗時，以親老還江東，寓居鄱。孝宗時，請老，復祠禄。鄱大饑，運首發粟二千石以賑之，自是民争出粟以濟。

江萬里。都昌人。爲右丞相，與賈似道不合，求退，僑居饒州。聞襄樊失守，鑿池芝山後圃，扁其亭曰止水，人莫喻其意。

及聞警，執門人陳偉器手曰：「大勢不可支，余雖不在位，當與國爲存亡。」城破，赴止水死。

趙崇櫄。爲郴州守。元兵破饒州，崇櫄寓居城中，死之。

元

張翥〔五〕。晉寧人。父爲安仁縣典史。翥少受業於李存，道德性命之説，多所研究。至正之亂，僑居雲錦山中。

列女

唐

程烈女。樂平人。肅宗時，女父、兄爲盜所殺，因掠女去。隱忍十餘年，手刃盡誅其黨，刳其肝心以祭父、兄。宋程迥取春秋復讐之義，頌之曰：「大而得其正者也。」表爲英孝程烈女。

饒娥。字瓊真，樂平人。生小家，勤織紝，頗自修整。父勣漁於江，遇風濤舟覆，屍不出。娥年十四，哭水上，不食，三日死。俄大震電，水蟲多死，勣屍浮出。鄉人異之，具禮葬勣及娥於鄱水之陰，縣令魏仲光諷其墓。建中初，黜陟使鄭叔則旌其閭，河東柳宗元爲立碑。

宋

王袠妻趙氏。樂平人。建炎中，袠監上高酒税。金兵至，袠棄官走，趙從行。遇金人，縛以去，縶袠夫婦於劉氏門而入剽掠。趙宛轉解縛，并解袞，謂曰：「君速去。」俄而兵出，問袞安往，趙他指以誤之。兵追之不得，怒趙欺己，殺之。

元

劉楫妻趙氏。饒州人。早寡，不忍獨生，以死從夫。事聞褒表。

明

徐德安妻陳氏。樂平人。年二十，夫病革，曰：「汝年少無子，善事他人。」陳泣曰：「既爲君婦，忍事二姓乎！」即割耳剪髮爲誓，夫亡納之棺中，終身守節。

胡閏女。名郡奴，鄱陽人。閏死時，女甫四歲，没入功臣家爲爨婢收養。稍長，識大義，髮至寸即截去，塗面垢形，積二十餘年。至洪熙初，遇赦還鄉，誓不嫁。死時年五十六，鄉人私謚曰貞姑。嘉靖中，提學副使邵鋭立祠祀閏，以女附。福王時賜謚孝貞。

夏璞妻江氏。餘干人。正德中賊至，江抱方晬弟走，不得脱。賊將縛之，紿曰：「願與將軍俱，顧父年老，惟此一弟，幸得全之。」賊以爲信，縱令置所抱兒，出候橋頭。至橋，遂大罵，投橋下死。同縣康萬欽妻彭氏，爲賊所執，投水死。夏二祥妻董氏，曹旺七妻齊氏，俱爲賊所執，抱樹不行，駡賊被害。

易鎮妻蔡氏。安仁人。賊掠其家，執之。度不得脱，紿曰：「我有金釵匿窖中，願往取。」賊不疑，解其縛，遂投池死。

葉梁妻吴氏。萬年人。正德中盜起，梁被創，垂死，屢目吴。吴知夫意，以爪碎其容，又斷二指納棺中。後母家欲他適，遂不食死。

胡氏。名貴貞，樂平人。生時父母欲不舉，其鄰曾媪抱之歸，與子天福同乳，欲俟其長而配焉。天福年十八，父母繼亡，家甚落，女父欲奪以配富家。女曰：「我於曾，分姑婦，恩母子，可以饑寒棄之耶！」乃依從姑以居，蓽舍單淺，外人未嘗識其面。其兄乘天福未婚，强曳以歸，出示求聘者金寶笄飾。女知不免，潛入房縊死。

董琪妻張氏。樂平人。年二十六，夫殁，以節自勵。時姚源盜猖獗，母懼爲盜所污，遣其弟諷之改嫁。張泣曰：「從一而終，婦人之義也。」麾其弟去，一夕忽自縊。

張烈女。名桂秀，浮梁人張啓明女，有殊色。許聘凌氏子，凌日貧落，父母欲改嫁。會祁門少年鄭天祐以星術止其家，未有室，父母私許之。懼女素剛，乃俱佯出，屬天祐誘之。女紿曰：「俟沐浴以從。」浴竟，執槌奮擊天祐，中其額，昏暈仆地，遂自縊。

李介妻劉氏。安仁人。正德九年，寇至，擁之以行。劉憤罵曰：「爲婦人而辱於賊，生何以見夫，死何以見祖宗於地下！」乃投池中，賊殺之。

祝瓊妻程氏。德興人。正德中，姚源賊起，程與瓊及二子俱被執。程紿曰：「但得二子還，惟汝命。」賊許之，釋瓊攜長子歸。程度夫、男已脱，大罵不絶口，遂遇害。數日，族人見幼孩銜死人乳者，乃程氏也，收葬之。

山曜妻鄭氏。鄱陽鄭松女。夫殁，屢欲從死，救免。母覘其家寥落，强受聘，鄭紿就浴室，自縫其裏衣，投繯而死。

夏立夫妻倪氏。安仁人。年二十六，立夫病革，囑曰：「吾死子幼，汝無所依，宜改適。」倪泣下，即截左耳以誓。

葉文光妻嚴氏。樂平人。年二十二而寡，刺一目以誓，終身不見媚黨。

崔繼勳妻黎氏。名孚壁，樂平人。年十八歸崔，越四年，夫死無子。黎不食七日，祖姑王、姑戴諭曰：「汝死吾誰依？」遂斷髮守節。王瞽且齒落，乃嚼食進之；戴患瘋七年，竭力奉侍。及兩姑殁，治喪事盡禮，一飲食必薦夫，至老衰絰不去體。

胡士達妻鄒氏。樂平人。年十九孀居，姑病，割股以進。兄弟以無子欲嫁之，鄒自殺。

董球妻汪氏。德興人。球與弟珗皆早卒，有子俱幼。汪謂珗婦程氏曰：「董氏一綫，在我與汝，當同心撫孤。」慮有奪程志者，一日披衰服，各抱孤詣族長前曰：「門衰祚薄，僅存二黄口。兩嫠義在存後，有死無二，惟尊長扶植。」聞者流涕。及二孤成立，汪目久盲〔六〕，聞姪舉子，喜甚，趨視，目忽明，三日竟如故。人以爲積誠所致。

郭氏。鄱陽人。崇禎時，同夫王某避亂，被執。紿曰：「釋吾夫，惟汝命。」夫得脱，郭躍入水。挽之出，終不從，支解之。同縣陳某妻金氏，胡肇鳳妻王氏，羅欽相妻鄒氏，周繼曾妻李氏，方如珪妻黄氏，方思溪女，張氏女，俱被掠不從見殺。陳某妻嚴氏，李開先妻胡氏，史古乘妻姜氏，邱學舜妻王氏，徐德八妻伍氏，計雪崧妻毛氏，凌俊妻朱氏，查太初妻程氏，黄裳吉妾陳氏，俱遭亂投水死。江裕妻嚴氏，程洞妻胡氏，俱自縊死。按：舊志載鄱陽訓導王化廣女，河南人，被賊掠至百花洲，刃交胸腹而死。謹附記。

包氏女。浮梁人包塾女。年十七，爲亂兵所獲，不從，自以手掠腦後髮，延頸就刃。時甚暑，屍暴數日如生。同縣汪榮祖妻程氏，名端姬，年二十而寡，兵亂被執，與從姊德仙同赴溪水死。黄家棟妻金氏，亦爲亂兵所掠，强載舟中，跳入水死。王捷妻黄氏，被執不從，剖身死。

夏士祥妻吴氏。安仁人。爲流寇所掠，大罵赴河死。

董若玠妻張氏。德興人。生子甫週，與乳姆江氏俱被寇執，不從，曳之行，至河濱，張抱子躍起，與姆俱投水死。是夜漁人見嬰兒浮水，隨流而號，視之乃一女屍，載兒於腹。救兒而屍始沉。

本朝

鄭有位妻張氏。名仙春，浮梁人。爲賊所獲，奮罵不從。賊持刀威逼，即奪刀自刎死。

曹丹赤妻葉氏。萬年人。順治八年土寇起，氏避入馬耳山，爲賊所執，欲辱之，不從，奪刀自刎死。十四年旌。

劉成立妻張氏。浮梁人。早寡，與妾邱氏，同心撫孤守節。康熙十三年，賊掠縣中，張懼辱，投崖下死，邱亦自縊。

李廣生妻陳氏。安仁人。里豪欲污之，不從，身死。康熙四十三年旌。

程新益妻王氏。鄱陽人。幼嫻姆訓，年二十有四而寡，撫孤成立，永矢貞操。乾隆五年旌。同縣汪日焜妻袁氏，江鏐妻史氏，程蓋臣妻陳氏，黄秀楊妻方氏，鄭孝儀妻彭氏，程飛鶴妻陳氏，李仁求妻王氏，陳材慶妻史氏，左文彬妻馬氏，鍾秀妻黄氏，金學澄妻姜氏，程雲鵬妻徐氏，閔原妻汪氏，計書册妻吴氏，李材士妻余氏，烈婦李正照妻葉氏，監生陳國謨妻陳氏，貞女張邦憲未婚妻劉氏，吴肇茂未婚妻周氏，金有璧未婚妻胡氏，烈女陳準弟，均乾隆年間旌。

吴其幹妻張氏。餘干人。年二十餘而寡，事姑以孝聞，守節數十年如一日。同縣袁天象妻魏氏，洪含妻張氏，章臺妻姜氏，周惟恒妻塗氏〔七〕，盧有震妻舒氏，周振萬妻齊氏，李履祥妻吴氏，徐崇章妻高氏，余有章妻鄒氏，余永寧妻張氏〔八〕，李師熺妻張氏，鄒首倫妻胡氏，洪鑾妻張氏，舒澥妻傅氏，張嘉美妻周氏，胡學宗妻艾氏，萬瑝妻吴氏，萬畦妾洪氏，吴金璽妻張氏，李承謨妻吴氏，戴攻士妻虞氏，均乾隆年間旌。

朱保觳妻方氏。樂平人。少秉孝德，父母病，割股以救。年二十有二，適朱，踰年夫亡，遺孤纔三月。氏殷勤鞠育，以承宗祧，苦守三十八年，建坊旌。同縣何雲騰妻張氏，徐夢熿妻蔣氏，楊錠妻戴氏，朱廷鵠妻黄氏，劉鑣妻邵氏，余有思妻葉氏，吴瀚妻許氏，汪鯖妻徐氏，何克安妻胡氏，蕭和暢妻曾氏，王劉保妻李氏，蔡成祚妻徐氏，戴庶如妻余氏，徐杰妻石氏，戴永如妻劉氏，柴秉清妻彭氏，朱士玉妻楊氏，戴世勳妻程氏，段汝敦妻朱氏，戴露妻余氏，蔡大倫妻葉氏，徐公遜妻張氏，馬志善妻程氏，王紹恭妻楊氏，程良再妻戴氏，方云效妻徐氏，項思佩妻許氏，華以森妻楊氏，周廷芝妻黄氏，徐經壽妻汪氏，彭如河妻金氏，戴元堅妻余氏，彭掄翱妻許氏，朱增理妻吴氏，楊士楷妻葉氏，華以杏妻胡氏，王國華妻洪氏，程希濟妻方氏，鄒成楷妻謝氏，徐坤妻王氏，黃維國妻劉氏，段際盛妻王氏，烈婦余迪妻李氏，王存柱妻梁氏，徐文煌妻李氏，程夢麟妻袁氏，胡與生妻葉氏，程羅氏，貞女洪氏，程正嶸未婚妻童氏，董元瓚未婚妻許氏，徐元家未婚妻王氏，均乾隆年間旌。

程夢虎妻曹氏。浮梁人。夢虎死時，曹年二十九，三子俱幼，家徒壁立。曹力貧撫孤，壽七十餘，乾隆年間旌。

毛曰傑妻姜氏。安仁人。年二十九夫亡，遺孤炤方七歲。氏撫孤成立，能繼父志。歲癸未疫病，氏焚香默叩，祈舅姑無恙，氏家獨安。及舅姑相繼歿，盡哀盡禮，守節四十餘年。同縣毛炳妻吳氏，桂名著妻汪氏，朱玉輝妻易氏，易行妻魯氏，桂近智妻李氏，桂琮妻張氏，陳嘉式妻李氏，熊士珩妻高氏，吳翼宸妻彭氏，范雲妻朱氏，李懋義妻荼氏，均乾隆年間旌。

張文妻劉氏。德興人。年二十餘，夫亡守節。同縣余有珍妻胡氏，張景謨妻余氏，蔣彥炳妻葉氏，李觀禮妻程氏，張邦祿妻董氏，夏良貴妻張氏，車士光妻藍氏，齊夢球妻董氏，余承熊妻汪氏，舒玉麟妻朱氏，朱范言妻余氏，王志璋妻李氏，笪錡妻徐氏，祝華封妻余氏，姚國珍妻朱氏，祝巽焱妻余氏，余之健妻藍氏，余之茂妻王氏，姚起勳妻鍾氏，張安宿妻胡氏，余之綱妻張氏，余之維妻張氏，舒廷謁妻徐氏，均乾隆年間旌。

章國海妾舒氏。鄱陽人。夫亡守節。同縣高宏墀妻史氏，歐陽應龍妻王氏，胡景煥妻褚氏，徐正紀妻吳氏，李正春妻余氏，黃曰堅妻朱氏，王元傛妻詹氏，朱潮羨妻張氏，蔣克純妻李氏，高廷標妻鄭氏，謝泰妻汪氏，鍾以能妻歐陽氏，汪邦盛妻彭氏，徐廷英妾劉氏，吳啓芾妻徐氏，劉其成妻周氏，周國理妻戴氏，徐存炫妻石氏，高世芬妻吳氏，烈婦程通香妻洪氏，均嘉慶年間旌。

閔映煌妻吳氏。餘干人。夫亡守節。同縣彭殿琳妻文氏，李一本妻夏氏，王世鷯妻李氏，吳珠妻韓氏，鄒光斗妻張氏，均嘉慶年間旌。

程燦如妻王氏。樂平人。夫亡守節。同縣汪文炯妻吳氏，汪文綱妻王氏，汪大煜妻程氏，湖南州判汪薰妾劉氏，王文慶妻柴氏，徐型妻朱氏，胡逢皓妻吴氏，石雲峰妻周氏，汪景憲妻黄氏，胡起絃妻戴氏，石溟妻彭氏，原任普安州州判汪雝妾張氏，盛學端妻方氏，程道中妻蔡氏，汪樹滋妻程氏，徐文瀚妻石氏，朱旺麟妻楊氏，許啓懋妻胡氏，胡伍元妻董氏，王國濟妾唐氏，貞女吴永楨未婚妻余氏，烈婦程李氏，均嘉慶年間旌。

孫廷連妻李氏。浮梁人。夫亡守節。同縣洪文珊妻汪氏，侯如昇妻李氏，陳極禮妻黄氏，吴求正妻俞氏，詹登岸妻鄧氏，吴巴繼妻程氏，馮兆靖妻黄氏，黄上進妻朱氏，曹之紀妻李氏，羅廷弼妾宋氏，黄堂妻閔氏，王世菁妻汪氏，汪添緒妻洪氏，貞女汪竣德未婚妻趙氏，侯家誨未婚妻謝氏，烈女姚氏，均嘉慶年間旌。

舒天儲妻董氏。德興人。夫亡守節。同縣余士達妻傅氏，舒廷諮妻祝氏，余道烇妻鍾氏，張其綸妻程氏，余廷樑妻馬氏，余廷棣妻郭氏，烈婦王猷妻余氏，孝女余素娥，奉寡母終身不嫁，均嘉慶年間旌。

彭景昌妻陳氏。萬年人。夫亡守節。同縣李湯銘妻江氏，李再白妻方氏，張逢旦妻方氏，吴殿颺妻江氏，彭侃飛妻王氏，劉廷佐妻陳氏，劉文河妻史氏，劉紹張妻彭氏，吴良棟妻楊氏，陳聯璧妻彭氏，彭文璧妻黄氏，劉日槐妻祝氏，劉瑯璧妻萬氏，方化鵬妻王氏，胡道正妻王氏，程德裕妻彭氏，劉曰連妻徐氏，均嘉慶年間旌。

仙釋

晉

吴丹。鄱邑人。生時母爲所苦，投諸白水河，三日不死，復養之，遂名白水。年十一，母死，居墓側五年，哭聲振林木。後遇異人，傳煉服術。曹操召拜左奉駕郎，不就，遊終南、羅浮、青城。至餘干，遂結茆居之。吴猛、許遜、張氳、葛洪、郭璞每過之，猛以師事焉。義熙間，年百有七十餘歲，乃化去。

王遥。鄱陽人。得仙術，能治病，不用符水針藥，但用八尺布帕敷地，令瞑目坐上即愈。若有邪魅，畫地作獄，叩石呼之，其物自斃。常令弟子以九節杖負一竹篋隨之，冒風雨行，衣皆不濕。一日見兩炬導入石室中，遇二人，遂同去。越三十餘年，人又見遥在馬迹山煉丹云。

唐

鄭全福。浮梁人，幼不茹葷。唐文宗時，入靈巖洞修煉。後徙居蓮華洞，遊桃花溪，有老人乘鐵船，全福曰：「願借船還人間。」老人曰：「後三年當復來。」時有百餘歲，語門人曰：「死必葬我浮梁白水鄉。」及舉棺輕甚，發之，惟杖履而已。

徐公。逸其名，修真於德興之雙溪龍潭側。潭深莫測，旁有巨石，公常坐卧其上，歷數十年貌不改。一日忽告衆入潭，見龍來接去。歲旱，禱輒應。凡投疏入水，有誤字，即泛出不納。

五代　南唐

陳允升。饒州人，人謂之陳百年。刺史危全素知其異，迎至郡中。一日思豐城橘美，允升即取得之。又市黄金不足，允升取厚紙以藥塗之，投火中，成黄金。

宋

了元。浮梁林氏子。幼稱神童，長慕空宗，遂出家。初師寶積寺日用，後遊廬山，謁開先暹，遂嗣之。住雲居四十年，神宗賜以高麗磨衲金鉢。元符元年正月四日，一笑而逝。

元

吴全節。安仁人。年十三，學道龍虎山。至元二十四年至京師，從張留孫見世祖。成宗時，授元教嗣師，贈封其祖父母，進元教大宗師、元德真人。全節雅好士大夫，推轂善類，惟恐不盡其力，至於振窮周急，未嘗以恩怨異其心。卒年八十二。

明

廷俊。樂平人。甫齔出家。年二十，謁訢笑隱於中天竺。訢歎曰：「子黄龍、佛印流也。」至正末，主錢塘净慈。明初徙寓鍾山，端坐而逝。有泊川集五卷。

土産

茶。元和志：浮梁縣每歲出茶七百萬馱，稅十五萬貫。明統志：各縣出。省志：饒州之茗，其利最夥，然味不及信州。

紗。省志：饒州出，頗堅厚似絹。

紵布。元和志：饒州土貢。省志：各縣俱出。

瓷器。浮梁縣景德鎮出。按：舊志載漢書地理志：鄱陽武陽右十餘里有黄金采。唐書地理志：饒州土貢麩金。元和志：樂平縣銀山，每歲税銀七千兩，總章初置場。省志：德興縣舊産銀銅。唐書地理志：饒州有銀坑三。今俱廢。謹附記。

校勘記

〔一〕所著有盤洲文集　「洲」，原作「州」，據乾隆志卷二四一饒州府人物（下同卷簡稱乾隆志）及宋史卷三〇八藝文志改。

〔二〕持書上諫議大夫王月然　「王月然」，乾隆志同，雍正江西通志卷八八人物作「王自然」。

〔三〕以華文閣直學士知福州　「直」，原脱，乾隆志同，據宋史卷四一三趙必愿傳補。

〔四〕董子仁　乾隆志作「董旻」。按，董旻字子仁，本志避清宣宗旻寧諱，故改稱字。

〔五〕張翥　「翥」，原作「翦」，據乾隆志及元史卷一八六張翥傳改。按，下文「翥」不誤。

〔六〕汪目久盲　「目」，原作「日」，據乾隆志改。

〔七〕周惟恒妻涂氏　「涂」，原作「唸」，據乾隆志改。

〔八〕余永寧妻張氏　「寧」，原作「凝」，據乾隆志改。按，本志避清宣宗諱改字。

廣信府圖

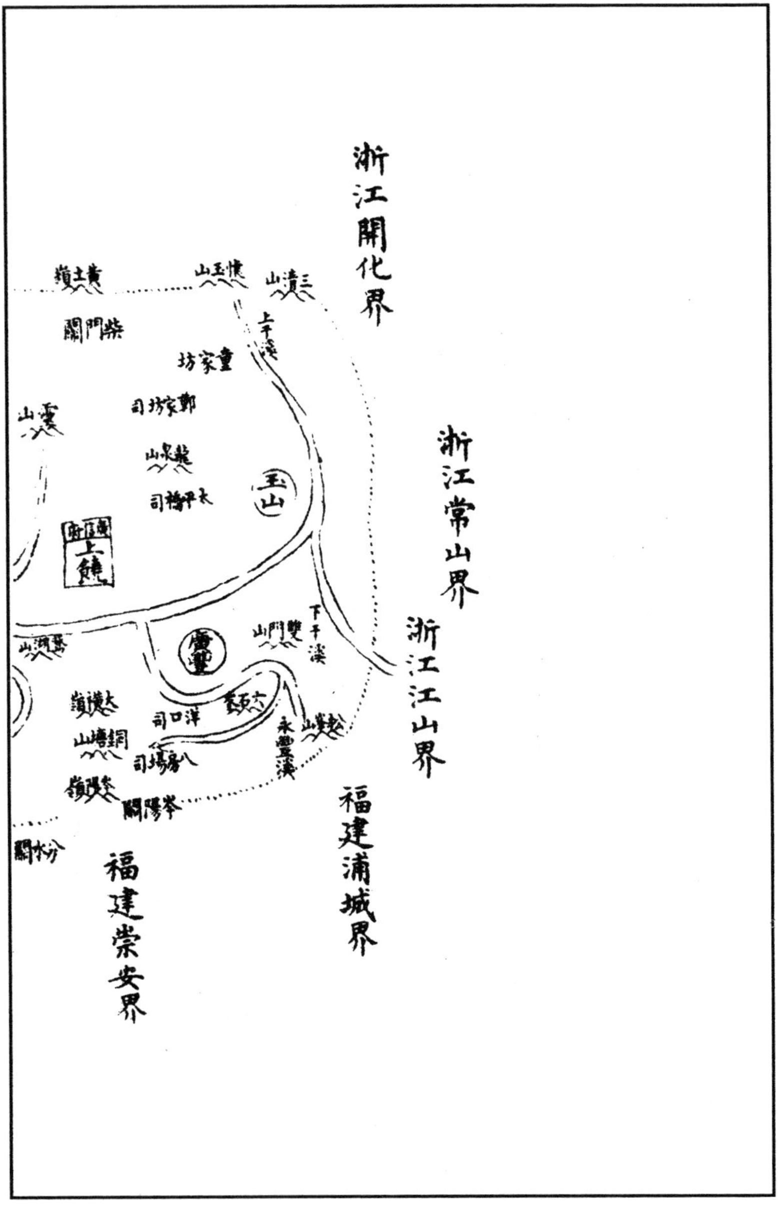
浙江開化界
浙江常山界
浙江江山界
福建浦城界
福建崇安界
黃土嶺
懷玉山
三清山
柴門關
上干溪
童家坊
鄭家坊司
靈山
龍泉山
玉山
廣信府
上饒
下干溪
雙門山
鵝湖山
廣豐
洋口司
銅塘山
永豐溪
岑陽嶺
岑陽關
分水關

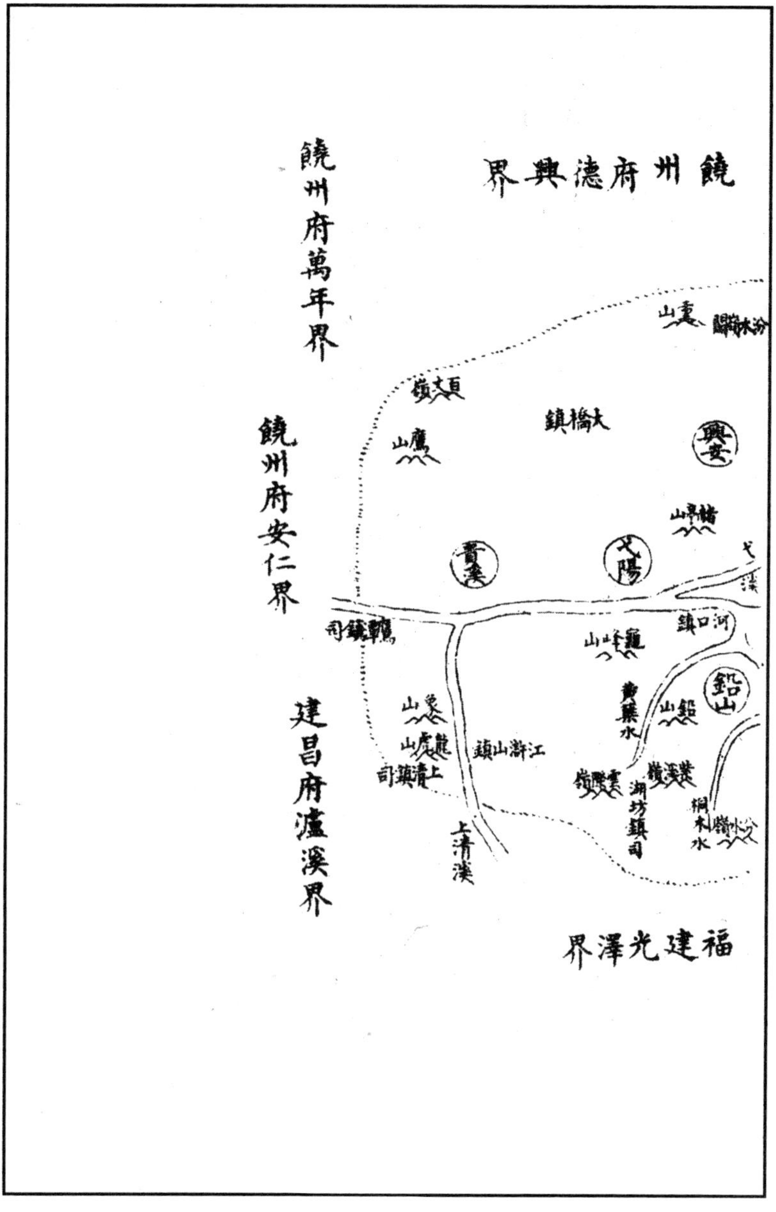
饒州府德興界
饒州府萬年界
饒州府安仁界
建昌府瀘溪界
福建光澤界
興安
貴溪
弋陽
鉛山
大橋鎮
河口鎮
龜峰山
象山
龍虎山
上清鎮司
江滸山鎮
湖坊鎮司
上清溪

廣信府表

	廣信府	上饒縣	玉山縣
秦	會稽郡地。		
兩漢	豫章郡地。	餘汗縣地。	會稽郡大末縣地。
三國	吳爲鄱陽郡地。	上饒縣吳置，屬鄱陽郡。	
晉		省。	
南北朝		上饒縣宋復置。	
隋		省。	信安縣地，屬東陽郡。
唐	信州乾元元年置，屬江南西道。	上饒縣武德四年復置，屬饒州。七年省入弋陽。乾元元年復置，爲州治。	玉山縣證聖二年析置，屬衢州。乾元元年改屬信州。
五代	信州屬南唐。	上饒縣	玉山縣
宋	信州上饒郡屬江南東路。	上饒縣州治。	玉山縣屬信州。
元	信州路至元十四年升路。	上饒縣路治。	玉山縣屬信州路。
明	廣信府洪武二年改府，屬江西布政司。	上饒縣府治。	玉山縣屬廣信府。

續表

弋陽縣	貴溪縣	鉛山縣	廣豐縣
餘汗縣地。	餘汗縣地。	餘汗縣地。	餘汗縣地。
葛陽縣 吳置，屬鄱陽郡。			
葛陽縣			
葛陽縣			
弋陽縣 開皇十二年改名。	餘干、弋陽二縣地。		弋陽縣地。
弋陽縣 初屬饒州。乾元元年改屬信州。	貴溪縣 永泰元年置，屬信州。	上饒、弋陽二縣地。	永豐縣 乾元元年置，屬信州。元和七年省入上饒。
弋陽縣	貴溪縣	鉛山縣 南唐昇元四年置，屬信州。	
弋陽縣 淳化五年析置寶豐縣，景祐二年省。康定中復置，慶曆三年又省。	貴溪縣	鉛山縣	永豐縣 熙寧七年復置，仍屬信州。
弋陽縣 屬信州路。	貴溪縣 屬信州路。	鉛山州 至元二十九年升州，直隸江浙行省。	永豐縣 屬信州路。
弋陽縣 屬廣信府。	貴溪縣 屬廣信府。	鉛山縣 洪武二年仍爲縣，屬廣信府。	永豐縣 屬廣信府。

興安縣
餘汗縣地。
弋陽縣地。
興安縣嘉靖三十九年置，屬廣信府。

大清一統志卷三百十四

廣信府一

在江西省治東南六百里。東西距三百五十里，南北距二百五十里。東至浙江衢州府常山縣界一百三十里，西至饒州府安仁縣界二百二十里，南至福建建寧府崇安縣界一百二十里，北至饒州府德興縣界一百三十里。東南至福建建寧府浦城縣界一百五十里，西南至建昌府瀘溪縣界二百五十里，東北至浙江衢州府開化縣界二百一十里，西北至饒州府萬年縣界一百六十里。自府治至京師五千七百五十五里。

分野

天文斗分野，星紀之次。

建置沿革

禹貢揚州之域，春秋時爲吴地，戰國爲楚地，秦屬會稽郡。漢屬豫章郡，鄱陽、餘汗二縣地。後漢因之。三國吴屬鄱陽郡，晉至隋皆因之。唐初屬饒州，乾元初，始於上饒縣置信州，屬江南西道。寰宇記：乾元元年，江淮轉運使元載，奏割饒州之弋陽，浙江衢州之常山、玉山，建州之三鄉，撫州之三鄉，置信州，以信美爲名。五代屬南唐。宋曰信州上饒郡，屬江南東路。元至元十四年曰信州路，隷江浙行省。明洪武二年，改曰廣信府，隷江西布政使司。本朝因之，屬江西省，領縣七。

上饒縣。附郭。東西距一百里，南北距二百五十里。東至玉山縣界五十三里〔一〕，西至興安縣界四十五里，南至福建建寧府崇安縣界一百二十里，北至饒州府德興縣界一百三十里。東南至廣豐縣界四十五里，西南至鉛山縣界四十五里，東北至玉山縣界七十里，西北至德興縣治二百十里。漢豫章郡餘汗縣地。三國吴析置上饒縣，屬鄱陽郡。晉尋省，宋復置，仍屬鄱陽郡。齊、梁因之。隋廢。唐武德四年復置，隷饒州，七年省入弋陽。乾元元年，復置上饒縣，爲信州治。宋因之。元爲信州路治。明爲廣信府治。本朝因之。

玉山縣。在府東北一百里。東西距八十五里，南北距一百五十五里。東至浙江衢州府常山縣界四十里，西至上饒縣界五十五里，南至廣豐縣界二十五里，北至浙江衢州府開化縣界一百二十里。東南至浙江衢州府江山縣界四十里，西南至廣豐縣治六十五里，東北至浙江衢州府開化縣治二百八十里，西北至饒州府德興縣治三百二十里。漢會稽郡大末縣地。隋信安縣地，屬東陽郡。唐初，爲衢州之常山、須江，饒州之弋陽三縣地。證聖二年，析置玉山縣，屬衢州。乾元元年，改屬信州。宋因之。元屬信州路。明屬廣信府。本朝因之。

弋陽縣。在府西一百二十里。東西距五十里，南北距一百四十里。東至興安縣界十五里，西至貴溪縣界三十里，南至鉛山縣界六十里，北至饒州府德興縣界八十里。東南至鉛山縣治一百十里，西南至貴溪縣界四十里，東北至興安縣治五十里，西北至饒州府樂平縣治二百十里。漢豫章郡餘汗縣地。三國吴析置葛陽縣，屬鄱陽郡。晉以後皆因之。隋開皇十二年，改曰弋陽縣。

唐初屬饒州，乾元元年又改屬信州。宋因之。元屬信州路。明屬廣信府。本朝因之。

貴溪縣。在府西一百九十里。東西距八十里，南北距二百里。東至弋陽縣界四十里，西至饒州府安仁縣界四十里，南至建昌府瀘溪縣界一百二十里，北至饒州府樂平縣界八十里。東南至福建邵武府光澤縣治一百七十里，西南至撫州府金谿縣治一百四十里，東北至饒州府德興縣治二百四十里，西北至饒州府萬年縣治一百二十里。漢餘汗縣地。隋餘干、弋陽二縣地。唐永泰元年，析置貴溪縣，屬信州。宋因之。元屬信州路。明屬廣信府。本朝因之。

鉛山縣。在府西南八十里。東西距一百六十里，南北距一百四十里。東至上饒縣界九十里，西至弋陽縣界七十里，南至福建建寧府崇安縣界八十五里，北至興安縣界五十五里。東南至福建崇安縣治一百三十里，西南至福建邵武府光澤縣界一百八十里，東北至上饒縣界三十里，西北至弋陽縣治一百十里。漢餘汗縣地。唐上饒、弋陽二縣地。五代南唐昇元四年，析置鉛山場，尋升爲縣，屬信州。宋開寶八年，以縣直隸京師，尋還屬信州。元至元二十九年，升爲鉛山州，直隸江浙行省。明洪武二年，仍爲縣，屬廣信府。本朝因之。

廣豐縣。在府東南四十五里。東西距七十五里，南北距一百十里。東至浙江衢州府江山縣界六十里，西至上饒縣界十五里，南至福建建寧府浦城縣界八十里，北至玉山縣界三十里。東南至福建建寧府浦城縣治一百八十里，西南至福建建寧府崇安縣治一百三十里，東北至玉山縣治六十五里，西北至上饒縣界二十三里。漢餘汗縣地。隋爲弋陽縣地。唐乾元元年，析置永豐縣，屬信州。元和七年，省入上饒。宋熙寧七年，復置縣，仍屬信州。元屬信州路。明屬廣信府。本朝雍正九年，改名廣豐縣，仍屬廣信府。

興安縣。在府西北八十五里。東西距七十里，南北距一百五十里。東至上饒縣界四十里，西至弋陽縣界十五里，南至鉛山縣界三十五里，北至饒州府德興縣界一百十五里。東南至上饒縣界四十里，西南至弋陽縣治五十里，東北至上饒縣界五十里，西北至饒州府樂平縣治二百里。漢餘汗縣地。隋、唐以後爲弋陽縣地。明嘉靖三十九年，始析弋陽、貴溪、上饒三縣地置興安縣，屬廣信府。本朝因之。

形勢

當吳、楚、閩、越之交，爲東南望鎮。宋李彌大法海院記。北枕靈阜，南帶冰溪。東挹琅峰，西瞻層巘。府志。山川之秀甲天下。元袁桷梅亭記。

風俗

土薄民愿，風俗樸野。宋郡國志。俗多刻厲自奮，矜謹節義。元袁桷梅亭記。

城池

廣信府城。周九里五十步，門四，濠廣一丈八尺。宋、明以來，因舊址修築。本朝屢加修葺。上饒縣附郭。

玉山縣城。周七里，門四。明嘉靖四十年創築，隆慶、萬曆時改拓。本朝康熙八年修，乾隆十年、五十七年重修，並濬溝建閘。

弋陽縣城。周五里八十四步，門四。明嘉靖三十九年築。本朝康熙年間修，乾隆十二年重修。

貴溪縣城。周五里三百步，門四。明正德五年築。本朝康熙十九年修，四十五年、乾隆十二年重修。

鉛山縣城。周四里七十二步，門五。北瀕河，東、西、南三面爲濠，廣四丈。明洪武九年築。本朝康熙十八年修。

廣豐縣城。周五里，門四，濠廣丈餘。明嘉靖四十一年築。本朝康熙四十七年修，乾隆九年重修。

興安縣城。周四里二百八十八步，門七。明嘉靖四十一年築。本朝乾隆二十七年修。

學校

廣信府學。在府治東。宋景德三年建，本朝康熙十九年重建，四十七年修，五十六年重修。入學額數二十名。

上饒縣學。在縣治西北。宋淳熙中建於城西，明洪武七年遷今所。本朝康熙二十四年重建，四十六年修。入學額數二十名。

玉山縣學。在縣治南。宋建，在縣治東，元大德中移今所。本朝雍正四年重建。入學額數十二名。

弋陽縣學。在縣治東。宋紹興二年始建於縣治西，明洪武三年遷今所。本朝康熙十八年重建。入學額數十二名。

貴溪縣學。在縣治東。宋慶曆四年建。本朝康熙十八年重建，五十七年修。入學額數十五名。

鉛山縣學。在東山下。元皇慶中建，在縣東南，尋徙今所。明萬曆二十八年重建，明末燬，本朝康熙七年重建。甲寅兵燬，知縣潘士瑞捐修。四十六年，知縣夏景宣重修。五十一年、五十七年、雍正八年屢修。入學額數十二名。

廣豐縣學。在縣治東。宋熙寧中建，本朝康熙年間屢加修葺。入學額數十二名。

興安縣學。在縣治東北。明嘉靖十四年建，本朝順治、康熙年間屢修。入學額數八名。

疊山書院。在上饒縣南。舊在縣北，宋謝枋得講學處。本朝乾隆八年，遷紫陽書院右。

紫陽書院。在上饒縣城南黄金山麓。初爲曲江書院，郡人爲知府張國楨祠。本朝康熙五十一年，知府周錞元更名鍾靈。乾隆八年，知府陳世增修葺，於堂後山作樓祀朱子，旁建學舍八十餘間，因易今名。

懷玉書院。在玉山縣治東。舊在縣北懷玉山麓，本朱子講學之所。元建法海寺，明成化中改爲書院，萬曆中廢。本朝康熙五十四年重建於端明書院故址。

藍山書院。在弋陽縣水南地。元初，張卿弼隱居教授於此〔二〕，來學者甚衆。其門人建書院以處之，虞集有記。

象山書院。在貴溪縣西二里萬安山。舊在縣南三峯山下，宋陸九淵講學之所。紹定四年建，元季燬，景泰中重建。本朝乾隆十年，知縣彭之錦改建。

桐源書院。在貴溪縣南十里，唐觀察使高寛仁故居。七世孫可仰即其地建書院，以教鄉族子弟，置贍田百畝，汪應辰有記。明宣德間，十四世孫吉昌重修，王增祐、蕭鎡皆有記。

鵞湖書院。在鉛山縣北鵞湖山。宋淳熙二年，朱子與吕祖謙、陸九淵兄弟講學鵞湖寺，後人立爲四賢堂，淳祐中賜額文宗書院。明正德中，徙於山巔，改名。本朝順治初重建，康熙五十六年，聖祖仁皇帝賜御書「窮理居敬」額，并「章巖月朗中天鏡，石井波分太極泉」聯句。

稼軒書院。在鉛山縣南二里，宋辛棄疾讀書處。

龍山書院。在廣豐縣新城鄉。宋嘉定中，黄德中建，真德秀有記。

户口

原額人丁九萬一千三百四十二，今滋生男婦大小共一百四十四萬五千二百五十二名口，計三十一萬七百九户。又衛所屯軍男婦大小共一萬二千五百七十七名口，計一千三百十五户。

田賦

田地四萬五千五百二十二頃二十一畝八分有奇，額徵地丁銀一十二萬五千五百五十兩五錢三分，米五萬二千二百六十石三升。廣信所屯田在上饒、玉山、廣豐、興安四縣，共一百五頃三十二畝四分有奇，額徵地丁銀一千七十八兩三錢四分七釐。鉛山屯田在弋陽、貴溪、鉛山、興安四縣，共二百頃五十四畝二分九釐，額徵地丁銀一千九百三十七兩二錢九分四釐。

山川

黄巖山。在上饒縣東五十里。山半一巖，寬敞如室，中有泉水自石竇中出，味極甘美。其巔高圓如甑，俗亦呼爲飯甑山。

南屏山。在上饒縣東南五里，一名琅邪山。與譙門相值。方輿勝覽：其山自東南來，爲波濤起伏之狀。及至州治前，則周環拱護，秀潤之氣可挹。

木洲山。在上饒縣東南十五里。脈由閩來，爲縣治左障。

石黄山。在上饒縣東南三十五里。産熿黄石，人或採之，煉爲丹藥。

丁溪山。在上饒縣東南六十里。舊名鐵山，宋時爲冶鐵之所。

天馬山。在上饒縣南隔溪一里。勢如奔騎南來，直指縣治。宋趙汝愚建臺於其上。

烏石山。在上饒縣南七十里。形勢巉巖，如壘黑玉。下有一穴，横深十餘丈。亦名溪傍山。

銅塘山。在上饒縣南一百里。險塞危峻，爲郡要害。廣、長各三四百里，其南則屬福建浦城等縣界，中産銅、鐵。縣志：明景泰中，福建沙縣寇鄧茂七聚衆盜冶，永豐知縣鄧顒追捕遇害〔三〕。後官軍討平之，隨嚴冶禁，設隘戍守。亦名封禁山。

湖古山。在上饒縣南一百二十里。山巔有池，中有龍井，禱雨輒應。

石橋山。在上饒縣西二十里。脈由靈山來，其巔平坦。山半有穴，遠望如月，一名月巖。又西五里有僊山，山勢幽絶，欲雨則雲氣蒸騰。

銅山。在上饒縣西四十五里，脈自鐵山來。寰宇記：下有天井，廣一丈餘，石有倒懸，可四五尺，如蓮花覆蓋。其水碧色，莫測淺深，春夏不增減。天欲雨，井中即有白霧上騰。

靈山。在上饒縣西北七十里，一名靈鷲山。有七十二峯，高千餘丈，綿亘百餘里。道書以爲第三十三福地，郡之鎮山也。上有龍池，多珍木奇草，産水晶。其東北孤石挺立，高百餘丈，名石人峯。西峯絶頂，有葛仙壇遺址。溪分五派，西流入上饒江。

茶山。在上饒縣北。唐陸鴻漸居此，有陸羽泉，即「天下第四泉」也。

鉛石山。在上饒縣北四十里。石屏秀峙，巖壑幽異，高與靈山相上下。上有清池。

十二尖山。在玉山縣東十里。有十二峯連峙，其形如一。

大隴山。在玉山縣東。山形圓如覆釜。

古山。在玉山縣東三十里。屏障複疊，界江、浙之間。山半有泉一泓，旱禱多應。其並峙者爲天井山，舊有泉上湧，今出山麓，有灌溉之利。

柳居山。在玉山縣東南二十里。雄偉高聳，絶頂有巨石如臺。右有古井，禱雨多應。井後石崖壁立，聞人語聲，則泉迸出如瀉。

武安山。在玉山縣南二里。脈自閩來，蜿蜒起伏，至此鋭如卓筆。相近有功曹山，亦名大王山，怪石磈磊，古木森蔚，下臨冰溪，爲縣之勝。山之東更起騰折，與武安、功曹鼎峙，名暖水三山。俗以其皆在水南，統謂之水南山。

齊峯山。在玉山縣南三十五里。脈自廣豐來，形如屏障。

迴龍山。在玉山縣西十里。巃嵸特出，爲縣治水口。

龍泉山。在玉山縣西八十里。山半有泉，從石罅中出。

三清山。在玉山縣西北一百二十里。與懷玉山對峙，高七百餘丈，周二百餘里，界衢、饒、信三郡之境。有三峯峻拔，自下而升，路極險峻，凡二十五里始至其巔。上有三清觀。山下之水西出，則入於江，東出則入於浙，蓋江、浙山水之宗也。山麓有金沙龍溪，亦名冰玉洞〔四〕，即上干溪源。

太甲山。在玉山縣北二十五里。高二百丈，周百里。踞縣治之後。上有商太甲廟。其南爲龍會山，綿亘二十餘里。

懷玉山。在玉山縣北一百二十里。高四百餘丈，盤亘三百餘里，界衢、饒、信三郡，當吴、楚、閩、越之交，爲東南望鎮。相傳異光夜燭，一名輝山。唐賈耽云：「其山上干天際，勢連北斗，又名玉斗山。」循山之麓，升降凡十有五里。至大洋坂，地寬廣約數百畝，而奇峯峻嶺，怪石深池，環列於前後左右，山靈之窟宅也。山麓有龍潭、一十八磜，又有玉瑯、雲蓋、飛泉、銀尖、獅子、石牛、天門、屏風、羅漢九峰，七盤、金剛二嶺，彩霞、志初二巖，金雞、望香二墩〔五〕，洗墨、九蓮、浴佛三池，及石鼓山、蟠龍岡、過雲洞、誓波石、天聖松、連理木，奇景凡二十四。

搗藥山。在弋陽縣東。寰宇記：在弋陽縣東十五里，葛玄居此求僊。山有石橋，長二十步，有搗藥石臼，傍有石井，水甚美。天寶七年，敕置壇灑掃。按：明統志謂在縣東一百三十里，與寰宇記不合。

待賓山。在弋陽縣東二十五里。山石纍纍如群獅，亦名獅子巖。

龜峯山。在弋陽縣南二十里，弋陽江經其下。有三十二峯，皆笋植笏立，峭不可攀。中峯有巨石如龜形。又有蜃樓峯，能吐納雲氣，以驗晴雨。

軍陽山。在弋陽縣南三十里。縣志：唐貞元中產銀鐵，宋乾符後不復產。亦名君陽。唐李翺有信州君陽山詩。

寶峯山〔六〕。在弋陽縣南三十里。廣袤數十里，白雲吞吐，瀑泉清激，與靈山、龜峯山並峙。中有石亭，高七十餘丈。又有石橋，長五十餘丈。相近有金鳳山，有石如鳳。

仙人城山。在弋陽縣南四十里。寰宇記：山峯壁立，高五十丈，形如層城，羣仙之室。上有池水清冷。與搗藥山相對。

鄒山。在弋陽縣南四十里。山石奇秀，攢峯列峙，如樹戟倚屏。有清池曲沼，鄒氏世居其下，因名。

洪山。在弋陽縣南八十里。又縣南百里，有黄檗山，與福建崇安縣接界，產杉木。

十二臺山。在弋陽縣西四十里。山峯峻峭，巖石奇秀。

七星山。在弋陽縣北三十里。下有膏壤可樹藝，世傳昔有七星墜此。又後陽山，在縣北五十里。

東潭山。在弋陽縣北八十里。迤西又有西潭山，路特奇險，廣尺有咫，南倚懸崖，下臨絶壑，凡三十里而後至其地。二潭深不可測，大止畝許，各有瀑布從峻壁飛下。

潦源山。在弋陽縣北一百里。其水混濁無源，流入上饒縣界。

三峯山。在貴溪縣南二里。三峯鼎峙。一名天冠山。其巔自爲兩塢，中有泉，懸崖而下。下有徐巖。因移象山書院於山，俗亦呼爲象山。其東麓接王表峯，峯下有長廊巖。相傳西漢末有王表隱此，因名。

五面山。在貴溪縣南五里，東接三峯山。其南一峯，屹立五面如削成。

大南山。在貴溪縣南五十里。相近有小南山，一名天塘山，絶頂有池，冬夏不涸。又有小龍湫，土人呼蔡家井。

藐姑山。在貴溪縣南七十里。中有封鬼洞、幞頭石，俗傳張道陵遺迹。

交山。在貴溪縣南七十里，周八十餘里。民物繁盛，而時有嵐氣，居人多癭。

天臺山。在貴溪縣南七十里。其西北有高冠峯，峯前有龍鬚坑、馬頭嶺，甚險峻，中有田隰平衍。又雲臺山，在縣南七十餘里。

洞源山。在貴溪縣南一百里，一名鬼谷山，道家以爲第十五洞天。相近有蘇秦臺、張儀井，山背有巖名鬼巖。其前有洞，深約四里，俗傳鬼谷子隱此。

貴原山。在貴溪縣南一百里。東連火燒嶺，南通福建光澤縣，西連昂山，北接鱖魚峯，廣七十餘里。内多良田美地，物産繁庶，民俗淳厚。宋葉夢得謁真德秀歸經此，題壁曰「新豐」，今因有新豐街。

象山。在貴溪縣西南七十里。連岡疊阜，自閩而來，爲諸山之宗，舊名應天山。宋陸九淵讀書於此，以山形如象，更今名。東崖有繙經石，西崖有歇石，其下壁立萬仞。山之陰有鏡湖山，天成一池，泓然如鑑。其餘巖壑泉石，俱稱絶勝。

龍虎山。在貴溪縣西南八十里象山西南。兩峯對峙，如龍昂虎踞，道書以爲第三十二福地。漢張道陵修煉於此。下有演法觀，古松夾道，丹竈、丹井及飛昇臺遺址尚在。今上清宫，在龍虎兩歧之間。

西源山。在貴溪縣西南八十里。石壁峭立，兩旁如門，闊僅數尺。山腰有壁魯洞，中有石竈、石几、石牀，一名西源洞。

昂山。在貴溪縣西南一百十里，與貴原相連，廣四十餘里。山形昂聳，故名。

自鳴山。在貴溪縣西五十里，邑之鎮山也。高出羣峯之上，巔有湖，天欲雨則水湧，其聲如雷。一名神山，亦名鳴山。

鷹山。在貴溪縣西北六十里。北接雞呰，南連黄岡，惠安溪水循山而流，達於塔橋。土人呼爲厓山。

仰高山。在貴溪縣北五里。山下有白鷗湖、石臺。

龍窟山。在貴溪縣北七十里，脈自弋陽綿亘而來。有龍井及龍窟寺，歲旱禱焉。

錦屏山。在鉛山縣東五十里。山形壁立，如開圖障，中多花木，甚幽勝。

李吴山。在鉛山縣東十五里。峯聳如笏，頂平闊數丈，名天香臺。

鳳凰山。在鉛山縣城南，有泉甚甘美。又縣南五里有洪洋山，宋治平中嘗産青碌，政和中廢。

羅銅山。在鉛山縣南五十里。宋政和中産銅，今廢。

葛僊山。在鉛山縣南五十里。周八十里，爲縣之望。有石磴紆折，上有僊壇、龍井，吴葛玄修煉於此。又石壠山，在縣南六十里，接桐木源〔七〕，有羊坡、鳳嶺。

白塔山。在鉛山縣南六十里。高入雲漢，有徑可攀蘿直上。其東爲筆架山，對峯卓峙，上有龍鳳僊巖。巖下有龍泉，旱禱輒應。

鳶山。在鉛山縣南七十里，雙溪水經其下。

銅寶山。在鉛山縣西南七里，舊名楊梅山，一名七寶山。下有銀平坑，石竅中膽泉湧出，浸鐵成銅，天久晴，有礬可拾。宋建隆三年置銅場，久廢。

鉛山。在鉛山縣西四里。寰宇記：又名桂陽山。山出鉛，先置信州之時鑄錢。百姓開採得鉛，什而税一。建中元年封禁。貞元元年，置永平監。其山又出銅及青碌。舊志：南唐置鉛場及鉛山縣，皆以此山名。今山已傾陷，不産鉛銅。

薛尊山。在鉛山縣西五里，宋皇祐中嘗産銅。又嵩山，在縣西三十里。

狀元山。在鉛山縣西北六里。西有清風峽，空嵌嶄巖，寒氣逼人。有讀書巖，宋劉煇讀書處。

芙蓉山。在鉛山縣西北三十里。峯巒聳秀，爲縣境諸山之最。有水下入信河。

九石山。在鉛山縣西北三十五里，亦名九陽山。九山相連無林木，色如生鐵，狀如覆釜。爲縣西北門户，俗謂之龍門。

黛琛山。在鉛山縣西北四十里。踞饒江中流，横亘數里。其色蒼翠，亦名青山，或譌爲大琛山。

鵝湖山。在鉛山縣北稍東十五里。舊志：鄱陽記云山上有湖，多生荷，舊名荷湖山。晉末有龔氏蓄鵝於此，更名鵝湖山。周四十餘里，諸峯聯絡以一二十計。最高處名峯頂，有「三峯揭秀」。

章山。在鉛山縣北四十里溪旁。緣溪深入，土地平衍，上有章巖，竇如半規，内甚宏敞。巖心一石鏡，色白如玉。又有方塘，可十畝許，周迴四面皆石，不假雕甃。

東峯山。在廣豐縣東三里許。下臨溪，有東欔渡，諸溪流多匯於此。

排山。在廣豐縣東稍北十餘里，羣峯巑岏如劍戟。山前有天桂巖，中深窈。巖左有怪石如虯龍，中開一竇，名石龍洞。

星石山。在廣豐縣東二十五里。亂石羅列，若隕星然。

靈鷲山。在廣豐縣東三十里。巖石秀潤，樹木環密。山下有洞，曰光相。兩崖嶄然，其相望者，曰古城山，一名將軍山，山石崚嶒如雉堞。

雨石山。在廣豐縣東稍北三十里。高三百餘丈，腹多巖洞，鄉人恒禱雨於此。

雙門山。在廣豐縣東三十里。兩峯並峙，遠望如門，紆迴二十餘里。東接浙江衢州，北連玉山，往來常山、玉山者必取道於山下。

三巖山。在廣豐縣東六十里。高三百丈，周七十里，與六石峯相望，羣山皆處其下。有三巖，寬廣五六丈。

平洋山。在廣豐縣東稍南六十里。舊有坑曰平洋坑，出銀鑛。其地去仙霞僅十五里，明時以盜賊窺伺，設兵戍守。

松峯山。在廣豐縣東南七十里。高二百丈，周圍百餘里，跨浙之江山、福之浦城等縣界。

罘罳山。在廣豐縣南里許。北臨溪流，拱揖縣治，形如罘罳，故名。

石城山。在廣豐縣南十五里。左右石壁如破壘，中頗平衍。

仙人掌山。在廣豐縣南三十五里。石峯壁立，有痕如掌。山之東有東巖，下有巖陂，其西爲西石〔八〕，凝然削立。

九仙山。在廣豐縣南六十里。峯巒環疊，綿亘數十里，與福建浦城接界。其相接者爲白花巖，巖之南爲清風峽。

永豐山。在廣豐縣西南二十五里。形如石囷，下瞰溪流。舊傳山生石乳，赤則歲旱，白則年豐，因名永豐。

博山。在廣豐縣西南三十餘里，南臨溪流。遠望如廬山之香罏峯。

鶴山。在廣豐縣西二十里。相傳山有龍穴，石壁間谺然開峽，上横石梁，矯如鶴頸，可四五尋。有飛泉噴激而出，溉田甚廣。上有蘇巖，深窅不可入。西南接七峯巖，入上饒界。

覆泉山。在廣豐縣西北十二里，俗訛爲覆船山。山有泉眼八十四，冬夏沸出，溉田萬畝，今存者三四耳。

黄尖山。在廣豐縣西北二十餘里。其峯巉削，爲縣西北屏障。上有碧雲洞。山半有龍湫。山之西爲古壺山。

青金山。在廣豐縣西北二十餘里，其北接上饒縣界。永豐溪匯諸山谷之水，流徑山下。

赭亭山。在興安縣南三十五里。山形方正，望之若亭，其色赤，無林木。旁一小山相肖，曰小赭亭，後漢李愔封赭亭侯，即此。山之東南入鉛山縣界，西入弋陽縣界。

仙巖山。在興安縣西三十里。脈自重山來，紆迴昂伏數十里。再折而南，平巘絶壁，谺然窙豁，可容千人。有石泉，甚甘美。　按：寰宇記以赭亭入弋陽，名勝志以重山、仙巖山入上饒，今通志、府縣志俱載興安。蓋興安本上饒、弋陽地，而赭亭、重山、仙巖，今皆屬興安也。

方勝山。在興安縣西北五十里。高峯冠於羣山，亦名方勝峯。

黄山。在興安縣西北五十餘里。色如鐵，上有巖，可容數百人，中有泉。

筓尖山。在興安縣西北六十里。與上饒縣靈山相望，狀如筓。其麓昂伏而下，爲雲堂山，孤峯矗起。又由雲堂山蜿蜒而下，有三山鼎峙，爲龍泉山。下有潭，深不可測。

橫峯山。在興安縣治北，縣之鎮山也。周三十里，有巖洞泉石之勝。居民取土爲陶器。又香山，亦在縣治北，勢陡險，舊設香山砦於此。

重山。在興安縣北八十里。其脈由上饒縣靈山來，重巒疊巘，岧嶤峻絶。宋謝枋得築室讀書其下，因自號疊山。

天台山。在興安縣東北三里橫峯山之東。

秦峯嶺。在上饒縣東五十里，一名雞籠山。

道觀山嶺。在上饒縣治南。山石雄踞，爲邑右障，登覽可盡一邑之勝。

冷水嶺。在上饒縣南三十里。崖石突起，下瞰溪流。丁溪水南流至是，觸石匯爲潭，極清洌。路通福建崇安縣之高洲岑陽關。

又南二十里，有大橫嶺，當入閩孔道，山石陡起，橫亘直出溪滸。

鶯山嶺。在上饒縣南八十里，通岑陽關。又高洋嶺，亦在縣南八十里，嶺之南即高洲也。相近又有鐵山嶺、斗米嶺。

北嶺。在上饒縣南八十里，最高峻。其嶺寬廣約百畝，山泉灌溉，四時不竭。嶺之南接岑陽關。

岑陽嶺。在上饒縣南百里。嶺勢崢嶸，上侵雲表。江、閩自此分界。

黄土嶺。在上饒縣北一百二十里，接徽、饒二府界。

鼇頭嶺。在上饒縣東北八十里，極險峻。

泉水嶺。在玉山縣南四十里。嶺下有泉湧出，清泠可鑑。

南嶺。在玉山縣西。高十五里，極險峻。

沙溪嶺。在玉山縣北五十里，與懷玉山相連，出硯石。

東山嶺。在貴溪縣治東稍北百步許，爲縣治之後障。

火燒嶺。在貴溪縣東南一百里。東通鉛山，西接貴原，嶺多嵐瘴。

據嶺。在貴溪縣南八十里。

倉西嶺。在貴溪縣城西，爲縣治右屏。

佛姥嶺。在貴溪縣北四十里。上有井泉，甚甘美。

豪嶺。在貴溪縣北六十餘里。東連靈尖峯，西出鷹山。

百丈嶺。在貴溪縣北八十里。高百丈，周三十里，路出饒、徽二郡。又分水嶺，在縣東北七十里，接德興縣界。

紫溪嶺。在鉛山縣南四十里，高可四十餘丈。其水流爲紫金溪，嶺下舊有紫溪驛。

車盤嶺。在鉛山縣南六十里。

分水嶺。在鉛山縣南七十里，南接福建崇安縣界。山嶺峻阻，水流南北兩分。分水關置於其南。

烏石嶺。在鉛山縣南八十里。又南五里爲鄭家嶺，往來孔道。

雲際嶺。在鉛山縣西南，與福建邵武府光澤縣接界。最高聳，俯視城中，歷歷可數。有飛泉潺湲而下。

念青嶺。在廣豐縣東雨石山東十里許。聳拔三百餘仞，當江浙通衢。又從嶺左折而上，約五里許，一峯干霄，曰大巖尖。陟其巔，遠近山川一覽而盡。泉湧絶頂，冬夏不涸。又有石室，可坐千人。

祈雨嶺。在興安縣南五里。禱雨輒應，爲縣治水口。

仙人嶺。在興安縣東北。下有龍潭。

金圭峯。在弋陽縣南四十里，登之可望鄱湖。又縣南六十里，有紫雲峯。縣南七十里，有白石峯。

蓮花峯。在弋陽縣西八十里，有月池、石塢、百花徑諸勝。

玉龍峯。在貴溪縣南六十里，俗稱王蓉峯。

逍遥峯。在貴溪縣南七十里，相傳晉時許遜煉丹處。又雲林峯，在縣南仙源鄉，並峙者有九十九峯。

鱖魚峯。在貴溪縣南百餘里。數峯連屬，直指雲際，遠望如鱖魚揚鬐。

白鶴峯。在貴溪縣北。東接百丈嶺，西連畬源嶺，逶迤爲福感、爐東諸山，北連安仁界。綿亘百餘里，爲縣境後屏。

呈表峯。在貴溪縣東北五十里。脈自鶴峯南行，旁無附麗，若呈表測影然，故名。

天柱峯。在鉛山縣南四十里。屹立如束筍，冠諸山之上。

鵝峯。在廣豐縣東三十里。脈自閩中來，蜿蜒數百里，至此一峯矗起，昂首如鵝，與星石山遥相對峙。

六石峯。在廣豐縣東六十里。與平洋山相望，六峯特立。中有聖泉，冬至則涸，夏至則溢。六石關置於此。

黄藤峯。在興安縣東南十五里。

則名峯。在興安縣西北三十里。相傳昔有仙人煉丹於此，祈禱多應。自此而北稍西，有荷靈峯，距縣五十里。

筆架峯。在興安縣西北六十里。由筓尖山蜿蜒而下，矗起三峯，形如筆架。又縣西八十里，有飛龍峯。

龍井岡。在貴溪縣北五十里。相傳五代時嘗欲建郡治於此，以水道不便而止，今岡尾尚有城墻遺址。中有龍井，深不可測。

西巖。在上饒縣南六十里。巖石拔起，中空如洞，内有懸石如螺，滴水垂下，味甘冷。又雲巖，亦在縣南六十里，巉巖峭拔，中空如室。其相近有柱石巖，屹然聳立如柱，中有巖，甚寬豁。

南巖。在上饒縣西南十里。寰宇記：巖旁巨石，儼然北向，其下寬平，可坐千餘人。本名盧家巖，時人呼爲南巖。今弋陽縣南十里有南巖，高聳百丈。縣東南五里又有南巖寺，石壁嶙峋，上峙天半，巖下洞穴透迤，可容千人。寺隨巖架立。

白雲巖。在上饒縣西二十里。巖谷幽異，隱隱如在雲中。又洪巖，在縣西三十里，空洞如室，可容百人。

黄沙巖。在上饒縣西四十里。谽谺敞豁，可容百人。巖下有雨泉，水自石中流出，可溉田十餘畝。

金星巖。在玉山縣西六十里，一名白龍洞，中空如室，可容數百人。

洞巖。在玉山縣北三十五里。林壑奇秀，中寬平，可坐數十人。溪水流出，其聲清壯。

吉巖。在弋陽縣南二十五里。屹立雲表，下有池，廣可數畝，清泉不竭，俗號聖塘。

石城巖。在弋陽縣西七十里。其廣可容萬人，上有石乳泉竇。

馨香巖。在貴溪縣東。寰宇記：在縣東五里，舊名腥臊巖。鄱陽記云：昔術士許旌陽斬蛟於此，巖緣此名焉。

月橋巖。在貴溪縣東南三里，高跨如橋。山腹有圓洞，望如月形。亦名仙人橋。

龍口巖。在貴溪縣南一里。峭石壁立，有飛泉一道直下如龍噴。又雷公巖，亦在縣南一里。相近有道人巖、仙足巖。

徐巖。在貴溪縣南三里三峯山下，宋徐紹景讀書處。林深水遠，洞穴幽邃，有巨石平坦，突出山側如月，捫蘿可登以望遠。

僊巖。在貴溪縣西南，去龍虎山一里。峯巒削立，高出雲表，巖石嵌空，多爲洞穴。房屋、窗牖、牀榻、倉廩之狀，共二十有四巖，總名之曰仙巖。

積翠巖。在貴溪縣西三里。寰宇記：巖上每積煙靄，與五面峯相對。

龍巖。在貴溪縣北。巖内闊十餘丈，深二十餘丈，内有三孔。

月巖。在鉛山縣東二十里。其山高一百六十七丈，周十餘里。巖高丈餘，狀如圓龕，前有天然石梁，有雙柱。

雲巖。在鉛山縣西十八里直嵩山之前，松徑數百步，始至其巔。兩崖怪石崚嶒，有一穴，可容百人，雲出則雨降。

七峯巖。在廣豐縣鶴山之西南。澗谷谽谺，巖穴空洞，可容十百人者，不一而足。

石梁巖。在興安縣西北十里。内外兩層，空明如堂。中有石梁，高不可度。

岑山巖。在興安縣北二里許。石洞空闊，中有觀音閣、金剛樓、鐵瓦觀諸勝。其後又有馬巖，懸崖百尺，巖中有泉，泠泠不絶。

潮水巖。在弋陽縣西七十里，一名潮巖。崖上有水痕，按潮水消長，因名。

天靈洞。在上饒縣西二十里。石室深邃，内有竇，通日光，俗呼透光巖。巖之南，又有一線天洞。

石泉洞。在弋陽縣北五十里。洞之東四十餘步，有穴泉滴乳凝爲石，狀如列屏，南北廣六十餘步。中有石室，可坐卧。

瑶源洞。在貴溪縣東南七十里，洞深里餘。又縣南五十里有風洞，常有風氣嘘吸。縣南八十里有水簾洞，洞中可容數十人，泉水懸崖而下。

蘂雲洞。在鉛山縣東三十里。山形如乳，名女城山，洞在其巔，循澗六七里始至，有飛瀑臨其前。洞口如門者三，中倚一石，狀如屏，可旋轉。最後懸一龍首，水出不竭。

層冰洞。在鉛山縣西二十五里。由一竇入，深里許，所履皆片石，淩淩有聲如層冰。

石城洞。在鉛山縣西二十五里。石門如城，傴僂而入，石室甚朗，其石音類磬。左一洞可容百許人。又西五里，有石龍洞，深半里許。

燕洞。在鉛山縣西六十里。前臨澗水，深十餘丈，内有石座、石蓮之屬。

石城。在上饒縣北靈山南麓。峭石壁立，周環如城，前有門，中寬廣可廬而居。

龍潭石。在上饒縣西五里。上饒江與永豐溪合流至此，有石屹然，雄踞溪滸，下匯重潭。

叫石。在上饒縣西。寰宇記：在信州西九十里。巨石枕江，有數十穴如口。

纓績石。在上饒縣西。寰宇記：在信州西九十里。孤石圓聳，獨立潭中，高十餘丈，如緝麻纓。

羊石。在上饒縣西南二十里。脈由閩來，昂伏百里，至是有石突起，高十數丈。巔平坦，狀如卧羊，前石如顧，後峯環列。

神石。在弋陽縣東南百餘步，横截大溪，縣治賴以無衝潰之患。

響石。在弋陽縣南二十里。其廣容數千人，擊之則響應崖谷。

錢倉石。在弋陽縣東二十里。有石臨水如廩高數丈，號曰「錢倉」。

鐘石。在貴溪縣北，亦名仙人石。面瞰溪水，背負斷山，屹若鐘形。其腹有巨洞，俗傳神仙窟宅。

雞籠石。在貴溪縣北三十里。其脈透迤曲折，平岡中聳起巨石，高廣數百丈，拾級而上，可坐百餘人。

硤石。在鉛山縣西二十里。兩崖對峙，蒼翠壁立，中有泉石之勝。

捲績石。在鉛山縣西北四十里。有石圓聳，屹立溪水中。

軍潭石。在廣豐縣南四十里。脈自福建浦城縣北山來，南山諸水經其下，匯爲潭，深不可測。

上饒江。在府城南，一名信河。源出玉山縣懷玉山，西流逕上饒、鉛山、弋陽、貴溪四縣，入饒州府安仁縣界。寰宇記：

玉山溪，源出懷玉，西流入上干、淪溪、沙溪三水，名曰上饒江。按：此水上源即上干溪也，自懷玉山發源，西南流合下干溪，逕玉山縣南，名曰玉溪。西流入上饒縣界，與永豐溪會，過城南爲上饒江。又西合櫧溪，逕鉛山縣西北三十里，最深處曰大王潭，鉛山諸水皆流入焉。又西入弋陽縣界，合信義港、弋溪、葛溪諸水，爲弋陽江。逕縣南，又西逕貴溪縣南，又名貴溪，亦名薌溪，因北岸有白芒洲産鬱金香草也。又西合須溪，入安仁縣界，爲安仁港，下流入鄱陽湖。其名雖多，實一水耳，故俗通謂之信河。舊志析上饒江、弋陽江、玉溪、薌溪爲四，非是。

靈溪。在上饒縣東二十里。源出靈山，亦曰靈山水。南流百里，合玉山、沙溪諸水，南入上饒江。

古良溪。在上饒縣南五十五里。源出封禁山，北流與丁溪山水合，入上饒江。

櫧溪。在上饒縣西十里。發源靈山，南流入上饒江，以岸多櫧木而名。又峙溪，在縣西二十里，源出石橋山，東南流入江。

宋溪。在上饒縣西八十里，一名宋氏水。源出靈山，西流百二十里，入上饒江。又破石山水，在縣西六十里，源出福建建陽縣界，北流六十里入上饒江。

上干溪。在玉山縣東。寰宇記：在縣東五里，源出懷玉山。溪源淺涸，秋冬不通舟楫，故名乾溪，或謂「干」字之誤也。又漢書地理志云：餘干縣以水爲名，本越勾踐之西界也。韋昭云：「干越，今餘干之别名。」謂此爲上干，或以爲餘干之號即因此是也。縣志：其水有二源。一自金沙冰玉洞發源，一自常山縣界發源，徑縣東合爲一。抵新安隄南，與下干溪合流，爲玉溪上源。

下干溪。在玉山縣東南二里，自浙江江山縣界流入。縣志：亦有二源。一自江山縣干溪洪橋發源，一自江山上陽發源，至瀆口合而爲一，入上干溪。

古溪。在玉山縣東南一里，下流入下干溪。亦名桃花港。

滄溪。在玉山縣南三十里。源出江山縣，委蛇至縣界，與瀆口合。中有石陂瀦水，呼爲石倉。

崙溪。在玉山縣南十里。源出懷玉山西嶠，南流入玉溪。通小舟，即寰宇記所謂淪溪也。

沙溪。在玉山縣西三十里。源出沙溪嶺下，流二十里，又南入上饒江。

弋溪。在弋陽縣東二十里。源出上饒縣靈山，西南流入縣界。又西流六十里，入弋陽江。寰宇記云：水口有大石，面如鐫成「弋」字，故名。又晚港水，在縣東十里，源亦出靈山，西南流七十里入弋陽江。

大洲溪。在弋陽縣東南二十里。源出上饒縣浮竹山，西北流二十里，會師溪水，又西流五十里入弋陽江。又軍陽山水，在縣南三十里，源出縣東南隱士石。西北流五十里，至軍陽山下，復西流七十里入江。

葛溪。在弋陽縣西二里，亦名西溪。源出靈山，西南流八十里，繞縣北，又南流入弋陽江。寰宇記：昔歐冶子居其側，以水淬劍。又有葛玄塚，因名葛水。按：弋溪、葛溪，皆發源靈山，入弋陽江。舊志謂弋陽江一名弋溪，又名葛溪，誤。

明溪。在弋陽縣西二十里。源出貴溪界，南流三十里，入縣境，又二十里入弋陽江。本名弱水，唐刺史孫成改今名。又古港，亦在縣西二十里。蓮湖，在縣西十里。源俱出貴溪縣，入弋陽江。

須溪。在貴溪縣南。源出福建光澤縣界之大源官山，北流徑火燒嶺，又北受南鄉三十六水，又北入薌溪，曰須口。縣志：縣南二十里，有羅塘港，源自閩界，來入須溪。俗因呼須溪爲羅塘港。

上清溪。在貴溪縣南一百里。自瀘溪縣流入，即瀘溪下流也。其源有二。一自分水嶺，一自建昌南城縣高阜山，至縣南八十里，合流入安仁港。

石堂溪。在貴溪縣西二十里。寰宇記：溪水自歸化南流，出縣西。上源數十里，皆生苦竹，苔痕點暈，狀如琢玉，榦直可爲杖。水旁山嶺幽映，堪爲賞玩，溪岸竹樹蒙密。名勝志：縣南百二十里，有石堂，中可坐數百人。下爲石堂溪，北流合於薌溪。

箬溪。在貴溪縣北十里。源出縣西北五十里大水源，南流至縣西十里金沙渡，入薌溪。又縣北五里有戴星溪，十里有湖陵溪，二十里有田西溪，東二十里有石榴橋水，俱合諸山水入薌溪。

惠安溪。在貴溪縣北五十里。源出自鳴山，西流八十里入薌溪。又河橋水，在縣北七十里，源出百丈嶺，南流入薌溪。

焦溪。在鉛山縣南百餘步。源出洋源山，徑縣治，循山岐嶺入鉛山水。水色黄，沾衣則腐。

石溪。在鉛山縣東北三十五里，源出山溪中。上饒、永豐南境之水皆匯流於此，北入上饒江。又傍羅水，在縣北二十五里，自上饒縣界來，流至汭口入江。

永豐溪。在廣豐縣城南，一名乾封溪。自福建浦城縣之盤亭來，抵雙門山，合永平溪，經縣東四十五里，爲杉溪，纔通舟楫。又右納玉澗橋水，併流數里，繞縣之南，合西橋水爲黄塘港，下洋口灘，直抵上饒境與玉溪合。

永平溪。在廣豐縣東。自六石峯野潦發源，流抵雙山，入永豐溪。

桐木水。在鉛山縣南五十五里。源出福建崇安縣界，流入分水關，北合紫溪，又西合黄檗水、車盤水，至汭口入上饒江。亦名鉛山水。其紫溪水，在縣西南四十里，源出紫溪嶺，北流入桐木水。

上、下渠源水。在鉛山縣南六十里。源出崇安縣界温林嶺，沿流六十里入桐木水。

車盤水。在鉛山縣西南，東北流合桐木水。又含珠水，在縣西，源出含珠山，北流合新峯、陽坳二水入桐木水。

黄檗水。在鉛山縣西南。源自雲際嶺，東北流循鳶山，會葛水爲雙溪，又東北達桐木水。其葛水，亦名葛仙泉，自山頂分五派透迤而下，北入黄檗水。

汭水。在鉛山縣西三十里石城、層冰二洞間。有二小溪，合流五里，與桐木水會入上饒江，故入江處謂之汭口。

封禁山水。在廣豐縣西南。源自上饒界封禁山，東流過軍潭石，合永平溪。

西橋水。在廣豐縣西北。發源縣北之黄尖山，諸小溪曲折而來，遶縣後抵西橋入永豐溪。

信義港。在弋陽縣東二十里。源出福建邵武縣界，北流入境，又北入弋陽江。寰宇記：其水出礦石，鍛者求之。顧祖禹方輿紀要：港旁土地饒沃，人多信義，故名。舊志又有雙港，在縣東南五十里，源出玉屏，至翁源與信義港合。又大渠源，在縣西南六十里，源出貴溪界，東流二十里，亦入信義港。

詹家港。在貴溪縣南三十里。其源有二。一自上礫，一自深田，至縣西南五十里雙港口合流，至詹山口入薌溪。又有黄泥港，在縣西南，源自應天山，至安仁界入錦溪，爲黄泥港口。

黄藤港。在興安縣東十里，亦溪澗諸水會流處，南流入信河。其水洶湧，每漂没民田。明萬曆中，知縣郎文焕緣港築壩，瀦水溉田，民受其利。

岑港。在興安縣北五里。匯山溪諸水，繞縣城西南流，又西南入於信河。

西湖。在鉛山縣南門外，舊名江家湖。湖内生菱荷，多高柳，沙嶼迴折。又清湖，在縣西二十五里，澄澈可鑑，周圍三十畝。

廿里潭。在上饒縣西三十里，接鉛山縣界。其水渟蓄，廣二十餘里。又梅潭，在縣西四十里，接鉛山縣界，最深匯。

八礫龍潭。在玉山縣懷玉山麓，深不可測。水由山巔傾注而下，勢甚洶湧。潭側有石鼓溪，又玉琊峯下有玉琊溪，皆即玉溪山之源也。

傅家潭。在玉山縣治東二里傅家山下。常興雲霧，人傳龍潛其中。

武石潭。在弋陽縣東三十里。有石雄踞江滸，波流觸石，匯爲深潭。潭内有石森列，如甲冑士。

南城洲。在弋陽縣城南。自西逆水而上，遏西溪水，東流繞縣，稱爲形勝。

白芒洲。在貴溪縣東一里貴溪北岸。舊産鬱金香草。

老虎灘。在上饒縣西十里。灘勢險惡，故名。又縣西二十里有牛眼灘，中有兩石如牛眼，水勢震激，舟行甚險。又縣西八十里，有鐘石灘，灘畔巨石如鐘。

桃花灘。在弋陽縣西四十五里。灘石鏤錯如桃花瓣，因名。

一滴泉。在上饒縣南巖之西。自石竇中出，味甚甘，四時不竭。

石泉。在玉山縣西北，出石山下，四時不竭。

瓢泉。在鉛山縣東二十五里，形如瓢。宋辛棄疾有瓢泉詞。稼軒書院即在其中。

膽泉。在鉛山縣西三里銅寶山下。或湧平地，或出石罅，餘流入溪，至於汭口。其水能化鐵爲銅，宋時爲浸銅之所。

銅塘井。在上饒縣銅塘山麓。有九井，幽深莫測，相傳有神物居中，旱禱輒應。

華峯龍井。在玉山縣南十五里，有龍潛焉，興雲則雨。又仙峯井，在縣東二十五里道旁，清洌甘美。

聖井。在貴溪縣南龍虎山，三井相連。一井在絶頂，人跡罕到，世傳有龍居之，多靈異。

義泉井。在貴溪縣南七十里，當入閩要路。里人徐氏鑿井引泉〔九〕，作亭其上。又女龍井，在縣南九十里，禱雨多應。三臺井，在縣南百里，三級相連，水泉不竭。

石井。在鉛山縣東北四里。周六丈，深三丈，上有石龕覆之。縣多膽水味澀，此獨甘，晝夜流注，溉田數百畝。舊名玉洞泉，又有碧玉、慈濟、醒心諸名。唐光啓中，賜額曰石井。

校勘記

〔一〕東至玉山縣五十三里　「五十三」，乾隆志卷二四二廣信府建置沿革（下同卷簡稱乾隆志）作「五十五」。按，據下文東、西二至，乾隆志「五十五里」爲合。疑「三」當作「五」。然下文各縣四至里距與乾隆志亦多有不合，蓋本志局部稍有更改，而未暇前後照應。下不具舉。

〔二〕張卿弼隱居教授於此　「卿」，原脱，乾隆志同，據明一統志卷五一廣信府書院及雍正江西通志卷二二書院補。按，江西通志卷一二八藝文有藍山書院記，謂張卿弼字希契，宋時由太學登咸淳戊辰進士，宋亡歸弋陽隱居不出，門生弟子從業者衆。

〔三〕永豐知縣鄧顒追捕遇害　「顒」，原作「禺」，據乾隆志及雍正江西通志卷一一山川改。

〔四〕亦名冰玉洞　「玉」，原作「王」，據乾隆志及下文「上干溪」條改。

〔五〕金雞望香二墩　「香」，雍正江西通志卷一一山川同，乾隆志作「鄉」。

〔六〕寶峯山　「峯」，原作「豐」，據乾隆志及雍正江西通志卷一一山川改。

〔七〕接桐木源　「桐」，原作「洞」，據乾隆志及雍正江西通志卷一一山川改。按，桐木源者，桐木水之源也。本志下文有桐木水，在鉛山縣南五十五里，即是。

〔八〕其西爲西石　乾隆志同。按，此承上句「山之東有東巖」，疑「石」當作「巖」字。

〔九〕里人徐氏鑿井引泉　「徐氏」，乾隆志同，雍正江西通志卷一一山川作「涂氏」。

大清一統志卷三百十五

廣信府二

古蹟

玉山故城。在今玉山縣東。元和志：縣西至信州九十里。證聖二年，分常山、須江等縣置。乾元元年，自衢州割入信州。寰宇記：本衢之西鄙也，以有懷玉山爲稱。然他山合沓，峻嶺橫亘，溪谷互分，雖步通三衢，而水絶於越。自陳、隋以來，此爲巨奥。縣志：玉山未爲縣時，號沙礫鎮。唐天寶十四載，草寇竊發，里人徐叔倫率衆保障於此。鎮址在今縣東二里。

葛陽故城。在今弋陽縣西。寰宇記：弋陽縣在信州西一百里，本餘汗縣地。建安中，孫權分置葛陽縣於赭亭之地，以城在葛水之北故也。隋開皇中，縣失印，風俗以爲不便，表請移於弋江之北，改名弋陽。

永豐故城。在今廣豐縣南。元和志：永豐縣西北至信州四十五里。本弋陽縣進賢鄉永豐里之地，乾元元年置，因里爲名。元和六年，廢入上饒。

上饒故縣。在今府城西北天津橋之原。孫權始置縣於此，唐乾元初再置，宋因之。元末燬於兵，明洪武三年徙今治。今社稷壇即其故址。

寶豐故縣。在弋陽縣南五十里。宋淳化五年，升寶豐場爲縣。景德元年廢爲鎮，康定中復置，慶曆三年又廢。九域志：弋陽縣有寶豐館及寶豐銀場。

貴溪故縣。在今貴溪縣治西。元和志：貴溪縣東至信州一百二十里。永泰元年，洪州觀察使李勉奏割樂平、餘干二縣地於貴溪口置縣，因名。縣志：故縣址在今治西一里，今名舊教場。元時移於今所。

鉛山故縣。在今鉛山縣西。寰宇記：鉛山縣，在信州西南一百二十里。本置鉛場，舊在寶山，南唐昇元二年，遷鵞湖山郭水西鄧田坂，即廨署也。縣志：宋紹定中，縣令章謙亨又遷於八樹嶺之南，故基在今北關外。明洪武初，又徙今治。

横峰鎮。今興安縣治。宋、元時，爲弋陽縣之横峰鎮，居民以陶器爲業，亦名横峰窑。明初置丫巖砦巡司。正德十三年，設通判，名曰鎮安公署。嘉靖中，割弋陽十三都、上饒十都，置縣於此。

銀銅場。在上饒縣東南丁溪山下。九域志：上饒縣有丁溪銀銅場。

鑄錢院。在鉛山縣西百步，宋置。後以銅鉛滋弊，併入永平監。

兼濟倉。在鉛山縣天王寺之左。宋直文華閣趙不遏所立，以穀賤時糴，至穀貴時損價以糶。始淳熙十五年，米百斛，歲增至千斛。鄉人德之。

周瑜宅。在上饒縣治後。名勝志：今半爲天安寺基，半爲上饒學基。

陸羽宅。在上饒縣東五里。唐孟郊有題陸鴻漸上饒新開山舍詩。

隱士石室。在弋陽縣南。寰宇記：在弋陽縣南六十里。鄱陽記云有隱士張氏，琢石爲室，形如囷。時郡守鄱陵庾翼欲表薦之，隱而不見，故號隱士石室。

江山勝覽樓。在貴溪縣龍虎山。

望火樓。在貴溪縣仙源鄉。縣志：明洪武間歲饑，邑人夏原友發粟以賑鄉人，待以舉火者數百家。原友復登高四望，見屋無炊煙，即囊粟往賑之。明年歲豐，競償以粟，原友不受。因即其登望處建樓，名曰望火。

霞落園。在鉛山縣北三里。名勝志：宋紹興中，閩寇亂，丞相李綱將兵萬五千人駐於霞落，即此。今俗呼其地爲相公府。

面山堂。在府治内。方輿勝覽：在州宅。晁補之詩：「誰榜鈴齋作面山，晦明終日捲簾看。」

溪山堂。在上饒縣南山巔，宋曾鞏遊歷之地。面對靈山，下臨溪水，故名。

兩賢堂。在上饒縣西北三里。明統志：宋咸淳間建。兩賢謂中書舍人吕居仁、禮部侍郎曾建也。韓元吉記。

製錦堂。在玉山縣治内。宋令章得象有善政，既去，人思之，乃取楊億送得象詩「縣齋製錦留遺愛」之句名其堂。

谷隱堂。在玉山縣南二十里。宋尚書郎東萊吕丕問居此，取其舊堂名以名之。其從子本中詩：「客中不顧生事窘，所至有堂名谷隱」。

芳潤堂。在玉山縣懷玉山之陽，元鄭伯飛建。堂前池上有亭曰若舟，堂左有樓曰覽輝。

經綸堂。在鉛山縣。明統志：在鉛山縣南三十五里崇壽院。宋龐籍侍其父格爲是邑征官，嘗寓學於此，後籍爲相，邦人因舊館爲是堂。

駐雲堂。在鉛山縣東二里。宋白玉蟾記。

稼軒。在上饒縣北。宋辛棄疾所居，因以自號。宋洪邁記：「稼軒在郡治之北，可十里。東岡西阜，北墅南麓，以青徑款竹扉，錦路行海棠。集山有樓，婆娑有堂，信步有亭，滌硯有渚，皆約略位置。」

一杯亭。在府城南。明統志：宋趙汝愚爲郡，未踰年，政成惠洽，郡人於城南祥符寺建祠設像，爲之祝壽。汝愚因觴客於中，命撤其像，戲名曰一杯亭，取「且盡生前酒一杯」之義。

玉光亭。在玉山縣治。名勝志：信州圖經云：玉光亭在縣廳之東，不知所自。有章子厚、王荆公詩碑在焉。

君子亭。在玉山縣南二里。明統志：宋直龍圖閣趙暘字又若嘗居此。吕頤浩以書寄信州守連南夫曰：「趙又若父子，皆士林宿望，治封有賢人君子，可厚加禮。」後人因其語名之。

天開圖畫亭。在玉山縣治南，宋侍郎韓祥建。

黄公亭。在玉山縣治南二里。宋縣令黄衮有政績，既去，民築亭繪像祠之，朱文公書榜，徐文卿記。

梅亭。在弋陽縣南山之陽。元隱士陳德文所築，袁桷有記。

南臺。在府城南，宋郡守趙汝愚建。其側有跨鶴臺，宋知州王自中得白鶴庵故址，築臺臨之，故名。

素華臺。在貴溪縣龍虎山下。元陳旅、張雨皆有詩。

關隘

岑陽關。在上饒縣東南一百二十里。東去福建浦城縣二渡關三十里，當廣豐、崇安之界。山谿叢雜，徑路崎嶇，爲要害之所。又撩竹關，在縣南一百里。二關俱在福建崇安八關之列，其詳備見福建崇安縣。

柴門關。在上饒縣北一百里，通安徽婺源縣之要道。又北有東塢關，亦走徽婺之間道也。

安樂關。在玉山縣東四十里。明嘉靖中因鑛徒出没，築此守禦。今僅存遺址。

鑛嶺關。在玉山縣西北。又縣北有廣平、鴉山二隘，路通徽、饒。

分水關。在鉛山縣南少東八十里，爲閩、越要衝。上有巡司，今改隸福建崇安縣。又縣東南七十里有温林關，西南八十里有桐木關，一百六十里有雲際關，相近又有火燒關，俱接福建光澤縣界。

汾水嶺關。在興安縣東北九十里。北走安徽婺源之間道，今爲汛守處。

峽口隘。在玉山縣西北。又草坪鎮，在縣東四十五里。今皆有兵戍守。

六峯隘。在廣豐縣東六石峯下。東北去仙霞關三十五里，北去平洋坑十里，相近有平石隘、翁村隘，俱接浙江江山縣界。

靈鷲隘。在廣豐縣東靈鷲山下。東通浙江江山縣清湖鎮，北達玉山縣。

軍潭隘。在廣豐縣東南五十里。南至福建浦城縣界塘峯洞十五里，西至封禁山五十里，相近又有港頭、石溪、上木、靖安四隘。

硋山隘。在廣豐縣南三十里硋山之陽。西四十里達封禁山擇子嶺，最爲要害。

八房場巡司。在上饒縣南八十里，亦作八坊場，與福建邵武府接境。明初置巡司，今因之。

鄭家坊巡司。在上饒縣東北七十里。與饒、徽鄰境，人煙輳集。明置巡司，今因之。

太平橋巡司。在玉山縣西。本朝雍正三年，置誉盤巡司，乾隆四年移駐於此。又舊有柳都巖巡司，在縣東南三十里，今裁。

上清鎮巡司。在貴溪縣西南。本朝乾隆三十年，由管界砦巡司移駐。

鷹潭鎮巡司。在貴溪縣西四十里。本朝乾隆三十一年，由神前街巡司移駐。

湖坊鎮巡司。在鉛山縣西南六十里。本朝乾隆三十六年，由河口鎮巡司移駐。

洋口鎮巡司。在廣豐縣西南。本朝雍正六年，由柘陽砦巡司移駐。又縣東杉溪西岸，舊有杉溪砦巡司，久裁。

大橋鎮。在弋陽縣西北一百餘里。本朝乾隆三十一年，移縣丞駐此。

漆工鎮。在弋陽縣北二十里，接德興縣界。明季設兵戍此，今設陸汛。又縣東五十里有黄沙港，縣西二十里有篠箬埠，縣北五十里有湖村山〔一〕，俱設塘汛。

雄石鎮。在貴溪縣南八十里據嶺下。縣志：唐武德八年置，爲江閩要衝。唐末嘗置鎮遏使於此，宿兵守衛，宋平江南，始敕鎮隸縣。又有醽口鎮，在縣南八十里，元置巡司，明初廢。

江滸山鎮。在貴溪縣南八十餘里，與福建邵武府接界。本朝雍正六年，移縣丞駐此。又縣西二十里曰金沙埠，又西十里曰石鼓〔二〕，縣東四十里曰河潭，縣南又有白田、三馬橋、饒橋等處，俱爲水陸要衝，今皆有兵戍守。

紫溪鎮。在鉛山縣南四十里。路通甌閩，居民輳集，宋時置驛，今久廢。

汭口鎮。在鉛山縣西北三十里。宋淳熙中設駐泊巡司，明洪武十三年裁〔三〕。今有汭口倉。

河口鎮。在鉛山縣北三十里。本朝乾隆三十六年，移同知駐此。

沙溪砦。在上饒縣東五十里。路通閩、浙，舊有巡司，明洪武中革。今有兵戍守。

丫巖砦。在興安縣東五里。明洪武三年設巡司，正德六年裁。縣境又有崇山巖、龍潭橋、篁村三處，俱爲近時汛守之所。

童家坊。在玉山縣西北六十里，地接徽、饒。

葛陽驛。在上饒縣南一里。宋皇祐中置，曰饒陽，元遷縣西，改名葛陽，明洪武中遷此，今裁。

懷玉驛。在玉山縣治西。宋置，明爲水馬驛，今裁。

葛溪驛。在弋陽縣南。唐時爲弋陽館，明嘉靖間燬，本朝康熙三年置驛，今裁。
薌溪驛。在貴溪縣治東南，明初置。又縣治西舊有遞運所，皆久廢。
鶖湖驛。在鉛山縣北大義橋外，明初置，今裁。又有車盤驛，在縣南六十里車盤嶺上，宋設巡司，明置驛，久廢。

津梁

廣安橋。在府城南門外，宋趙汝愚建。舊名平政，本朝康熙初重建，改今名。
鍾靈橋。在府城南，跨上饒江。明天啓中建，後圮，本朝康熙三十八年重建。
櫧溪橋。在上饒縣西十里。
龍溪橋。在上饒縣北九十里。
玉虹橋。在玉山縣治南玉溪上。
東津橋。在玉山縣東二里。舊爲浮梁，明成化中易以石，後圮。本朝順治、康熙年間重建。
西濟橋。在玉山縣西十里。舊名崙溪，架木以渡。明萬曆中建石橋，東西亘五里許，後圮，本朝康熙六年重建。
連城橋。在玉山縣西二里，明天順七年建。
晚港橋。在弋陽縣東十里，明萬曆中建，長三十五丈。
待賓橋。在弋陽縣東三十里。

蓮湖橋。在弋陽縣西。

龍津橋。在貴溪縣南七十里龍虎山前。又昇仙橋，在縣南九十里。

上清橋。在貴溪縣西南。宋紹興中，縣令李正通建，朱子有記。

戴星橋。在貴溪縣北五里，元至正中建。

大義橋。在鉛山縣治北百五十步。舊名思政，宋乾道中重建，改名萬安，紹興三年更今名。本朝康熙十九年重建，架木爲梁。乾隆六年改建石橋。五十一年，監生任國棟兄弟修葺。嘉慶十三年，國棟之子森重修。

期思橋。在鉛山縣東三十里，宋建。

鵞湖橋。在鉛山縣北十五里。

玉澗橋〔四〕。在廣豐縣東杉溪上。

新豐橋。在廣豐縣東三十里桂林山下，元至正中建。

西橋。在廣豐縣西一里，明成化中建。

白芒渡。在玉山縣西四十里。水勢洶湧，渡者多溺，今設官渡。

隄堰

徐州隄。在玉山縣北。明宣德間疊石爲之，長百餘丈。

松沙港隄。在弋陽縣西南。明萬曆、崇禎間，屢築屢潰，本朝康熙九年重修。

汪村陂。在玉山縣北。明宣德間，知縣林岱鑿山通水約十里，導水入渠，蕪田盡成沃壤。

陵墓

漢

李愔墓。在弋陽縣西雙窟嶺。愔，漢車騎將軍，封赭亭侯。

唐

王貞白墓。在廣豐縣治西一里，墓側有祠。

宋

鄭驤墓。在玉山縣東。

張叔夜墓。在廣豐縣靈鷲山寶積院西，葬衣冠處。

王埭墓〔五〕。在貴溪縣南舒山。埭仕開德路安撫使，金人入，不屈死。

陳康伯墓。在弋陽縣南二十五里，孝宗御書其碑曰「旌忠顯德之碑」。
周執羔墓。在弋陽縣北白馬山。
韓元吉墓。在上饒縣東。
汪應辰墓。在玉山縣北。
辛棄疾墓。在鉛山縣北。
徐元杰墓。在上饒縣北十五里吉陽山。
謝枋得墓。在弋陽縣南二十五里玉亭鄉。先葬京師文明門外，其子定之奉柩歸葬於此。

明

渤泥國王叔墓。在上饒縣南三里。永樂十年進貢，還國卒，葬於此。
鄧顒墓〔六〕。在廣豐縣。
夏言墓。在上饒縣鳳凰峯。
楊時喬墓。在上饒縣東桂子鋪。
鄭以偉墓。在上饒縣東五十里。

祠廟

兩先生祠。在府學東。祀宋陳康伯、汪應辰。

朱文公祠。在上饒縣南巖下。明成化中建，本朝康熙十一年重建。

謝文節祠。有二。一在上饒縣疊山書院後，一在弋陽縣東二里。祀宋謝枋得。又有顯忠祠，在貴溪縣東門内，亦祀枋得，配以部將張孝忠。

張睢陽祠。有二。一在上饒縣治東，一在鉛山縣南二十里。

旌忠愍節祠。在玉山縣順成鄉。舊祀宋鄭驤、張叔夜，明正統時，廣豐知縣鄧顒死難〔七〕，亦附祀焉。

夏夢龍祠。在玉山縣南二十里。夢龍唐進士，官至兵部尚書，兄爲太保，由信安清湖徙居此。兄弟能禦寇，既没，鄉人立祠祀之。

陸象山祠。在貴溪縣三峰山下，祀宋儒陸九淵。明初增祀其兄九韶、九齡爲三賢祠。

葛仙祠。在鉛山縣葛仙山，祀吴葛玄。

辛稼軒祠。在鉛山縣南二十里。宋辛棄疾嘗寓居此，既殁，鄉人祀之。謝枋得有記。

忠節祠。在廣豐縣治西。明景泰中建，祀知縣鄧顒。

楊光翼廟。在上饒縣東。光翼，唐肅宗時信州刺史，有惠愛，州人立祠祀之。

璩侯廟。在貴溪縣南。邑人璩瑗，仕南唐爲都虞候，封西州侯。貴溪與閩接境，命瑗領兵屯戍，民賴以安，因立廟祀之。

威顯廟。在貴溪縣治南。明統志：祀南唐信州静邊總轄使桂卿，宋賜今額。黄應龍、謝枋得皆有記。

張抃廟。在鉛山縣治西。抃，唐封忠靖威顯靈佑應濟王。

寺觀

景德寺。在上饒縣南。宋景德中建，本朝康熙年間修。

茶山寺。在上饒縣北隅。唐建，中有陸羽泉。本朝康熙年間重建。

證因寺。在玉山縣。本白雲庵舊址，本朝康熙年間改建，賜額證因。

普安寺。在玉山縣治東南，唐建。

真如寺。在弋陽縣東一里，晉咸康中建。

蓮塘寺。在弋陽縣西十里，晉建，明改修。

青蓮寺。在貴溪縣治東，唐建。舊名白衣，本朝康熙年間改今名。

鵝湖寺。在鉛山縣北十五里。舊名仁壽院，唐大義僧曾卓錫於此。宋賜額慈濟。後以鵝湖山改今名。

天王寺。在鉛山縣北一里，唐建。

博山寺。在廣豐縣崇善鄉，五代時建。

三清觀。在玉山縣三清山。

葛仙觀。在弋陽縣東二十里搗藥山，梁大同三年建。

演法觀。在貴溪縣龍虎山，漢張道陵修道處。又先天觀、乾元觀、繁禧觀、佑聖觀、北真觀、真懿觀，俱在龍虎山。

洞玄觀。在廣豐縣西隅，元建。

太上清宫。在貴溪縣龍虎山，漢天師張道陵後裔居之。唐名真仙館，宋大中祥符間，改上清觀。政和中，敕改上清正一宫。元大德中，賜名正一萬壽宫。明洪武、永樂中俱修。本朝康熙二十二年，聖祖仁皇帝賜御書「碧城」及「大真人府」、「太上清宫」扁額。五十六年，奉敕重修。雍正九年，特發帑金，遣官監修，并建斗母閣。乾隆三十一年，賜御書「真靈福地」扁額。

昭真宫。在貴溪縣南三峰山右，乃漢王表修煉之所。

名宦

唐

裴倩。閬喜人，光庭子。信州刺史。勸民墾田二萬畝，以治行賜金紫服。

孫成。武水人，逖子。代宗時，爲信州刺史。歲大旱，發倉以賤直售，民饑而不亡，再期增户五千，優詔褒美。

宋

鞠詠。開封人。天聖時，王欽若復相，詠時爲諫官，數睥睨其短。欽若忌之，出通判信州。

李及之。濮州人。仁宗時，知信州。靈鷲山浮屠犯法者衆，及之治其姦流數十人，乃自劾。朝廷嘉之，釋不問。

滎宗範。任城人。真宗時，知鉛山縣。詔罷縣募民採銅，民散爲盜，力請復故，上嘉之。

董敦逸。吉州永豐人。哲宗時，知弋陽縣。寶豐銅冶役卒多困於誘略，有致死者。敦逸推見本末，縱還鄉者數百人。

沈畸。德清人。蔡京興蘇州錢獄，欲陷章綖兄弟，遣開封尹李孝壽、御史張茂直鞫之，株連至千百，死者甚衆。帝獨意其非辜，遣畸及御史蕭服往代。畸至蘇，即日決釋無佐證者七百人。京大怒，削畸三秩，貶監信州酒稅。未幾卒。

陳禾。鄞縣人。遷右正言，首劾童貫，復劾黄經臣。論奏未終，上拂衣起，禾引上衣，衣裾落。上曰：「正言碎朕衣矣！」禾言：「陛下不惜碎衣，臣豈惜碎首。」御史盧航奏禾狂妄，謫監信州酒稅。

張根。饒州德興人。徽宗時，條列茶鹽、常平等利弊。尋以花石綱拘占漕舟，官買一竹，至費五十緡，而多入諸臣之家。根因力陳其弊，益忤權倖，謫監信州酒稅。

蕭振。温州人。政和中，調信州儀曹。時方臘寇東南，距信尤近，守檄振攝貴溪、弋陽二邑。既而王師至衢，又檄振督軍餉，振治辦無闕。劉光世喜之，欲以軍中俘馘授振爲賞。振辭曰：「豈可不冒矢石而貪人之功乎！」諸邑盜未息，守復檄振如初。振悉意區處，許其自新，賊多降者。

潘良貴。金華人。歷主客郎。欽宗問孰可秉鈞軸者，良貴極言何㮚、唐恪等不可用，他日必誤社稷。語徹於外，當國者指爲狂，黜監信州汭口排岸。

王德。通遠軍人。建炎中，劉光世遣平信州妖賊王念經，行次饒州。賊劉文舜圍城，德引兵誅之，謂諸校曰：「念經聞吾宿留，必不爲備。」倍道而趨，一鼓擒之，獻俘於朝。

晏敦復。臨川人。紹興初，以忤吕頤浩，出知貴溪縣。

葉顒。仙遊人。紹興中，知貴溪縣。時詔行經界，郡議以上、中、下三等定田税，顒請分爲九等，守從之，檄屬邑以貴溪爲式。

程瑀。浮梁人。再知信州，還，拂和議，復出信州。會大水，秦檜斥其奏，謂同列曰：「堯之洪水，不至如是。」瑀遂稱疾。

趙汝愚。餘干人。孝宗時知信州。

程迥。餘姚人。孝宗時，知上饒縣。歲納租數萬石，舊法加倍，又取斛面米，迥力止絶之。州郡督索經總錢甚急，迥曰：「斯乃古之除陌錢也，今三倍正賦，民何以堪！」反復言之當路。

徐僑。義烏人。淳熙中，調上饒主簿。始登朱熹之門，熹稱其明白剛直，命以毅名齋。

湯漢。安仁人。淳祐中，授上饒主簿。江東轉運使趙希曁言漢今海内知名士，豈得吏之州縣。詔循兩資差信州教授，兼象山書院長。

曾從龍。晉江人。開禧中，知信州。戍卒行掠境内，從龍寘之法。

袁甫。鄞縣人。嘉定中，提點江東刑獄。閩浙寇迫饒、信，調他州兵千人，屯廣信爲備。行部問民疾苦，薦循良，劾姦貪，決滯獄。創書院於貴溪之南，祀先儒陸九淵。歲大旱，請緡錢以助賑恤。疫癘大作，創藥院以療治之，所活不可數計。

趙逢龍。鄞縣人。嘉定進士，知信州。性儉約，日具蔬食。坐公署，事至即面問決遣，政務寬恕，撫諭一以天理民彝爲言，吏民不忍欺。尤究心荒政，以羡餘爲平糶本。

葉夢鼎。寧海人。理宗時，爲信州軍事推官，攝教事，講荒政。

唐震。會稽人。咸淳中，江東大旱，擢知信州。奏減綱運米，蠲其租賦，令坊置一吏籍其户，勸富人分粟，使坊吏主給之。吏有勢者，輒爲具奏復其身，所活無算。州有民庸童牧牛，童逸而牧舍火，其父訟庸者殺其子投火中，民自誣服。震密物色之，得童旁郡，獄遂直。

元

布呼齊。世祖時授宣威將軍、信州路達嚕噶齊。時江南初附，布宣上意，與民更始，期年郡中大治。「布呼齊」舊作「孛蘭奚」，「達嚕噶齊」舊作「達魯花赤」，今俱改正。

林興祖。羅源人。至治中，知鉛山州。鉛山素多造僞鈔者，豪民吴友文爲之魁，民罹其害十餘年。興祖至，立賞募民首告，獄具，逮捕其黨二百餘人，悉置之法，政聲籍甚。

巴延布哈德濟。本衢州路達嚕噶齊。至正十八年，陳友諒遣賊黨王奉國等寇信州，巴延布哈德濟自衢引兵援焉。糧竭矢盡，氣不少衰。軍民惟食草苗茶紙，既盡，括靴底煮食之，又盡，掘鼠羅雀，及殺老弱以食。城陷，力戰不勝，遂自刎。其步將蔡誠，奮力巷戰死。「巴延布哈德濟」舊作「伯顔不花的斤」，「達嚕噶齊」譯見前。

蔣廣。巴延布哈德濟部將。同守信州，城破被執。賊愛廣勇敢，使之降，廣曰：「我願爲忠死，不爲降生。汝等草中一盜耳，吾豈屈汝乎！」賊怒，磔廣於竿，廣大駡而絶。守將大聖奴、海魯丁同殉。

于大本。密州人。守信州，拒賊不屈死。又弋陽知州劉元謨亦力拒死之。

明

徐仕宗。山陰人。永樂中，知貴溪縣。縣圮於水，仕宗重建縣治。民困積逋，奏免，歲饑，捐俸倡賑。任滿加秩通判，留治縣事。

鄧顒。樂昌人。正統中，知永豐縣。賊葉宗留犯饒州，都御史張楷檄顒禦之。兵潰，或勸之走，顒不可，遂見執，不屈死。景泰中，賜謚忠毅。

吴瀹。增城人。天順中，知弋陽縣。集諸生講學，置義倉，儲粟萬石，抑鎮守中官，使不得爲虐。自奉泊然，一介不取。成化中賜敕獎勵。

張昺。慈溪人。成化中，知鉛山縣。性剛明不惑，有妖巫隱形爲淫亂，昺印其背，立鞭死。山中有寡婦子傷於虎，昺朱書戒城隍，約五日内必驅虎伏辜。虎如約至，昺射之，三中其首而死。縣稱「神君」。

施仕。湖州人。正德中廣信府吏目。宸濠之難，賊黨掠永豐，欲從間道趨閩。仕追至雙山，力戰被執，不屈死之。

徐申。崑山人。嘉靖初，知上饒縣。境有銅、鐵二山，姦民時開採滋患，申力遏之。俗佞神喜訟，迪以教化，俗爲之變。

陳仕。黄岡人。嘉靖間，知弋陽縣。時閩、浙倭警，客兵騷動爲亂，迫近鄰壤。仕撫循既定，請建縣城，賴以保障。

胡甲桂。崑山人。崇禎末廣信府同知。時南昌、袁州、吉安俱失，廣信止疲卒千人。會黄道周以募兵至，相議城守。已而道周敗歿，勢益孤，甲桂效死不去，自經死。本朝乾隆四十一年，賜謚節愍。

本朝

張鳳儀。錦州人。順治初，知廣信府。兵燹之後，實心撫循。大兵入閩，取道廣信，鳳儀籌畫供應，不以煩民。

郭永静。奉天人。順治初，知上饒縣。值金聲桓叛，永静綢繆措置，民始得安。亂定後，搜獲僞兵，株連甚衆，永静詳察情僞，全活甚多。

譚瑄。嘉興人。康熙中，知弋陽縣，時縣經閩變，瑄多方撫集，開墾荒田數百頃，治行稱最。

潘士端。錦州人。康熙中，知鉛山縣。時山賊盤踞，士端募死士，授方略，馘斬二百七十餘人，生獲九人，賊遂平。

人物

唐

吴武陵。信州人。元和進士。吴元濟叛，武陵遺書曉之。元濟不悟，裴度東討，韓愈爲司馬，武陵數因愈獻策，決賊必亡。太和初爲太學博士，後坐事流永州。及北還，大爲裴度器遇。始李愬節度唐鄧，武陵薦李景儉、王湘健智沈敏，可表以自副，時號知人。

宋

沈邈。弋陽人。慶曆初爲侍御史。時吕夷簡罷相，輔臣皆進官。邈言：「今邊鄙屢警，未聞廟堂謀折外侮，而但無功進秩，下何勸焉？」又論夏竦陰交内侍，外專機務。終轉運使。

鄭驤。玉山人。元符進士，知溧陽縣。時議自建康鑿渠，導太湖以通大江，將破數州民田，調江浙二十五州丁夫〔八〕，所費百萬計。驤條析利病，力止之。通判岢嵐軍，改慶陽府。地震，秦隴金城六城壞，自請董兵護築益機灘新堡六百步，以控西夏。擢京兆府等路提舉常平，驤按格爲常平總目十卷，頒之所部。高宗初，以直祕閣知同州，兼沿河安撫使。金將婁宿犯同州，驤遣兵據險擊之，師失利，金人乘機至城下，城陷，驤赴井死。贈樞密院學士〔九〕，謚威愍。

陳康伯。弋陽人。由太學正累拜平章事。高宗稱其静重明敏。金兵至廬州，朝臣咸遣家預避，康伯獨迎家入浙，人恃以安。金敗盟，上降手詔散百官，康伯焚之，奏請親征，尋敗敵於采石。孝宗即位，封魯國公。及薨，配享孝宗廟庭。

張運。貴溪人。宣和進士。高宗時爲度支郎中，陳綱運七弊、懲革十術。改大理少卿，明於治獄，獄爲之空。寓居鄱，鄱大饑，運首發粟二千石振之。請祠。卒，贈少師。

周執羔。弋陽人。宣和進士。歷治郡縣，有古循吏風，官至禮部尚書、寶文閣學士。劉孝榮言統元曆差，命執羔釐正，撰曆議、曆書、五星測驗各一卷上之。在經筵二年歸，上稱其忠。執羔立朝無朋比，勸孝宗辨忠邪，納諫諍，尤重請卹災。平生手不釋卷，尤通於易。

申世寧。鉛山人。紹興六年，潘達兵襲鉛山。父俞年七十，遇賊，欲殺之。世寧年未冠，引頸願代父死，賊兩全之。

汪應辰。玉山人。初名洋，年十八舉紹興進士第一，賜今名。授鎮東軍簽判。趙鼎爲帥，幕府事悉咨焉。召爲祕書省正字，以論和議忤秦檜，出判建州，流轉嶺嶠十七年。檜死，始還朝，進權户部，預建儲，以議太上尊號出外，薦朱熹自代。會朝廷謀蜀帥，乃以敷文閣直學士爲四川制置使，知成都府，治甚有聲。除吏部尚書，在朝多革弊事，中貴人皆側目。應辰力求去，出知平江府，復被譖，請祠歸。剛方正直，敢言不避。少從吕本中、胡安國遊，張栻、吕祖謙深器許之。卒，謚文定。

施師點。上饒人。十歲通六經，弱冠遊太學，尋授學職。乾道中，除給事中，賜對，上曰：「觀卿所奏，公輔器也。」累除參知政事。州郡上供，立歲終稽考法。或請不待歲終，先期行之，師點追寢其議。惓惓搜訪人才，手書置夾袋中。嘗謂諸子曰：「人窮達有命，不在巧圖，忠孝乃吾事也。」卒，贈光禄大夫。

徐元杰。上饒人。師事真德秀。嘉熙初，歷校書郎，論皇子竑當置後，不合，力請外。累崇政殿説書。時久不雨，極論洪範天人感應之理，及古今遇災修省之實。拜國子祭酒。杜範入相，延議軍國，所言皆朝廷大政、邊鄙遠慮。每至宗社隱憂處〔一〇〕，輒閣筆揮涕，書就隨削稿。暴卒，謚忠愍。

徐宗仁。永豐人。淳祐進士，爲國子監主簿。開慶元年，伏闕上書，言今通國之謂佚罰者，不過丁大全、袁玠之徒，而首惡則董宋臣；若誤國之罪不誅，則用兵之士不勇。又極論邊事，謂惠褻而威不振。累官權禮部尚書，兼益王府贊讀。衛益王走海上，匡山兵敗，死焉。

謝枋得。弋陽人。寶祐進士。對策，極攻丞相董槐與宦官董宋臣。五年，彗星出東方，枋得考試建康，摘賈似道政事爲問，且言兵必至，國必亡。漕使陸景思上其稿於似道，追兩官，謫居興國軍。宋亡，元集賢學士程文海首薦，不起，尚書留夢炎又薦，終不行。福建行省參政魏天祐强之而北，即日絶粒。至燕京，問太后、瀛國公所在，慟哭而卒。其世父徽明，以特恩奏爲當陽尉，攝縣事。元兵奄至，徽明戰死。二子趨抱父屍，亦死之。

元

陳受。信州人。巴延布哈德濟知受有膂力，募爲義兵。尋戰敗，爲賊擒，痛駡不屈，賊焚殺之〔一一〕。

明

陳修。上饒人。洪武初，從平浙東，授理官。律令悉本寬厚，盡改元季苛政。累遷濟南知府。兵燹之後，大加撫綏，流亡復業。召拜吏部尚書，時選除考課猶未畫一，修詳考舊典，參以時宜，按地劇僻爲設官繁簡。凡庶司黜陟及課功覈實之法，皆精心籌畫，銓法秩然。

李奎。弋陽人。永樂中舉於鄉，擢御史，廉勤多建白。按蘇、松諸府，政嚴而明，去贓吏甚衆。正統末，以大理寺丞巡撫河南及京西四府，奏蠲畿内軍需三之一，免大名、順德、廣平户口鹽鈔，發臨清倉以賑饑民，民甚德焉。進右少卿。景泰元年，命專撫畿輔諸府，以疾歸。

高明。貴溪人。景泰進士，授御史，諫内苑造龍舟，劾尚書陳汝言罪。成化時，累遷南京右僉都御史，討揚州鹽寇，盡平之。就命理鹽課，宿弊大釐。上杭盜發，奉命勦捕，盜盡絶。奏析上杭地置永定縣，一方以靖。

婁諒。上饒人。少從吴與弼遊，景泰中舉於鄉，除成都訓導。尋告歸，著書成日録四十卷、三禮訂訛四十卷、春秋本意十二篇。其學以收放心爲居敬之門，以何思何慮、勿忘勿助爲居敬要旨。王守仁少時，常受業於諒。子忱，傳父學，從者甚衆。

夏尚樸。永豐人。正統初，會試赴京，見劉瑾亂政，歎曰：「時事如此，尚可干進乎！」不試而歸。六年成進士，授南京禮部主事。歲饑，條上救荒數事。嘉靖時歷南京太僕寺少卿。尚樸少師婁諒，傳主敬之學，後與魏校、湛若水輩日相講習，學者宗之。著中庸語及東巖文集。

吕盛。永豐人。由進士歷南京刑部郎中。父喪廬墓，白烏巢樹。成化中旌表。

費瑄。鉛山人。成化進士。弘治時，爲兵部員外郎。貴州巡撫謝昶、總兵吴經等奏爛土苗反，乞發大軍征討，命瑄及御史鄧庠往勘。苗實無反狀，撫定之，劾昶、經等罪。官終貴州參議。

費宏。鉛山人。成化中進士第一，授修撰，正德中累進户部尚書、武英殿大學士。宸濠謀復護衛，宏不可，倖臣錢安等黨宸濠，搆罷之。世宗即位，召入輔政。持重識大體，數勸帝革武宗弊政，帝委任甚至。尋復爲張璁、桂萼搆罷。再起，承璁、萼操切之後，易以寬和，朝士皆慕樂之。卒，贈太保，謚文憲。弟宷，正德進士，授編修。宸濠蓄異志，屢以意屬宷，宷陰折之。宸濠賂中貴，出内批，勒致仕。後起至禮部尚書。卒，謚文通。

姜綰。弋陽人。成化進士，弘治初擢南京御史。劾中官蔣琮十事，謫桂揚州判，歷慶遠知府。劇賊韋七旋等數萬衆攻城，綰堅守，檄民兵夾擊，破走之。東蘭諸州蠻，悉歸侵地。總督劉大夏薦爲右江兵備副使。土知府岑濬叛思恩，綰合兵討之，遂條二府形勢，請以流官代土官，從之。遷河南按察使。

汪俊。弋陽人。弘治六年會試第一，授編修。正德中，與修孝宗實録，以不附劉瑾、焦芳，調南京員外郎。嘉靖初，累遷禮部尚書。時興獻王已加帝號，桂萼復請稱皇考，俊集廷臣上議争之。既又諭建室奉先殿側，俊復力争，不聽，抗疏乞休。俊行誼修潔，立朝光明端介。學宗洛閩，人稱石潭先生。隆慶初，贈少保，謚文莊。

汪偉。俊弟。弘治進士，授檢討，以忤劉瑾調南京禮部主事。瑾誅，復官，歷南京祭酒。武宗南巡，率諸生請幸學，不從。江彬矯旨取玉硯，偉曰：「獨有秀才時故硯，可持去。」乃已。嘉靖初，歷吏部侍郎，數争大禮，尋爲陳洸劾罷。

吕翀。永豐人。弘治進士，爲刑科給事中。武宗初，閣臣劉健、謝遷去位。翀抗章乞留，語侵劉瑾，廷杖削籍。後起雲南僉事，遷四川副使，修成都江堰以資灌溉，水利大興。

詹軾。玉山人。正德進士，授行人。諫武宗南巡，杖死。福王時，追謚忠潔。從父瀚，以進士爲刑部主事，亦以諫受杖。嘉靖初，争大禮，再受杖，終刑部侍郎。

夏言。貴溪人。正德進士，由行人擢給事中。世宗初，覈親軍及京衛冗員，汰三千二百人。出按莊田，悉奪還民産，貧民盡復業。會帝鋭意禮文，言贊成二郊及配享諸議。累進吏部尚書、華蓋殿大學士。後爲嚴嵩所陷，遂棄市。隆慶初復官，謚文愍。

徐九思。貴溪人。嘉靖中鄉薦，知句容縣。爲治於單赤務加恩，而御豪猾特嚴。積九載，遷工部主事，歷郎中，治張秋漕河，築減水橋於沙灣，遂爲永利。時趙文華以工部尚書視師東南，九思不出迎。會遷高州知府，文華修舊怨，坐致仕。

呂懷。永豐人。嘉靖進士，由庶吉士歷官南京太僕少卿。受業於湛若水，有學行，在師門與洪恒並稱。

楊時喬。上饒人。嘉靖進士，授主事。隆慶初，上時政要務，中外傳誦。萬曆時，累南京太常卿，請議建文帝謚，祀死事諸臣。晉吏部左侍郎，秉銓凡五年。卒，篋餘一敝裘，同列賻襚以殮。詔贈吏部尚書，謚端潔。

徐貞明。九思子，隆慶進士。萬曆初爲給事中，上水利、軍班二議，皆下所司。已而順天巡撫張國彥，行之薊州、永平、豐潤、玉田，皆有效，乃進貞明尚寶少卿，兼御史，領墾田使。未數月，開水田三萬九千餘畝。將大疏濬，而奄人勳戚之占閒田爲業者，争言不便，竟諭停役。貞明識敏才練，慨然有經世志，爲浮議所撓，論者惜之。

費曾謀。鉛山人。少師宏裔。崇禎末，以鄉舉知通許縣。纔四旬，賊猝至，曾謀召父老曰：「我死，若輩以城降，可免屠戮。」北向再拜，抱印投井死。本朝乾隆四十一年，賜謚忠烈。

詹兆恒。永豐人。崇禎進士。知甌寧縣，多善政，徵授南京御史。福王時，進大理寺丞。阮大鋮起〔一二〕，兆恒力争之，已請告歸。唐王召爲兵部左侍郎，與黄道周協守廣信。城破，奔懷玉山，聚衆數千人，進攻衢之開化縣，兵敗戰死。本朝乾隆四十一年，賜謚忠烈。

胡夢泰。鉛山人。崇禎進士，除奉化知縣。吏部會廷臣，舉天下賢能有司十人，夢泰與焉。唐王時，授兵科給事中，奉使旋里。本朝順治三年城破，與妻李氏同縊死。乾隆四十一年，賜謚節愍。

本朝

周元。上饒人。任雲南騰越副將。吴三桂叛，署元僞總兵，不就，退居永昌。官兵至蜀，與永昌僞將軍田進學、僞總兵李鍾秀同謀反正。鍾秀舉兵北勝，元與進學舉兵永昌，恢復順寧府雲龍州。賊兵壓境，衆寡不敵，被執不屈，遇害。

流寓

唐

吴勔。延陵人，徙貴溪。好學善文。元和間爲水曹郎，年四十即致仕，讀書五面山，學者稱爲潛谷先生。子武陵。

陸羽。復州竟陵人。拜太子文學，徙太常寺太祝，不就。寓居信城北三里，自號東岡子。性嗜茶，環居多植茶，因號茶山御史。

宋

曾幾。河南人。高宗時，請閒得崇道觀。復爲廣西運判，固辭，僑居上饒。

辛棄疾。歷城人。罷秘閣修撰，寓居鉛山縣期思渡之瓢泉書院，後遂改名爲稼軒書院。

趙暘。鄭州人。直龍圖閣，以提點坑冶鑄錢行提舉江州太平觀，來居信州玉山智門寺。

列女

宋

舒氏二女。玉山人。紹興中苗傅作亂，二女被執，將逼與俱，乃佯許之，行至崖側，執手投崖而死。

盧孝孫妻郭氏。貴溪人，侍郎郭元德女。嫺禮教，通詩書。孝孫編次四書集義，叢稿如山，郭博覽精究，手抄類集，功實半之。

謝枋得母桂氏。弋陽人。枋得逋播，婦與孫幽遠方，處之泰然。人問之，曰：「義所當然也。」人稱爲賢母。枋得妻李氏美而慧，通女訓諸書，事舅姑、奉祭、待賓皆有禮。萬户武良弼購捕之，根及其家，李攜二子匿貴溪山荆棘中，採草木而食。兵至，令曰：「不獲李氏，屠而墟。」李曰：「豈可以我故累人。」遂就俘，徙囚建康。謂二子曰：「若幸生還，善事吾姑。吾不得終養矣。」即自縊死。

詹氏。鉛山人。其夫以逋租匿去，詹依其姊數年。夫不歸，姊議嫁之，泣曰：「夫以他去，猶當守死，況門户事耶！」姊弗諒受聘，婦赴水死。

元

程植妻王氏。名静婉，餘干人。歸植五載，植疾篤，與王訣曰：「吾父母老，不得終養，奈何？」王泣曰：「所不畢志以養，無以見夫子於地下。」夫歿，事舅姑愈婉順。至元中，盜至，將刃姑，王以身翼姑，願代死。盜義而兩釋焉。

壽安妻楊氏。貴溪人。至正中，壽安監玉山縣，寇逼信，領兵拒之，中流矢卒。楊聞之，不食數日死。

鄭琪妻羅氏。名妙安，弋陽人。能闇誦列女傳。琪同居百餘口，羅執婦道無間言。琪以軍功擢鉛山州判，至正末，信州陷，羅取所佩刀淬令銛，琪問何爲，對曰：「萬一遇難，爲自全計耳。」已而兵至，羅自刎死。

明

樊静妻葉氏。名淑慧，貴溪人。年十六歸樊，五月而寡。守節五十年，麻衣不去身。初病目，母欲療之，曰：「未亡人亟死無憾，何以療爲？」遂喪明。平時紡績養姑，姑歿，葬祭如禮。

楊仕榮妻倪氏。貴溪人。榮病革，倪截髪示之，榮遂瞑目。鄰嫗諷之他適，倪泣曰：「妾髮固在也。背舅姑不孝，棄孤不仁，食言不信，何以見吾夫於泉下？」聞者凛然。

傅崗妻祝氏。鉛山人。崗歿，姑欲奪而嫁之，泣辭不可。聘至，祝佯爲檢飾狀，抱石赴水死。是秋大旱，知縣張昺禱雨不應，有以祝氏節義告者，昺即具牲醴爲文，親詣死所奠之。是夕大雨。祝死節處，水深莫測，後湧塞成洲。俗呼爲節婦洲。

孫景雲妻鍾氏。浙之上虞人。景雲知玉山縣，弘治中卒於官。鍾哀悼迫切，自縊以殉。提學邵寳爲之立亭，記於石。

汪芳妻劉氏。上饒人。芳病廢，且貧甚，謀更遣之。劉泣曰：「妾命也，敢以死從。」紡績以給夫。正德中，姚源賊至，劉護芳不忍去。賊欲辱之，不從，斬芳首以脅之，罵益厲，遂遇害。

鄭贄妻團氏。上饒人。姚源賊至，團度難兼免，使夫舁其姑先走，自負子從之，不及被執。欲污之，紿求緩，乃并其子俱赴水死。

萬登妻謝氏。弋陽人。姚源賊攻寨，投崖死。

聞一貫妻危氏。名鳳英，貴溪人。正德中，姚源賊至，被執不從，殺其幼子脅之，愈厲駡，遂遇害。同縣畢侃卿妻姚氏，夫亡守節，歷二十餘年。避姚源賊至九圳，投水死。

李鴻妻孫氏。名義姑，玉山人。流寇袁三剽掠，孫與側室俱被執。側室有娠，孫謂曰：「爾死，如李宗何？」乃紿賊，請以所藏金贖之，賊許之。既脱側室，遂抱橋柱厲聲駡賊，賊怒磔之。事聞旌表。

施氏三烈婦。永豐人。施廷翊妻王氏，廷翔妻周氏，廷栩妻吴氏。嘉靖中，廣寇搜掠，男子皆亡命去。三婦扶其姑裴氏匿巖中，被執，各脱簪珥救姑。賊釋姑，驅婦行，婦誓不辱，至雙塘，王抱二歲兒先赴水死。周、吴相繼死。賊憤，亂槍刺之，塘水盡赤。萬曆中，敕建三節坊。

李時育妻謝氏。鉛山人。時育以貢試卒於場，謝年十九，翦髮入殮，矢死不貳，紡績以養舅姑。撫遺孤數年，舅姑與子俱殁，父母欲其改適，遂投井死。

潘肇薦妻夏氏。永豐人。夫亡無子，父母欲易其志。夏乃佯爲擇吉裁衣，而密製殮服，屆期夜半自縊。

鄭某妻徐氏。名鳳英，上饒人。爲兵所掠，急以稚子邦祚授其弟曰：「爲我視此。」去數武，從馬上躍入龍潭，碎身而死。

本朝

吴氏。名桂英，廣豐人。幼喪父母，哀毁不欲生。許字周天賜，天賜逼女兄悔盟，希得厚金。吴以禮無再受人聘，縫衣投水而死。

劉覲光妻李氏。鉛山人。家貧，糜粥奉舅姑，自採草食，或終日枵腹。覲光歿，撫遺孤，教以大義。子嘗獲遺金，令持還，曰：「勿希非義物也。」

孫朝選妻熊氏。上饒人。年十八歸孫，爲廣西參將。夫故，扶柩歸，歷洞庭、鄱陽之險。歸後家業蕩然，父兄逼奪其志，破容翦髮，訴官乃免。同縣汪熿妻鄭氏，姜雲錦妻劉氏，張文壇妻鄭氏，鄭養沛妻汪氏，紀其年妻管氏，余瑾妻尤氏，周作楫妻徐氏，舒國鈞妻徐氏，烈婦張廷鉅妻王氏，均乾隆年間旌。

祝夢蘭妻毛氏。玉山人。夫亡守節。同縣程儔妻余氏，蔡朝聘繼妻馬氏，吴伯挺妻黄氏，王仲輝妻姚氏，童明焕妻祝氏，姜天祈妻徐氏，吴憲麟妾丁氏，葉良材妻周氏，魏芳通妻余氏，吴欽厚妻羅氏，潘祖球妻鄭氏，均乾隆年間旌。

葉士樽妻劉氏。廣豐人。夫亡守節。同縣紀微洙妻湯氏，徐齡妻鄭氏，紀鏘元妻俞氏，俞振妻劉氏，劉介祈妻俞氏，鄭潤妻俞氏，王廷獻妻鐵氏，葉士貴妻方氏，劉慷妻周氏，劉勳妻王氏，吕衛圻妻陳氏，劉翼培妻傅氏，紀壤酬妻王氏，陳景唐妻范氏，程士行妻周氏，陳岐妻解氏，劉圻妻張氏，劉舟楫妻鄧氏，江松來妻劉氏，聶道偉妻戴氏，解文焯妻陳氏，吕徵妻周氏，朱之璘妻周氏，俞鴻昌妻張氏，謝高妻周氏，何世球妻吴氏，徐衮焕妻俞氏，傅大坦妻徐氏，程毓秀妻劉氏，蔣朝鎧妻吕氏，夏永康妻蔣氏，王式穀妻劉氏，夏汝器妻鄭氏，毛在高妻王氏，王克玟妻劉氏，烈婦周夢悦妻吕氏，貞女潘人珴未婚妻徐氏，均乾隆年間旌。

任廷樑妻江氏。鉛山人。夫亡無子，艱難苦節四十九年，事繼姑以孝聞。同縣江大斌妻李氏，諸遠妻張氏，祝如柏妻李氏，詹光熹妻祝氏，彭大機妻劉氏，烈婦傅上達妻林氏，江秀里妻顔氏，林科生妻楊氏，均乾隆年間旌。

黄大用妻萬氏。弋陽人。年十六適黄，生子甫一齡，夫亡，撫孤守節。同縣吕恩明妻范氏，吕成錦妻王氏，葉之軫妻周氏，謝大紳妻畢氏，吴存仁妻趙氏，張琮妻倪氏，吴呈鸞妻汪氏，翁潔妻吴氏，均乾隆年間旌。

詹接濟妻曾氏。貴溪人。年二十一夫亡，毀容誓死，姑鄒老病，侍養極謹。同縣童師賢妻夏氏，毛文錦妻李氏，璩疊妻徐氏，江衡妻張氏，蔡元焜妻張氏，何三奇妻陳氏，江繩妻徐氏，黄廷材妻蔡氏，裴宗雲妻吴氏，江鴻儒妻許氏，徐迪玉妻詹氏，徐天培妻吴氏，王元資妻桂氏，邵惠蒲妻周氏，翁天華妻董氏，程道遠妻張氏，陳其韶妻黄氏，楊映桂妻潘氏，顔良德妻李氏，童能賦妻周氏，童碧光妻周氏，黄子弼妻張氏，璩曰照妻王氏，毛偶蓮妻蔡氏，江蒸之妻曾氏，方名得妻嚴氏，楊清士妻徐氏，周蒲梗妻璩氏，徐益思妻劉氏，楊子讓妻江氏，方成之妻朱氏，江廉孫妻吴氏，魯兆魁妻李氏，江一鵬妻朱氏，李尚彩妻蔣氏，方忠文妻徐氏，方鼎新妻江氏，徐岸若妻楊氏，聶綸文妻林氏，熊日輝妻鄧氏，張誥妻劉氏，桂游妻錢氏，璩如鏡妻黄氏，熊林妻鄧氏，陳澄妻龔氏，童祥衍妻徐氏，汪西來妻楊氏，吴士傑妻夏氏，黄應科妻劉氏，侯宗遠妻李氏，烈婦傅護妻薛氏，徐敬典妻蔣氏，烈女席廉思未婚妻項氏，蕭定南未婚妻龔氏，均乾隆年間旌。

童惠妻陳氏。興安人。夫亡守節。與同縣藍璧崑妻倪氏，均乾隆年間旌。

鄭飛鴞妻羅氏。上饒人。夫亡守節。同縣汪福遠妻劉氏，楊永傑妻葉氏，楊永偉妻林氏，徐熊飛妻丁氏，盧澍妻陳氏，翁象鵬妻郭氏，均嘉慶年間旌。

雷德脩妻周氏。玉山人。夫亡守節。同縣吴士仰妻蘇氏，吴永發妻周氏，邱貴山妻譚氏，吴文鏡妻顔氏，吴文瑶妻郭氏，均嘉慶年間旌。

許蜚龍妻李氏。弋陽人。夫亡守節。同縣江文龍妻桂氏，汪之貞妻李氏，徐雲紅妻舒氏，嚴俊妻方氏，吴檠妻蒲氏，余添賜妻汪氏，均嘉慶年間旌。

單映藻妻夏氏。貴溪人。夫亡守節。同縣蔡守盈妻璩氏，彭尚禄妻江氏，毛炯妻王氏，徐天繡妻符氏，烈女徐一經未婚妻潘氏，黄步香妻彭氏，毛綱妻余氏，汪逢堯妻程氏，葛維淳妻夏氏，朱化宣妻蔡氏，應養先妻張氏，毛上翔妻童氏，張懋明妻林氏，蔡韶暉妻王氏，蔡調暉妻江氏，劉贊臣妻汪氏，劉漢成妻鄭氏，余含彦妻廖氏，徐明開妻祝氏，均嘉慶年間旌。

潘乾學妻許氏。鉛山人。夫亡守節。同縣劉宗尚妻徐氏，周爲梯妻楊氏，祝之鏕妻夏氏，祝之鍑妻傅氏，費徽昭妻張氏，任光陵妻林氏，胡師李妻貢氏，吴家鏻妻程氏，張蕙櫺妻詹氏，周昇健妻楊氏，烈婦王兆松妻彭氏，均嘉慶年間旌。

劉文鴻妻葉氏。廣豐人。夫亡守節。同縣俞錡妾徐氏、余氏，張紹緒妻劉氏，祝仰洙妻周氏，潘學淵妻朱氏，徐士枚妻王氏，徐瑞杭妻夏氏，夏大洲妻周氏，周孟錤妻俞氏，程遇曾妻汪氏，徐璈山妻吕氏，張汝棠妻徐氏，周維岸妻俞氏，徐詩昌妻胡氏，周型妻王氏，俞馭侖妻柴氏，程曰增妻劉氏，蔣朝緗妻周氏，郭正英妻胡氏，劉德聚妻郭氏，徐延淇妻夏氏，潘德錦妻俞氏，潘紀玷妻俞氏，王洪聲妻蔣氏，沈立禨妻周氏，潘必蘭妻葉氏，潘必苕妻周氏，潘紀璁妻徐氏，均嘉慶年間旌。

張曰安妻周氏。興安人。夫亡守節。同縣方之洛妻鄭氏，均嘉慶年間旌。

仙釋

漢

張道陵。留侯九世孫，建武時，生於天目山。永平時，拜江州令，棄官，隱洛陽北邙山，章帝、和帝累召不就。杖策遊龍虎山，修煉道成，入蜀居陽平山。永壽時，遷渠亭山，出其經籙印劍，授子衡，使世世相傳，乃於南隆雲臺峰乘雲上昇。是爲漢天師第一世。衡傳子魯，魯傳子盛，盛復居龍虎山。元世祖賜三十六世天師宗演號曰靈應沖和真人〔一三〕。大德中，加授嗣天師與材爲

「正一教主」，兼領三山符籙。至今世襲。

宋

徐若渾。上饒人。政和中，命林靈素講道寶籙宮，士大夫咸會。徐越次起曰：「傾河之辯，貴當於理。終日不言，貴會於道。」林曰：「子所學者何道？」徐曰：「孝於親，忠於君，居仁由義，調喜怒，正好惡，安時處順，樂天知命，如是而已。」詔授以爵，不受，隱玉虛之西，不知所終。

王道堅。貴溪人。政和中赴闕，館於太乙宮。徽宗訪以修煉之術，奏曰：「清静無爲，軒黄所以致治。多欲求仙，漢武所以罔功。修煉非天子之事。」時徽宗預知國當有厄，命禳之，對曰：「修德可以回天，禬禳之説，不敢誤國。」請還山。

元

張與材。道陵三十八世孫，襲掌道教。時潮齧鹽官、海鹽兩州，爲患特甚，與材以術治之。一夕大雷電以震，明日見有物魚首黿形者磔於水裔，潮患遂息。

張留孫。貴溪人。少入龍虎山爲道士，有相者曰：「神仙宰相也。」至元十三年，從天師張宗演入朝，留侍闕下。世祖嘗親祠幄殿，忽風雨暴至，衆駭懼，留孫禱之立止。昭睿順聖皇后得危疾，召留孫請禱，既而后夢有朱衣長髯，從甲士導朱輦白獸行草間者，覺而異之，以問留孫。對曰：「甲士導輦獸者，臣所佩法籙中將吏也。朱衣長髯者，漢祖天師也。行草間者，春時也。疾其及春而瘳乎？」后命取所事畫像以進，果夢中所見者。

本朝

覺浪。名道盛，柘浦張氏子。因見瑞巖識公，遂求薙，棲夢華山。後至天界毘盧閣休夏，忽命移錫禪堂。停午書偈，擲筆而逝。

土産

鐵。唐書地理志：上饒有鐵。寰宇記：上饒縣有鐵山。通志：玉山、貴溪、弋陽三縣皆有鐵，久罷。惟上饒永樂鄉，場尚存。

鉛。唐書地理志：上饒有鉛。寰宇記：鉛山縣有鉛山。郡志：鉛山縣招善鄉有楊梅山場，今罷採。

青碌。寰宇記：鉛山縣出。

綿。元和志：信州貢綿。

藤紙。元和志：信州貢藤紙。府志：上饒縣有黄白表紙，亦有連四紙，俱不甚佳。又鉛山、貴溪二縣有白録紙，煮竹絲爲之，鉛山者佳。又有高簾紙，俗名蓬紙。又玉山縣東北鄉有楮皮紙，今廣豐東鄉亦有之，其楮皮出自湖廣。

葛粉。唐書地理志：信州土貢。省志：各縣出。

茶。省志：七邑俱産。

瓷器。明統志：弋陽縣出。省志：弋陽縣湖西、馬坑窑，皆以陶器爲業，郡邑多資之。按：舊志載唐書地理志：上饒有金，弋陽、玉山有銀。又上饒有銅。今俱無，謹附記。

校勘記

〔一〕縣北五十里有湖村山　「村」，原作「封」，據乾隆志卷二四二廣信府關隘（下同卷簡稱乾隆志）及雍正江西通志卷三四關津、讀史方輿紀要卷八五江西三改。

〔二〕又西十里曰石鼓　按，乾隆志此下尚有「又西十里曰鷹潭」一句，雍正江西通志卷三四關津貴溪縣亦有鷹潭，在縣西五十里。本志蓋誤脱。

〔三〕明洪武十三年裁　「明」，原脱，據乾隆志及本志書例補。

〔四〕玉澗橋　「玉」，原作「王」，據乾隆志及本志廣信府山川「永豐溪」條改。

〔五〕王埭墓　「埭」，乾隆志、雍正江西通志卷一一〇丘墓同。按，「埭」疑是「棣」字之訛。考宋史卷二五高宗本紀建炎二年十一月條云金人陷開德府，守臣王棣死之。建炎以來繫年要録建炎二年十一月亦云知開德府充本路經略安撫使王棣率軍民固守澶淵，走至南門，爲軍民所踐而死。「埭」當爲「棣」之形訛。又按，雍正江西通志卷八〇人物有王棣傳，云：「王棣，字儀仲，荆公族孫。學士雱無子，荆公立爲後。崇觀間爲顯謨閣待制、知開德府。金人寇澶淵，城陷遇害，贈資政殿大學士，賜葬貴溪之舒山。」

〔六〕鄧顒墓　「顒」，原作「禺」，據乾隆志及雍正江西通志卷一一〇丘墓改。按，此避清仁宗諱改字也。

〔七〕廣豐知縣鄧顒死難　「顒」，原作「禺」，據乾隆志改。下文同改，不出校。

〔八〕調江浙二十五州丁夫　「二」，原脱，乾隆志同，據宋史卷四四八鄭驤傳改。按，此蓋承雍正江西通志卷八五人物鄭驤傳文，然江西通志鄭氏傳自注引自宋史，非別有所見，蓋偶脱「二」字也。

〔九〕贈樞密院學士　乾隆志及雍正江西通志同。按，宋史鄭驤傳作「樞密直學士」，是也，此當添「直」字。

〔一〇〕每至宗社隱憂處　「憂」，原作「愛」，據乾隆志及宋史卷四二四徐元杰傳改。

〔一一〕按，據例此條下當有「『巴延布哈德濟』舊作『伯顔不花的斤』，今改正」之語，蓋遺漏。

〔一二〕阮大鋮起　「鋮」，原作「鉞」，據乾隆志改。

〔一三〕元世祖賜三十六世天師宗演號曰靈應沖和真人　「演」，原作「潢」，乾隆志同，據元史卷九世祖本紀改。

南康府圖

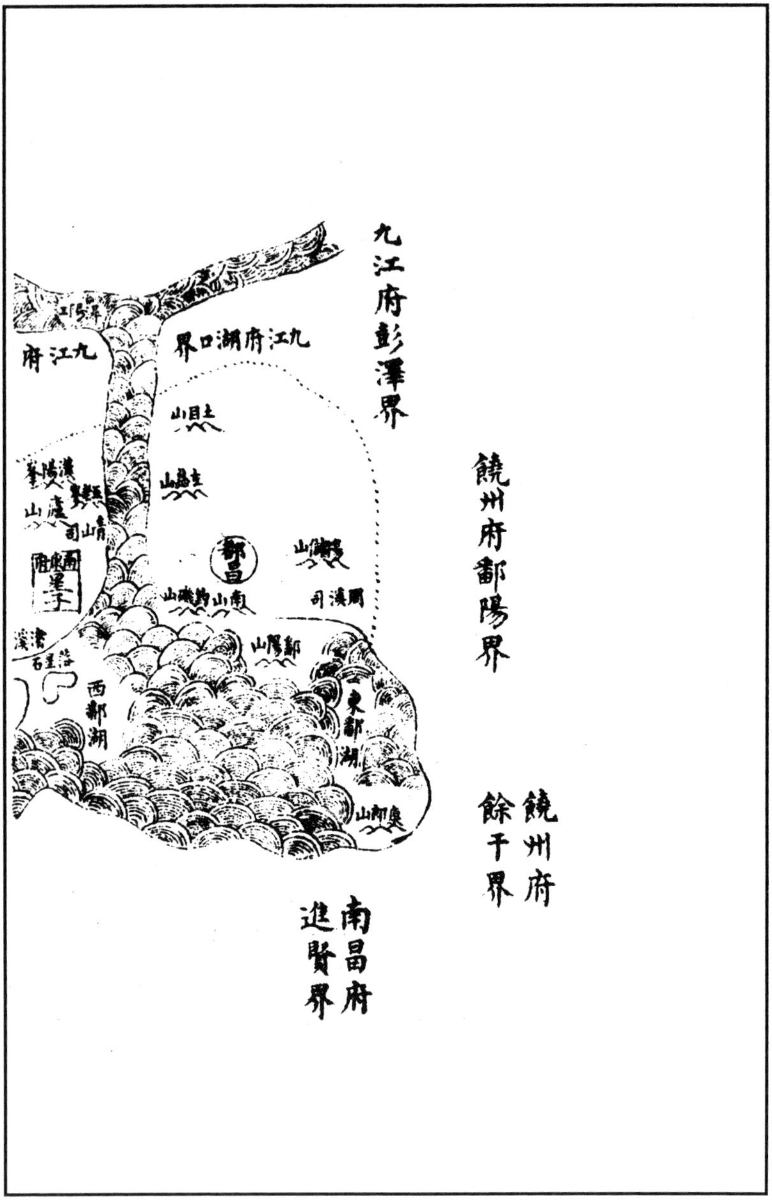
九江府彭澤界
九江府湖口界
九江府
饒州府鄱陽界
饒州府餘干界
南昌府進賢界
都昌
土目山
南山
鄱陽山
周溪司
西鄱湖
東鄱湖

德化界
九江府德安界
南昌府武寧界
南昌府靖安界
建昌
修水
雲居山
張嶺
安義
龍江
司
吳城山
南昌府新建界
奉新江
南昌府奉新界

南康府表

	南康府	星子縣	都昌縣
秦	九江郡地。		
兩漢	豫章郡地。	柴桑縣地。	彭澤、鄡陽二縣地。
三國	吴置鄱陽柴桑郡。		
晉	豫章、尋陽二郡地。		
南北朝	宋江州地。陳置豫寧郡，隸江州。		彭澤縣地。
隋	置洪州當陽府。	湓城縣地。	
唐	江、洪二州地。	潯陽縣地。	都昌縣武德五年置，屬浩州。八年屬江州。大曆中屬饒州。
五代	初屬揚吴，後屬南唐。	揚吴置星子鎮。南唐爲德化縣地。	都昌縣
宋	南康軍太平興國七年置，治星子，屬江南西路。從改屬東路。	星子縣太平興國三年置，屬江州。七年爲軍治。	都昌縣太平興國七年改屬南康軍。
元	南康路至元十四年升路，屬江淮行省。後改屬江西行省。	星子縣路治。	都昌縣屬南康路。
明	南康府初曰西寧府，尋改名，屬江西布政司。	星子縣府治。	都昌縣屬南康府。

續表

建昌縣	安義縣
海昏縣屬豫章郡。 永修縣後漢置，屬豫章郡。	海昏縣地。
海昏縣 永修縣	
海昏縣 永修縣	
建昌縣宋元嘉中省，移建昌來治，仍屬豫章郡。 永修縣	建昌縣地。
建昌縣 開皇九年省入。	
建昌縣武德五年於縣置南昌州。八年州廢，縣屬洪州。 永修縣武德五年復置，屬南昌州。八年省。	武德五年析置龍安縣，屬南昌州。八年省入建昌。
建昌縣	
建昌縣太平興國七年改屬南康軍。	
建昌州元貞元年升州，屬南康路。	
建昌縣洪武初仍爲縣，屬南康府。	安義縣正德十三年置，屬南康府。

大清一統志卷三百十六

南康府一

在江西省治北二百四十里。東西距二百十里，南北距一百十里。東至饒州府鄱陽縣界一百六十里，西至九江府德安縣界五十里，南至南昌府新建縣界六十里，北至九江府德化縣界五十里。東南至饒州府治二百五十里，西南至南昌府奉新縣治二百六十里，東北至九江府彭澤縣治二百五十里，西北至九江府瑞昌縣治一百二十里。自府治至京師四千六百七十五里。

分野

天文斗分野，星紀之次。

建置沿革

禹貢揚州之域，春秋爲吴、楚地，戰國屬楚，秦屬九江郡。漢爲柴桑、彭澤、海昏三縣地，屬豫章郡。後漢屬豫章郡。三國吴置鄱陽、柴桑郡。晉屬豫章、尋陽二郡。元康元年置。宋屬江州，齊、梁因之。陳置豫寧郡，隸江州。隋置洪州當陽府。即今建昌縣。唐爲江、洪二州地。五代屬楊吴，後屬南唐。宋太平興國七年，置南康軍，治星子縣。隸江南西路。紹興初，改隸江南東路。元至元十四年，升南康路，隸江淮行省。二十二年，改隸江西行省。明初改爲西寧府，時爲元至正二十一年。尋曰南康府，屬江西布政使司。本朝因之，屬江西省，領縣四。

星子縣。附郭。東西距七十里，南北距一百十里。東至都昌縣界二十里，西至九江府德安縣界五十里，南至南昌府新建縣界六十里，北至九江府德化縣界五十里。東南臨鄱陽湖，至饒州府餘干縣治三百五十里，西南至南昌府武寧縣治二百三十里，東北至九江府湖口縣治一百二十里，西北至九江府德化縣治一百四十里。本漢豫章郡柴桑縣地。隋爲湓城縣地。唐爲潯陽縣地。五代時楊吴置星子鎮，南唐爲德化縣地。宋太平興國三年，升爲星子縣，屬江州。七年爲南康軍治。元爲南康路治。明爲南康府治，本朝因之。

都昌縣。在府東八十里。東西距一百四十里，南北距一百二十三里。東至饒州府鄱陽縣界八十里，西至星子縣界六十里，南至南昌府新建縣界三十里，北至九江府湖口縣界九十三里。東南至饒州府鄱陽縣治一百六十里，西南至南昌府新建縣界一百里，東北至九江府彭澤縣治二百二十里，西北至九江府德化縣界八十里。漢豫章郡彭澤、鄡陽二縣地。宋、齊以後，爲彭澤縣地。唐武德五年，分置都昌縣，屬浩州。八年州廢，縣屬江州。大曆中，屬饒州。宋太平興國七年，改屬南康軍。元屬南康路。明屬南康府，本朝因之。

建昌縣。在府西南一百二十里。東西距一百三十里，南北距八十里。東至南昌府新建縣界四十里，西至南昌府武寧縣界九十里，南至安義縣界五十里，北至九江府德安縣界三十里。東南至南昌府新建縣界六十里，西南至安義縣治八十里，東北至星子縣界五十里，西北至九江府德安縣治六十里。漢置海昏縣，屬豫章郡。後漢爲海昏侯國。晉仍爲海昏縣。劉宋元嘉中，省海昏，移建昌縣來治，仍屬豫章郡。齊、梁至隋因之。唐武德五年，於縣置南昌州總管府。七年府廢，八年州廢，以建昌縣屬洪州。宋太平興國七年，改屬南康軍。元元貞元年，升爲建昌州，屬南康路。明初仍爲縣，屬南康府。本朝因之。

安義縣。在府西南二百里。東西距六十里，南北距六十里。東至南昌府新建縣界四十里，西至南昌府靖安縣界二十里，南至南昌府奉新縣界三十里，北至建昌縣界三十里。東南至南昌府新建縣治九十里，西南至南昌府奉新縣治六十里，東北至建昌縣治八十里，西北至南昌府武寧縣治一百二十里。本漢海昏縣地。宋、齊以後，爲建昌縣地。唐武德五年，析置龍安縣，屬南昌州。八年，廢入建昌縣。明正德十三年，分建昌之西南地置安義縣，屬南康府。本朝因之。

形勢

背負匡廬，前據彭蠡。地勢雄秀，甲於東南。朱子南康榜文。其西五峯峭壁，隱然在望者爲廬阜，其南巍峯疊聳，若來向者爲蘇山。宋彭圖南致霖亭記。控楚引粤，爲江右咽喉地。明費宏府城碑記。

風俗

禹跡所經，太史所游，有聖賢遺風。朱子南康榜文。俗朴訟稀，民貧土瘠。宋黄唐謝表。

城池

南康府城。周五里二十步，門五，東、西、北三面環以濠，廣二丈，南臨湖。宋淳祐中土築，明正德八年，改甃甎石。本朝順治九年，闢小南門。康熙三年修，乾隆二十二年重修。星子縣附郭。

都昌縣城。周九百五丈五尺，門八，四面以湖爲池。明嘉靖中創築。本朝康熙二十一年修。

建昌縣城。周四里三百二十四步，門四，水門二。明正德十三年土築，嘉靖三十年改甃甎石。本朝乾隆十年修，二十五年重修。

安義縣城。周四里一百二十步，門四，濠深一丈二尺。明正德十三年創築。本朝順治十六年以後屢修，乾隆七年、二十七年重修。

學校

南康府學。在府治南。宋紹興中，自城西門外遷此。元末燬，明初再建，本朝屢修。入學額數二十名。

星子縣學。在縣治東。宋紹興中建於城西門外。明洪武四年，遷府治東南，萬曆四十一年，改建今所。本朝康熙五十六年修。入學額數十五名。

都昌縣學。在縣治西金街嶺。唐咸通中建，在縣東南。明萬曆中，遷縣治西。本朝康熙十一年，又遷小南門外，五十四年移建今所。入學額數十五名。

建昌縣學。在縣治東北。宋崇寧中，建於縣治東，慶元初遷縣西。明天啓元年，改建今所。本朝康熙五年修，十一年重修。入學額數十五名。

安義縣學。在縣治南。明正德十三年建。本朝康熙十一年修，五十一年重修。入學額數十二名。

白鹿書院。在星子縣北廬山五老峯下。唐貞元中，洛陽人李渤與兄涉讀書廬山，嘗畜一白鹿自隨。寶曆中，渤爲江州刺史，於故處創臺榭，遂以白鹿名洞。南唐昇元中，即其地建學置田，命國子監九經李善道爲洞主，號曰廬山國學。宋初始置書院，與睢陽、石鼓、嶽麓三書院並名天下，學徒常數百人。太平興國二年，詔從知江州周述請，給國子監印本九經驛送至洞，號曰白鹿國學。久之學廢。淳熙中，朱子知南康軍，因其遺址重建書院，聚徒講學，嚴立規條，置田以給廩餼。其後又建禮聖殿，增舍益田。至元季燬。明正統、成化間，修復舊制。萬曆七年再廢，後又復。本朝順治以來，屢修堂廡，增置學田。康熙二十五年，聖祖仁皇帝賜御書「學達性天」扁額及十三經、二十一史。雍正四年重修，並增建學舍。乾隆九年，高宗純皇帝賜御書「洙泗心傳」扁額。

修江書院。在星子縣。宋淳熙中朱子知南康軍時建。

宏齋書院。在建昌縣治東，宋李燔讀書處。

户口

原額人丁五萬二千四百二十一，今滋生男婦大小共一百二十七萬六千七百二十五名口，計二十萬五千八百九十八户。又前左衛及九江衛屯軍男婦大小共一萬五千七百五十八名口，計一千七百二十三户。

田賦

田地一萬八千四百八十三頃二十八畝八分四釐有奇，額徵地丁銀七萬三千八百八十三兩五錢六分，米四萬一千六百三十九石六斗六升七合。

山川

錢家山。在星子縣南十五里。

鵶髻山。在星子縣南四十里。形如三台〔二〕，時起雲霧。相近有龍潭山。

吴城山。在星子縣南百三十里，濱江。上有望湖亭。

鳳凰山。在星子縣西南十里。蜿蜒特起，水漲山浮，勢若鳳翔。一名流星山，今改名福星。又有鳳凰山，在安義縣東五里，起伏如鳳凰舞，下有碧潭。

東古山。在星子縣西南十里。又西南十里有西古山。東古山之西北爲洪井山，相傳葛洪煉丹於此。

精舍山。在星子縣西南三十里。其東相接者爲一字山，有兩水夾山流，一名藍車山。

烏石山。在星子縣西五里。又西二里有清潭山，下有潭。

玉京山。在星子縣西七里，一名上京山。當湖之濱，一峯最秀，其東西雲山煙水數百里，浩渺縈帶，皆列於几席間。明統志：陶潛詩「疇昔家上京」，指此。

雞籠山。在星子縣西十五里。下有潮泉，晷刻不差，朔望尤大。上有柔石，可爲礪。稍北爲封家山。

黄龍山。在星子縣西三十里。山有兩巖，北麓爲主簿山，下有温泉。

廬山。在星子縣西北二十里，北接九江府界。古名南障山，一名匡山，總名匡廬。朱子九江彭蠡辨：禹貢敷淺原，説者以爲漢歷陵縣之博易山，在今江州德安縣，爲山甚小而庳，不足以有所表見。而其全體正脈，遂起而爲廬阜，則甚高且大，以盡乎大江、彭蠡之交，而所以識夫衡山東過一支之所極者，惟是爲宜耳。周必大廬山後録：山有九十九峯，櫛比磬折，如城垛然。輿圖廣記：廬山三面阻水，西臨大陸，爲羣山所奔輳。山無主峯，蜿蜒蟬聯，指列條數，各自爲勝。王褘六老堂記：其陰土燥石枯，岡阜並出，以扼大江東來之勢，是爲九江。其陽千巖萬壑，土木秀潤，是爲南康。按：廬山之勝，南多於北。今峯巖洞壑在府界者，不可悉數，其最著者曰五老峯、石鏡峯、紫霄峯、淩霄峯、鐵船峯、漢陽峯。漢陽峯之水，西流爲康王谷之谷簾泉，東流爲開先寺之雙瀑。五老峯下爲棲賢谷，西爲三峽澗，洞曰白鹿洞、白雲洞，原曰栗里原。此南康之勝也。以舊屬潯陽，故宋以前記載，詳見九江府。其峯巖泉瀑之有名者，分著於下。

龍塘山。在星子縣西北三十里。峯巒峭拔，環抱湖灣。又西北十里，有屏風山，丹崖紫壁，環繞磅礴，如屏障然。

石牛山。在星子縣北三十里。又北十里爲青山、張家山，其東北爲香山，東南爲石子山。

吴章山。在星子縣北四十五里，與廬山接。嶺峻峽隘，亦名吴障山，以其爲吴之障也。其北又有塔尖山、洞林山，接九江府界。

定山。在星子縣東北十餘里，濱江。

赤石山。在都昌縣東十里，上有鐵硃。路通饒州及湖口、彭澤，爲往來所必經。

陽儲山。在都昌縣東四十里。山甚高聳，登之可望諸山積翠。舊志謂居衆山之南，陽氣所鍾，故名。巔有石室，昏黑不可入。

强山。在都昌縣東六十里鄱陽湖中。由長山發脈，綿亘湖中，突起二峯。東峯屬饒州府鄱陽縣界，亦名狂山。

佛殿山。在都昌縣東七十里。紆迴曲折，上有清泉，四時不竭。又龍宫山，亦在縣東七十里。

三山。在都昌縣東南六十里鄱陽湖中。又四望山，在縣東南九十里湖中，四望空闊。舊有巡寨。

南山。在都昌縣南二里。與西山並峙，爲邑左障。下有泉名野老，甚甘冽，歲旱不涸。蘇軾、黄庭堅嘗遊憩於此。又西山，在縣西一里，延袤千餘里。

團山。在都昌縣南二里湖中，爲邑塞口。春夏水漲，狀如覆釜。其南半里許，又有小團山。

松門山。在都昌縣南二十里鄱陽湖中，接南昌新建縣界，俗名岧嶢山。詳見南昌府。

釣磯山。在都昌縣南五里臨湖，有巨石如臺，端潔特立。元和志：山在縣南一百十二里。昔陶侃常釣於此，得一梭化爲龍而去。寰宇記：釣磯石，在縣西三十里，旁臨浦嶼。按：元和志據都昌舊治言，故遠。寰宇記所記，與今不合，疑誤。

石壁山。在都昌縣西南七里。山麓有石立數丈，截然如壁，屹臨巨湖。寰宇記：山在縣西十一里，旁臨清江。

大磯山。在都昌縣西七里。懸崖百仞，長三里許，一名望仙山。頂有平石，可以眺遠。山之南有瞭望臺，舊爲備湖巡兵屯聚處。又小磯山，在縣西南十五里，脈自大磯山發，截立湖中。二山之間爲磯池，舟行多險。

元辰山。在都昌縣西四十里。相傳晉蘇耽居此得仙，一名蘇山，道書以爲第五十一福地。最高處爲黄茅嶺，其坳寛平，有田數十畝，有塘水常不竭。又蜈蚣山，在縣西七十里，接南昌新建縣界。

石流山。在都昌縣西北二十里，亦名石流觜。水勢至此甚急，投以石則隨水而去，因名。麓有觀音洞，深廣可容數十人。又西北五里爲五谷山，突出湖濱，亦名五谷觜。

左蠡山。在都昌縣西北五十里，一名藍車。山勢逶迤，爲縣西北之襟喉，以臨彭蠡湖東而名。其下舊有左蠡城。

芙蓉山。在都昌縣北十里。其山大小相對，形若芙蓉。又飛鳳山，在縣北二十里，勢如飛鳳，下有池。

雲泉山。在都昌縣北六十里。有泉出雲，號曰雲堆。

檀樹山。在都昌縣北六十里。峯巒特聳，表出羣山。按：寰宇記檀頭山，在縣西北九十里，宋將軍檀道濟領兵登此石室，因名。檀頭山西南枕彭蠡，蓋即今檀樹山也。

城子山。在都昌縣北七十里。峯巒環聳如雉堞，因名。宋檀道濟嘗築城於此山上。

土目山。在都昌縣北八十里。寰宇記：在縣西北七十里，山無名。縣志：臨大湖，巨浪衝激，成孔如目。下即土目湖，連九江湖口縣界。

屏風山。在都昌縣北九十里。丹崖紫壁，縈繞磅礴如屏障。

篁竹山。在都昌縣東北二十里，舊名龍王腦。又小岡山，在縣東北六十里。島山，在縣東北七十里。

華山。在都昌縣東北九十里。突然峭拔，高壓衆山，擬之太華，故名。又東遊山，亦在縣東北九十里，其下即舊縣也。

黄金山。在都昌縣東北一百二十里。山頂有龍湫，禱雨多應。有巨石廣數十丈，飛泉噴出石間，名飄水巖。迂迴而入，忽登爽塏，有田常豐，産煤炭石灰。

迴城山。在建昌縣南四十五里。山勢迴環，列嶂如抱。上有聖水塘，常盈不竭。

雲居山。在建昌縣西南三十里。紆迴峻極，頂常出雲。一名歐山。明統志：世傳歐岌先生得道於此。雲居山志：歐山秋澤湧洩，垂流三十餘丈，形如曳布，謂之布水。縣志：山之陽有鵞公嶺、走馬嶺，山陰有陽坳，有大、小馬頸。馬頸者，以兩山斷絶，中止一綫相屬，從二百餘步，衡尺有咫，兩旁皆深谷無影，行者股慄。山上羣峯環抱，凡十有一，俱削如城郭。而上復開豁，有湖有田。

長山。在建昌縣西南五十里，與安義縣龍安城相對。宋岳飛討李成，屯兵於此。

尖山。在建昌縣西五里，屹然特立於修江之左。度修江而南，曰蟠龍山，蜿蜒旋伏如龍。

鳳棲山。在建昌縣西十里。山勢旋伏，狀如棲鳳。上有騰雲石，常出雲氣。下臨河，有太子洞，可容數人。

越山。在建昌縣西二十五里。羣山環繞，聳拔峻峭。上有平窩，四周如城，曲徑可達，中容千人，亦名越王寨。

將軍山。在建昌縣北十六里，舊名軍山，上有樊將軍廟。

西山。在安義縣東四十里，即南昌府西山也。蜿蜒綿亘，西入縣界，爲境内巨鎮。又五名山，在縣東三十里，層巒疊聳，石澗深曲。

兆州山。在安義縣東南四十里。翠巘磊落，其形如兆，下多良田，民居有如州郭，因名。

仰天獅山。在安義縣南二十里。

筆架山。在安義縣南四十里。峯巒高聳，下有石室。

文山。在安義縣南十里，峯巒秀麗。

鶴舞岡山。在安義縣西南十里，有三峯聯翠。

台山。在安義縣西三里。山脈自靖安縣寶峯山蜿蜒而來，骨立高聳，下有清流縈繞，俗名擡頭山。又縣西五里有陽潮山，起伏環抱如獅形。

馬山。在安義縣北三十里，爲寶峯山左支。前有一峯矗立，九曲水繞其下。

石鏡峯。在星子縣西二十五里廬山。水經注：山東有一圓石，懸崖明淨，照見人形。晨光初曜，則延曜入石，毫細畢察。

鶴鳴峯。在星子縣西廬山，去縣十餘里。峯下即開先寺。其西南爲雙劍峯，兩峯峭麗，勝於山北之雙劍。又西南爲香鑪山，圓聳亦如香鑪。又有太乙峯，在縣西北二十餘里，峻削與衆峯殊。金輪峯，在縣西二十五里，形如輪，其旁即石鏡峯也。又五里有般若峯，爲廬山西面最高處。

鐵船峯。在星子縣西北二十五里廬山。明統志：世傳許旌陽與吴猛乘鐵船墮於此，下有艑底池。

五老峯。在星子縣北廬山，去縣三十里。山石骨峙，突兀淩霄，如五老人駢肩而立，爲廬山盡處。峯之東北爲九疊雲屏，亦曰屏風疊，其下爲九疊谷。

淩雲峯。在星子縣北廬山五老峯南。輿地紀勝：上插空碧，下吞江湖，飛湍激瀨，連接絶壑。

紫霄峯。在星子縣北廬山，去縣二十五里，一名上霄峯。下有上霄源。水經注：廬山之南有上霄石，高壁緬然，與霄漢連接。秦始皇三十六年，歎斯岳遠，遂記爲上霄。上霄之南大禹刻石，誌其丈尺里數，今猶得刻石之號焉。明統志：禹刻石在石室中，極深險，曩有好事者縋而下，摹得百餘字，皆不可辨，僅有「鴻荒漾余乃檋」六字可識。

淩霄峯。在星子縣北四十三里廬山。輿地紀勝：巖石玲瓏，迴迴道左。前對五老峯如賓客，此山之絶致也。

漢陽峯。在星子縣北廬山。絶頂望數百里，極目江漢，故名。省志：東至桃林、萬壽寺，西迄康王谷，其巔平曠，無喬木，下視濛濛，窈不見底，雖六月亦寒慄。有峭壁曰禹王崖。峯南與黄巖瀑布源相接。

桃花峯。在建昌縣西南七十里，聳入雲際。陟其巔，目極千里。下爲黄荆洞。險峻不可登，行者鑿孔，歷級而上。洞中有古墓，生鐵鎔固。峯上有馬尾泉，曲折湍激，至巖陡處直下如水簾，嘗有桃花流出。峯之東三里爲下城洞，亦有鐵封墓。

錦岡嶺。在星子縣東一里。宋建錦岡驛於此。

師林嶺。在星子縣西南三十里，與西古山相連。舊有宋陳凖石室書堂。

迎春嶺。在星子縣西一里。又西一里爲少府嶺。

含鄱嶺。在星子縣北廬山之半。面鄱湖若有吞吸之狀，故名。嶺之南，中豁爲含鄱口。又西南爲歡喜嶺，乃登五老之大路。又羅漢嶺，在白鹿洞南數里。鈐岡嶺，即三疊谷北崖，極高峻，上有觀音洞，深半里許。

望湖嶺。在都昌縣東三里。正望湖中，因名。一名望夫嶺。又石牛嶺，在縣東四十里，高亘五里。

吕公嶺。在都昌縣北九十里。其險峻。道左有清泉，甘洌。

暘嶺。在建昌縣西七十里。有鄒氏世居其下，亦名鄒山。西北有峽石坳。與九江德安縣分界，相接者曰北山，峯巒秀拔。

長嶺。在安義縣東三十里，道通南昌。又東十里有小嶺，嶺東即南昌新建縣界。

猴子崖。在建昌縣西南六十里，下瞰修江。崒嵂千仞，江干路斷，鑿石通門。亦曰城門山。

雨巖。在星子縣廬山漢陽峯南。窈而深，雲出即雨。又有黄巖，在寨雲峯西。巖有二，大者可容數十人。

棲賢谷。在星子縣廬山含鄱口南，三峽澗出焉。廬山之谷以三數，棲賢爲大，又多奇勝，人樂游之。又青牛谷，在五老峯下，世傳宋道士洪志乘青牛處。康王谷，去府城北三十五里，舊名楚王谷。

錦繡谷。在星子縣北。輿地紀勝：在廬山。谷中奇花異草，紅紫匝地，如被錦繡。

白雲洞。在星子縣西四十里廬山頂，白雲出入其間。

長山坳。在都昌縣東七十里。上有獅子山，爲往來逕道。

磯峯尖。在都昌縣東二十五里，高入雲漢，望之極秀。其前兩山壁峙，一水中流，爲縣之勝。

眺美尖。在建昌縣雲居山西南四十里。高峯入雲，百里皆見，俗呼糶米尖。其相望者曰血汗嶺，峯巒壁立，俗名仰宕山。相近又有佛座尖，佛座之後，有釣橋山。

黄婆磯。在星子縣東南二里，濱湖。

渚磯。在星子縣南七十里，當鄱陽湖之西渚。北去都昌縣之左蠡，南距吴城鎮俱六十里，爲湖中津要。

落星石。在星子縣南五里湖中。水經注：湖中有落星石，周迴百餘步，高五丈，上生竹木。傳曰有星墜此，因以名焉。縣志：今名德星石。

介石。在都昌縣東南六里。臨湖巨石如削，因名。

彭蠡湖。在星子縣東南及都昌縣西一里，即鄱陽湖。南接南昌，東抵饒州府界，由都昌縣之南、西兩面，歷星子縣東，又西北入九江府湖口縣，注於大江。在星子縣南者，名落星湖，因落星石而名也。在縣東南及南昌界者，名宫亭湖。在都昌縣西南者，曰揚瀾湖，又北曰左蠡湖。其大湖又有東鄱、西鄱之分。水經注：廬山下有神廟，號曰宫亭廟，故彭湖亦有宫亭之稱焉。元和志：彭蠡湖，在都昌縣西六十里，與潯陽縣分湖爲界。周必大廬山後録：出石門望宫亭湖横出，揚瀾、左里左右相對。明統志：

落星湖，在彭蠡湖西北。陳王僧辯破侯景落星灣。又宋孟太后過落星寺，舟覆，宫人溺死者無數，惟太后舟無虞。皆此。星子縣志：落星湖，即大湖之西出者也。今名德星湖。都昌縣志：自介石以至於東山、瑞虹，謂之東鄱湖。由松門以達於昌邑、吴城、土目、屏風，謂之西鄱湖。又左蠡湖，在縣西四十里左蠡山南。

白漕湖。在星子縣南十里。又錢家湖，在縣西南十里。龍溪湖，在縣西南五十里。相近又有西廟、湯家、橋浦、走馬、硬灘等五湖。

草堂湖。在星子縣西三十二里，一名蓼花池。又株林湖，在縣北十里。又北二十里，有馬頬湖。又北十里，有大廣湖、瑴山湖。又梅岐湖，在縣東北二十五里。

大沙湖。在都昌縣東三十五里，地多沙。又縣東七十里有僊子湖，西北二十里有北廟湖，石流山南有石流湖，西北三十里有吴江湖，北二十五里有郭家湖，皆鄱陽之支委也。

明月湖。在建昌縣西四十里，其水泓涵澄澈，瑩然如月。又縣東三十里有曲埇湖，三十五里有東白湖，南十里有南槎湖、鵲湖，三十里有石湖。

土塘河。在都昌縣東七十里。承鄱陽湖水，蔓延入黄金鄉，長三百里。兩涯居民貿易，多通商船。

新開河。在都昌縣治西一里。明統志：宋紹聖間，邑宰言都昌邊湖，風濤不時，請開此河以通舟楫，且避大小磯水之湍急。

後港河。在都昌縣北六十里。其水自中堡各山壠，曲折逶迤，流會北廟湖水，至黄沙灘入鄱陽湖。有九十九灣，春夏水漲，廣通舟楫。

帽帶水。在建昌縣東，自縣北繞而南入修水。

周坊水。在建昌縣東。其地在四水之中，章江漲則北入修水，修水漲則南流入南昌新建縣之冷溪。

修水。在建昌縣南。源出南昌府義寧州，自武寧縣流入縣西界，又東流百二十里合上僚水，入章江，注於彭蠡。以其修遠，故曰修，邑人呼爲西河，亦名修江。水經注：修水逕豫寧縣東北，逕永修縣，又東北注贛水。九域志：建昌縣有修水。縣志：西河自武寧縣流經縣西九十里三丗灘，亂石縱横，最爲怪險。東流合諸水，凡折行百十里，與南河合。又東出蘆潭入新建縣界，與章江合。

上僚水。在建昌縣南修水南，今名南河。源出南昌奉新縣，名奉新江，即馮水也。東流入安義縣界，逕縣南而東，合靖安縣來之龍江水及東陽新徑、兆州二水，入建昌縣界，又東北至縣東南與修水合。水經注：僚水導源建昌縣東，逕新吴縣，又經海昏縣，謂之上僚水，又謂之海昏江。分爲二水。縣東津上有亭，爲濟渡之要，其水東北逕昌邑而東，出豫章大江。其一水支分，别注於修水也。建昌縣志：僚水自安義閔坊、城山間入境，曰南河，凡直行七十里入西河。

蛇子徑水。在建昌縣南二十里。相傳晉吴猛殺大蛇，蛇子穿成穴，流水灌通，屈曲如蛇。唐儀鳳中始通小舟。又縣南十五里有龍骨洲水，即寰宇記所云「蛇骨洲，吴猛殺大蛇，聚骨成洲」者也。今其水與蛇子徑水俱北入南河。又縣東南有白洋湖水，源出竹林港，逕花圴入南河。桐玻水，源出新建縣馬鞍山，逕下洋湖出上僚津入南河。縣西南七十里有赤石水，源出佛座、眺美諸峯。寂田水，源出安義縣界。俱東流入南河。

白沙水。在建昌縣西南三十里。又縣西三十里有醴坑水，五十里有向家水，俱出雲門山，北入修水。六十五里有白洋水，源出白洋三陂，逕考坑入修水。七十里有雲門水，源出雲門山，至長樂陂入修水。又縣西北四十里有水西水，六十里有朱家坳水、江陂水，縣北三十里有驛南水，俱出九江德安縣，南流入修水。

南湖水。在建昌縣東北，匯縣東北境諸水爲南湖。

東陽新徑水。在安義縣東二十里。源出靖安縣，東流入縣界，與奉新江、兆州二水合，俗名義興三合水。府志：水口縈迴，唐寶應中忽成大川，徑達東陽津口〔二〕。發源處有破石潭，相屬三四里，其深莫測。

兆州水。在安義縣東南四十里。源出兆州山，流合奉新江。

龍江水。在安義縣南一里。源出靖安縣，流入縣界，東合奉新江，會修水。

白武水。在安義縣南二十里。相近有斛源水。又縣南三十里，有湖陂水。俱出靖安縣界，東流入修水。

皎源水。在安義縣西北三十里。源出靖安寶峯山，險不通舟，東流合修水。

龍溪。在星子縣西南五十里。源出黄龍山，自髻山直至湖濱，環繞如龍。溪頭有二井，深不可測。

鸞溪。在星子縣西二十五里，源出紫霄峯。又稍西金輪峯側有石鏡溪，又縣西三十里有靈溪，南二十里有沙溪，六十里有諸溪，俱源出廬山諸峯，流入湖。

珠溪。在建昌縣東十五里。輿地紀勝：漢章帝時，出明月珠大如雞子。今名青樹灣。

謝思港。在星子縣東九里，源出廬山。又縣西南二十六里，有藋藤港，源出黄龍山，俱流入鄱陽湖。

山田港。在都昌縣東三十里。自鄱陽湖分水，入縣之新城鄉，長八十里。又大埠港，在縣東二十里。三汊港，在縣東五十里。

掘土港。在建昌縣西北二十五里，一名孝子港。

石橋潭。在星子縣西十二里。唐陸羽品其水，爲天下第六。

楢樹潭。在都昌縣東七十里。廣不盈里，而風波甚險。

三峽澗。在星子縣廬山五老峯西。受大小支流九十九派，水行石間，聲如雷霆，擬於三峽之險。澗中有潭曰玉淵，衆流奔注。中流有白石如羊，其南爲三峽橋。又有清泉澗，亦納五老峯西諸水，流逕九洪橋入鄱陽湖。又玉澗，在玉京山南。

大寧池〔三〕。在都昌縣東十里。有信湖，產魚。相近有小寧池。

谷簾泉。在星子縣西三十五里廬山康王谷中。其水如簾，布巖而下，凡三十餘派。陸羽品其水爲天下第一。陸游入蜀記：谷簾水，甘腴清冷，具備衆美，非惠山所可及。桑喬廬山記事：泉源即漢陽峯所發，西行爲枕石崖所束，湍怒噴湧，班布如簾，懸注三百五十丈。

瀑布泉。在星子縣廬山開先寺西。輿地紀勝：廬山南瀑布以十數，皆積雨方見，惟此不竭。李白詩：掛流三百丈，噴壑數十里。廬山紀事：漢陽之泉，東流爲開先二瀑，在東北者曰馬尾水，在西南者則自坡頂下注雙劍峯背邃壑中，匯爲大龍潭，繞出雙劍之東，下注大壑，懸掛數十百丈。循崖東北逝，與馬尾水合，流出兩山峽中，下注石潭。石碧而削，水練而飛，潭紺而淵，爲開先佳境。二瀑俱奇觀，而西瀑尤勝。

三疊泉。在星子縣廬山五老峯後。其泉下注盤石，三疊而後至地，亦名三級泉。遊者謂上級如飄雲拖練，中級如碎玉摧冰〔四〕，下級如玉龍走潭，真天下絶景，非谷簾雙瀑所可方。

吴猛泉。在建昌縣西三里。寰宇記：在建昌縣北五百步，有瘡疾者，或洗悉愈。是吴猛遊息之處，其泉清冷，亦謂之冷水泉。

温泉。在建昌縣西六十里。四時温暖，患瘡疾者，洗之多愈。白居易、朱子皆有詩。

鼉河洲。在星子縣南十五里藍車山下，濱河，水蜿蜒若鼉。

芙蓉洲。在星子縣西二里，與玉京山相接。又火燒洲，在縣西南七十里，接新建、建昌二縣界。相近又有綿條洲，與大湖相連，亦接建昌縣界。

黄沙灘。在都昌縣西北二十五里，爲赴郡必經之道。夏秋俱水，冬春水涸，一里黄沙，中有微流，至左蠡幾二十里，行人患之。明末，推官黄啓忠建橋，砌石路六七里。

天井。在都昌縣西十里。其泉甘冽，常湧不竭。相傳飲其水可以愈疾，亦名仙井。

校勘記

〔一〕形如三台　「三」，原作「山」，據乾隆志卷二四三南康府山川（下同卷簡稱乾隆志）改。按，三台，星宿名，三台六星，兩兩而居，與鴉（丫）髻相似，故稱。

〔二〕徑達東陽津口　「陽」，原作「洋」，乾隆志同，據雍正江西通志卷一二山川改。

〔三〕大寧池　「寧」，原作「安」，據乾隆志改。按，此避清宣宗諱改也。

〔四〕中級如碎玉摧冰　「摧」，原作「推」，據乾隆志及清宫夢仁讀書紀數略卷一一地部改。

大清一統志卷三百十七

南康府二

古蹟

都昌故城。在今都昌縣北，唐置。元和志：縣西北至江州一百五十里。本漢彭澤縣。武德五年，分置都昌縣，以縣北有都村，配以「昌」字，取嘉名也。寰宇記：唐武德五年，安撫使李大亮割鄱陽西雁子橋之南地置此縣，以隸浩州。州廢，屬江州。按：雁子橋即彭澤縣地，鄱陽即饒州之北壤也。始置之地有古城，莫知年代，遂因此城創縣，以地名都村，遠與建昌相望，近與南昌相接，遂號都昌。縣志：唐初，縣治在縣北九十里王市鎮。大曆間，徙治彭蠡湖東，即今治也。今有王家市，爲遠近商賈輳集處，俗亦謂故縣曰衙前。

海昏故城。今建昌縣治。漢置縣，後爲昌邑王賀封國。後漢亦爲侯國。建安初，孫策分海昏、建昌左右六縣，以太史慈爲建昌都尉，治海昏。晉仍屬豫章郡。劉宋時始廢，移建昌縣來治。元和志：縣南至洪州一百二十二里。縣東三里故海昏城，即漢昌邑王賀所封。今縣城，則吳太史慈所築。寰宇記：宋元嘉二年，廢海昏，移建昌居焉。輿地志曰：陳武割建昌、豫寧、永修、艾四縣爲豫寧郡。又沈約、徐陵封建昌侯，皆此邑。縣志：海昏故城，在蘆潭東北二里許。太史慈城，在縣西，週迴五里。古城，在縣西百步，今爲古城巷。

永修廢縣。在建昌縣西南。後漢靈帝置，屬豫章郡。晉以後因之。隋開皇九年，省入建昌。唐武德五年復置，屬南昌州，八年省。按：舊志謂在安義縣西南四十里靖安縣界。今考水經注，縣爲修水所經，當在建昌縣西南。

龍安廢縣。在安義縣東北。唐武德五年，析建昌縣地置龍安縣，屬南昌州。八年廢。宋慶曆中，置龍安驛於此，元廢。明統志：龍安城，在建昌縣南六十里。府志：在安義縣東北三十里。

左里城。在都昌縣西北，今作左蠡。元和志：左里故城，在都昌縣西南九十五里。盧循爲宋祖所敗，自蔡州南走，還止潯陽，聞大軍將至，欲走豫章，乃悉力柵斷左里。及大軍至，高祖進攻柵，賊遂大破。寰宇記：在縣西北四十里，晉盧循所築，在湖左，因名。城基猶在。縣志：左蠡城，在縣西北五十里，宋郡守黃桂所築。

檀道濟城。在都昌縣西北七十里。相傳道濟討謝晦時築城於山上，即今城子山也。

昌邑城。明統志：在建昌縣北六十里。漢廢昌邑王爲海昏侯，此其處。按：明統志又引豫江記「城東十三里江邊名慨口」爲證。慨口在今縣東南，屬新建縣界，此非其地。

孫慮城。在安義縣東。吴志孫權傳：黄武七年，封子慮爲建昌侯。寰宇記：孫慮城，在建昌縣南一百里。城南有青石井，可深十丈，冬夏常有水。縣志：孫慮城，在縣東十里。又有孫權城，在縣東八里鳳凰山上。

星子鎮。即今星子縣治。寰宇記：縣本江州星子鎮，以落星石爲名。太平興國三年，以地當津要，改鎮爲縣。縣志：有舊魚門縣基，在縣西五十里走馬湖中，今石街尚存，未詳所自。

安義鄉。今安義縣治。本建昌縣地。明正德十三年，以地廣難治，割建昌之安義、南昌、卜鄰、控鶴、依仁五鄉置縣，因安義鄉爲名。

鈎圻邸閣。在都昌縣西南。水經注：贛水逕椒丘城下，又歷鈎圻邸閣下，度支校尉治，太尉陶侃移置此也。邸閣前聚石爲洲，長六十餘丈，洲裏可容數十舫。通鑑：宋孝建元年，臧質之江州，擅用湓口、鈎圻米。胡三省注：「湓口米，荆、湘、郢三州之運所積也。鈎圻米，南江之運所積也。」

楊戍公營。在都昌縣西北八十里，相傳隋開皇中建。又縣北五十里，有李大亮營。

上繚營。在建昌縣東南十七里。又石姥營，在縣南二十一里。相傳皆昌邑王所築。

鎮遏營。在建昌縣東四里，相傳吴太史慈築以拒劉磐。

彭蠡戍。在都昌縣西北。寰宇記：在都昌縣西北百七十里。西臨彭蠡湖，北連釣磯山。舊是戍，唐武德五年，以江湖闊遠，遂重置鎮。景龍元年，復爲戍，以爲衝要。

檀山廢戍。在都昌縣北。寰宇記：在都昌縣北九十里，與馬頰相對。唐武德五年，以水陸要衝置戍，貞觀元年廢。

李白書堂。在星子縣北廬山南麓，青玉峽西一里。

愛蓮堂。在府治後。宋守周子性愛蓮，有愛蓮説，後人爲作堂。

直節堂。在府治。宋徐師回爲守，因庭有八杉，故建堂，以「直節」名之，蘇轍爲記。後朱子至，求其遺蹟不存，獨廳事南有堂無額，庭中有老柏，生意殆盡，屹立不僵，因取「直節」以名此堂。

冰玉堂。在府治愛蓮堂左。宋劉涣隱廬山，蘇轍嘗曰：「劉凝之父子廉潔不撓，冰清而玉剛。」鄉人因以名其堂。張耒有記。

清暉樓。在府治西南。輿地紀勝：取謝靈運詩「山水含清暉」之義。

重湖閣。在府城潯陽門外，宋知軍祖無擇建。前瞰揚瀾、左蠡，極目湖波，與天相接。

遠明閣。在建昌縣治。輿地紀勝：在建昌縣尉廳前。前揖西山，俯瞰修水，盡覽江山之秀。元祐中建。

漱玉亭。在星子縣西十里開先寺後，宋僧若愚建。瀑布泉落龍湫，流經於此，縈亭而出，有如漱玉。寺僧支石梘數十，接引從寺前流入於湖。蘇軾有詩。

折桂亭。在星子縣西二十里，唐李逢吉讀書處。朱子有詩云：「竹帛有遺臭，桂樹徒芬芳。」惡逢吉也。

張錦亭。在府治南。宋朱子建，取李白廬山詩「雲山九疊雲錦張」之義。又郡圃有雲錦閣，亦取此義。

起亭。在星子縣西北二十里，下臨龍潭。朱子建，以爲遊憩之所。時歲方旱，因名曰起，以爲龍之淵卧者，可以起而天行矣。

真意亭。在府治後。宋知軍陸德輿建，取朱子梅花詩「真意還自在」之義。

唤渡亭。在建昌縣治南。唐白居易謫江州司馬，嘗過此，賦詩云：「建昌江水縣門前，立馬教人唤渡船。」後人因摘「唤渡」二字名亭。宋黄庭堅爲書此詩，亭中有碑刻。

康樂臺。在星子縣西二十里。相傳謝靈運遊此，故名。

東臺。在府治内，宋劉涣建。

齊庾臺。在建昌縣東。寰宇記：在建昌縣東三里，當白湖中洲。齊永明三年，庾肩吾置。

歸去來館。在星子縣西三十五里。有陶公醉石。朱子詩注：在歸宗寺西五里。

虚白館。在星子縣北二十五里，五老峯九疊屏之下。有雙澗水交流於前，面香鑪峯，旁有獅子峯，後有靈龜峯、虎嘯崖、麻姑崖列於四隅，而館處其中。

李氏山房。在星子縣廬山五老峯下。宋兵部尚書李常少時兄弟讀書於此，既擢第，留所抄書九千餘卷，名曰李氏山房。蘇軾有記。

卧龍菴。在星子縣西北二十里。輿地紀勝：蒼崖四壁，怒濤中瀉，大壑淵深，有黄石數丈在激浪中，若蜿蜒飛舞，故曰卧龍。朱子作庵其旁，欲以休隱，乃繪諸葛亮像於中，自爲記。

龍潭院。在安義縣南三十里。前有深潭，相傳爲蛟龍所窟。側有石井，泉流澄澈，深不可量。今爲民地。

壽松。在建昌縣北五里冷水觀。明統志：一名「掛劍松」，相傳許遜曾掛劍於此。其松盤屈奇怪。宋寶慶初創亭，嘉定間刻圖於石。

壽樟。在建昌縣治南。明統志：宋黄庭堅有記，項安世又作壽樟亭記。初邑人李左司公懋仕於朝，高宗嘗問：「樟今安否？」奏以「枝葉婆娑，四時常青」。紹定間，刻圖於石。

關隘

青山巡司。在星子縣東北三十里青山鎮。舊在縣東二十里長嶺鎮，即延慶院舊基，明洪武十一年置巡司，尋移渚溪。萬曆中，又移於此，今因之。

渚溪巡司。在星子縣南三十里渚溪鎮。舊在都昌縣左蠡鎮，明初置巡司，本朝雍正七年移駐於此。

周溪巡司。在都昌縣東南六十里周溪鎮。舊在柴棚鎮，本朝雍正七年移駐於此。

柴棚鎮。在都昌縣東南，特出鄱陽湖中。水路去縣四十里，陸路六十里，舊置巡司戍守。輿程記：自縣至饒河口六十里，又十里爲柴棚，又十五里爲釣臺，又五里爲周溪，又十里爲打石灣，又十里爲棠陰司，饒州鄱陽縣界也。

左蠡鎮。在都昌縣西北五十里，即故左蠡城。舊置巡司，今改汛。

蘆潭鎮。在建昌縣東六十里。明初置巡司，後廢，今爲蘆潭市。

河滸鎮。在建昌縣西八十里。按：九域志建昌有河朔、炭婦、娉婷、桐城等鎮。今有河滸鎮，疑即河朔之訛也。炭婦鎮，今爲妙明觀。娉婷鎮，今在安義縣東三十里。桐城鎮，在安義縣西南五里，即桐城埠。又有谷源鎮，在縣西七十里，明初與河滸俱置巡司，久廢。

楊林河泊所。在府治南一里。明初置於府治北，萬曆中，移置匡廬驛東。本朝康熙十四年，改建於匡廬驛故址，今裁。

四望山寨。在都昌縣東南六十里鄱陽湖中，宋、元時置巡寨於此。又縣西磯山下舊有大磯山寨，俱久廢。

張嶺。在安義縣，有縣丞駐此。

錦岡驛。在星子縣東一里錦岡嶺，宋置。明初改置匡廬驛，在縣南，後廢。

團山驛。舊在都昌縣西，明洪武初置。路出鄱陽湖，上通饒州芝山驛，下通星子匡廬驛，西南通新建吴城驛。萬曆四年，改置縣東八十里井田南，南通鄱陽，北通湖口，今裁。又縣東二十五里有磯子驛，縣西十五里有白石驛，四十里有赤口驛，七十里有遊賢驛，西北八十里有土目驛，俱宋、元時置，明初廢。

城子驛。在建昌縣北二十五里，唐置。又豐安驛，在縣南二十里，隋置。俱久廢。

津梁

冰玉澗橋。在府治東，跨冰玉澗，宋淳熙中朱子建。

宣詔橋。在府治南譙樓前，宋知軍事程師孟建。

三峽橋。在星子縣北廬山歸宗寺。宋蘇轍記云：水行石間，聲如雷霆，如千乘車，行者震掉不能自持。蘇軾有詩。

白鹿洞口橋。在星子縣北十五里，宋朱子建。

嘉橋。在都昌縣東二十里，元建，後圮。本朝康熙二十二年重建。又土橋，在縣東四十里，爲饒、徽要津，本朝順治十七年建。

鴈子橋。在都昌縣東七十里，路通柴棚鎮。元延祐中建。

忠孝橋。在都昌縣北三十里。明統志：舊傳宋寺丞陳畦獲罪，子代其死，故名以旌之。

雙玉橋。在建昌縣治東，宋兵部尚書李常建。

登雲橋。在建昌縣儒學東，宋建。明初建亭於上，扁曰「登雲覽勝」。

野雞灘渡。在都昌縣東五十餘里。灘有石墩，名七女墩，水不能没。兩岸相隔五里許，路通徽、饒，水漲時遇風難渡，冬涸則曲流甚多。

黄沙渡。在都昌縣西北二十里。通左蠡，爲往府要津，水漲甚險。

楊柳渡。在建昌縣東三里。又當陽渡，在縣西十五里。

龍津渡。在安義縣南門外。

隄堰

石隄。在星子縣西南一里，一名紫陽隄。當舟楫往來之衝，每風濤作，艤泊無所。宋元祐中知軍吴審禮始栅木爲障。崇寧四年，孫喬年築石隄，延袤百五十丈，横截洪流中，開水門以通出入，内濬二澳可容千艘。歲久寖圮。淳熙七年，朱子爲守，募民增築之，吕祖謙有記。本朝康熙十四年，知府倫品卓修。

田公隄。在星子縣南一里。明萬曆中，石隄迤東一帶，湖水盪嚙，漸及城址。郡守田琯築石隄，長數百丈，人稱爲田公隄。本朝康熙十四年修。

捍水隄。在建昌縣南一里。唐會昌六年，縣令何易于築。西二里又有隄，咸通二年縣令孫永築，亦名孫公隄。

黄家堰。在都昌縣東四里。自介石内山麓逐處發源，西北流入湖。

但家堰。在都昌縣北三里。自生水壠下起，西南流入湖。

都圳堰。在安義縣東南，地名中州。有古堰久廢，明嘉靖二十三年，知縣李恒敷於范家灘石圳開小港〔一〕，灌注陳坊等處，爲堰一、橋一，圳長三千餘丈。本朝康熙十年修。

台山堰。在安義縣西八里，一名密陂。明嘉靖二十八年築。堰長九十丈，内疏五圳，灌田六百餘頃。本朝康熙十一年修。

陳令塘。在都昌縣南一里。唐咸通元年，縣令陳杲築，以阻潦水。

陵墓

漢

昌邑王墓。在建昌縣北六十里昌邑城内，有大小二塚。又見南昌府。

晉

陶母墓。在都昌縣西石壁山，名牛眠塚，相傳即侃母葬處。又見九江府。

陳

司馬暠墓。在建昌縣東二里。

唐

熊仁瞻墓。在建昌縣北三十里。按：唐書孝友傳序有建昌熊士瞻。省志作仁瞻。

宋

陳恕墓。在建昌縣東二里。

吴舉墓。在都昌縣北七十里白鳳鄉，歐陽修爲碣銘。

何乾曜墓。在星子縣。廬山志：乾曜仕至侍郎，後隱廬山，稱匡麓道人。墓在星子縣之遷鶯谷。

劉渙墓。在星子縣西少府嶺。墓前有壯節亭，朱子建并記。

孫冕墓。在星子縣。明統志：在白鹿洞側。

李常墓。在建昌縣西北六十里。

張叔夜墓。在星子縣宫亭廟後。舊志：相傳從淵聖北遷，死節，歸葬於此。

李燔墓。在建昌縣西北三里。

江萬里墓。在都昌縣東七十里石沙灣。

陳澔墓。在都昌縣北清化鄉。

祠廟

五賢祠。在府學東。朱子知軍時，訪古今賢士居是邦者，得陶潛、劉渙、渙子恕、陳瓘、李常五人，建祠祀之。

二賢祠。在府學南。舊在府學右，朱子以周子嘗守是邦，爲建祠配以二程。及朱子殁，諸生以二程別有從祀，止祀周、朱二子。元末毁，明初改建於此。

三賢祠。在府治北，祀宋李常、蘇軾、曾常伯。

紫陽祠。在星子縣白鹿書院内。本朝康熙四十八年，知府張象文建。祠宋朱子，以林擇之、蔡沈、黄幹、吕炎、吕燾、胡泳、李燔、黄灝、彭方、周耜、彭蠡、馮椅、張洽、陳宓、陳澔十五人配享。

廬嶽祠。在星子縣廬山萬壽寺之上，祀廬山之神。

劉西磵祠。在星子縣北二十里。西磵，宋劉涣號。淳熙中，朱子建祠。

濟忠祠。在都昌縣治西，祀宋丞相江萬里及弟萬頃。

雲住祠。在都昌縣西二里，祀宋陳澔。舊名經歸書院，明萬曆七年改今名。

李文定祠。在建昌縣。舊在縣西門外，祀宋李燔，元廢。明永樂中，移建縣治北城隍廟右。

陶桓公廟。有二，一在府城北，一在都昌縣治西百五十步。祀晉陶侃。宋淳熙中，朱子奏賜廟額。明初著於祀典。

宫亭廟。在星子縣神林浦。水經注：廟甚神，能分風擘流，住舟遣使。行旅之人，過必敬祀而後得去。

寺觀

秀峯寺。在星子縣西十五里廬山南麓。舊名開先，本南唐李中主書堂，後爲寺。宋太平興國二年，賜名開先華藏，明天順初復舊名。本朝康熙四十二年，聖祖仁皇帝南巡至杭州，御書般若心經及梁江淹從建平王登廬山香鑪峯詩，頒賜寺中。四十六年，又賜御書「秀峯寺」扁額。四十八年重修，五十七年又修大殿，建御書樓。

瞻雲寺。在星子縣西廬山金輪峯下，舊名歸宗。晉時佛馱耶舍自西來，王羲之捨宅爲寺。唐寶曆中，智常禪師居之，佛剎之盛，冠於江南。本朝順治年間修，雍正四年，世宗憲皇帝賜御書「瞻雲寺」及「慈遍鑪峯」扁額。

棲賢寺。在星子縣五老峯下，南齊參軍張希之建。唐李渤嘗讀書於此。本朝康熙六年重建。

萬杉寺。在星子縣慶雲峯下。唐名慶雲院。宋景德中，僧大超手植萬杉，故名。本朝康熙年間重建。又有黃巖寺〔二〕，在雙劍峯下，唐僧智常建。

天安寺。在府治西，宋建，名光孝院，後改今名。本朝康熙十年修。

新開寺。在都昌縣治西南。唐開元中，馬祖道一禪師建，明洪武中重建。

大果寺。在建昌縣西門外。舊在縣治東一里，唐馬祖建，因寺有棃樹，實大如斗，故名。明洪武初遷於此。

雲居寺。在建昌縣西南雲居山，唐元和中建。宋祥符初，賜額真如禪院，爲江右名剎，後廢。明萬曆中重建。

簡寂觀。在星子縣西十五里，舊名太虛觀。劉宋時陸修静居此，卒謚簡静，因以名觀。

白鶴觀。在星子縣五老峯下。唐弘道元年建，宋祥符中，賜名承天白鶴觀。輿地紀勝：在城西北二十里。蘇轍記云：廬山峯巒之奇秀，巖穴之怪邃，泉樹之茂美，爲江南第一。白鶴觀總奇秀、怪邃、茂美，復爲廬山第一。

尋真觀。在星子縣北二十五里。輿地紀勝：唐德宗朝，女冠二人修行於廬山，李騰空居屏風疊北，蔡尋真居屏風疊南，是爲尋真觀。府志：一名沖虛觀，道書以爲第八洞天。

延真觀。在星子縣北四十里。輿地紀勝：唐女真李騰空所創。騰空，宰相林甫女也，李白有送李女真歸廬山隱詩。府志：在卓嶺東，今名昭德觀。

妙明觀。在建昌縣南一里，舊爲炭婦鎮。明統志：晉許旌陽於此化炭爲婦，散羣弟子以驗其心。明日視之，皆涅其衣，不染者僅十人。後人即其地立觀。

廣福觀。在建昌縣南四十里，一名壽聖觀。内有卓劍泉。明統志：世傳許遜斬蛇，淬劍於此，常有赤烏來集，又名赤烏觀。

名宦

三國　吴

張敦。吴郡人。孫權時爲海昏令，甚有惠化。

唐

袁承序。陽夏人。太宗時，補建昌令，治尚慈簡，吏民懷德。

何易于。會昌中，攝建昌令，築隄捍水，民德之。

陳杲。咸通初，爲都昌令，築塘以阻潦水，號曰陳令塘。

孫永。咸通中，爲建昌令，築隄造橋，民便之。

南唐

李善道。鄱陽人。爲廬山國學主教，學徒數百人，皆爲時望。後祀於白鹿洞。

宋

孔宜。曲阜人。太宗時，遷司農寺丞，掌星子鎮市征。宜上言星子當江湖之會，商賈所集，請建爲軍，詔以爲縣，就命宜知縣事。後以爲南康軍。

程師孟。吴人。仁宗時，知南康軍。爲政簡嚴，發隱擿伏如神。

姚仲孫。陳州商水人。仁宗時，知建昌縣。初，建昌運茶抵南康，或積於道間，爲霖潦所敗，主吏至破産不能償。仲孫勸吏民輸山木，即高阜爲倉，邑人利之。

周敦頤。營道人。熙寧中，以疾求知南康軍，因家廬山。

魯有開。譙縣人。神宗時，歷知南康軍。代還，時新法初行，王安石問江南何如，曰：「新法行未見其患，當在異日也。」以所對乖異，出通判杭州。

陳舜俞。烏程人。熙寧中，以不奉行青苗法，謫監南康軍酒税，五年卒。

劉恕。筠州人。司馬光編次資治通鑑，召恕爲局僚。光知永興軍，恕亦以親老求監南康軍酒以就養，許即官修書。

徐師回。元豐中，知南康軍。性耿直，設施有條。公暇建亭於明月泉上，曰：「吾欲守廉如此水之清。」又建堂植八杉，號曰直節，曰：「吾欲守節如此杉之直。」蘇子由爲記。朱子至軍，求其遺迹不得，以廳事前老柏植立不僵，因取「直節」名堂焉。

王阮。江州人。隆興初，調都昌主簿，以廉聲聞。

朱熹。婺源人。淳熙五年，除知南康軍。至郡，興利除害。值歲不雨，講求荒政，多所全活，訖事，奏依格推賞納粟人。間詣郡學，引進士子，與之講論。訪白鹿洞書院遺址，奏復其舊，爲學規俾守之。

吴柔勝。宣州人。淳熙中，調都昌簿。丞相趙汝愚知其賢，差嘉興府學教授。

危稹。臨川人。淳熙中，調南康軍教授。轉運使楊萬里按部，驟見歎獎，偕遊廬山，相與酬唱。

曹豳。瑞安人。嘉泰中，知建昌縣。復故尚書李常山房，建齋舍以處諸生。

陳宓。莆田人。嘉定中，知南康軍。歲大祲，奏蠲其賦十之九。會流民羣集，宓就役之，築江隄而給其食。時詣白鹿洞，與諸生討論。

張虙。慈谿人。理宗時，知南康軍。至郡，剖決滯訟，衆皆悦服。前守陳宓以錢七千緡置濟民庫，爲築城費。虙曰：「不必取贏於民，吾捐萬緡爲倡，何患事之難成。」轉運使以錢萬二千緡置平糴於郡，虙復出萬二千緡以增益之，民賴其利。將增建禁旅，營地屬民者，索質劑，視原值償之。

張洽。清江人，朱子門人。提點江東，袁甫以白鹿書院廢弛，招洽爲長。至則選好學之士，日與講説，而汰其不率教者。凡養士之田，乾没於豪右者復之。學興，即謝病去。

元

陳炎酉。至元中，爲南康路總管。修白鹿書院，興學賑饑，招集流民四萬餘口，有麥秀兩岐之瑞。

明

王禕。義烏人，南康府同知，居官有惠政。太祖即位，召還議禮。

呂明。當塗人。洪武初，知南康府。時兵戈甫息，民多散亡，明招撫流移，躬行四野，以督農桑。聽斷不事刑威，唯以理諭，民無梗者。

朱敏。義烏人。洪武五年，以御史改知星子縣，奏減税糧茶貢。

翟溥福。東莞人。正統初，擢南康知府。先是歲歉，民有擅發富家粟及收取漂流官木者，前守悉坐以盜，當死者百餘人。溥福閲實，杖而遣之。地濱鄱陽湖，舟遇風濤無所泊，爲築石隄百餘丈，以便往來。興復白鹿書院，延師訓其子弟，朔望躬詣講授。以年老乞歸，去之日，父老争贐金帛，不受。衆挽舟涕泣，因建祠湖隄，又配享三賢祠。

孔鏞。長洲人。景泰中，知都昌縣。户分九等以定役，設倉水次以便收斂，民甚賴之。

陳嘉言。蘇州人。嘉靖初，爲星子典史。劇賊剽掠商舶，嘉言率邑民宗允春等二十四人，追至四山。賊縱擊，救援不至，遂俱被害。

吴寶秀。浙江平陽人。萬曆中，知南康府。湖口税監李道横甚，寶秀不與通。會漕舟南還，揚帆直入湖口，道欲榷其貨，遣吏持牒至郡捕之，寶秀拒不發。道大怒，飛章劾寶秀阻撓税務，詔逮治。妻陳氏自經死。至京下詔獄，星子民陳英、儒士熊應鳳等走京師伏闕訟冤，乞以身代，得釋歸。南康民建祠祀之。

李應昇。江陰人。萬曆中，授南康推官，出無辜十九人於死，寘大猾數人於重辟。民服其公廉，爲之謡曰：「前林後李，清和無比。」林謂晉江林學增，以清慎著稱者也。九江、南康間，有柯、陳二大族，恃强拒捕，有司議兵之。應昇單騎往諭，皆叩頭請命，出所匿罪人，一方以定。白鹿書院久廢，應昇爲興復之。徵授御史。

吴賜玉。歙縣人。以蔭授南康通判。戈陳賊寇南康，賜玉率丁壯數十人追及之。賊返擊，賜玉躍馬持鞭，格殺數賊，遂遇害。贈按察司僉事。

王養正。泗州人。崇禎十四年，知南康府，以計殲巨寇鄧毛溪、熊高，一方賴之。

本朝

聶應井。四川宜賓人。順治二年，知南康府，守城禦寇，地方賴之。後隱廬山，子孫遂家焉。

温可掬。直隸人。順治四年，任南康通判，金聲桓之亂，死之。

俞之琛。福建人，爲建昌縣丞。順治五年，武寧寇率衆陷城，之琛駡賊遇害。

周燦。臨潼人。康熙間，守南康。以臨湖多水患，設救生船以拯溺。講學白鹿書院，造士多所成就。

人物

南北朝　宋

周續之。本鴈門人，其先過江，居豫章之建昌。八歲喪母，哀戚過於成人，奉兄如父。年十二，詣太守范寧受業，通五經五緯，名冠同門。既而入廬山，與劉遺民、陶淵明爲尋陽三隱。宋武帝召之，爲開館東郭外，招集生徒，乘輿降幸，問禮記之義。辨析精奥，稱爲名通，通毛詩六義及禮論，註公羊，傳於世。

司馬暠。建昌人。性至孝，母病亟，禱於先祠，願以身代，母果得痊。

唐

熊仁瞻。建昌人，性至孝。爲袁州宜春縣丞。母卒，卜葬歸義鄉，岡阜峻險，念非水道不可達，誓傾家貲，掘地爲川以通江。俄大雨，水湧成川，與江流接，舟以得達。既葬，廬墓六年，有慈烏來巢之異。敕旌其門，世名其川曰孝子港，橋曰孝感橋，里曰孝錫坊。

宋

洪文撫。建昌人。本姓殷，避宣祖諱改焉。曾祖諤，唐虔州司倉參軍。子姓衆多，以孝弟著稱，六世義居，室無異爨。就所居雷湖北創書舍，招來學者。至道中，遣内侍賫御書百軸賜其家。文撫遣弟文舉詣闕，貢土物爲謝，太宗飛白一軸，曰「義居人」以賜之，命文舉爲江州助教，又詔表其門閭。

李常。建昌人。皇祐進士，熙寧中，知諫院。王安石立新法，常言均輸、青苗，斂散取息，傳會經義，流毒天下。遂落校理，通判滑州，歷知鄂、湖、齊三州。哲宗立，進户部尚書，轉對上七事。拜御史中丞，出知鄧州，徙成都府，卒。有文集、奏議六十卷，詩傳十卷，元祐會計録三十卷。

曹彦約。都昌人。淳熙進士，嘗從朱子講學。漢陽闕守，檄攝軍事。金人大入，彦約訪得土豪許卨等，授方略逆擊，大敗之。以功就知漢陽，遷湖南安撫，討平羅世傳、李元礪等。擢侍右郎官〔三〕，出知利州，時蜀之邊面諸司並列，兵權不一，乃作病夫議獻之廟堂，後其言無一不驗。理宗即位，擢兵部侍郎，入對，勸帝講學，防近習，次言當以慶曆、元祐聽言爲法，以紹聖、崇、觀諱言爲戒。會下詔求言，彦約上封事，又薦布衣李心傳，乞置史館。授兵部尚書，不拜，以華文閣學士致仕。卒，謚文簡。

黄灝。都昌人，擢進士第。光宗即位，歷太常寺簿，論今禮教廢闕，請敕有司取政和冠婚喪葬儀，及司馬光、高閌等書參訂行之。出知常州，提舉本路常平，以倚閣海鹽秋苗，移居筠州。既歸里，幅巾深衣，騎驢匡山間，若素隱者。灝性行端飭，以孝友稱。朱子守南康，灝執弟子禮，質疑問難。朱子殁，黨禁方厲，單車往赴，徘徊不忍去。著有西坡集四十卷。

李燔。建昌人。紹熙進士，從朱子學。凡諸生未達者，先令訪燔，俟有所發，乃從而折衷。朱子謂人曰：「他日任斯道者，必燔也。」朱子殁，學禁方嚴，燔率同門往會葬，不少怵。詔訪遺逸，九江守以燔薦，再詔再辭。郡守請爲白鹿書院長，學者雲集，講學之盛，他郡無與比。添差江西運司幹辦公事。洞寇作亂，燔馳諭皆帖服。通判潭州，不數月辭歸。時史彌遠當國，燔不復出，自謂居閒無以報國，乃薦崔與之、魏了翁、真德秀、陳宓等於朝。居家講道，學者宗之，與黄幹並稱。卒，贈直華文閣，謚文定。

馮椅。都昌人。家居授徒。所註易、書、詩、語、孟、太極圖、西銘，輯説孝經，章句喪禮、小學，孔子弟子傳、讀史記及詩文志，合二百餘卷。

江萬里。都昌人。大父璘，鄉稱善人。萬里少神雋，有鋒穎，舉入太學有聲。理宗在潛邸，嘗書其姓名几硯間。召試館職，累官侍御史，器望清峻，論議風采，傾動一時，帝眷注尤厚。度宗時，累遷參知政事，與賈似道不合去。後拜左丞相，乞歸，居鄱陽。元兵破饒州，萬里赴水死，左右及子鎬相繼投池中。贈太師，謚文忠。弟萬頃，歷守大郡，爲提舉江西常平茶鹽官。城破時，軍士執萬頃索金銀不得，支解之。

馮去非。椅子，淳祐進士。寶祐四年，召爲宗學諭。丁大全爲左諫議大夫，三學諸生叩閽言不可。帝爲下詔禁戒，立石三學，去非獨不肯書名碑下。未幾，大全簽書樞密院事，去非以言罷歸，泊舟金焦山。有僧上謁，致大全意，願毋遽歸，少俟收召。去非奮然正色曰：「老夫今歸廬山，不復仕矣。」絶之不與言。

陳大猷。都昌人。師事雙峯饒魯，仕至黄州軍判官。著尚書集傳。

李成大。建昌人，登進士。德祐初，知金壇縣。元兵至，不屈被殺。贈直秘閣，謚忠節。

陳澔。大猷子。不求聞達，博學好古，著禮記集註行世。本朝雍正二年，詔從祀孔廟。

元

燕公楠。建昌人。十歲能屬文。同知吉州路，世祖召對稱旨，除僉江淮行尚書省，請置屯田。勸道有方，除大司農，領八道勸農營田司，興利舉弊，績用大著。僧格既敗，而蠹政未盡去，公楠赴闕，極陳其故，請更張以固國本。累遷湖廣行省右丞。「僧格」舊作「桑哥」，今改正。

高必達。建昌人。五歲時，父明大忽棄家遠遊，莫知所適。必達既長，晝夜哀慕，乃娶妻以養母，而歷往四方求其父。十餘年，始得之黄州金真道院中，學道三十年矣。必達哀號，叩頭乞歸，父不得已，乃還家。孝養篤至，鄉里稱之。

鄭佛生。建昌人。早孤貧，事母盡孝，詔表其門。

明

于光。都昌人。少有大志。初從徐壽輝，署江都宣慰。及陳友諒弑壽輝，光歸太祖，拜行樞密院判。從平陳友諒有功，擢鷹揚衛指揮。從徐達平淮東、浙西，擒張士誠，取汴梁，克陜、洛，佐郭興守潼關，徙守鞏昌。庫庫特穆爾偵知徐達南還，遂襲蘭州，指揮張温堅守。光率兵赴援，遇庫庫軍，戰敗被執。至城下使説温降，光大呼曰：「吾不幸而擄且死，公等幸堅守，大將軍旦夕至矣。」遂被殺。贈懷遠將軍，配享功臣廟。「庫庫特穆爾」舊作「擴郭帖木兒」，今改正。

魏源。建昌人。永樂進士，除御史，巡按陜西。宣德初，爲河南左布政使，所至有惠政。拜刑部尚書。正統二年，命往大同、宣府督察諸將，便宜從事。源劾指揮杜衡等，抵大辟。按行諸險要，令將吏分守，修開平、龍門城，自獨石抵宣府增置墩堠，免屯軍租一年，儲火器爲邊備。諸依權貴避役者，悉括歸伍。八年致仕，尋卒。

余濂。都昌人。弘治進士，授監察御史，慨然以風紀自任。曲阜孔廟災，濂言宜遣官慰祭，經營重建，從之。未幾，以災異劾禮部尚書吴瓊等居位不稱，復因災異，論大臣不職者，並宜免。於是尚書罷去者五人。出按遼東，坐事下獄，謫雲南布政司照磨。武宗時，累官至雲南副使。

吴尚禮。星子人。嘉靖二年，由監生除授歸善主簿。蠻寇入境，尚禮督兵勦賊，遂爲所害。

陶一貫。星子人。嘉靖中，爲福建布政使理問。官罷，寓金陵。倭入蘇州，掠淮揚，一貫自赴軍門，願效督討，募兵海鹽。遇賊於德清，戰殁，贈奉議大夫。

曹珊。都昌人。父英，有孝行。及殁，珊廬墓三年。子必和，孝如其父。萬曆初，敕建世孝坊。

徐大相。安義人。萬曆進士，任國子博士。百僚將早朝，中官盧受傳免，衆趨出，從後姍侮。大相草疏論受姦邪，時接疏者即受也。帝閱疏顧受曰：「此即論汝罪者。」受錯愕，叩頭流血。累遷驗封員外郎，以議薛蕙謚，貶二秩調外。羣奄黨受者，持梃譟門，搜囊中，止俸銀七十兩，乃散。崇禎初，歷文選郎中，奏陳十事，帝即飭行。以父憂歸，卒。

熊德陽。建昌人。萬曆進士。天啓初，擢御史，彈劾中官諸不法者。奉使祭告北鎮，具知熊廷弼、王化貞功罪，條上河西情形。既而化貞敗遁，樞臣張鶴鳴庇之，德陽并劾鶴鳴，鶴鳴族人中以他事，謫歸。崇禎初復職。

余應桂。都昌人。萬曆進士，授御史。上疏劾首輔周延儒貪邪傾險狀，帝怒，貶三秩，引疾歸。後擢右僉都御史，巡撫湖廣。時方招降張獻忠等，與總理熊文燦謀不合，爲文燦所劾，下獄遣戍。已而獻忠反，文燦伏誅，會督師孫傳庭戰歿，命應桂往代之，坐逗留奪職。後死於難。本朝乾隆四十一年，賜謚忠節。

淦君鼎。建昌人。崇禎末，以歲貢爲贛州訓導，署通判事。城陷，與次子祐、少子祉俱死之。妻熊氏，及祐妻熊氏、祉妻李氏、婢瑞香，並赴井死，惟長子斌以先遣歸得脱。本朝乾隆四十一年，賜謚烈愍。

本朝

徐碭。安義人。順治舉人，知益陽縣。吴三桂反，碭奉檄招撫，被害。贈僉事，予祭葬，蔭一子入監。

于建邦。星子人。康熙庚辰進士，知舞陽縣。時值大澇，甫下車，輒發貯粟以賑，全活無算。復舞泉書院，置田聚書。豫有蝗，獨不入舞陽境。去官後，民立祠祀之。

王廷實。安義諸生。性至孝，父喪明，廷實舐之而愈。閩寇犯境，聯鄉勇爲保障計，嘗率其徒直搗賊巢，邑賴以安。入祀鄉賢祠。

項鳴鳳。星子人，副貢生。孝友足式，品行可風。嘗捐修書院，焚券讓租，爲士民稱頌。入祀鄉賢祠。

陳獻赤。星子人。由鄉薦任南昌教諭，訓迪諸生，亹亹不倦。歸里後設教鄉閭，羣受其化。入祀鄉賢祠。

李夢蘭。建昌人。當耿逆猖獗，募鄉勇捍衛地方，智勇兼備，敘功授楚雄知縣。時值吴逆初平，錢糧逋欠，八載並徵，民無完膚。乃力請豁免，得旨全省豁免八十餘萬，民得再生。入祀鄉賢祠。

周倬。建昌諸生。天性至孝，事父母備盡色養，友愛兩弟。歲歉設賑，全人夫婦。潛心經史，理探程朱。有茲堂集十卷。入祀鄉賢祠。

王廷憲。安義人。由鄉舉知歙縣。聞父喪，瀝血辭職。時以新例奪情，哀毁骨立，累章陳情終制，得旨俞允。抵廬，撫柩大痛，未幾卒，以孝行旌表。

流寓

唐

楊於陵。漢太尉震裔。擢進士，辟鄂岳、江西使府。妻父韓滉，居宰相，領財賦，權震中外。於陵隨府罷，避親不肯調，退廬建昌，以文書自娱。穆宗朝，官終户部尚書，封弘農郡公，謚貞孝。

李渤。魏横野將軍申國公發之裔。刻志於學，與仲兄涉偕隱廬山，取古廉德高蹈者，以楚接輿、老萊子、黔婁先生、於陵子、王仲儒、梁鴻六人圖像讚其行，因以自儆。久之更徙少室。

五代　南唐

鄭元素。華原人。少習詩禮，避亂南遊，隱居廬山青牛谷四十餘年，集古書至千餘卷。

史虚白。北海人。避地廬山，以詩酒自娱。韓熙載薦之，召見問爲治之理，對曰：「臣草野之人，漁釣而已，邦國大計，不敢預知。」元宗曰：「真處士也。」賜田遣還。

陳貺。閩人。志操古朴，不苟於仕進。隱廬山三十年，學者多師事之。元宗徵至金陵，欲授以官，辭不受。

列女

宋

劉涣。筠州人。爲潁上令，以剛直不能事上官，棄去，家於廬山之陽。歐陽修作廬山高詩以美之。涣居廬山三十餘年，環堵蕭然，饘粥以食，而遊心塵垢之外，超然無戚戚意。以壽終。

宋

吴孝婦。都昌人。夫早亡無子，姑老且病，欲贅壻以相養。吴泣曰：「女不二夫，妾志也，自能供侍。」常傭鄰家，獲錢歸養。姑目翳，嘗取所食誤置不潔處，吴還見，亟借鄰食奉姑，滌污者自食。一夕，吴夢兩童子引叩天門謁帝，帝勞問，賜酒錢養姑。自是家貲日裕，姑目復明。

馮孝女。名素貞，星子人。父病，割股療之，即愈。郡守陸德輿表其墓。

明

甘氏女。名清秀，星子甘夢珊女。正德中，值宸濠變，隨母逃避。賊擄其母，清秀義不辱，即投玉京潭死。賊退，尸浮水面如生，里人收葬山前。

劉良坤妻王氏。星子人。萬曆中，劇賊何鳳掠其家，執王欲污之，不從，大呼家人殺賊。賊引劍刺其腹死。

郝氏。建昌人，給事中熊維典之嫂。崇禎末，左良玉縱兵四掠，郝抱子沉於河。同時死者，有族婢郝氏、況氏，及渡夫妻熊氏。

熊氏二女。建昌人。熊士夔之女，長曰芷姑，次曰穎姑。左良玉兵掠境，二女潛匿河滸，相約曰：「賊至，有死無辱。」俄見一騎來，遂並投水死。士夔妾淦氏，及兩婢考香、赫香皆從之。里人祠之曰二烈，實五烈也。

但驄妻傅氏。建昌人。崇禎末，亂兵恣掠，殺驄，逼傅氏。傅且泣且罵，遂遇害。

劉克寬母胡氏。安義人。年十八而寡，撫子成立，壽九十四歲。同縣劉夫錫妻熊氏，年二十而寡，守節教子，壽九十三。

本朝

余文之妻李氏。都昌人。文之父爲叛卒所執，文之請以身代父，李又願以身代舅若夫。卒見李姿容，許諾，文之父子得脱。李度其去已遠，遂厲聲罵賊，賊忿，立殺之。

李秀英。安義人。幼字楊昌裴，未嫁，昌裴病篤，李往侍湯藥。數日而卒，李服喪成禮，誓以身殉，家人防之。一日登夫讀書樓自縊。康熙年間旌。

向某妻陳氏。都昌人。歸向甫十七日，夫亡，父憐其少，氏盡翦其髮以自誓。家貧，刺綉以供朝夕，終歲不踰閾。擇繼嗣續夫祠，守節六十餘年。

余英涵妻彭氏。都昌人。未嫁，英涵卒，彭衰絰往哭，喪畢堅閉一室，奉木主三年。翁歿，大殮成，時英涵服闋，氏迎父母至永訣，引刀自刺死。雍正六年旌。同縣徐英夏妻萬氏，以力拒强暴死，七年旌。

胡治臣妻范氏。建昌人。性貞静，于歸七年，治臣貧病無以自活，陰與媒鬻范與富人顧萬齒，誘之出門。范奮擲呼號，入顧門遂自經。雍正八年旌。

李家駒聘妻朱氏。建昌人，高安大學士軾之女。幼通諸書，性至孝，動止必以禮。未嫁而家駒殁，氏告於父，往李氏持服，適喪次，哀慟幾絶。遂守貞夫家，事祖姑及舅姑盡孝，已而不茹葷血。鄰家失火勢甚烈，家人倉皇走避，氏獨端坐室中，火亦息。尋得疾，不服藥而卒。

陳錫位妻宋氏。星子人。夫亡守節，歷久彌貞。同縣烈婦魏若寬妻涂氏，段英發妻蕭氏，曹嘉年未婚妻查氏，均乾隆年間旌。

黄學璸妻徐氏。都昌人。夫亡守節。同縣胡道珍妻高氏，傅安皇妻袁氏，許定攀妻李氏，江右烈妻周氏，烈婦巴忠治妻曹氏〔四〕，王道商妻陳氏，均乾隆年間旌。

皮應瑄妻郝氏。建昌人。夫亡守節。同縣淦聯妻涂氏，郝維妻陳氏，胡孔麟妻帥氏，熊惟岱妻何氏，淦文達妻吕氏，李廷棟妻涂氏，梁發邇妻孫氏，吴必梓妻李氏，周汝勳妻淦氏，淦世楫妻江氏，烈婦劉尚英妻程氏，吴宇科妻淦氏，均乾隆年間旌。

熊景華妻萬氏。安義人。夫亡守節。同縣楊運苡妻符氏，龔華卿妻戴氏，毛鼒妻胡氏，徐學吕妻黎氏〔五〕，熊大經妻劉氏，黄重藩妻熊氏，劉君則妻戴氏〔六〕，余正道妻劉氏，周翰第妻許氏，黄錫祉妻羅氏，劉必忠妻彭氏，熊必長妻王氏〔七〕，黄芳烈妻楊氏，胡貴妻陳氏，黄兆基妻謝氏，魏自敏妻張氏，黄宗淮妻楊氏，黄宗源妻李氏，烈婦李育相妻王氏，均乾隆年間旌。

于幹妻夏氏。星子人。夫亡守節。同縣李登龍妻錢氏，均嘉慶年間旌。

徐芳增妻戴氏。都昌人。夫亡守節。同縣王德愷妻杜氏，石梁正妻崔氏，劉永源妻王氏，陳先棟妻馬氏，吴正清妻江氏，劉魯官妻詹氏，高思鶴妻袁氏，侯錫選妻詹氏，吴永顯妻傅氏，楊秀拔妻曹氏，汪炳遠未婚妻曹氏，均嘉慶年間旌。

張觀河妻劉氏。建昌人。夫亡守節。同縣皮凱詔妻呂氏，周昌雲妻燕氏，蔡泰元妻熊氏，饒南谷妻鄧氏，陳步雲妻王氏，陳嘉會妻熊氏，徐均華妻袁氏，均嘉慶年間旌。

黄吉明妻萬氏。安義人。夫亡守節。同縣傅紹才妻萬氏，淩若林妻宋氏，陳文修妻周氏，陳文禮妻劉氏，徐步武妻熊氏，黄廷福妻李氏，涂信芳妻劉氏，熊運易妻萬氏，黄蘅圃妻葉氏，烈婦羅海文妻陳氏，羅勝章妻林氏，均嘉慶年間旌。

仙釋

晋

葉千韶。建昌人。少隱廬山學道，辟穀服氣。嘗獨居，忽有一白衣人言：「君道德臻備，仙籍褒昇，當在人間役使鬼神。」其後能致風雨，驅雷電，救人疾疫，其應如響。不知所終。

佛馱耶舍。罽賓人。年十九，誦大、小乘經。姚興迎至長安，譯四分律并長阿含等經〔八〕。後來廬山，躬自負鐵於紫霄峯頂鑄塔，以如來舍利藏其中。江州刺史王羲之，捨宅居之，即今歸宗寺。

南北朝　宋

陸修静。吴興人。居廬山簡寂觀。有道術，文帝製停霞寶輦賜之。明帝設崇虚觀、通仙堂以待之，至即求歸，不許，卒於京。賜謚簡寂先生。

唐

劉元和。彭城人。居白鶴峯。久之，留其弟子何玉守舍，自入五老峯石室，種木瓜爲食，丹成而逝。舉棺將葬，空無人矣。所居有丹井、丹臼存焉。

智常。馬祖法嗣也。居歸宗寺。目有重瞳，以藥手按摩，致眥皆赤，號赤眼歸宗。後示寂，敕謚至真禪師。

道膺。幽州玉田王氏子，嗣洞山价。初結茅於三峯，後居雲居寺。天復二年示寂，謚弘覺禪師。

道簡。范陽人。初造雲居謁道膺，膺大奇之，令刻苦事衆，徧掌寺務，居第一座。膺將示寂，主事問嗣者，曰：「堂中簡。」主事意不在簡，簡知之，一夕遁去。有安樂樹神號泣，衆悔迎歸，聞空中連聲唱曰：「和尚來也。」

譚紫霄。泉州人，有道術。事閩王昶，封正一先生。閩亡，隱居廬山棲隱洞。南唐後主召至金陵，賜號金門羽客，并金紫，不受。宋開寶六年卒。

明

周顛仙。建昌人。少得狂疾，人因呼之曰顛。元末乞食南昌市中，長官初至，必謁訴曰：「告太平。」人莫測其所謂。及太祖克南昌，顛來見，隨至金陵，顛愈甚。太祖厭之，命衛士覆以巨甕，積薪燔之，火息啓視，端坐自若。命居蔣山寺，半月不食。寺僧言於上，太祖往視，顛來迓，無饑色。後陳友諒圍南昌，太祖復征之，顛從行，至馬當見江豚戲水，曰：「水怪見，損人多。」太祖怒其妄語，命投於江。及師至湖口，則顛又來見。遂辭去，後莫知所之。太祖爲製周顛仙傳。

土産

絹。都昌縣出。

葛布。星子縣出。又各縣俱出紵布。

茶。宋史地理志：南康軍貢茶芽。省志：匡茶香味可愛，茶品之最上者。

石耳。明統志：星子縣出。省志：出廬山削壁上，大者如盤。

石斛。寰宇記：出廬山懸崖。省志：星子縣出。

石花魚。省志：廬山諸龍潭有之，大者三數觔。

蛤粉。星子縣出。按：舊志載寰宇記：南康軍土産布水紙、雲母。今無，謹附記。

校勘記

〔一〕知縣李恒敷於范家灘石圳開小港　「圳」，原作「洲」，乾隆志同，據雍正江西通志卷一六水利三改。

〔二〕又有黄巖寺　「又」，原作「人」，據乾隆志改。

〔三〕擢侍右郎官　「侍右」，原倒，乾隆志同，據宋史卷四一〇曹彦約傳乙。

〔四〕烈婦巴忠治妻曹氏　「忠治」，乾隆志作「治忠」。

〔五〕徐學吕妻黎氏　「學吕」，乾隆志作「嚳品」。

〔六〕劉君則妻戴氏　「君」，乾隆志作「均」。

〔七〕熊必長妻王氏　「必」，乾隆志作「璧」。

〔八〕譯四分律并長阿含等經　「含」，原作「舍」，乾隆志同，據佛祖統紀卷二六佛馱耶舍傳改。

九江府圖

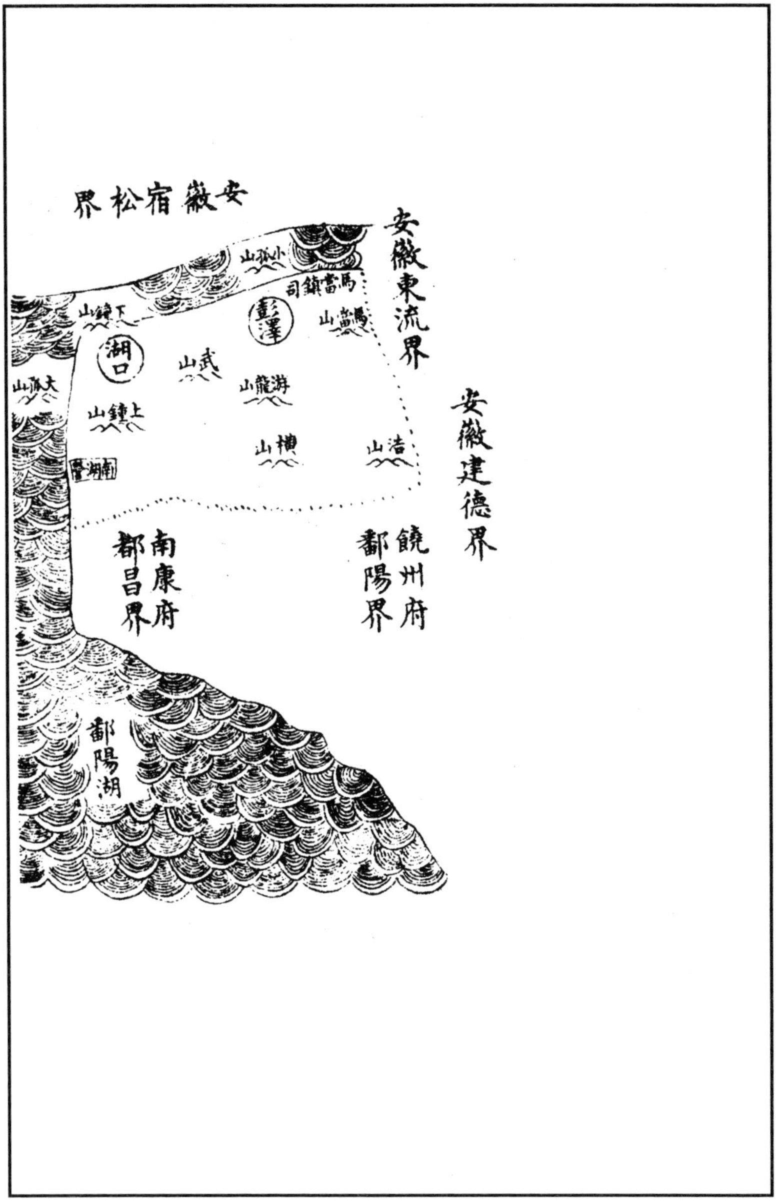
安徽宿松界
安徽東流界
安徽建德界
小孤山
馬當鎮司
下鐘山
彭澤
馬當山
湖口
武山
大孤山
游龍山
上鐘山
橫山
浩山
南湖嘴
南康府
都昌界
饒州府
鄱陽界
鄱陽湖

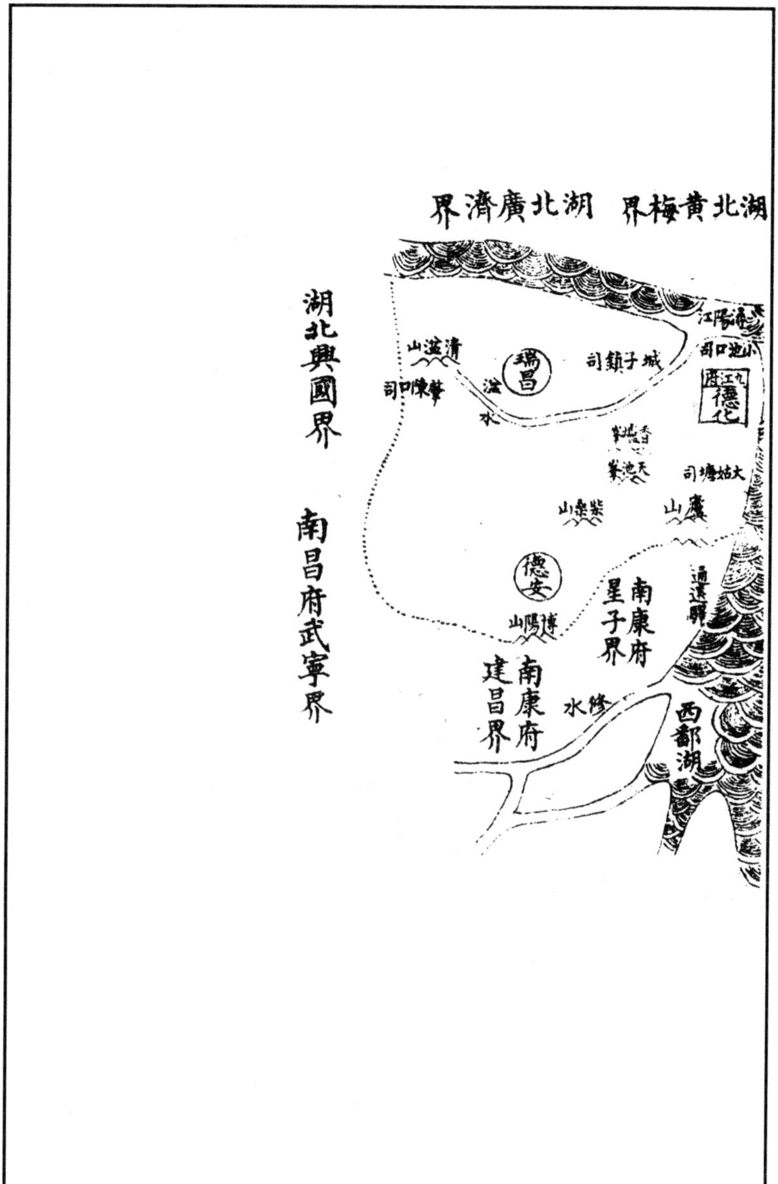
湖北黄梅界
湖北廣濟界
湖北興國界
南昌府武寧界
瑞昌
城子鎮司
清湓山
湓水
德化
九江府
大姑塘司
天池峯
紫桑山
廬山
德安
博陽山
南康府星子界
南康府建昌界
通遠驛
修水
西鄱湖

九江府表

	九江府	德化縣
秦	九江郡地。	
兩漢	豫章郡地，高帝四年爲淮南國地。元狩四年復故。	
三國	吳爲武昌郡地。	
晉	江州尋陽郡 永興元年置郡。咸和中徙治柴桑。咸康六年又移州來治。	湓口城。 松滋縣 僑置。
南北朝	江州尋陽郡 梁太平二年改置西江州。陳天嘉初復故。	江州戍守地。 松淞縣 齊省。
隋	九江郡 開皇初郡廢。大業三年改州爲郡，更名。	湓城縣 開皇初改置尋陽縣，州治。十八年更名彭縣。大業二年又改郡治。
唐	江州潯陽郡 武德四年復置州。天寶元年改郡名。	潯陽縣 武德四年改名，州治。
五代	江州潯陽郡 初屬揚吳，後屬南唐。	德化縣 南唐改名。
宋	江州潯陽郡 初屬江南東路，紹興初改屬西路。	德化縣
元	江州路 至元十四年升路，屬江西行省。	德化縣 路治。
明	九江府 洪武初改府，屬江西布政司。	德化縣 府治。

續表

	德安縣	瑞昌縣	湖口縣
柴桑縣屬豫章郡。	歷陵縣屬豫章郡。	柴桑縣地。	
柴桑縣	歷陵縣		
柴桑縣咸和中郡治。	歷陵縣改屬鄱陽郡。		
汝南縣梁置，屬尋陽郡。柴桑縣	宋元嘉初省。		
省入尋陽。	湓城縣地。	湓城縣地。	
武德五年改置楚城縣。貞觀八年省。	潯陽縣地。	潯陽縣地。	湖口戍。
	德安縣揚吳順義七年置，屬江州。	瑞昌縣南唐昇元三年置，屬江州。	湖口縣南唐保大中置，屬江州。
	德安縣	瑞昌縣	湖口縣
	德安縣屬江州路。	瑞昌縣屬江州路。	湖口縣屬江州路。
	德安縣屬九江府。	瑞昌縣屬九江府。	湖口縣屬九江府。

	彭澤縣
彭澤縣	
彭澤縣屬豫章郡。	彭澤縣地。
彭澤縣	
彭澤縣永嘉元年屬尋陽郡。	
彭澤縣梁屬太原郡。上甲縣梁置，尋省。	太原郡梁武帝僑置。天水縣
省。	彭澤縣開皇初郡廢，改置龍城縣，屬江州。十八年復改名。大業初屬九江郡。省入。
	彭澤縣武德五年屬治州。浩州武德五年置，兼置樂城縣。八年州廢，縣省入，屬江州。
	彭澤縣南唐昇元初移治，屬江州。
	彭澤縣
	彭澤縣屬江州路。
	彭澤縣屬九江府。

大清一統志卷三百十八

九江府一

在江西省治北三百二十里。東西距三百四十里，南北距一百十里。東至安徽池州府東流縣界二百里，西至湖北武昌府興國州界一百四十里，南至南康府星子縣界九十里，北至湖北黄州府黄梅縣界二十里。東南至饒州府治四百三十里，西南至南昌府武寧縣治二百三十里，東北至安徽安慶府宿松縣界一百四十里，西北至湖北黄州府蘄州治二百二十里。自府治至京師四千六百里。

分野

天文斗分野，星紀之次。

建置沿革

禹貢荆、揚二州之境。元和志：彭蠡以東屬揚州界，九江以西屬荆州界。春秋時爲吴、楚地。戰國屬楚。秦屬九江郡。漢高帝四年，更名爲淮南國。武帝元狩四年，復故，爲柴桑、彭澤二縣。後漢因之。

三國入吳，屬武昌郡。張僧鑒潯陽記：三國之時，此地雖爲督護要津而未立郡，但分隸武昌郡。按：武昌郡今屬湖北省。晉初因之。永興元年，置尋陽郡，屬江州。咸和中，自尋陽移郡治柴桑。寰宇記：晉初理在江北岸，地名蘭城，即舊郡城也。温嶠移於此。咸康六年，又移江州來治。宋、齊因之。梁太平二年，改置西江州。時江州遷治豫章。陳天嘉初，復合爲江州。元和志：陳天嘉元年，省西江州〔一〕，江州自豫章復理潯陽。隋開皇初，廢郡存州。大業三年，改江州爲九江郡。唐武德四年，復爲江州。五年，置總管府，貞觀二年府罷。天寶元年，改爲潯陽郡。前此皆作「尋」，唐以後作「潯」。乾元元年，復爲江州，屬江南西道。五代時屬楊吳，明統志：楊吳置奉化軍節度。後屬南唐。宋仍曰江州潯陽郡，隸江南東路。建炎元年，升定江軍節度。二年，於此置江州路。紹興初，爲江南西路治，後移路治洪州，以州屬之。元爲江州路，屬江西行省。元史地理志：至元十二年，置江東西宣撫司。十三年，改爲江西大都督府，隸揚州行省。十四年，罷都督府，升江州路，隸龍興行都元帥府。後置行中書省，江州直隸焉。十六年，隸黄蘄等路宣慰司。二十二年，復隸行省。明洪武初，改爲九江府，隸江西布政使司。本朝因之，屬江西省，領縣五。

德化縣。附郭。東西距一百二十五里，南北距一百十里。東至湖口縣界五十五里，西至瑞昌縣界七十里，南至南康府星子縣界九十里，北至湖北黄州府黄梅縣界二十里。東南至南康府都昌縣治二百里，西南至德安縣界九十里，東北至彭澤縣界一百十里，西北至湖北黄州府蘄州治二百二十里。本漢柴桑、尋陽二縣地，分屬豫章、廬江二郡。後漢因之。三國吳改屬蘄春郡。晉初因之，咸和中移尋陽郡來治，咸康中又爲江州治。宋、齊以後因之。隋開皇初，廢柴桑，改置尋陽縣，爲江州治。開皇十八年，改縣曰彭蠡。大業二年，又改曰湓城，爲九江郡治。唐武德四年，改曰潯陽，爲江州治。五代時南唐改曰德化縣，仍爲江州治。宋因之。元爲江州路治。明爲九江府治。本朝因之。

德安縣。在府西南一百二十里。東西距一百五十里，南北距六十五里。東至南康府星子縣界十五里，西至南昌府武寧縣界九十里，南至南康府建昌縣界二十五里，北至瑞昌縣界四十里。東南至南昌府治一百八十里，西南至武寧縣治一百七十里，東北至德化縣界三十里，西北至瑞昌縣治一百二十里。漢置歷陵縣，屬豫章郡。後漢因之。晉改屬鄱陽郡。宋元嘉初省。隋爲湓城縣地。唐爲潯陽縣蒲塘場。五代楊吴順義七年，置德安縣，屬江州。宋因之。元屬江州路。明屬九江府。本朝因之。

瑞昌縣。在府西九十里。東西距七十里，南北距八十里。東至德化縣界二十里，西至湖北武昌府興國州界五十里，南至德安縣界四十里，北至湖北黄州府廣濟縣界四十里。東南至南康府建昌縣治二百里，西南至南昌府武寧縣治一百八十里，東北至湖北黄州府黄梅縣治一百五十里，西北至湖北黄州府蘄州治一百五十里。本漢柴桑縣地。三國吴曰赤烏鎮，又曰瑞昌鎮。隋爲湓城縣地。唐初爲潯陽縣地，建中四年，分潯陽縣西偏立赤烏場。南唐昇元三年，升爲瑞昌縣，屬江州。宋因之。元屬江州路。明屬九江府。本朝因之。

湖口縣。在府東六十里。東西距五十五里，南北距八十里。東至彭澤縣界四十里，西至德化縣界十五里，南至南康府都昌縣界六十里，北至安徽安慶府宿松縣界二十里。東南至都昌縣界五十里，西南至德化縣界四十里，東北至彭澤縣界三十里，西北至宿松縣界三十里。漢置彭澤縣，屬豫章郡。後漢因之。建安中置彭澤郡，尋廢。晉初仍屬豫章郡，永嘉元年，改屬尋陽郡。宋、齊因之。梁僑置太原郡。隋平陳，郡縣俱廢爲龍城縣地，尋爲彭澤縣地。唐武德五年，始分彭澤置湖口戍。南唐保大中，升爲湖口縣，屬江州。宋因之。元屬江州路。明屬九江府。本朝因之。

彭澤縣。在府東少北一百四十里。東西距一百二十里，南北距九十里。東至安徽池州府東流縣界六十里，西至湖口縣界六十里，南至南康府都昌縣界九十里，北至安徽安慶府宿松縣界半里。東南至饒州府鄱陽縣界一百里，西南至南康府都昌縣治一百八十里，東北至安徽池州府東流縣界七十里，西北至安徽安慶府宿松縣界十里。漢彭澤縣地。晉陽和城，屬豫章郡。隋開皇初，改置龍城縣於此，屬江州，十八年改曰彭澤。大業初，屬九江郡。唐武德五年，屬浩州。八年，屬江州。宋因之。元屬江州路。明屬九江府。本朝因之。

形勢

尋陽南開陸道，塗通五嶺，北導長江，遠行岷漢。來商納賈，亦一都會。晉地道記。彈壓九派，襟帶上流，自晉以來爲重鎮。寰宇記。據三江之口，三巴二廣水陸數千里，沿泝上下，舟車所聚之處。宋呂誨奏劄。德安接岷山之脈，彭澤挺文筆之鋒。蜀江下湖口，孤山峙鄡鎮。實吴楚襟喉，江右衝要。陸夢龍九江志。

風俗

土瘠民貧，習知武事。方輿勝覽。士習詩書，農勤稼穡。九江志。人性淳樸，民俗恬静。明統志。

城池

九江府城。周十二里二百四十四步，門五。本隋、唐、宋舊址，元季陳友諒增築，後毁。明洪武二十二年，築城於東北隅，甃濠爲固，餘但列栅臨江。永樂十年，始周甃以甓，自後屢修築。本朝乾隆五十五年修。德化縣附郭。

德安縣城。周三里，門五。明正德十一年土築。本朝乾隆五十五年修並甃甎。

瑞昌縣城。周四里有奇，門四，東、西、南三面傍河。明正德八年土築，本朝康熙十一年修。

湖口縣城。周五里二十步，門五。負山面湖，東西爲濠。明嘉靖三十七年創築、甃甎。本朝順治二年修，康熙三年、乾隆九年重修。

彭澤縣城。周三百餘步，門四。明嘉靖三年，因舊址甃築。本朝乾隆十年修。

學校

九江府學。在府治西南蓮花池上。明洪武初，因宋、元故址建。本朝順治、康熙年間屢修，雍正八年重修。入學額數二十名。

德化縣學。在縣治東。宋崇寧中建，明洪武、成化間重建。本朝順治十六年修，康熙五十七年重修。入學額數十五名。

德安縣學。在縣東廬山河東。宋崇寧中，自縣東南遷此。明天順中，遷縣治内。萬曆九年仍遷今所。本朝康熙九年重建。入學額數十二名。

瑞昌縣學。在縣治西。宋慶曆中，建於縣南瀼溪之旁，嘉泰三年遷今所。本朝順治十五年，遷北門岡，康熙十二年復故址，五十四年重修。入學額數十二名。

湖口縣學。在縣治東北。明洪武二年，自縣北下鐘山遷建於此。本朝康熙二年重建，雍正七年修。入學額數十五名。

彭澤縣學。在縣治西鳳凰山下。舊在縣南半里,明弘治十六年遷此。本朝順治十二年重建,康熙八年修,二十一年重修。入學額數十二名。

景星書院。在德化縣東,唐江州刺史李渤建。初渤隱廬山,以右拾遺召,不就。韓愈遺書有「景星鳳凰,争先覩之爲快」之語,後人因以名書院。

濂溪書院。在德化縣南十里廬山麓。宋濂溪周子居此,因其旁有溪,取故里之水名之,築書堂於上。淳熙三年,州守潘慈明增築,朱子有記。明正統初,因遺址重建。本朝乾隆年間修。

靖忠書院。在彭澤縣北觀音巖後。元時縣尹王國輔建,取晉陶潛之「靖」、唐狄仁傑之「忠」爲名。

户口

原額人丁二萬八千八百七十一,今滋生男婦大小共一百六萬四千一百六十五名口,計二十一萬二千二十九户。又前、左衛及九江衛屯軍男婦大小計十七萬七百七十名口,共一萬二千二百四十六户。

田賦

田地一萬二千七百九十五頃二十七畝六分四釐有奇,額徵地丁銀六萬九千八百四十一兩一錢三分一釐，米四千四百五石一斗五升七合。九江衛屯田在德化、德安、瑞昌、湖口、彭澤及南康府星子等六縣，共一千五百四頃二十四畝三分有奇，額徵地丁銀一萬一千一百九十七兩七錢九釐。

山川

天花井山。在德化縣東南，居廬山之末。其支散爲諸岡阜，東北行爲烏稍嶺、丫髻山，丫髻之支又有九，大者爲鳳凰、栗樹、長嶺諸山。長嶺之支，復西踰磨刀澗，自潯陽東門入而盡於湓浦。其小支自栗樹嶺益西爲城南石塘鋪諸岡阜，而盡於孫家湖。山勢踴躍軒翥，以趨潯陽。昔嘗鑿斷山岡以洩其氣，今東門外隴有大渠通老鸛塘者是也。

大孤山。在德化縣東南彭蠡湖中，與南康府分界。四面洪濤，一峯獨聳，又名鞋山。水經注：有孤石界立大湖中，周圍一里，竦立百丈，矗然高峻，上生林木而飛禽罕集。耆舊云：昔禹治洪水至此，刻石紀功。或言秦始皇所勒，莫能辨也。寰宇記：彭蠡湖心有大孤山，顧況詩云：「大孤山盡小孤山，月照洞庭歸客船。」府志：形似鞋，又名鞋山。今人以大孤爲鞋山，以立廟山爲大孤山，誤。

廬山。在德化縣南二十五里，與南康府接界。張僧鑒尋陽記：山高二千三百六十丈，周二百五十里。其山九疊，川亦九派。釋慧遠廬山記：山在江州尋陽南，南濱宮亭湖，北對九江。九江之南爲小江山，去小江三十里，左挾彭蠡，右傍通川，引三江之流而據其會。大嶺凡有七重，圓基周迴，垂五百里。水經注：孫放廬山賦敘曰：「尋陽郡有廬山，九江之鎮也。臨彭蠡之澤，接平敞之原。」山圖曰〔二〕：「山四方，周四百餘里，疊鄣之巖萬仞，懷靈抱異，包諸仙迹。」豫章舊志曰：「廬俗，字君孝，本姓匡，父東野王共吴芮佐漢定天下。漢封俗於鄡陽，曰越廬君。俗兄弟七人，皆好道術，遂寓精於洞庭之山，故世謂之廬山。漢武帝南巡，覩山以爲神靈，封俗大明公。」又按周景式曰：「匡俗字子孝，本東里子，出周武王時。生而神靈，屢逃徵聘，廬於此山。俗後仙化，空廬猶存，故山取名焉。」斯耳傳之談，非實證也。按山海經曰：「廬江出三天子都。」山水互稱，名不因匡俗始。其山川明淨，風澤清曠，嘉遯之士，繼響窟巖。秦始皇、漢武帝及司馬遷，咸升其巖，望九江而眺鐘、彭焉。元和志：山在潯陽縣東南三十二里。杜光庭洞天福地記：第八洞廬山，名洞靈永真之天。又虎溪及廬山心爲七十二福地之二。圖經：宋開寶中避太祖諱，更匡山爲康山。按：廬山舊屬尋陽，自宋以後，始分屬二郡。今峯嶺巖谷洞石之屬，在府境者以數十計。其最著者曰雙劍峯、蓮花峯、香鑪峯、石耳峯、大林峯、擲筆峯、石門澗，並在山之北面。餘詳見南康府。

螺子山。在德化縣南五十里。自廬山雙劍峯發脈，盤結宛轉如螺形。

龍門山。在德化縣西南五十里，與駱駝山相對如門。湓水流經兩山間入大江。

大、小石門山。在德化縣西南五十里。二山對峙，相去百餘步。山下兩旁有石如屏，四面相向，俗呼大、小城門。

靖居山。在德化縣西南六十里。明統志：昔有姓傅者獵此山，射鹿墮胎而斃，其人遂折弓矢修道，因名。

高良山。在德化縣西南八十里。高聳秀拔，爲諸山最。其脈分爲株嶺山，在縣西南五十里，以尖秀如木株而名。下有白鶴洞，洞門高二丈許，其深無際，四時出泉，灌田百頃。又有義門山，在縣西南六十里高良、株嶺二山間，昔義門陳氏居其下。

柴桑山。在德化縣西南九十里，漢以此名縣。山海經：柴桑之山，其上多銀，其下多碧，多冷石赭。郭璞傳：「今在尋陽柴桑縣南，共廬山相連也。」寰宇記：柴桑山近栗里原，陶潛此中人。省志：今面陽、馬首、桃花尖諸山皆是也。

駱駝山。在德化縣西四十里，蹲踞如駱駝。其下有水通大江。或作落梔山。

博陽山。在德安縣南十二里。書禹貢：過九江至于敷淺原。孔安國傳：「敷淺原，一名博陽山。」漢書地理志：豫章郡歷陵，傅昜山在南，古文以爲傅淺原〔三〕。注：師古曰：「傅，讀曰敷，昜，古陽字。」通典：蒲塘驛前有敷淺原，原西數十里有博陽山。府志：博陽山根盤三十餘里，峯巒奇疊，爲邑重鎮。按：朱子九江彭蠡辨以廬山爲敷淺原。語類云：德安縣敷陽山，正在廬山之西南，故謂之敷陽，非以其地即爲敷淺原也。蔡沈、金履祥、夏允彝皆宗其説，晁氏則謂在鄱陽界。今以都無確據，且從舊説。

義豐山。在德安縣西一里。邑人好義聚居，如陳、王、梅、鄭，多至千口，人謂此山之應。又西爲獅子山，磅礴秀發，蹲伏如獅。

望夫山。在德安縣西北二十里。隋書地理志：湓城有望夫山。輿地紀勝：昔人行役未回，其妻登山而望，每登山，輒以箱盛土，積日累功，漸高峻，故名。

大塘山。在德安縣西北四十里。山塢有塘，約數十畝。相近有石鼓山，相傳每天陰聞鼓聲。

使君山。在德安縣西北四十餘里。唐江州刺史李渤，嘗作讀書堂於上，因名。舊志譌爲史君山。

尖山。在德安縣西北六十里，山形圓鋭。又西北十里許有鳳凰山，二十里又有道顔山。

東佳山〔四〕。在德安縣西北八十里。其嶺有白石巖，山半爲白石洞。山下又有紫巖，巖石聳峻，平正如壁，紫色瑩潤，紫巖泉出其下。

小崑崙山。在德安縣西北一百二十里。高三百丈，周二十里，山巔有東、西二湖。明統志：昔王子喬於此朝斗，取道經「下覆崑崙」之語名之。

孤山。在德安縣北十里，孤特秀麗。

烏石山。在德安縣北十里，旁有石名獅子巖。東北自廬山來，盡於東崖；西北自東佳山來，盡於西崖。兩崖相對如門，一名烏石門。其中平疇曠野，有三水瀠匯從石門流出。

葛洪山。在德安縣北四十里。寰宇記：葛仙曾遊此。

榜山。在瑞昌縣南五里。

秦山。在瑞昌縣南三十里。高十餘里，登之可望匡廬、大江。其上金盆泉，可溉田數百頃。有梅谷甚幽勝。又南十里有甪里山，相傳漢甪里先生嘗游此。

紅羅山。在瑞昌縣西南十五里，巔有仙女峯。

亭子山。在瑞昌縣西十里，其徑幽折，上多竹。

白龍山。在瑞昌縣西十里，山麓有白龍泉。又白石山，亦在縣西十里，怪石參差，懸崖曲徑，人迹罕到。

愁山。在瑞昌縣西六十里，嵯峨陡峻，行者愁焉，因名。

清湓山。在瑞昌縣西七十里，巍然爲縣境羣山之冠。湓水發源於此。其西爲書堂山，相傳王喬讀書處。

蘇山。在瑞昌縣西北三十里。明統志：昔蘇耽沖舉於此。

羊腸山。在瑞昌縣西北三十五里，甚險峻。其對峙者爲馬迹山，去縣五十里。

赤顏山。在瑞昌縣西北一百二十里。蜿徑鳥道，登陟甚難。明統志：相傳赤松子嘗游此。其山與玉華洞相連。

鴉髻山。在瑞昌縣北十里。兩峯競秀，望之如髻。

石沃山。在瑞昌縣北二十五里赤湖中。又湖中有青竹山，上多竹。

大嶺山。在湖口縣東二里。連峯聳峙，路通彭澤，爲往來憩息之所。又縣南二里有小嶺山，其峯峻拔，險於大嶺。

堅山。在湖口縣東二十里，三峯相連，形如筆架。

酬山。在湖口縣東二十五里，下有醴泉。

殷家山。在湖口縣東四十里。相近有朋脈山、烏石山、馬迹嶺山。

花尖山。在湖口縣東四十里。有大小二尖峯，攢簇秀麗，望如芙蓉。

武山。在湖口縣東五十里，與廬山夾鄱湖而峙。根盤四十餘里，接彭澤縣界。絶頂有武山塘，廣畝許，其水瑩澈，四時不涸。其南麓雙峯如劍，一名劍山。又有白雲洞，四山蒼翠，一竅窺天。

石門山。在湖口縣治南，兩崖對聳如門。當兩石間，垂流數丈，有石可坐千人。

石鐘山。在湖口縣。有二：一在縣治南曰上鐘山，一在縣治北曰下鐘山，各距縣一里，皆高五六十丈，周十里許。其勢相向。寰宇記：石鐘山西枕彭蠡，連峯疊嶂，壁立削峻。西、南、北面皆水，四時如一，白波撼山，其聲若鐘。按：李渤辨石鐘山記云：「水經云彭蠡之口有石鐘山，酈道元以爲下臨深潭，微風鼓浪，水石相搏，響若洪鐘，因受其稱。予訪其遺迹，遇雙石欹枕潭際，扣而聆之，南音函胡，北音清越，枹止響騰，餘音未歇。若非山澤至靈，安能産此奇石乎！」蘇軾石鐘山記：「余至湖口觀石鐘，暮夜月明，乘小舟至絶壁下，大聲發於水上，噌吰如鐘鼓不絶。徐而察之，則山下皆石穴罅，不知其淺深，微波入焉，涵澹澎湃而爲此也。舟迴至兩山間，將入港口，有大石當中流，可坐百人，空中而多竅，與風水相吞吐，有竅坎鏜鞳之聲，與向之噌吰者相應，如樂作焉。酈道元之所見聞，殆與余同。」

幞頭山。在湖口縣南二里，與上鐘山相連。峯巒秀拔，狀若幞頭。

東石山。在湖口縣南三十里。旁有龍井，上常蒙雲氣。

屏風山。在湖口縣南六十里，環峙如屏。

旂山。在湖口縣西南三里許。相傳明初與陳友諒相持於鄱湖時，山上有氣如曳旂，因名。山之後有松壽山，其上舊有古松。

柘磯山。在湖口縣北四里。峯巒高峻，沙擁其下，一名沙山。

大磯山。在湖口縣北五里，屹立江邊。

西山。在湖口縣北二十里江濱。相連者有香鑪墩山，以形似名。又茭石磯山，在西山之西北，接香鑪墩，亦名龍王磯，爲縣治水口。

楊山。在湖口縣北三十里。其連峙者有峽山，俗名望雨山。

老臺山。在湖口縣東北五里。其西有尖山，亦名仙人尖山。又有三疊山，在縣東北三里，皆與石磯相連。

曉石山。在彭澤縣東一里。山勢蜿蜒，一峯秀拔，日出先照，因名。相近有丫髻山，兩峯並峙如髻。又帽山，在城東三里，特起高聳，一名雙峯尖。

嶽山。在彭澤縣東大泊湖中。雙峯聳峙，當瀼子、山林二水入湖之口。

仙迹山。在彭澤縣東四十里，上有巨人迹。

龍山。在彭澤縣東南三十里。明統志：梁尉文光修煉之地，松壇、石室、丹竈遺迹具存。

黄漿山。在彭澤縣東南四十里，疊石如甃。有上下二洞，深邃莫極，有白泉傾注如玉。

浩山。在彭澤縣東南九十里，接安徽東流、建德二縣及饒州府鄱陽縣界。寰宇記：浩山在彭澤縣古城東北七十九里，北臨大湖，颸波浩蕩，相傳爲浩山，浩水出焉。明統志：唐李大亮擇彭澤山之高大者莫若此山，因名浩山，而立浩州焉。縣志：浩山層巒疊嶂，高數百仞，周百餘里。嶺有石如船，田五十餘畝，泉常不竭。

游龍山。在彭澤縣南。西連武山，東接浩山，延袤百里，勢如游龍，爲縣南屏障。其北有大鳴山，衆石崔嵬，羣木蒼鬱，澗水注石，有聲如雷。相峙者又有小鳴山。

横山。在彭澤縣南三十里。下有横山港，流入方湖。

石壁山。在彭澤縣南四十里。峯巒秀聳，形如削壁，水繞其下，四時不涸。

鳳凰山。在彭澤縣城西隅。山下有讀書巖，巖右有潛玉洞，山後又有長伏嶺。

鏡子山。在彭澤縣西北隅，南接西山，北瞰大江。石峯嶙峋，崖有圓石，其光如鏡。

小孤山。在彭澤縣北，屹立江中，俗名髻山。寰宇記：山高三十丈，周迴一里。在古城西北九十里，孤峯聳峻，半入大江。

歐陽修歸田録：江西有大、小孤山，在江水中，嶷然獨立。而世俗轉「孤」爲「姑」，江側有一石磯，謂之澎浪磯，遂轉爲彭郎磯，云「彭郎者，小姑壻也」。嘗過小姑廟，像乃一婦人，而額敕爲聖母廟，豈止俚俗之謬哉。陸游入蜀記：澎浪磯、小孤二山，東西相望。小孤屬舒州宿松縣，峭拔秀麗，非他山可擬。按：歐陽修以小孤山屬江西，陸游以小孤山屬江南。今査大孤山、小孤山、澎浪磯，皆在大江中，兩省分界，於江西爲近。今依舊志，仍載入九江府中，以誌核實。

馬當山。在彭澤縣東北四十里。山形似馬，横枕大江，迴風撼浪，舟船艱阻。山腹有洞甚深，不可涯涘。山際有馬當廟。

唐陸龜蒙馬當山銘：天下之險者，在山曰太行，在水曰呂梁。合二險而爲一，吾又聞乎馬當。

鳳凰嶺。在德化縣東五里，俗名長嶺。

峽石嶺。在德安縣西十五里。西北諸峯，於此過峽。

栅嶺。在德安縣北三十里，其巔有栅嶺洞。

馬迴嶺。在德安縣北三十里，與德化縣分界。

石人嶺。在瑞昌縣西北，路通湖北興國州界。

梧桐嶺。在湖口縣東四十里，嶺麓接彭澤縣界，路通徽州府。

發洪嶺。在彭澤縣東，與浩山相接。林木森蔚，下有洪水東流，北會於香口入江。

蓮花峯。在德化縣南三十里，望之如芙蓉。下有董奉杏林遺迹，宋儒周子卜居於此。其北有撥雲峯，西南有聖治峯。

雙劍峯。在德化縣南五十里廬山龍門西峯下。其峯形勢插天，宛如雙劍，與府治相直。其西南爲圭壁峯，望之如圭，與錦繡峯相並。

香鑪峯。在德化縣西南三十里廬山之北。峯形圓聳，氣靄若煙，故名。周景式廬山記：峯頭有大盤石，可坐數百人。慧遠廬山記：東南有香鑪山，孤峯獨秀起，游氣籠其上，則氤氳若香煙，白雲映其外，炳然與衆峯殊別。明統志：南有巨石如人，故又名石人峯。

天池峯。在德化縣西南五十里廬山天池寺北。桑喬廬山疏：廬山石門者，山之天池、鐵船二峯對峙如門也。

石耳峯。在德化縣西南三十里廬山圓通寺東南。雙峯並聳，形如兩耳。

大林峯。在德化縣西南六十里。下有新羅巖、雞冠石、飲牛池。

擲筆峯。在德化縣西南廬山大林峯北。明統志：晉釋慧遠於此製涅槃經，疏成，因以名峯。有瀉油定心石，上有文殊巖，下有十八賢臺。慧遠與同社諸賢嘗憩於此。

四峯。在瑞昌縣西十里。四峯如削，插入雲霄。

仙真巖。在彭澤縣南。石門裂峙，高五丈許，中有清流。其旁爲玉壺洞，深七八里，有水繞洞而出，可引以灌田。

七里岡。在德化縣南五十里。横亘平曠，延袤七里。又縣西南九十里有王弘岡，相傳晉王弘送陶潛酒處。

石谷洞。在德化縣南六十里，上有大石覆之。人傴僂而入，内高數丈，其深莫測。

鳳巢洞。在德化縣西南九十里，一名清泉洞。洞門高丈許，内深如屋，水源不竭，可灌田百餘頃。

萊子洞。在瑞昌縣東十五里。山半石壁千尺，路經洞前，其下相去二十丈許，有泉聲淙淙，冬夏不竭。

玉華洞。在瑞昌縣東二十五里。輿地紀勝：尋陽新舊録云，清虚玉華洞，千形萬狀，不可殫記。明統志：洞有仙迹，泉湧如雷。

王喬洞。在瑞昌縣西二十五里。明統志：仙人王喬經此，因名。

垂魚洞。在彭澤縣西南五十里。輿地紀勝：洞中有小溪，西南流入小巴水。有石如魚形，垂在洞中，又有石橋、碁局、石乳，洞門高數丈。人或尋之，終莫能究其深遠。

白石磯。在德化縣東北三十里濱江。有白石巉巖，頗危險。又回風磯，在縣東北四十里，舟行至此，俱轉篷避風，因名。

老鴉磯。在湖口縣南五里。明萬曆間，改名鳳凰磯。

澎浪磯。在彭澤縣北，與小孤山相對。又峯山磯，在縣西南三里。又縣西有鐘子磯，其石尖鋭，與鐵鑪山排立江濱。

潯陽江。在府城北，亦名九江，即大江也。自湖北興國州界東流入境，經瑞昌縣北三十五里，北岸爲湖北廣濟縣界。又東經府治德化縣北，北岸爲湖北黄梅縣界。又東合彭蠡湖水，經湖口縣北二十里，又東北經彭澤縣西北二里，北岸爲安徽宿松縣界。又東北入安徽望江、東流二縣界。江廣二十里，西自瑞昌下巢湖，東至彭澤馬當山，共三百二十五里。書禹貢：九江孔殷。

疏：「大江分而爲九，猶大河分爲九河也。」釋文：「九江，尋陽地記云：一曰烏白江，二曰蚌江，三曰烏江，四曰嘉靡江，五曰畎江，六曰源江，七曰廩江，八曰提江，九曰箘江。張須元緣江圖云：一曰三里江，二曰五州江，三曰嘉靡江，四曰烏土江，五曰白蚌江，六曰白烏江，七曰箘江，八曰沙提江，九曰廩江。參差隨水長短，或百里，或五十里。始於鄂陵，終於江口，會於桑落州。」史記河渠書太史公曰：余南登廬山，觀禹疏九江。漢書地理志：尋陽，禹貢九江在南，皆東合爲大江。又「九江郡」注：應劭曰：「江自廬江尋陽分爲九。」郭璞江賦：流九派乎尋陽。元和志：禹貢九江，今江州西北二十五里九江是也。按：自漢至唐，皆謂九江在尋陽。至宋初胡旦始以洞庭爲九江，而諸儒從之，舊説遂廢。

禁江。在湖口縣東北九十里。下接小孤山，上通大江，值冬時水涸成池，爲魚蝦所聚。亦名涇江。江防考：禁江亦曰涇港，在江北岸。

博陽川。在德安縣治南，一名敷淺水。漢書地理志：歷陵，傅易川在南。寰宇記：敷淺水常流不絶，色頗清泠。其源接瑞昌縣及鄂州永興界，屈曲餘二百里方至縣。縣志：博陽川之源自西北發流，至東南入彭蠡。每夏秋水勢瀰漫，四方商賈巨艘皆至，冬水涸，僅容小艇。

芳蘭湖。在德化縣東二十里。源出廬山澗水，東流入彭蠡湖。水漲爲湖，水退爲溝，岸草如蘭，因名。

彭蠡湖。在德化縣東南九十里及湖口縣治西南，湖之下流也。會羣川之水，由湖口縣西注於大江。縣當其委輸之處，故以湖口爲名。書禹貢：彭蠡既豬，陽鳥攸居〔五〕。漢書地理志：彭澤，禹貢彭蠡澤在西。又雩都縣，湖漢水東至彭澤入江。水經注：贛水總納十川，俱注彭蠡，東西四十里，清潭遠漲，緑波凝净，而會注於江川。杜佑通典：彭蠡湖在郡東南五十二里。輿程記：自湖口縣入彭蠡湖，經大孤山至南康府百二十里，又二百五十里至南昌府。自縣而東南，渡湖抵饒州，凡三百七十里。

甘棠湖。在德化縣南，一名景星湖。唐長慶二年，刺史李渤徑湖心爲隄，長七百步，人不病涉，又立斗門以蓄洩水勢。人懷其德，因名甘棠。

鶴問湖。在德化縣西十五里。

官湖。在德化縣西三十里，一名梅家湖。臨大江，春夏之交，江水泛漲，茭葦叢生，不容舟楫。中產魚，多菱芡。河泊所設其旁。

柘港湖。在德化縣北十五里，水漲爲湖。其地宜柘，故名。又杜家湖，在縣東北封郭洲旁。其相連者，有沙池湖、小池湖，多芙蕖。

楊林湖。在瑞昌縣東。相近有南湖，江水漲則瀰漫害稼。

下巢湖。在瑞昌縣西北四十里，通大江。其水無源，以江水消長爲盈涸。舊有巡司，久廢。隋書地理志：湓城有巢湖。

赤湖。在瑞昌縣東北二十里。周迴百餘里，匯縣東北諸水成湖，自新、舊二口入江。中有石沃山、獅子山、金雞嘴、破蛇洲。其水復分爲車馬湖、浴盆湖、遥泊湖及長港。舊皆掌於赤湖河泊所。

皂湖。在湖口縣東南四十里。聚羣川之水，自劉家市橋來入彭蠡湖。中有巨石，色黑，故名。

土目湖。在湖口縣東南六十里，與南康都昌縣接界。縣志：縣南土目湖，爲都昌、湖口二邑界水所會。其北爲皂湖，又北爲白洋湖，二湖之水，咸經浮山，趨屏風、土目二山入彭蠡。又北爲西倉湖，又北爲勞渡湖，又北爲白虎塘，爲陪湖，爲黄牛洑，皆近鞋山，上下以入彭蠡。

母鯉湖。在彭澤縣南十里。相傳元孝子李時冬月得鯉於此，以愈母病，故名。又方湖，在縣南十五里。有新橋水自李柵山來入，又分流爲黄土港。相近又有横磯湖，湖側有石横立，因名。

大泊湖。在彭澤縣東北三十五里。廣餘百頃，通安徽東流縣之香口鎮。其支流爲天井、沈灣諸小湖。湖中有嶽山，湖西又有船山，山如船形。湖東有白干山，山皆白石。

青山湖。在彭澤縣東北大江濱，可泊舟楫。東北有周家湖，亦濱大江。又會口湖，在縣東北三十餘里磨盤洲，東接東流縣界課洲，周圍十里，北入江。

湓水。在德化縣西一里。源出瑞昌縣清湓山，亦名湓澗。東流會瀼溪經縣治南，俗名南河。繞城而東會諸小水入德化縣界，東經府城下，又名湓浦港。又北入大江。其入江處，即古之湓口也。通典：潯陽有湓水。寰宇記：按郡國志云，有人此處洗銅盆，忽水暴漲失盆，遂投水取之。見一龍銜盆，奪之而出，故曰盆水。又云源出青盆山，因以爲名。通鑑胡三省注：「湓口，在潯陽。今德化縣西一里有湓浦。」按：府志城西一里有龍開河，長百五十里，源發瑞昌縣清湓鄉，東流入大江。蓋此即湓水。舊志分爲二，而別以府西半里之小港爲湓浦，誤。

金帶河。在德安縣西，源出縣西南二十里豹子巖。舊流經縣東南，合廬山諸水，四面旋繞如帶。後以山溪暴漲，遂衝決，經西門入箬山河，而縣南之水遂竭。

廬山河。在德安縣東北二十里，亦名東河。縣志：河自廬山烏龍潭發源，西南流至烏石門，與西、北二河合，名三港口。曲折流經城北，會箬山河水，又南流入博陽川。西河在縣西北，源出苦竹源。北河一名黃埇河，源出縣北高良鐵鑪沖。俱流至烏石門，匯爲三港口。箬山河，源出縣西北十里箬山嶺，流經縣北門外，與東北諸水合。

西河。在瑞昌縣南。源出秦山上金盆池，循深谷而下，合衆小流西注，歷仙姑臺、烏竹寺折而北，合玉仙諸源水，東流入湓水。

沙頭河。在湖口縣東，今名麒麟河。源出大嶺及黃土嶺諸澗，西流入江。又虹橋港，源發小嶺及武場諸澗，下接江流。春夏水漲，俱爲泊舟之所。

虎溪。在德化縣南廬山東林寺前。相傳晉慧遠送客過此，虎輒號吼。

濂溪。在德化縣南十五里。發源自廬山蓮花峯下，西北流合龍開河入江。宋儒周子寓此，因取故里之號名之。

瀼溪。在瑞昌縣南。源出縣西北大、小二瀼山間，東南流合洪下源水，趨安泰港，至獅子口入湓水。又洪山源水，源出縣西亭子山，有二流：南流者爲洪山源，會洪下源水；北流者合縣東北雙峽橋諸溪水注赤湖，皆湓水之别源也。

女兒港。在德化縣東南三十五里。源出廬山，東北流二十五里入彭蠡湖，水漲可容百餘艘。因人孤山在其側，俗譌「孤」爲「姑」，故有女兒之稱，亦曰女兒浦。其東北有金沙洲，白沙水磧，初日照之，燦如金色。

小港。在德化縣西南七里，一名官篺夾。濱江，可以泊舟。有小江市。

白水港。在德化縣西，亦名白水浦。陳永定初，梁將王琳自沌口領兵，下至湓城，屯於白水浦，即此。縣志：白水湖，即泊水港，去府城五里許。水漲爲湖，水落爲港。

楊港。在湖口縣北二里許。水漲通江，可泊巨艘。舊有楊氏居此，因名。明萬曆間，設榷關，改名武曲港。本朝康熙五十七年，巡撫白潢，嘗開濬此港以泊商舟。縣志：自虹橋、沙頭而下爲楊港，爲柘磯港、龍聚潭、牛脚湖、黄家泊、椒樹坂港，皆受諸山水以入大江。

瀼子港。在彭澤縣東南三十里。源出浩山，會大泊湖水，經安徽東流縣香口入大江。其水泛瀼而清深。又山林港，在縣東三十里，源出黎坑嶺下，與瀼子港合流爲雙溪港，支流入大泊湖。

石門澗。在德化縣南四十里廬山。水經注：廬山之北有石門水，水出嶺端，有雙石高竦，其狀若門。水導雙石之中，懸流飛瀑近三百步許，下散漫數千尺，望之若曳飛練於霄中矣。寰宇記：石門澗，在廬山西，懸崖對聳，形如闕，當雙石之間，懸流數丈。有一石，可坐二十許人。桑喬廬山紀事：石門澗在文殊寺南，有潭曰烏龍潭。石門者，中有三石，並峙如門也。澗水源於長衝，漾於擲筆之前，與九奇之水會而注於白龍潭，至石門出峽，與上霄之水會，而北流匯於鶴問寨，入龍開河。

桑落洲。在德化縣東北過江五十里。晉元興三年，劉裕遣何無忌等敗桓玄將何澹之於桑落洲，遂克溢口。洲之西曰白茅灣，其地與安徽宿松縣接界。梁承聖元年，陳霸先自江南出溢口，會王僧辯於白茅灣，即此。通典：江州都昌有桑落洲。通鑑胡三省注：桑落洲，在溢城東北大江中。白茅灣，在桑落洲西南。圖經：九江始於鄂陵，終於桑落洲，又東到武陵洲，即桑落下尾也。

封郭洲。在德化縣江北。

得勝洲。在彭澤縣西。明初征陳友諒，始捷於此，故名。洲尾有新洲，明成化中湧出者。又毛葫洲、雁來洲、蛾眉洲，俱在縣北。

楊葉洲。在彭澤縣東北，東屬安徽東流，西屬彭澤。通典：彭澤有楊葉洲。寰宇記：楊葉洲，西頭一半在縣，東屬池州秋浦縣界，上多楊林。又云：洲腹稍闊，兩頭尖長，狀如楊葉。

射蛟浦。在湖口縣東南十里，一名黃牛洑。明統志：昔漢武帝自尋陽浮江，親射蛟江中獲之，疑即此地。縣志：明萬曆中，設湖口關，改黃牛洑曰文昌洑。

白家池。在府治西，唐白居易鑿以養魚種荷。又治南有鄂王池，相傳宋岳飛節鎮江州時鑿，今堙。

蓮花池。在府學前。廣五畝，蒔蓮最盛。

九曲池。在湖口縣南三十里，相傳晉陶潛所鑿。今成小港。

仰天池。在彭澤縣東北，大江支流也。有二支，江水漲，一支西流經縣北毛葫洲，一支東流合於江，渺茫無際，水落則流注於馬當江。

龍泉。在府治北。輿地紀勝：晉慧遠結菴於此，無水，以杖刺地泉湧。既而歲旱，慧遠誦龍王經於泉上，俄而龍起，雨乃大足。

虎跑泉。在德化縣南廬山東林寺後。晉慧遠與蓮社諸賢游上方峯頂，患水遠，有虎跑石出泉，故名。又有卓錫泉及聰明泉。

神泉。在德化縣南廬山蓮花峯後。輿地紀勝：宋紹興中，皇甫履賜隱廬山，高宗名其所居曰清虛菴。光宗在東宮日，嘗問履山中所乏，履曰：「但水差遠。」光宗因大書「神泉」二字遺之，云：「持歸隨意鑿一泉。」履歸，於菴側穿一小井，方施畚插而泉已湧。

東佳泉。在德安縣西東佳山紫巖下，一名紫巖泉。明統志：山有巖洞甚深廣，昔有人秉火入洞，至一巨澗，不可渡而止。其泉有上下二竅，上竅流則下竅乾絶，下竅流則上竅乾絶，三日一周。縣志：東佳泉，天晴則西流，雨則東流，若雨晴未定，則西有小水。泉西有石洞，深不可極，旱則於此禱雨。秉炬入，進四十里，有湖。

吴山泉。在德安縣西北四十里吴山，灌田五百餘畝。其泉雷震而出，雷伏而止。又峽石泉，在縣西北二十里峽石嶺下，灌田三百餘畝。

静泉。在德安縣西北七十里長溪山下。平地流出，寂然無聲，灌田三百餘畝。又布金泉，在縣西北小崑崙山之陰，平地涌出，灌田數百頃。

白龍泉。在瑞昌縣西二十里。泉出懸崖洞中，繞流山麓，溉田甚廣。東南流抵城西白龍橋，入南河。

大塅泉。在瑞昌縣北。平地涌出，四時不竭，溉田百餘頃。其水流入赤湖。

冷水泉。在湖口縣北二里。瑩澈如冰，味甘，四時不竭。

赤泉。在彭澤縣南一百里。泉赤色，利灌溉。又函玉泉，在山川壇左，自山頂石罅中出，四時清瑩，人掬飲以愈疾。

浪井。在府治内。寰宇記：圖經云，漢高祖六年，潁陰侯灌嬰所開。年深堙塞，孫權經此，自標井地，命使鑿之，正得其井。江有風浪，此水輒自漂動，土人呼爲浪井。今見在城内。

古蹟

柴桑故城。在德化縣西南。漢置，屬豫章郡。晉咸和中，移尋陽郡來治，其後江州亦治此。宋昇明元年，沈攸之舉兵東下，時江州刺史邵陵王友鎮尋陽，蕭賾以爲尋陽城不足固，表移友同鎮湓口，留别駕胡諧之守尋陽。胡三省曰「尋陽時治柴桑。今江州德化縣西南九十里有柴桑山」是也。陳時又於縣分置西江州，天嘉初復爲江州。隋廢爲湓城縣地。唐武德五年，復於其地置楚城縣。貞觀八年，廢入潯陽。通典：今潯陽縣南楚城驛，即舊柴桑縣也。元和志：柴桑城，在潯陽縣西南二十里。

潯陽故城。今德化縣治。本晉時柴桑縣之湓口城，歷宋、齊、梁、陳爲江州戍守處。隋平陳，廢柴桑縣，置尋陽縣於此。大業初，改爲湓城。唐曰潯陽，南唐曰德化，自後因之。晉書地理志：柴桑有湓口關。齊書州郡志：庾亮臨終，表江州宜治尋陽，以州督豫州新蔡、西陽二郡，治湓城，接近東江諸郡，往來便易。元和志：江州理城，古之湓口城也，漢高帝六年灌嬰所築。通鑑胡三省注：「湓口在德化縣西一里。江州治德化，蓋近湓口古城處。」按：漢時尋陽縣本在江北，今湖北黄梅縣界。晉時移郡治柴桑，義熙八年，又省尋陽入之。自是以後，皆以郡治之柴桑爲尋陽，而江北之尋陽始晦。隋廢柴桑，於湓口故城改置尋陽縣，唐因之，於是又以湓口爲尋陽，而名益淆。湓口在六朝爲江濱鎮守要地，其地則屬柴桑。柴桑乃尋陽郡治，至隋時始移尋陽之名於湓口，後人多混爲一。明統志云：潯陽城在府西十五里，本漢尋陽縣，其城晉孟懷玉所築，隋因水患，移入城爲附郭，今名故州曰彭蠡，曰湓城，即其地。其言尤無所據。

歷陵故城。在德安縣東。漢置縣，屬豫章郡，王莽改曰蒲亭，後漢復故。晉改屬鄱陽郡，宋元嘉初省。通典：潯陽有蒲塘驛，即漢歷陵縣也。王莽改爲蒲亭。按：歷陵縣，晉時與餘汗、鄡陽俱割屬鄱陽郡〔六〕，而柴桑則分屬武昌郡。鄱陽在東，武昌在西，相去甚遠，且中隔彭蠡，不應歷陵反出柴桑之西。通典以蒲塘爲歷陵，徒以歷陵嘗名蒲亭故耳。然王莽所改，未幾復故，安見蒲塘之即古蒲亭？疑屬傅會。宋晁氏以歷陵故縣及博陽山皆在今鄱陽縣界，其説近是。今以相沿已久，而歷陵故址亦無的據，姑存俟考。

彭澤故城。在湖口縣東三十里。漢置，屬豫章郡。建安中置彭澤郡，以吕範爲太守，尋廢。晉永嘉後，改屬尋陽郡。隋改置龍城縣於東界，後改龍城爲彭澤，而故縣遂廢。元和志：彭澤故城，在都昌縣北四十五里。晉陶潛爲令，理此城。寰宇記：彭澤城，在都昌縣西北一百二十五里。漢高帝置，隋廢，舊迹猶存。湖口縣志：今爲彭澤鄉故縣理，在今縣東三十里。

浩州故城。在彭澤縣東南四十里浩山下。寰宇記：彭澤縣，東西廣長，南北枕帶江壖，爲吴地之首。唐武德五年，李大亮安撫江南，張善安歸降。江表既静，於此古城置浩州，以浩山取名。又分楊梅嶺以南更置都昌縣，東南置樂城縣，分饒州鄱陽北境置廣晉縣，合四縣並隸浩州。至八年，廢浩州及縣，其年彭澤縣仍移入廢浩州内。南唐昇元初，又自浩州故城移向西四十里江次，即今縣理。縣志：元至正中，於浩州城置高唐馬站，後廢。按：明統志又載浩州城，在饒州西北一百三十里。以唐書及寰宇記考之，其地當爲廣晉，浩州自在今彭澤界，不在饒州也。

古太原郡。在彭澤縣東北。梁武帝僑置，領彭澤、晉陽、和成、天水四縣。隋平陳，郡縣並廢。寰宇記：古太原郡，在彭澤縣東北五十里。

松滋廢縣。在德化縣東。晉僑置，宋因之，齊省。宋書州郡志：晉成帝時，江左流民寓尋陽，僑立安豐、松滋二郡，遥隸揚州。安帝省爲松滋縣。尋陽又有弘豐縣流寓。文帝元嘉十八年，省併松滋。

汝南廢縣。在德化縣西。梁置，屬尋陽郡。隋平陳，併入尋陽。

上甲廢縣。在湖口縣東南。晉書地理志：元帝渡江，尋陽郡又置九江、上甲二縣。尋省九江縣入尋陽，安帝又省上甲縣入彭澤。湖口縣志：故址在今縣東南百里彭蠡鄉三學堂南。按：梁蕭韶封上甲侯，似梁時嘗復置也。

天水廢縣。在彭澤縣東。梁置，與晉陽和城等縣俱屬太原郡。隋平陳，廢入彭澤。寰宇記：廢天水縣，在彭澤縣東五十里。按顧野王輿地志云：梁武帝置，以擬西水縣。又廢和城縣，在縣東北二百二十里。廢晉陽縣，在縣東北一百九十四里。彭澤縣志：天水故縣在縣東，今爲天水鄉。餘二縣俱在安徽池州府境。

龍城廢縣。在彭澤縣西。隋書地理志：九江郡彭澤，平陳置龍城縣，開皇十八年改名焉。寰宇記：廢龍城縣，在彭澤縣西二里。

樂城廢縣。在彭澤縣南。舊唐書地理志：武德五年，置浩州，又分置樂城縣。八年，省入彭澤。寰宇記：廢樂城縣，在彭澤縣南三十九里。縣城傍山爲之，南北高險，東西平下。按：縣志又謂在今縣東五十里陶王山北，未知何據。

半洲城。在德化縣西。吴志孫慮傳：黄武七年，封建昌侯。後二年，假節開府，治半洲。通鑑：晉咸康五年，庚亮表弟懌爲梁州刺史，鎮半洲。元和志：半洲故城，在潯陽縣西九十里。

郭默城。在德化縣東北。晉咸和中，郭默所築，亦名陶公壘。通鑑：梁大寶二年，侯景將于慶自鄱陽還豫章〔七〕，侯瑱拒之。慶走江州，據郭默城。王僧辯前軍襲慶，慶棄城走。元和志：晉咸和四年，郭默叛，陶侃討默，築壘以攻之，默乃以布囊盛米爲壘以應陶。今稱陶公壘。

巢湖城。在潯陽縣東四十二里。按楚有二巢：一在廬江六縣，一南巢，桀所奔處，即此。

蒲塘場。今德安縣治。寰宇記：德安縣，在江州西南一百里，本蒲塘，春秋時楚之東鄙。其地舊屬柴桑縣，唐時分潯陽之三鄉於敷淺水之南爲場，以地有蒲塘爲名。咸通三年，還潯陽，四年復爲場。楊吴順義七年，升爲德安縣。縣志：唐武德八年，置蒲塘驛。貞元中，改蒲塘場。楊吴置縣，因移場於東北一里。宋復爲蒲塘驛，元因之，明廢。今呼其地爲驛頭。

赤烏場。在瑞昌縣治西。寰宇記：瑞昌縣本赤烏場地。孫權時有赤烏見於此，始有地名，蓋柴桑之舊域也。唐時爲潯陽西偏。建中四年，以僻遠因立爲場。南唐昇元三年，改爲瑞昌縣。縣志：故址在今縣西安泰鄉。

湖口故址。在今湖口縣東。名勝志：劉宋時爲湖口戍。寰宇記：湖口縣，本湖口戍，是南朝舊鎮，上據大鐘石，旁臨大江。唐武德五年，安撫李大亮以爲要衝，遂置鎮，在彭蠡湖口。南唐保大中，升爲縣。府志：故址在今縣東二里三家市，今名三市口。

陶潛宅。在德化縣西南九十里柴桑里。

元結故居。在瑞昌縣西倉城墩。府志：唐元結避亂江州曾家瀼溪，有詩云：「尤愛一溪水，而能存瀼名。」即此。

義門。在德安縣西北六十里，即陳氏故居。自唐至宋，凡十八世同居，至三千七百餘口。又有義門書堂，在縣西北東佳山下。唐時陳衮於其居左二十里建書堂，聚書數千卷以資學者，子弟弱冠，悉令就學。宋徐鍇有記〔八〕。

庾樓。在府治後，濱大江。其磯石突出江干，百許步，相傳晉庾亮鎮江州時所建。按：此因晉書庾亮傳有秋夜登南樓之事而傳會也。亮時江州自鎮武昌，不在湓城，史傳甚明。李白詩：「清景南樓夜，風流在武昌。」亦未嘗誤。白居易詩云：「潯陽欲到思無窮，庾亮樓南湓口東。」自後遂爾傳訛。

清輝樓。在府治後，唐劉禹錫有詩。

九疊樓。在府治後。唐刺史李渤建，因對廬山九疊，故名。

齊雲樓。在府治東北子城上，宋皇祐中所建。

紫煙樓。在府治後。宋余崇龜建，取李白詩「日照香鑪生紫煙」爲名。

清風閣。在府治後。明統志：後人慕宋均潔己安民、去獸之異，因名。洪武末重建。按：宋均守九江，在壽春。今府城北又有虎渡亭，皆傅會也。

倚天閣。在府治東，對雙劍峯。宋張孝祥命名，取「長劍倚天外」之意。

白傅草堂。在廬山香鑪峯下，唐白居易謫江州時建。居易有草堂記。

三賢堂。在府治後，祀陶潛、狄仁傑、白居易。又瑞昌縣治南有二賢堂，祀元結、蘇軾。皆宋時建。

生意堂。在府治後。宋濂溪周子在江州時，窗前草不除，因扁堂曰「生意」。

漪嵐堂。在德化縣治西偏。宋政和中縣令吴怡建，洪适有詩。

三學堂。在湖口縣彭澤鄉。府志：陶潛令邑，時與周續之、陸修静講論於此，因名。唐天祐中，即故址爲寺。有洗墨池、流觴九曲池遺迹。

稽亭。在德化縣東。齊書晉安王子懋傳：延興元年，子懋起兵赴難，具船稽亭渚。通鑑：梁大寶元年，鄱陽王範至湓城，尋陽王大心使徐嗣徽築壘稽亭以備範。胡三省注：「稽亭，在江州東。」尋陽記：稽亭北瞰大江，南望高嶽，淹留遠客，因以爲名。

白蓮亭。在德化縣。輿地紀勝：在縣南五十里。廬山記云：昔謝靈運一見慧遠，肅然心服，乃即寺繙涅槃經，因鑿池爲臺，植白蓮池中，名其臺曰繙經。此亭即其故地。

百花亭。在府治東。梁刺史邵陵王綸建，元帝有詩。

浸月亭。在德化縣西甘棠湖中。有土墩圓如月〔九〕，唐白居易作亭其上。後人因其「别時茫茫江浸月」之句而名。

高遠亭。在府治東，唐李渤建。每一登覽，江中景物俱在目中。

琵琶亭。在德化縣西大江濱。唐白居易送客湓浦口，夜聞隣舟琵琶聲，作琵琶行，後人因以名亭。

煙水亭。在德化縣甘棠湖上。宋周濂溪子司封郎官壽建，久廢。本朝康熙五十九年重建。

疊翠亭。在德化縣南五十里。宋岳飛建，以對廬山九疊，故名。

光風霽月亭。在廬山麓濂溪書院内。宋朱子建，有記。

攬秀亭。在府治南。宋建，元總管李黻重建。取李白詩「九江秀色可攬結」之義。

墨竹亭。在瑞昌縣西十里。宋元豐間，蘇軾自黄州適筠州，視弟轍經此，題詩石上，以餘墨灑竹。後人搆亭於山，即名亭子山。

白雲亭。在彭澤縣南十五里。明統志：唐狄仁傑宰彭澤，奏赦犯大辟者三百人，民德之，建祠立亭。後人因取其望雲思親之意爲名。

魯望亭。在彭澤縣馬當山麓。唐陸龜蒙嘗寓此，故名。

六角亭。在彭澤縣治西。元王德淵讀書巖碑記：宋眉人石振，作尉於此，攜三子就巖讀書。黄太史魯直訪之，親書三字，曰「讀書巖」。今尉和仲寬，按圖經復舊觀，又構六角亭於巖之前。

萬里江天亭。在彭澤縣水驛前。元大德中，縣尹曹靖國建。

白鹿昇仙臺。在廬山天池寺，世傳嘗有白鹿於此上昇。明洪武二十二年，御製周顛仙傳，建碑亭於臺上。

玩月臺。在湖口縣東三十里。相傳晉陶潛爲彭澤令時，築以玩月。

董奉館。在德化縣。明統志：在廬山第三嶺後巖下。今存故址。

匡山精舍。在府治南，元學士姚燧讀書處。

校勘記

〔一〕陳天嘉元年省西江州　「天嘉」，原作「天慶」，陳並無「天慶」年號，據乾隆志卷二四四九江府建置沿革（下同卷簡稱乾隆志）及元和郡縣志卷二八江南道四改。

〔二〕山圖曰　乾隆志同。按，戴震校水經注，「山」上增「開」字，是也。開山圖全名遁甲開山圖，舊唐書卷二七經籍志云：「遁甲開山圖一卷，王琛撰；又二卷，榮氏撰。」蓋西漢人所撰緯書。

〔三〕傅易山在南古文以爲傅淺原　「傅淺原」，原作「敷淺原」，乾隆志同，據漢書卷二八上地理志改。

〔四〕東佳山　「佳」，原作「隹」，據乾隆志及雍正江西通志卷一二山川、明一統志卷五二九江府山川改。下文同改。

〔五〕陽鳥攸居　「鳥」，原作「烏」，據乾隆志及尚書禹貢改。

〔六〕晉時與餘汗鄡陽俱割屬鄱陽郡　「鄡」，原作「鄔」，據乾隆志及晉書卷一五地理志改。

〔七〕侯景將于慶自鄱陽還豫章　「于」，原作「於」，據乾隆志及資治通鑑卷一六四梁紀二十改。

〔八〕宋徐鍇有記　「鍇」，原作「諧」，據乾隆志及雍正江西通志卷二二書院改。按，明一統志卷五二九江府書院謂「徐鉉爲記」。

〔九〕有土墩圓如月　「土」，原作「上」，據乾隆志改。

大清一統志卷三百十九

九江府二

關隘

九江鈔關。在德化縣西二里。明景泰初，置户部分司以榷商稅。嘉靖初，以磯險湍急，立新廠於海天隄，尋復還舊所。本朝康熙二十一年，移駐湖口縣，設稅廠於鐘山之側，每年差部臣一員監督。雍正元年，世宗憲皇帝念湖口關形甚險，商船不利停泊，特命移歸九江，别設分司於大姑塘，停差監督，令巡撫選賢能官一員駐劄收稅。商船由湖廣抵江西者，納稅九江，由江西至湖廣者，納稅大姑塘，自是商民往來，咸稱便焉。

大姑塘巡司。在德化縣東南三十五里大姑塘。本朝雍正二年置，并設千總駐防。

城子鎮巡司。在德化縣西四十里大江北。明洪武初置巡司，本朝康熙初裁，尋復置。雍正二年，移駐大姑塘，乾隆七年復置，二十三年移駐小池口。五十二年，改石城縣，赤江巡司復置。

小池口巡司。在德化縣北，本朝乾隆二十三年置。

肇陳口巡司。在瑞昌縣西肇陳口，與湖北興國州接界。本朝乾隆九年置。

并裁巡司。

馬當鎮巡司。在彭澤縣北三十里。元至正中，置於馬當山麓，明洪武六年移置，本朝因之。

南湖嘴鎮。在德化縣東四十里，臨彭蠡湖口。明洪武初置巡司，成化十三年，置南湖營於此。南岸起下巢湖，東至馬當山，計三百二十五里，北岸起湖北廣濟縣龍坪鎮，東至安徽宿松縣沙灣，計二百四十里，皆爲汛地，後罷。天啓四年，并裁巡司。

龍開河鎮。在德化縣西。明洪武初置巡司，天啓二年裁。

湖口鎮。在湖口縣南一里。明初置巡司，嘉靖中，移建上石鐘山西。本朝康熙五年裁。

柘磯鎮。在湖口縣北四里柘磯旁。磯出半江甚險，舊設遞運所，明萬曆中廢。又有湖口禁江河泊所，在縣治北一里沙頭港，明洪武二年置，嘉靖間廢。

茭石磯鎮。在湖口縣北二十五里。明初置巡司，嘉靖十一年，移於黄茅潭，去茭石五里。本朝康熙五年裁。

峯山磯鎮。在彭澤縣西南三里長狀嶺之陽。明初置於縣西三十里，正統十一年，因地僻，改置於此。今裁。又縣西南二十里，有黄土港河泊所。東北四十里，有仰天池河泊所。俱明初置，今廢。

南湖營。在湖口縣西南上鐘山右。明成化十三年，設守備於德化縣之南湖嘴，正德六年廢。嘉靖四十一年，以江湖多盜，復設守備於湖口，仍名南湖營。本朝康熙元年，增設南湖營水師遊擊，分轄沿江營汛，後裁遊擊，設守備、千總各一員及把總二員駐防。雍正十年，改守備爲都司。

鶴問寨河泊所。在德化縣西南十五里。宋、元時置寨，以近鶴問湖而名。明洪武初，於此置河泊所，今裁。又小江河泊所，在縣北十里封郭洲。明正統五年，以沙池、高頭湖二處河泊所併入，今裁。又官湖旁有官湖河泊所，城西龍開河渡口有魚苗廠，舊皆官收魚税處。

白水堡。在德安縣西一百里。東界瑞昌之新義，西接武寧之眉山，北距瑞昌之南劉坂，南距建昌之河滸，四界相連，舊設官兵戍守。

通遠驛。在德化縣南六十里。明初設驛丞於此，本朝乾隆二十七年，兼管巡檢事。

潯陽驛。在德化縣東北江濱。宋、元以來，皆置城西門外。明萬曆四十一年，改置於此，本朝雍正四年裁。

瀼溪驛。在瑞昌縣治東南。宋紹興中置，後廢。

彭蠡驛。在湖口縣南一里。明初置，本朝雍正四年裁。

龍城驛。在彭澤縣治北半里。舊名彭澤水驛，明洪武元年更名，後遷縣治左。本朝雍正四年裁。又縣北四十里，舊有楊枝馬站，元至正初置，明初與縣南舊縣站俱廢。

湖口稅廠。在湖口縣治西南上鐘山麓。明嘉靖四十二年添設，榷安慶入鄱陽往來商稅。隆慶初，言者以湖口兩山夾峙，岸石巉阻，江濤汎激，舟不能泊，因罷。萬曆二十六年復置，四十三年復撤。本朝康熙二十一年，移九江鈔關於湖口縣，改南湖營參將舊署爲關署。五十七年，巡撫白潢以湖關處江湖交匯之區，商舟停泊，屢患漂溺，疏請於關右里許，開濬武曲港以泊商船，改建關署於港之西北岸。後港漸淤塞，商旅仍蹈前險，雍正二年，移歸九江舊署。

女兒港市。在德化縣東南三十五里，彭蠡北出之道。今大姑塘巡司駐此。又小池口市，在縣北人江北岸，接湖北黄梅縣界清江鎮。

清溢市。在瑞昌縣南四十里。

劉家市。在湖口縣南四十里。商旅居民，極爲繁盛，都昌、湖口二縣俱貿易於此。

津梁

太平橋。在德化縣東南白鶴鄉。跨廬山澗，路通鶴問湖。唐開元中建，明成化、萬曆中修。

思賢橋。在德化縣南甘棠湖上。元時建，以思李渤而名。本朝移建南門外。

玉波橋。在德化縣西湓浦港上，俗名花橋。

龍開河浮橋。在德化縣西龍開河上。舊在小江南岸海天隄，宋建，明弘治中修，後移置上流以避水勢。明末廢，本朝康熙六年重建，設船十二，夫四名，德化、瑞昌兩縣管之。又有龍開河渡，明嘉靖中，督關岑萬以河岸土疏，雨後難行，築石隄於兩岸，長六十餘丈，廣二丈。萬曆末，移水滸廟前。

虎溪橋。在德化縣廬山東林寺前。上有三笑亭，相傳即晉慧遠送陶潛、陸修静過溪處。

女兒橋。在德安縣西北一里許。跨箬山河，路通建昌、武寧。

潘溪橋。在德安縣東北二十五里，通德化、分水諸流。大雨則百川會合，人莫敢渡，明成化中建石梁。

輿梁橋。在德安縣東北。明洪武五年建木橋，後屢爲山水衝圮。嘉靖二十九年易以石。

白龍橋。在瑞昌縣治西瀼溪上，宋建。又西里許爲汪家橋，明成化中建。

下歷橋。在瑞昌縣西二十五里，爲武寧、德安孔道。

虹橋。在湖口縣城南門外虹橋港上，元大德中建。

文橋。在湖口縣南三十里。宋淳熙中建，本朝順治十三年重建。

南湖嘴渡。在德化縣東五十里。又縣南五十里有鶴問寨渡，縣北有潯陽渡。

盧家灘渡。在德安縣西二十里，爲義寧州及武寧縣通衢。本朝康熙十二年，知縣姚文燕造舟二，置田二十畝爲渡夫食。

蒼城渡。在瑞昌縣西南一里，路通德化。又百涉渡，在縣北二十里，路通廣濟。

勞家渡。在湖口縣南十里。春夏水漲，居人駕舟往來。其北岸有勞家渡橋，本朝康熙二年，架石爲梁，水漲始以舟渡。

雙溪渡。在彭澤縣北七十里。

隄堰

甘棠湖隄。在德化縣南。本名南湖隄，唐長慶二年，刺史李渤築隄長三千五百尺，李翱爲記。府志：郡城前臨湖水，藉湖爲濠，以通舟楫。李隄久廢，明嘉靖中增修。復圮，夏秋則苦泛溢，冬春則病淺涸。萬曆四十一年，兵備副使葛寅亮築石隄一百八十餘丈，增廣一重，名西城隄。又建石閘以備蓄洩，亦曰西城閘，即今新壩。

秋水隄。在府境。唐書地理志：潯陽東有秋水隄，太和三年刺史韋珩築。西有斷洪隄，會昌三年刺史張又新築，以窒水害。省志：今失其址。

謝公隄。在德化縣西，地名泥塗嘴。上爲龍開河、官簰夾二水衝激，崩陷無常。明嘉靖中，兵備謝迪築隄備之，長半里。

海天隄。在德化縣西五里，一名海船窩，元時海運造舟處也。路通瑞昌，舊爲湖澤，行者必資舟楫以濟。明正德初，始募築隄，長五六里，植柳千株於上。以春秋水漲，若海天無際，故名。今廢。

李公隄。在德化縣北。明正德九年，郡守李從正甃石爲隄，以護庾樓磯一帶城址。

封郭洲隄。在德化縣東北大江北岸。其洲綿亘三十餘里，民田三萬六千餘畝，及南昌、九江、蘄州三衛屯田皆在焉，每患江水侵溢，無所捍蔽。明萬曆三年，知縣俞汝爲築隄，自小池口抵德化嘴，延袤三千餘丈。三十六年，又建石閘以爲蓄洩。四十一年，霪雨壞隄，兵備副使葛寅亮修復之。

桑落洲隄。在德化縣東北江北岸。明萬曆初，巡撫潘季馴役德化、湖口、黄梅、宿松四邑之民，南昌、九江、蘄州三屯之卒，分地築隄，令九江同知宋純仁專董其事。五閲月而訖工，延袤七十餘里。

東隄。在瑞昌縣城東。明萬曆十六年築，延袤二里。

江公隄。在瑞昌縣南。縣志：瀼溪舊自倉城西折而東，去城半里許。明宣德中，知縣劉仁宅改濬新河，令直抵城下，折而東。萬曆七年，以溪水齧城，復開舊道，引河南徙。歲久衝激愈甚，本朝康熙十一年，知縣江皋復濬新河，築隄長五十八丈，障回水勢，人呼江公隄。

長虹隄。在湖口縣虹橋港口。明萬曆中築，以捍波濤，泊商船。本朝康熙年間修。

蘇觀隄。在湖口縣蘇觀渡。舊有古隄，長二里許，後圮於水。明天順中，知縣董紱修築數百丈。萬曆中重築，後復圮。本朝順治年間重修，林木蔭翳，湖光瀲灩，爲一縣之勝。

流陂堰。在瑞昌縣西二十里，溉田數百頃。明崇禎中，邑人蔡廷寵築。

赤松閘。在德化縣西七十里，明萬曆四十八年建。又縣北三十里，有嚴家閘，接湖北黄梅縣界，亦明萬曆中建。

陵墓

晋

陶侃母墓。在德化縣西白鶴鄉。相傳陶侃葬母於此，有異人化鶴而去。今鶴問湖以此而名。

陶潛墓。在德化縣西南楚城鄉面陽山麓，有祠。

唐

鄭善果墓。在德安縣葛洪山下。善果爲江州刺史，卒於官，葬此。

宋

馬適墓。在湖口縣南馬家灣幞頭山。

周元公墓。在德化縣西栗樹嶺南。周元公先葬其母於此，後卒，即葬母墓之左。

王韶墓。在德安縣望夫山下。

姚興墓。在彭澤縣南八十里鮑家嶺。欽宗時，戰殁和州，收葬於此。

岳飛母墓。在德化縣西南五十里株嶺之麓。飛鎮江州時，母姚氏殁，高宗賜葬於此。明正德中建祠。

顔希孔墓。在彭澤縣鳳凰山麓。

元

燕公楠墓。在德安縣烏石山。

祠廟

陶桓公祠。有三：一在府城東，一在府城南龍溪，一在湖口縣城内。祀晉陶侃。

李忠文祠。在府治東，祀元總管李黼。明弘治中，以從子秉昭配祀。

岳忠武祠。在府治南，明正德七年建。

白樂天祠。在府治西湓浦門内，宋徐鉉有記。

陶靖節祠。有三：一在德化縣柴桑山下，一在湖口縣，一在彭澤縣治東。

濂溪祠。在德化縣廬山之麓。明正統初，御史徐傑、副使焦宏，即書院故址改建爲祠，肖像其中。

張横渠祠。在德化縣赤松鄉。元建，後廢，本朝順治十一年重建。

五賢祠。在德安縣，祀宋郡守李潤、楊沂、王稙、李邦獻、李若川。五人多遺惠，民爲立祠。

義烈祠。在瑞昌縣城東。明嘉靖四十年，流賊犯廣信，巡撫胡松，檄瑞昌柯、談、吴、黄、王五姓鄉兵勦之。事平，録死事者三十人，立祠祀之。

元次山祠。在瑞昌縣西瀼溪旁。

陶狄二賢祠。在彭澤縣南。唐景龍中建，祀陶潛、狄仁傑。後縣移治，祠廢。元周鍇守江州〔一〕，復合祠祀之。

狄梁公廟。在彭澤縣南四十里。宋賜額顯正廟，范仲淹記。明賜額曰「唐司空梁國狄文惠公之廟。」又有祠，在湖口縣下觀音巖。

寺觀

能仁寺。在府治東。梁建。舊名承天院，明弘治中改今名。

龍池寺。在德化縣甘棠湖北。舊名龍泉精舍，晉僧慧遠建。明洪武十一年改今名。

東林寺。在德化縣南廬山麓。晉太元九年，慧遠創建，謝靈運爲鑿池種蓮，號「蓮社」。初爲律寺，宋改爲禪寺。紹興間燬。明洪武六年重建，本朝順治十三年重修。

西林寺。在廬山麓，與東林寺相對。晉太元中，僧慧永建。隋開皇中修，唐、宋尤盛。元時燬，明洪武十四年復建。

上大林寺。在廬山西大林峯南。晉建，元末燬，明宣德中重建。寺前有寶樹二，曲幹垂枝，圓旋如蓋。又中大林寺，在廬山錦澗橋北。下大林寺，在橋西。

上化成寺。在廬山講經臺下。相近有上崇福寺，皆晉慧遠建。又中化成寺，在香鑪峯右，隋開皇中建。下化成寺，在香鑪峯下，晉建。

天池寺。在廬山巔，宋嘉定中建。上有池名天池，其水四時不竭，寺因以名。

羅漢寺。在德安縣南二里羅漢橋西，楊吴順義元年建。宋大中祥符元年，改淨土院。明成化間重建。輿地紀勝：南唐時有鐵羅漢五百軀，宋曹翰拔江州，載置潁川，新造佛舍。

東山寺。在瑞昌縣治東，宋祥符中建。

上鐘山寺。在湖口縣南上鐘山。唐咸通元年建，名崇壽寺。宋隆興中重建，改今名。本朝康熙中重建。

下鐘山寺。在湖口縣北下鐘山。唐龍紀元年建，名寶鐘院。宋嘉祐中改今名。本朝順治中重建。

太乙觀。在德化縣廬山雙劍峯下，又名祥符觀，即晉董奉種杏處。

壽聖觀。在府城西。明統志：宋慶元間大疫，有楊真君施符水，飲者即愈，民請立祠，寧宗親書額曰「洞庭順利之祠」。嘉定間，又書「壽聖觀」三大字賜之。

太平宮。在德化縣南三十里。唐開元中建，名九天採訪祠。宋宣和中改太平興國宮。

萬壽宮。在府治南，明洪武中建。

名宦

三國　吴

徐盛。琅邪莒人。以别部司馬統兵五百人守柴桑長，拒黄祖。祖子射嘗率數千人下攻盛，盛時吏士不滿二百，與相拒，擊傷射千餘人。已乃開門出戰，大破之，射遂絶迹，不復爲寇。

陸抗。吴郡吴人。赤烏九年，遷立節中郎將，與諸葛恪换屯柴桑。太平二年，拜爲柴桑督。

梁

沈瑀。吴興武康人。天監中，出爲安南長史、尋陽太守。性崛强，每忤刺史蕭穎達，穎達銜之。瑀謂人曰：「我死而後已，終不能傾側面從。」遂爲所害。

陳

孔奂。山陰人。光大二年，出爲康樂侯長史、尋陽太守、行江州事。奂在職清儉，多所規正。

徐儉。東海郯人。後主時，遷尋陽内史。爲政嚴明，盜賊静息。

隋

韋洸。杜陵人。陳平，拜江州總管，率步騎二萬，略定九江。

唐

鄭善果。滎澤人〔二〕。貞觀初，拜江州刺史，卒。

李亶。高祖孫，封豫章王。高宗時，治江州有美政。

狄仁傑。太原人。武后時，爲來俊臣所搆，貶彭澤令。邑人爲置生祠。

韋應物。長安人。德宗時，調江州刺史。

白居易。下邽人。憲宗時，貶江州司馬。既失志，能順適所遇。久之，徙忠州刺史。後江州人爲立祠焉。

李渤。洛陽人。元和中，遷江州刺史。度支使張平叔斂天下逋租，渤上言：「度支所收貞元流户賦錢四百四十萬，臣州田二千頃，今旱死者千九百頃。若徇度支所斂，臣懼天下謂陛下當大旱責民三十年逋賦。臣刺史上不能奉詔，下不忍民窮，無所逃死，請放歸田里。」有詔蠲責。渤又治湖水築隄七百步，使人不病涉。入爲職方郎中。

錢徽。吳興人。穆宗時，貶江州刺史。初州有盜刦貢船，捕吏取江濱惡少年二百人擊訊，徽按其枉，悉縱去。數日，舒州得真盜。州有牛田錢百萬，刺史以給宴飲贈餉者。徽曰：「此農耕之備，可他用哉！」命代貧民租入。

五代　南唐

胡則。後主末，爲江州指揮使。金陵陷，曹彬以後主手書喻郡縣悉以城降。書至江州，刺史謝彦賓集將佐謀納款，則率同列入攻彦賓，殺之，衆推爲刺史，號令肅然，堅壁死守。太祖命曹翰攻之，堅不可破，翰軍死傷者衆。會則疾革，不能起，城始陷。

宋

康戩。高麗人。太宗時，知江州，以清白幹力聞。

吕誨。開封人。嘉祐六年，出知江州。

劉述。湖州人。神宗時，以忤王安石出知江州，踰歲提舉崇禧觀，卒。

唐敏求。當塗人。宣和六年，調德化簿。盜起，敏求挺身率衆捍賊，度力不能支，諭以禍福。賊憤詆觸，譟而前，遂遇害。

趙士隆。太宗之後，以功授江東路鈐轄。李成遣其黨馬進圍九江，守臣姚舜明與士隆及副鈐轄劉紹先禦之。時僅罷卒數千，捍賊百餘日，城中食盡。舜明、紹先棄城去，士隆獨糾合部曲餘民守城。城破，衆號呼曰：「無殺我趙鈐轄。」成素服士隆之義，欲以爲僞安撫使，士隆怒駡，陰裂帛以書示諸子，遂仰藥卒。賊怒，并害其家數十口。贈武功大夫。

趙士遒。宗室子，守官江州。紹興五年，馬進寇江州，士遒遇害。贈武德大夫。

岳飛。湯陰人。紹興二年，授武安軍承宣使，屯江州。甫入境，安撫李回檄飛捕劇賊馬友、郝通、劉忠、李通、李宗亮、張式，皆平之。三年春，召赴行在，江西宣諭劉大中奏「飛兵有紀律，人恃以安，今赴行在，恐盜復起」，不果行。時虔、吉盜連兵寇掠諸郡，飛悉破降之。

郭彦章。高宗時，爲瑞昌令。宣撫使張俊駐師九江，遣卒以書至瑞昌，彦章揣知卒與獄囚通，乃械繫之。俊訴於朝，彦章坐免。張綱言：「近時州縣吏多獻諛當路，彦章不隨流俗，是能奉法守職。今不奬而黜，何以示勸？」

葉義問。壽昌人。通判江州。豫章守張宗元忤秦檜，或中以飛語，事下漕臣張常先。宗元道九江，常先檄義問拘其舟。義問曰：「吾甘得罪，不爲不祥。」常先白檜，罷去。

林栗。福清人。孝宗初，知江州。有旨省併江州屯駐一軍，栗奏：「本州上至鄂渚七百里，下至池陽五百里。萬一有警，鄂渚之戍，上越荆、襄，池陽之師，下流增備，中間千里藩籬誠爲虚闕。無以一夫之議，而廢長江千里之防。」由是軍得無動。

韓彦直。延安人。乾道中，進江西轉運，兼權知江州。時朝廷還岳飛家資産，多在九江，歲久業數易主，吏緣爲奸。彦直搜剔隱匿，盡還岳氏。

唐文若。眉山人。孝宗時，知江州。金復大入，官軍悉戍淮，文若謂上流當嚴兵備以定民志，奏籍鄉丁五萬，訓練有法，人倚以固。解嚴，和糴大起，郡之數八萬，文若以勞民堅請，得减什三。

黄灝。都昌人。孝宗時，知德化縣，以興學校、崇政化爲本。歲饑，行賑給有方。

劉穎。衢州西安人。光宗時，除江西運判。江州德化縣田，逃徙大半，守乞蠲税，不報。穎以見種之税均於荒萊，民願耕者，第减之。上供自若，而田盡復。

李孟傳。上虞人。寧宗時，知江州，獄訟止息。

趙崇憲。餘干人。寧宗時，知江州。郡民歲苦和糴，崇憲疏於朝，永蠲之。且轉糴旁郡穀，别廪儲之，以備歲儉。瑞昌民負茶引錢，新舊累積，爲緡十七萬有奇，皆困不能償。會新券行，視舊價幾倍蓰。崇憲歎曰：「負茶之民愈困矣。」亟請以新券一償舊券二，詔從之，受賜者千餘家。修陂塘以廣溉灌，凡數千所。

董槐。定遠人。嘉熙三年，知江州。秋，流民渡江來歸者十餘萬，槐發粟賑之，至者如歸焉。時襄、漢、揚、楚間，無賴者往往爲羣盜，浮光人翟全寓黄陂，有衆三千餘，稍出擄掠。槐令客説下全，徙之陽烏洲，使雜耕蘄春間〔三〕，用爲裨將。於是曹聰、劉清之屬，皆來自歸。淳祐二年，復爲沿江制置副使，兼知江州。視其賦則吏侵甚，下教且誅之，吏震恐。槐因除民患，大計軍實，常若敵至。裨將盧淵凶猾不受命，斬以徇，軍中肅然。

元

曹靖國。大德中彭澤尹。爲政簡而廉，諸廢墜多修復，民德之，爲立惠愛亭。

李黼。潁人。授江州路總管。至正十一年，盜起，黼治城濠，修器械，募丁壯分守要害，且上攻守之策於江西行省，請兵屯江北以扼賊衝，不報。十二年正月，賊渡江陷武昌，乘勝破瑞昌。兵至境，黼身先士卒，大呼陷陣，賊大敗，逐北六十里，殺獲二萬餘。謂左右曰：「賊不利於陸，必由水道以舟薄我。」乃以長木冒鐵錐，暗植沿岸水中，謂之「七里樁」。賊舟果至，遇樁不得動，發火翎箭射之，焚溺死者無算。已而賊勢更熾，黼守孤城，無日不戰。中外援絶，賊入，與之巷戰。知力不敵，揮劍叱曰：「殺我，毋殺百姓。」與從子秉昭，俱罵賊而死。郡民哭聲震天，相率具棺葬東門外。贈隴西郡公，謚忠文，詔立廟江州，賜額曰崇烈。

張士熙。莒人。至正中湖口尹。有惠政，民勒碑頌之。

明

孔復。博興人。永樂初，以御史出知九江府，號廉明。

王銘。建安人。永樂中，知德安縣。邑有虎患，銘禱於城隍，一夕雷擊於縣西之箬山隴。

求琰〔四〕。新昌人。宣德中，授九江通判，禁民淫祀。時敕建天池寺，督役者擾民，民訴於琰。琰遂躬督之，人喜赴工。歲歉，勸富民出粟以賑，民賴全活。

劉仁宅。華容人。宣德末，知瑞昌縣。流民千餘家，匿山中，邏者索賄不得，誣以反，衆議加兵。仁宅單騎招之，民争出訴，遂罷兵。擢廣西副使。

馬驄。臨桂人。正統中，知德化縣。甘棠湖隄歲久浸壞，驄甃以巨石，植柳於隄上以護之。修葺濂溪祠。升工部主事，未去卒於官，民爲葬廬山麓。

王春。嘉定人。弘治中，知德安縣。廉能謹恪，百廢具舉，嚴緝盗賊，境内肅然。去之日，攀轅者塞道。

黄源。閩縣人。正德初，知瑞昌縣，有介節。邑故無城，亟請於上，鳩工甃築，不日落成。

藍淦。閩縣人。嘉靖中，知湖口縣。御史按部至，立清、廉、貪、酷四表，令屬吏自揣其行立表下，衆莫敢措步，淦直趨廉字下。御史曰：「藍令之賢不止此，當更進一步。」即以嶺北一人薦之。

朱公節。山陰人。嘉靖中，知彭澤縣。時海寇竊發，日閲士卒，修城守，寇不敢窺。先是，屯軍雜居境内，蔑視縣令，公節令每屯按數出一軍，束以伍法，給之餉，使屯小孤，并分守縣四門，同民兵訓練。是後屯軍始就縣官約束。

俞汝爲。華亭人。隆慶中，知德化縣。濱江有封郭洲，民田其中，歲苦水泛。汝爲築隄數千丈，以絶産變價爲之，不煩公私，人享其利。

宋子恭。滎經人。萬曆中，知彭澤縣，蠲無名之征，罷非時之役。有飲人以藥而攫其財者，積十餘年，隣里莫能知。一日子恭過其門，有鵂鶹自樓投袖中，子恭異之，曰：「是必有冤。」一訊即服，人以爲神。

謝廷訓。晉江人。萬曆中，知德化縣。歲薦饑，民相劫，廷訓躬至潯關，坐待米舫之下水者，量其多寡而平糴之。時申時行柄國，吳商倚爲名，廷訓并留之，以是獲罪去。父老號哭相送。

吳秀。吳江人。萬曆中，知九江府。開南薰門，建甘棠湖閘，開便商河，掘老觀塘，多所修舉。

張紀。四川人。萬曆中，知湖口縣。内監李道榷湖關，商旅苦之，紀條病商十四事，密上撫按疏請之。後罷李道，撤湖關，實紀首事也。

余士瑋。黄岡人。崇禎末，任九江推官。左良玉爲亂，士瑋抗節不屈，賊斷其左臂，卒於匡廬之麓。

彭永春。武陵人。崇禎十五年，任九江衛經歷。左良玉東下，永春曰：「官雖微，受國恩，不敢從賊。」具冠帶，命僕舉火焚署，合家男女六口俱焚死。

成啓。應天人。以貢任湖口主簿。左良玉兵圍城，啓公服端坐於庭。俄而賊兵掩至，啓叱曰：「國家養爾，當以靖亂，何反亂爲！」賊捽之下，索金不得，遂殺之。

本朝

牛森。獻縣人。順治三年，知德安縣。邑處衝疲，值歲凶，森給種開墾，勘荒蕪，寬稅斂。後因督餉，卒於驛舍，百姓哀之。

席教事。臨汾人。順治六年，任九江推官。民有妻殺婢而匿其尸，反誣告婢母家，累審莫能明。教事夜半默禱，夢披髮婦泣訴，晨起覈牘得其情，遂至其家菜園内獲尸，依律坐罪，合郡稱神。

董襄。湯陰人。順治中，知彭澤縣，廉潔不阿。免火耗，除積盜，建學課士，善政具舉。

崔掄奇。夏邑人。順治中，以兵部郎中榷關九江。值郡火災，出三千金以賑。好儒學，新濂溪書院，復烟水亭，搆樓以祀古賢。

江殷道。漢陽人。康熙九年，知九江府。值歲荒，捐俸設粥不給，請帑銀二萬餘兩、米七千餘石以賑，存活甚衆。

甯維邦。奉天人。康熙二十一年，授德化知縣。行次潛山，聞征滇回師，將過九江。維邦疾馳赴任，軍士有射殺人者，走匿舟中，維邦廉得之，請置於法，自是過者秋毫無犯。先是，征糧責成里長，奸猾乘機侵蝕，弊端日滋。維邦勒碑永禁，民困始甦。

人物

晉

周訪。本汝南安城人，漢末避地江南，至訪四世，因家尋陽。少沈毅果斷，元帝渡江，以爲揚烈將軍，屯尋陽、鄂陵，討斬華軼，遂平江州。帝以訪爲尋陽太守，復命與諸軍共征杜弢。弢將張彦陷豫章，訪追彦斬之。弢遣杜弘出海昏，湓口騷動。訪步上柴桑，與賊戰，斬首數百。賊退保廬陵，訪追擊敗之，遂奔臨賀。進龍驤將軍，賜爵尋陽縣侯。時荆州賊帥杜曾等，聚兵數萬，寇害江、沔。元帝命訪擊之，曾大潰，遂定漢沔。以功遷梁州刺史，屯襄陽，務農訓卒，遠近悦服。訪智勇過人，爲中興名將。王敦雖懷逆謀，終訪之世，未敢爲非。卒贈征西將軍，謚曰壯。二子撫、光。撫歷益州刺史，進爵建城縣公。光爲尋陽太守。撫子楚監梁、益二州，襲爵建城公，世在梁、益，甚得物情。

陶侃。本鄱陽人，吴平，徙家尋陽。早孤貧，爲縣吏，察孝廉，除郎中。劉弘辟爲南蠻長史，破襄陽賊張昌，封東鄉侯。陳敏亂，弘以侃爲江夏太守，所向必破。遷武昌太守，拜荆州刺史，破杜弢，克長沙。王敦忌侃功，左轉廣州刺史。杜弘等反，侃擊破之，以功封柴桑侯，進征南大將軍，都督荆、雍、益、梁州諸軍事，領荆州刺史。蘇峻作逆，侃與温嶠等會石頭，督諸軍斬峻。封長沙郡公，都督交、廣、寧七州軍事，又督江州，移鎮武昌，西伐樊城，平襄陽，拜大將軍。年七十六薨，謚曰桓。侃在軍四十一載，雄毅有權，明悟善斷，自南陵至夷陵，數千里中，路不拾遺。尚書梅侃稱其機神明鑒似魏武，忠順勤勞似孔明，陸抗諸人不及也。子十七人，瞻爲蘇峻所害，謚敏悼。兄子臻，有勇略智謀，咸和中，爲南郡太守，領南蠻校尉。臻弟輿，果烈善戰，以功略遷武威將軍，後與杜弢戰，被重創卒，侃哭之慟。贈長沙太守。

翟湯。尋陽人。篤行純素，仁讓廉潔，不屑世事。耕而後食，人有餽贈，雖釜庾無所受。永嘉末，寇害相繼，聞湯名德，皆不敢犯。司徒王導辟，不就，隱於縣界南山。咸康中，征西大將軍庾亮上書薦之，徵爲國子博士，不起。康帝復以散騎常侍徵，固辭老疾不至。年七十三，卒於家。

翟莊。湯子。少以孝友著，遵湯之操，不交人物，耕而後食，端居蓽門，歠菽飲水。州府禮命，及公車徵，並不就。子矯亦有高操，屢辭辟命。

周虓。訪曾孫，楚子。少有節操，歷官梓潼太守。寧康初，苻堅將楊安寇梓潼，虓固守涪城，遣步騎送母妻從漢水抵江陵，爲堅將朱彤邀獲〔五〕，虓遂降安。堅欲以爲尚書，虓不從，乃止。每見堅輒箕踞坐。後與堅兄子謀襲堅，事泄，堅引問狀，虓曰：「世荷晉恩，生爲晉臣，死爲晉鬼，復何問乎？」堅曰：「殺之適成其名。」徙太原，竟以病卒。子興迎喪，謝幼度上疏表其節，雖蘇武不復過。贈龍驤將軍、益州刺史。

陶潛。侃曾孫。少有高趣，博學善屬文，嘗著五柳先生傳以自況。親老家貧，起爲州祭酒，不堪吏職，少日自解歸。州召主簿不就，躬耕自資。後爲彭澤令，郡遣督郵至縣，吏白應束帶見之，潛曰：「吾不能爲五斗米折腰向鄉里小兒。」即日解印綬去職，賦歸去來辭。義熙末，徵著作郎，不就。自以曾祖晉世宰輔，耻復屈身後代。自宋高祖王業漸隆，不復肯仕，所著文章，皆題其年月，義熙以前，明書晉氏年號，自永初以來，唯云甲子而已。卒年六十三，世號靖節先生。

南北朝　宋

翟法賜。矯之子。少守家業，立室廬山頂〔六〕。喪親後，便不復還家，不食五穀，以獸皮及結草爲衣，雖鄉親中表莫能見焉，徵辟一無所就。後家人至石室尋求，因復遠徙，違避徵聘，遁迹幽深，卒於巖石間。

梁

張孝秀。南陽宛人，徙居尋陽。仕州中從事史。遇刺史陳伯之叛，孝秀與州中士大夫謀襲之，事覺，逃入東林。伯之得其母郭殺之，孝秀遣妻妾，入匡山，修行學道。性通率，不好浮華，嘗冠穀皮巾，躡蒲履，手執并閭皮麈尾，服寒食散，盛冬卧於石上。博涉羣書，專精釋典。普通三年卒。

隋

周羅睺。尋陽人。陳宣帝時，與齊師、周將戰，勇冠三軍。都督霍州諸軍事，平山賊十二峒，除右軍將軍、始安縣伯。賜金銀三千，盡散之將士，宣帝歎美之。晉王伐陳，都督巴峽緣江諸軍事。陳主被擒，上江猶不下，晉王遣陳主手書命之。羅睺大臨三日，乃降，拜上儀同三司。煬帝即位，漢王諒反，詔副楊素討平之。陳主卒，羅睺請一臨哭，衰絰送至墓所，葬還釋服而後入朝，世稱其有禮。時諒餘黨據絳、晉等州，詔羅睺行絳、晉、吕三州事，進兵圍之，爲流矢所中卒。

宋

夏承皓。德安人。太宗時，上平晉策，遷右侍禁。契丹南侵，承皓由間道發兵，與契丹遇，戰没河朔，褒贈崇儀使。子竦，歷官樞密使，封英國公。

許祚。德化人。八世同居，長幼七百八十一口。太平興國七年，旌其門閭。淳化二年，本州言祚家春秋嘗之食，詔歲貸米千斛。

陳兢。德安人，陳宜都王叔明之後。叔明五世孫兼，唐右補闕。兼生京，秘書少監，無子，以從子褎爲嗣。褎生灌，灌孫伯宣，避難泉州，註司馬遷史記行於世，後游廬山，因居德安，以著作佐郎召不起。伯宣子崇，爲江州長史，益置園田，爲家法戒子孫，擇羣從掌其事，建書堂教誨之。僖宗時，嘗詔旌其門，南唐又爲立義門，免其徭役。崇子衮，衮子昉，十三世同居，長幼七百口，不蓄僕妾，上下婣睦，人無間言。每食必羣坐廣堂，未成人者，别爲一席。有犬百餘，亦置一槽共食，一犬不至，羣犬亦皆不食。建書樓於别墅，延四方之士，肄業者多依焉，鄉里率化，争訟稀少。開寶初，平江南。知州張齊請仍舊免其徭役。昉弟之子鴻，兢即鴻之弟。淳化元年，知州康戩言兢家常苦食不足，詔本州每歲貸粟二千石。兢死，其從父弟旭，每歲止受貸粟之半，云省嗇而食，可及秋成。太宗以遠民義聚，復能固廉節，爲之歎息。大中祥符四年，以旭爲江州助教。旭卒，弟蘊主家事。天聖元年，又以蘊爲助教。蘊卒，弟泰主之。泰弟度，太子中舍。從子延賞、可，並舉進士，爲職方員外郎。

王韶。德安人，第進士。客游陜西，訪邊事。熙寧元年，詣闕上平戎策三篇，其略以爲西夏可取，欲取西夏，當先復河湟。神宗召問方略，以韶管幹秦鳳路經略司機宜文字。蕃部俞龍珂在青唐最大，韶引數騎直抵其帳諭之，龍珂率屬内附。帝志復河隴，築古渭砦爲通遠軍，以韶知軍事，擊諸羌破之，遂城武勝，建爲鎮洮軍。復擊走韈戩，降其部落，更鎮洮爲熙州，以熙、河、洮、岷、通遠爲一路。進韶龍圖閣待制，知熙州。六年，取河州，連拔宕、岷二州，疊、洮羌酋砦以城附。七年入朝，聞景思立敗於踏白城，賊圍河州，韶馳至熙，以兵繞出踏白後，焚八十帳，俘轄戩以獻。拜觀文殿學士、禮部侍郎，召爲樞密副使。「轄戩」舊作「瞎征」，今改正。

王厚。韶子。少從父兵間，暢習羌事。官累通直郎。紹聖中，幹當熙河公事。會羌酋轄戩、隆贊爭國，厚獻議復故地。元符元年，師下邈川，降轄戩，次青唐，隆贊出迎，遂定湟、鄯。崇寧初，朝廷患衆羌扇結，命厚安撫洮西，遂拔湟州，以功進威州團練使、熙河經略安撫。三年，厚將大軍擊羌，大敗之，諸酋開鄯州降，遂入廓州。拜武勝軍節度觀察留後。入朝，提舉醴泉觀。「隆贊」舊作「隴拶」〔七〕，今改正。

連萬夫。德安人。補將仕郎。建炎四年，羣賊犯應山，萬夫率邑人保山砦，賊不能犯。寇浪子者以兵至，圍之三日，卒破之。賊知萬夫勇敢有謀，欲留爲用。萬夫怒，厲聲駡賊，爲所害。贈右承務郎。

王阮。韶曾孫。父彦博，靖康勤王有功。阮少好學，尚氣節，辭辨奮發，見朱子於考亭，朱子大悦之。登隆興元年進士〔八〕。時孝宗即位，有詔經理建業，以圖進取，而大臣巽懦幸安，計未決。阮試禮部，對策言之，知貢舉范成大讀之，歎曰：「人傑也。」調都昌主簿，移永州教授，獻書請罷吳、楚牧馬，而積馬於蜀，以省綱驛之費〔九〕、歲時分牧之資，凡數千言。紹興中，知濠州，日講守備，金不敢南侵。改撫州，韓侂胄宿聞阮名，將誘以美官，夜遣客詣阮，阮不答。陛對畢，拂衣出關。侂胄大怒，批旨予祠。於是歸廬山，盡棄人間事，從容觴詠而已。

王登。德安人。少讀書，喜古兵法，慷慨有大志，不事生産，出制置使孟珙幕府。淳祐四年，舉進士。吴淵爲制置使，邊事甚急，憶登才略，具書幣招之。登至，立奇功於沮河。趙葵爲制置使，見登握手曰：「景宋一身膽，惜相見晚也。」俾參宣撫州，兼京西兩節。馬光祖爲制置使，辟充參謀官。遷軍器少監，京西提點刑獄。登威聲日振，忌者讒之，以是議論不合。開慶元年，提兵援蜀，約日合戰，登經理軍事，忽絶倒，五臟出血而卒。

顔希孔。彭澤人，爲縣主簿。元師南下，取安慶、江州，希孔率民兵八百人，聚舟載石，戰於江中。飛石四擊，敵舟幾敗，已而石盡，力屈被害。

元

趙復。德安人。太宗命太子科綽帥師伐宋，德安以嘗逆戰，其民皆俘戮無遺。復掛俘籍，以九族俱殘，不欲北，與姚樞訣，欲投水。樞曉以徒死無益，復强從之。先是，南北道絶，載籍不相通，至是復以所記程朱所著諸經傳註，盡録以付樞。至燕，學子從者百餘人。世祖在潛邸，嘗召見問曰：「我欲取宋，卿可導之乎？」對曰：「宋吾父母國，未有引人以伐吾父母者。」世祖悦，因不强之仕。楊維中聞復議論，始嗜其學，乃與樞建太極書院，請復講授其中。由是許衡、郝經、劉因皆得其書而尊信之，北方知有程朱之學自復始。學者稱之曰江漢先生。「科綽」舊作「闊出」，今改正。

黄澤。其先長安人，唐末徙資州。父儀可，隨兄驥子官九江，因家焉。澤生有異質，慨然以明經學道爲志，好爲苦思，屢以成疾，疾止復思，久之如有所見，作易春秋二經解、二禮祭祀述略。大德中，江西省臣聞其名，授景星書院山長。又爲山長於洪之東湖書院，學者益衆。秩滿辭歸，閉門授徒以養親，不復言仕。吴澄嘗觀其書，以爲平生所見明經士未嘗有能企及之者。

戴羽。德安人。隱居積學，徵辟皆不就。著武侯通傳三卷、史評一卷，虞集爲之序。

范士奇。江州人。累世同居，詔表其門。

劉受二。德化人。至正間，爲池州推官。張士誠兵起，受二戰於城西渡口，敗績，衆皆逃，受二還城死守，城陷不屈死之。

明

張羽。德化人。從父宦江浙，兵阻不得歸，與友徐賁卜居吴興，領鄉薦，爲安定書院山長，與高啓輩爲詩友。洪武初，徵至京師，授太常司丞。以事竄嶺表，未半道，召還，知不免，投龍江死。羽文章精潔有法，尤長於詩。作畫師小米。所著有静居集。

黄信。彭澤人。洪武中，由太學生擢監察御史，有能聲。遷廣西按察使，尋改湖廣，持正不撓。官至都察院右副都御史。

豐慶。瑞昌人。正統進士。景泰中，以給事中諫易儲事，逮繫詔獄。英宗復辟，升河南左參政，論周府内官不法，帝嘉之，擢右布政使。

黄材。德化人。天性孝友。父病，刲股和粥以進。父殁後，妻見其股瘢，始知之。

王廷翰。彭澤人。正德十四年，宸濠兵掠縣，廷翰率鄉兵與賊戰，死之。

丁湛。彭澤人。嘉靖進士，歷禮科給事中。疏發嚴嵩罪狀，廷杖幾死，謫邵武推官。累遷浙江副使，嵩以舊恨追罪之，落職。嵩敗，遂不復仕。

歐陽一敬。彭澤人。嘉靖進士，歷刑科給事中，劾罷禮部尚書董份。遷兵科都給事，言廣西總兵不當用勳臣，因劾恭順侯吴繼爵，罷之，以俞大猷代。寇入陝西，劾總督陳其學、巡撫戴才，俱奪官。又以軍政劾英國公張溶、總兵官董一奎等九人不職，俱貶斥。隆慶初，劾大學士高拱專擅，宜罷斥，已而陳兵政八事，皆議行。南京振武營兵由是罷去，積患遂除。中官吕用等典京營，一敬力諫，事寢。俄擢太常少卿。拱再起柄政，一敬即日告歸。

田化龍。德化人。以材武署南湖營守備，進勦永豐賊，斬獲甚多。賊退伏山林，化龍深入，被重圍，矢盡援絶，力戰而死。永豐人立廟祀之。

董四民。九江衛世職百户。明末，總制袁繼咸聞其技勇，召致麾下，授都司。左良玉兵東下，四民見事急，命其妻史氏、妾姚氏並二子先投池，登城射殺數人，拔刀自刎。本朝乾隆四十一年，賜謚烈愍。

徐行可。九江衛世襲指揮僉事。幼讀書，明大義。左良玉兵陷城，行可母汪氏投井死，妻鄒氏、婦陳氏繼之。行可大書於屏曰：「世受國恩，合門殉節以報。」投筆，向北自經於望京門城樓。本朝乾隆四十一年，賜謚烈愍。

本朝

廖士貞。德化人。由舉人知四川營山縣。逆賊彭時亨陷城，被執不屈，遇害。贈按察使僉事，廕一子入監。

周岱生。德化人。由拔貢授貴州餘慶知縣。丁内艱，服闋，知廣西平南縣。招撫流民，開墾荒蕪，又以地不產蔬，教民樹藝。康熙十三年吳三桂叛，賊將緱成德來攻，岱生率鄉兵擊却之。踰月復至，岱生奮力拒戰，賊攻益急，死者三十餘人，矢且盡，入城固守。旬日援絶城陷，妻楊氏自刎死。賊執岱生，誘之降，大駡不屈遇害。長子儒，駡賊亦見殺。次子儻，尋父母兄屍，告潯州守上其事，贈按察使僉事，予祭葬。

張孺子。湖口人。同父刈蘆於洲，有虎突至，攫其父。孺子追及之，以杖連擊虎首，砰然有聲，遂脱父難，療治而愈。

劉鎮寶。彭澤人，給事中堂子。康熙庚子舉人，授雲南烏蒙通判。雍正八年，逆蠻爲亂，鎮寶不屈遇害。贈按察使僉事，予祭葬。

廖介。德化人。孝行著聞，乾隆年間旌。

陳奉玆。德化人。乾隆進士，由知縣歷安徽、江寧、江蘇布政使。勞心庶務，政肅風清。曾任建昌道，往來西藏，開誠布信，所至多感化之。在江寧時，值徐屬水潰，獨捐俸廉，遣吏散給災黎。卒於官。入祀鄉賢祠。

文德翼。瑞昌人。崇禎進士，司理嘉興，平反得釋者甚多，持法不避權貴。值國變，遠遯歙之商山，研究經史，著述極富。入祀鄉賢祠。

劉曉。彭澤人。少負志節。國朝定鼎，曉挾策行間，佐參帷幄，由宜章令遷永寧知州。從將軍傅宏烈進勦吳逆有功，授平欒知府，攻拔賀縣，殺賊萬計。晉參議，旋加監軍道進勦蠻苗。以勿掠勿擄爲戒，西人德之，建祠祀焉。因病乞休，卒於家。入祀鄉賢祠。

流寓

南北朝　宋

周續之。建昌人。入廬山，事沙門慧遠。時彭城劉遺民遁迹廬山，陶淵明亦不應徵命，謂之「尋陽三隱」。

宗炳。涅陽人。高祖辟爲主簿，不起，乃入廬山，就釋慧遠考尋文義。兄臧爲南平太守，逼與俱還。

雷次宗。南昌人。少入廬山，事沙門慧遠。篤志好學，尤明毛詩，隱退不交世務。

齊

宗測。炳之孫。永明三年，徵太子舍人，不就，遂往廬山，止祖舊宅。魚復侯子響爲江州，厚遣贈遺，測曰：「少有狂疾，尋山採藥，遠來至此，量腹而進松术，度形而衣薜蘿，淡然已足，豈容當此横施。」建武二年，徵爲司徒主簿，不就。

梁

劉慧斐。彭城人。爲梁安成王法曹行參軍。嘗途經尋陽，游匡山，過處士張孝秀，相得甚懽，遂有終焉之志。因不仕，居東林寺。又於山北構園一所，號曰離垢園，人謂爲離垢先生。

唐

李白。成紀人。安禄山反，轉側宿松、匡廬間，永王璘辟爲府僚佐。璘起兵，逃還彭澤。璘敗當誅，郭子儀請解官以贖，有詔長流夜郎。會赦還潯陽，坐事下獄。宋若思將兵赴河南，道潯陽，釋囚，辟爲參謀，未幾辭職。

元結。河南人。天寶末兵興，嘗家瀼濱，自稱浪士。

蕭存。穎士子。建中初，遷比部郎中。疾裴延齡之奸，棄官隱廬山，卒。韓愈少爲存所知，自袁州還，過存廬山故居，而諸子前死，惟一女在，爲經贍其家。

宋

楊徽之。浦城人。常肄業於潯陽廬山。

周敦頤〔一〇〕。營道人。熙寧中，知南康軍，因家廬山蓮花峯下。前有溪合於湓口，因取營道所居濂溪以名之。

陳瓘。沙縣人。徽宗時，復承事郎，卜居江州。復有譖之者至，不許輒出城。

張所。青州人。高宗時，言黄潛善奸邪不可用，恐害新政，乃罷御史，謫鳳州團練副使，江州安置。

王庶。慶陽人。紹興中，御史中丞勾龍如淵劾庶本趙鼎所薦，欺君罔上。庶罷歸，至九江被命奪職，徙家居焉。

元

趙汸。休寧人。聞九江黄澤有學術，往從之游。澤之學以精思自悟爲主，其教人引而不發，汸一再登門，乃得六經疑義千餘條以歸。已復往，留二歲，得口授六十四卦大義，與春秋之要。

明

桑喬。揚州人，官御史。嘉靖間，謫九江，居廬山北林隱菴。所著有廬山紀事。

列女

晋

陶侃母湛氏。尋陽人。侃就學，母紡績資給。侃爲尋陽吏監魚梁，以鮓一罌遺母，母不啓視，遺書責之曰：「爾爲吏，以官物遺我，是增吾憂也。」范逵來寓宿，時大雪，母出所卧薪薦，剉以秣其馬，又密截髮供殽饍。逵聞之，太息曰：「非是母不能生此子。」侃後以忠正爲名臣。

陶潛妻翟氏。尋陽人。能安苦節，與潛同志。夫耕於前，妻鋤於後。

明

劉相妻黄氏。德化人。相爲諸生，迎父喪於臨清，哀毁死。柩至家，黄觸頭流血，欲以死殉，時年二十一，形毁骨立。哀經十餘年，事繼姑益謹。姑殁，殯葬盡禮，閨門肅然，雖處貧苦而怨聲不聞，人皆賢之。

張仲偉妻周氏。名端秀，湖口人。年十九歸張，生子一歲夫亡。舅姑以家貧子幼，欲奪其志，周曰：「願爲張氏鬼，不作他人妻。」守節三十年，鄉里敬重之。

王守邦妻陶氏。彭澤人。年二十，夫暴亡，翁痛其子，越宿亦亡。陶歎曰：「吾死，姑何依！」乃營葬夫，豫虚其右，以示同穴。孀居二十餘年，事姑盡孝，人無間言。

計偉妻劉氏。名玉蘭，彭澤人。年十八適偉，五載夫亡。哀痛嘔血，不食而卒。

余孝繡。湖口余志通女。年十八，家貧未受聘。正德七年，爲流賊所刼，投河死。又有諶烓妻，失其姓〔一一〕。烓爲湖南巡司吏，妻與二女居，流賊突至，欲污之，三人駡不絶口，俱被支解而死。

曹鉦妻徐氏。湖口人。年十七夫死，有富民厚聘求之，徐沐浴更衣，自縊死。

衛廷珪妻孫氏。吴縣人。隨夫商販，寓潯陽小江口。宸濠陷九江，夫適他往，所親急邀孫共逃。孫謂兩女金蓮、玉蓮曰：「我輩異鄉人，汝父不在，逃將安之？」女曰：「生死不相離，要當爲父全此身耳。」於是母女共一長繩白束，赴河死。同時有九江衛李溥妹，年十五，未字，賊至，投井死。

孫光啓妻黄氏。湖口人。年十七歸孫，七月而夫亡，遺腹四月。其父以家貧，欲奪其節，遂引刀截耳，絶食七日。後生子夢陽，補弟子員。萬曆八年旌。

朱貞女。德化人。年十六，許字勞欽亮，未嫁夫亡。女奔喪自縊，合葬南薰門外。萬曆九年旌。

王佳傳妻歐陽氏。彭澤人。事姑至孝，夫亡，氏年十八，撫遺腹子，紡績爲生。父母欲嫁之，乃鍼刺其額，爲「誓死守節」字，用突黔涅之，深入膚裏。里人稱爲黑頭節婦。

朱元初妻呂氏。德化人。嘗刲股救姑疾，夫病，又刲股進之，亦愈。三乳生六子，人謂孝德所致。

馮士一妻丁氏。彭澤人。嫁踰年而寡，止遺一女。哀毁欲死，以姑老强起。姑病，刲股和藥。及姑殁女嫁，氏曰：「吾事畢矣。」竟觸夫墓死。其女葬之，去馮墓數十步，冢上木枝悉向夫墓。

吴氏女。名四貞，湖口人。崇禎初，許聘周氏。未嫁，其夫不得於繼母，欲罷婚，女聞之，赴水死。

黄開先妻李氏。德化人。事舅姑孝，撫前妻子如己出。左良玉兵至，李誓不辱，赴金魚池死。同縣舉人萬有年妻毛氏，被執不辱，賊裂其尸。繆用中妻陳氏，廖士貞祖母王氏、後母萬氏、妻史氏，朱召廉妻金氏並二女一婢，俱自縊死。

朱景賢妻張氏。德化人。通經傳，事舅姑孝。左良玉兵陷城，積薪自焚死。同縣楊氏，南贛總兵徐必達妻，聞夫戰死石陽之螺山，即投繯以殉。李氏女，年十六，許聘黄氏，未嫁夫亡，誓不再適，爲賊所執，引頸受戮。魏光宇妻陳氏，同婦孫氏投井死。

萬堯化妻樊氏。德安人。爲賊兵所掠，不從，斫胸死。

文華衮妻何氏。瑞昌人。遇闖賊敗兵欲污之，罵賊死。

汪應祥妻沈氏。湖口人。左良玉兵至，應祥負母走，氏自經死。姪女年十三，亦死其旁。

王秉陽妻洪氏。彭澤人，避地陶潭鄉。左良玉兵掠之，厲罵被殺。

鄧之元妻孫氏。瑞昌人。順治五年,金聲桓叛,氏爲賊兵所掠,憤罵被殺。

王娥。德化人王屠女。值火延燒其家,屠醉卧,娥年僅十二,奔烈焰中,呼之不醒,遂共死。

周岱生妻楊氏。德化人,隨夫在平南。康熙十三年,賊陷平南,岱生被執,楊從之,罵賊不絶口,行至桂平和墟社自刭死。經歷董英瘞之。後次子儻收其骨歸葬,事聞,贈宜人。

桂登琛妻孫氏。德安人。年十九將嫁,而登琛殁。孫泣請奔喪,父母不可,遂持服矢節。一日其姊歸,諷以他適,厲聲答曰:「人各有志,毋多言。」服闋,自經死。事聞,旌表。

劉焜妻高氏。德化人。年二十五夫亡,矢志守節。祖姑年老不能食,高日以乳進。閲數載,祖姑貌若嬰兒。年九十二乃卒,教四子俱成立。

岳繼忠妻湯氏。德化人。夫亡守節。同縣萬昭妻黄氏,邢繼楷妻馮氏,吴繼珗妻張氏,孫纘穎妻廖氏,黄鉞妻王氏,萬朝璽妻繆氏,黄士熹妻陳氏,陳文瀠妻龔氏,饒士銓妻羅氏,汪文昇妻楊氏,烈婦吕瑞瑚妻淩氏,均乾隆年間旌。

鄔顯秀妻曹氏。德安人。年十七嬪於鄔氏,二十五顯秀亡,遺子甫一齡,姑七十有一。氏守節自矢,養姑以終天年,教子克有成立。壽八十有五。同縣熊學源妻廖氏,鄧瑞子妻張氏,閔柱妻劉氏,李仲生妻羅氏,鄒霖妻戴氏,鄒上選妻熊氏,烈婦李繁明妻徐氏,均乾隆年間旌。

熊士駒妻李氏。瑞昌人。年十七歸熊,六載夫殁,誓以死殉。時祖姑在堂,舅姑止之。氏敬事祖姑,與翁姑克盡婦職,教子祥繩列庠序。年七十七卒。同縣范以璋妻黄氏,楊亶生妻余氏,周加位妻桂氏,向登庸妻胡氏,董爱山妻王氏,陳應孚妻郭氏，陳以旗妻胡氏，李加甄妻周氏，張宋業妻鄧氏，李大羣妻蔡氏，李時序妻陳氏，聶主寬妻熊氏，吴洪彬妻陳氏，曹之權妻周氏，周正趙妻陳氏，文存洛妻楊氏，朱宗魯妻陳氏，周定尚妻鄒氏，烈婦劉尚義妻何氏，貞女朱滏甸未婚妻陳氏，周洪未婚妻盧氏，均乾隆年間旌。

江正任妻饒氏。湖口人。年二十喪夫，遺孤三歲，翁姑無倚。氏上事下教，守節六十餘年。同縣王爲伊妻曹氏，周召西妻吴氏，楊永禄妻吴氏，蕭瓚玉妻余氏，楊以悦妻張氏，周立逢妾丁氏，屈家俐妻江氏，崔仕甲妻吴氏，沈文著妻曹氏，譚文焕妻余氏，周學臣妻柳氏，段澳淇妻梅氏，烈婦殷懷昇妻徐氏，余廷賢妻段氏，余繼椿妻曹氏，沈萬里妻梅氏，周儼妻彭氏，方云來妻沈氏，王鄭氏，曹瑞毛妻許氏，烈女沈道銈未婚妻柳氏，均乾隆年間旌。

湯基元妻歐陽氏。彭澤人。年二十一夫亡，越七月子鍾繼始生。撫孤子，奉舅姑，歷五十年如一日。同縣歐陽垓妻張氏，歐陽瑜妻汪氏，柯在楊妻屠氏，許自洪妻歐陽氏，項秉芳妻汪氏，丁名忠妻柯氏，諶焕妻歐陽氏，方學龍妻項氏，烈婦胡文光妾江氏，胡瑞節妾王氏，均乾隆年間旌。

項之綱妻李氏。德化人。夫亡守節。同縣黄步鰲妻鄒氏，邢廷珍妻陳氏，烈婦李運貴妻朱氏，貞女蔡辨佳未婚妻駱氏，均嘉慶年間旌。

陳明顯妻尤氏。德安人。夫亡守節。同縣鄭立豪妻王氏，鄭立楝妻閔氏，徐中濬妻聶氏，廩生羅克紱妻鄧氏，烈婦洪楊氏，貞女汪際輝未婚妻熊氏，烈女邱妹，均嘉慶年間旌。

何平壽妻徐氏。瑞昌人。夫亡守節。同縣周彭繡妻楊氏，周宜也妻王氏，馮信儒妻陳氏，陶粤風妻萬氏，均嘉慶年間旌。

張拱妻潘氏。湖口人。夫亡守節。同縣曹本萃妻楊氏，曹繼慶妻饒氏，楊嵐妻崔氏，貞女曹繼賢未婚妻沈氏，均嘉慶年間旌。

李萬樫妻宗氏。彭澤人。夫亡守節。同縣烈婦程令儀妻朱氏，貞女項琮璡未婚妻洪氏，均嘉慶年間旌。

仙釋

晉

董奉。侯官人。居廬山太乙觀，爲人治病，不取錢，愈者使栽杏，數年得十餘萬株。後杏大熟，作倉榜示人曰：「欲買杏者，不須報奉，但將穀一器易杏一器。」有一穀少而取杏多者，虎輒吼而逐之。奉得穀，盡以散貧者。一旦，竦身入雲中去。在人間三百餘年，顏狀如三十時人。

楊羲。隱廬山得道。嘗與紫微夫人諸仙遊，諸仙各授學道丹訣，并説羣仙事迹。羲秘録其書，爲司馬朗得之，常有雷電光怪。後又爲陸修静所得。

慧遠。姓賈氏，雁門樓煩人。年十三，通六經、莊、老。二十一，聞沙門道安講般若經，豁然開悟，遂與弟慧持俱出家。太元中至廬山，立精舍，江州刺史桓伊爲建寺居之，號曰東林。與衆百二十三人，結白蓮社，同修淨土之業。其間譽望尤著者，劉程之、雷次宗、周續之、宗炳、張野、張詮、慧持、慧永、慧叡、道昺、竺道生、道敬、曇順、曇恒、曇詵、佛馱耶舍、佛馱跋陀羅，并遠爲十八賢，而遠爲之冠。居山三十年，迹不入俗。義熙十二年終，年八十三。

慧永。河内繁氏子〔一二〕。年十二出家，事竺曇現〔一三〕。太元初，至尋陽，刺史陶範捨宅爲西林以居之。於峯頂别立茅室，至其室者，嘗聞異香，因號香谷。有一虎同居，人至輒驅去。

宋

緣德。錢塘黄氏子。住廬山圓通寺。曹翰下江州，率部曲入寺，僧驚走，緣德獨端坐不起。翰怒曰：「獨不聞殺人不轉眼將軍乎？」緣德曰：「汝安知有不怕生死和尚？」翰曰：「衆僧安在？」答曰：「聞鐘則來。」翰擊鐘而僧不集，緣德自起擊之，僧皆至。因謂曰：「公鳴鐘有殺心耳。」翰乃服。一日集衆曰：「吾寂後，以青石爲塔，塔紅，吾當再至。」趺坐而逝。

黄知微。江州人。得道佯狂，人謂之黄風子。一衲百結，寒暑弗易。行常攜兩囊，隨所得雜投其中而不臭，名曰「錦香」。又善噫氣，噫輒經時不絶，響徹雲漢。素不攻詩，而多佳句。後忽化去。

道旻。仙遊蔡氏子。建中靖國時，住圓通寺。入院之夕，緣德之塔忽紅，衆皆駭謂應祖讖。崇寧二年，賜紫，號旻古再來妙覺大師。政和三年逝，敕贈妙空寶塔。

楊權。盱江人。少穎悟不羣，聞張真牧有道行，往從之。真牧授以九返之術，曰：「逢江莫行，至泥則止。」後舟次九江泥汔觜，始悟，遂結茅修煉其中。時大疫，施以符水輒效。後作頌而逝。咸淳中，封通慧孚惠真人。

明

住德。湖口人。又號赤脚僧。常居廬山。洪武中，詣闕求見不報。已而太祖不豫，復齎藥自進，云天眼尊者及周顛仙人所送，服之即愈。

土產

葛。元和志：江州貢葛。府志：葛布、苧布，多出德安。

紙。唐書地理志：江州土貢紙。寰宇記：產布水紙。省志：楮皮紙出瑞昌，草紙出德安。

碌。唐書地理志：江州土貢碌。按：省志今德化產無名土，可入漆而無碌。

雲母。寰宇記：江州土產。省志：德化縣出。

蠟。省志：瑞昌出，有黄、白二種。

漆。省志：瑞昌出。

桐油。省志：瑞昌出。

茶。明統志：德化縣出。省志：五邑俱產，唯廬山出者味香可啜。

石斛。唐書地理志：江州土貢生石斛。省志：德化出。

石耳。明統志：廬山石上出。

鱅魚。見明統志。省志有鮒魚、鱘魚。按：舊志載唐書地理志：潯陽有銀有銅。又彭澤有銅。今無，謹附記。

校勘記

〔一〕元周鍇守江州　「鍇」，原作「錯」，據乾隆志卷二四四九江府祠廟（下同卷簡稱乾隆志）及明一統志卷五二九江府祠廟改。

〔二〕鄭善果滎澤人　「滎」，原作「榮」，乾隆志同，據新唐書卷一〇〇鄭善果傳改。

〔三〕使雜耕蘄春間　「蘄春」，原作「蘄黄」，乾隆志同，據宋史卷四一四董槐傳改。

〔四〕求琰　「琰」，原作「𦓷」，據乾隆志改。按，本志避清仁宗諱改字也，今改回。下同。

〔五〕爲堅將朱彤邀獲　「彤」，原作「肜」，乾隆志同，據晉書卷五八周虓傳改。

〔六〕立室廬山頂　「頂」，原作「項」，據乾隆志及宋書卷九三翟法賜傳改。

〔七〕隆贊舊作隴拶　「隴」，原作「龍」，乾隆志同，據宋史卷三二八王厚傳改。

〔八〕登隆興元年進士　「隆」，原作「龍」，乾隆志同，據宋史卷三九五王阮傳改。

〔九〕以省綱驛之費　「驛」，原作「繹」，據乾隆志及宋史王阮傳改。

〔一〇〕周敦頤　「敦」，原作「惇」，乾隆志同，據宋史卷四二七道學傳改。

〔一一〕又有諶烓妻失其姓　「失其姓」，乾隆志同。按，雍正江西通志卷九七列女謂諶烓妻陳氏，乾隆志與本志蓋疏於檢尋也。

〔一二〕河内繁氏子　「繁」，乾隆志同。按，高僧傳卷六慧永傳、東林十八高賢傳皆謂其人姓潘。唐西林寺碑、宋陳舜俞廬山記則謂姓繁。蓋傳聞各異耳。

〔一三〕事竺曇現　「現」，原脱，乾隆志同，據高僧傳卷六慧永傳及廬山記補。

建昌府圖

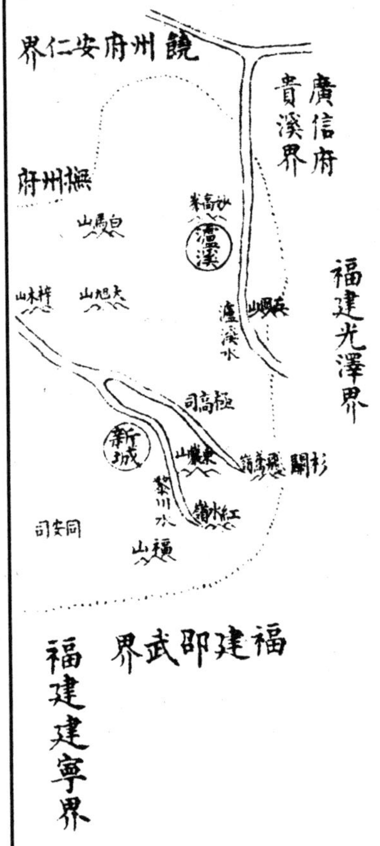
饒州府安仁界
廣信府貴溪界
撫州府
皂馬山
瀘溪
梓木山
大旭山
瀘溪水
福建光澤界
極高司
新城
杉關
黎川水
紅水嶺
同安司
福山
福建邵武界
福建建寧界

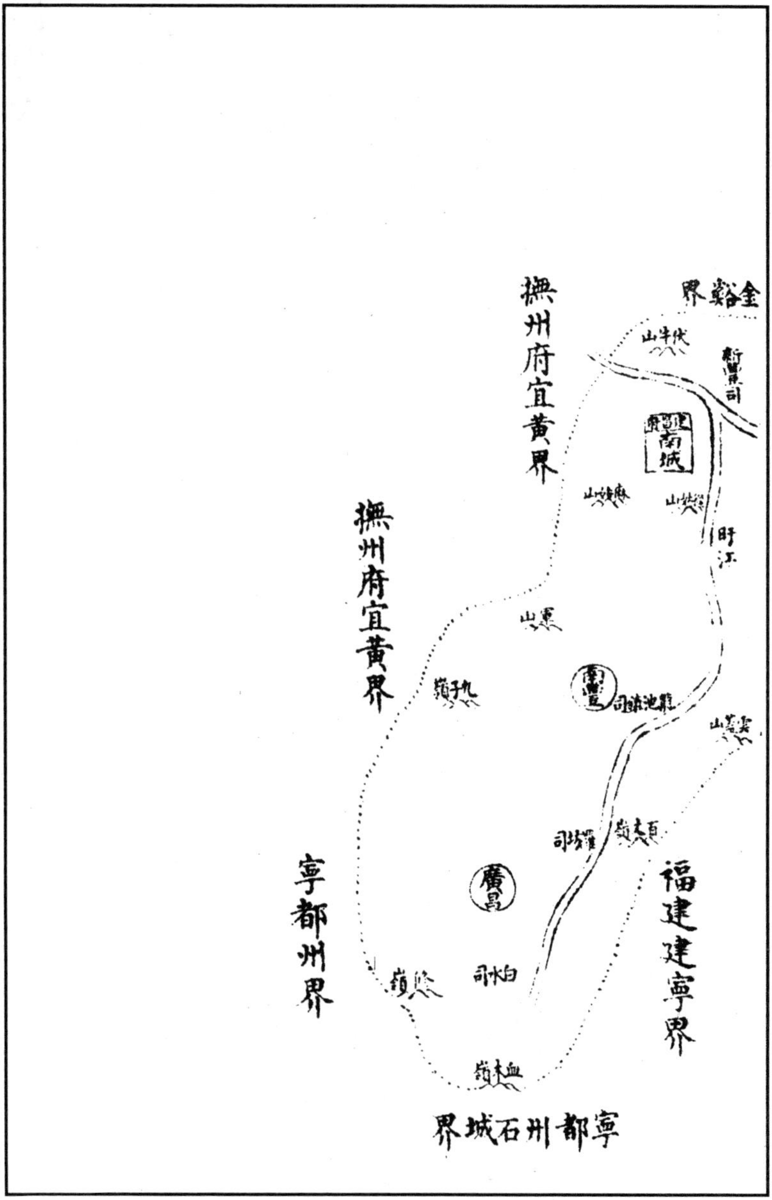
金谿界
撫州府宜黃界
伏牛山
南城
盱江
軍山
撫州府宜黃界
九子嶺
南豐
百丈嶺
廣昌
白水司
福建建寧界
寧都州界
血木嶺
寧都州石城界

建昌府表

	建昌府	南城縣	新城縣	
秦	九江郡地。			
兩漢	豫章郡地。	南城縣屬豫章郡。	南城縣地。	
三國	吴爲臨川郡地。	南城縣分屬臨川郡。	永城縣吴置，屬臨川郡。	東興縣吴置，屬臨川郡。
晉		南城縣	永城縣	東興縣
南北朝	臨川郡齊移來治，陳徙。	南城縣齊爲郡治，陳屬臨川郡。	永城縣	東興縣
隋		南城縣屬撫州。大業初屬臨川郡。	省入南城。	省入南城。
唐	撫州地。	南城縣屬撫州。	武德五年復置永城、東興二縣，屬撫州。七年省入南城。	
五代	南唐置建武軍。	南城縣		
宋	建昌軍太平興國四年改名，屬江南西路。	南城縣軍治。	新城縣紹興八年置，屬建昌軍。	
元	建昌路至元十四年升路，屬江西行省。	南城縣路治。	新城縣屬建昌路。	
明	建昌府初曰肇昌府，尋改名，屬江西布政司。	南城縣府治。	新城縣屬建昌府。	

續表

南豐縣	廣昌縣	瀘溪縣
南城縣地。	南城縣地。	南城縣地。
	南豐縣吴太平二年置，屬臨川郡。	
	南豐縣	
	南豐縣	
	開皇九年省入南城。	
南豐縣景雲二年移置。先天二年省。開元八年復置，屬撫州。	南豐縣地。	
南豐縣		
南豐縣淳化二年屬建昌軍。	廣昌縣紹興八年置，屬建昌軍。	元豐四年置都巡寨。
南豐州至元十九年升州，直隸行省。	廣昌縣屬建昌路。	
南豐縣洪武三年仍爲縣，屬建昌府。	廣昌縣屬建昌府。	瀘溪縣萬曆六年置，屬建昌府。

大清一統志卷三百二十

建昌府一

在江西省治東南四百里。東西距二百二十里，南北距三百八十里。東至福建邵武府光澤縣界一百八十里，西至撫州府宜黄縣界四十里，南至寧都州石城縣界三百四十里，北至撫州府臨川縣界四十里。東南至福建邵武府泰寧縣治二百三十里，西南至寧都州治三百六十里，東北至撫州府金谿縣治一百十里，西北至撫州府臨川縣治一百五十里。自府治至京師五千四百八十里。

分野

天文斗分野，星紀之次。

建置沿革

禹貢揚州之域，春秋吴南境，戰國屬楚，秦屬九江郡。漢置南城縣，屬豫章郡。三國吴太平二年，分屬臨川郡。時郡治臨汝縣，即今撫州。晉及劉宋因之。蕭齊移臨川郡治南城，梁因之。陳仍屬臨川郡，隋因之。唐撫州地，屬江南西道。五代屬南唐，析南城縣置建武軍。宋太平興國四年，改曰建昌軍，屬江南西路。元至元十四年，改建昌路總管府，屬江西行省。明初改肇昌府，尋改建昌府，屬江西布政使司。本朝因之，屬江西省，領縣五。

南城縣。附郭。東西距一百三十里，南北距一百二十五里。東至新城縣界九十里，西至撫州府宜黄縣界四十里，南至南豐縣界八十五里，北至撫州府臨川縣界四十里。東南至新城縣界一百二十里，西南至撫州府宜黄縣界七十里，東北至瀘溪縣界九十里，西北至撫州府臨川縣治一百五十里。漢置南城縣，屬豫章郡。後漢因之。三國吴太平二年，分屬臨川郡。晉、宋因之。蕭齊移臨川郡來治，梁因之。陳屬臨川郡。隋平陳，屬撫州。大業初，屬臨川郡。唐屬撫州。南唐置建武軍治此。宋太平興國四年，爲建昌軍治。元爲建昌路治。明爲建昌府治，本朝因之。

新城縣。在府東南九十里。東西距一百三十里，南北距一百十五里。東至福建邵武府光澤縣界七十里，西至南豐縣界六十里，南至福建邵武府泰寧縣界七十里，北至南城縣界四十五里。東南至福建邵武府泰寧縣治一百四十里，西南至福建邵武府建寧縣界七十里，東北至瀘溪縣治一百里，西北至南城縣界四十里。漢南城縣地。三國吴分置永城、東興二縣，並屬臨川郡。晉以後因之。隋併二縣入南城縣。唐武德五年，復置二縣，屬撫州。七年省。宋紹興八年，始析置新城縣，屬建昌軍。元屬建昌路。明屬建昌府，本朝因之。

南豐縣。在府南少西一百二十里。東西距一百五十里，南北距一百二十里。東至新城縣界六十里，西至撫州府宜黄縣界九十里，南至廣昌縣界八十里，北至南城縣界四十里。東南至福建邵武府建寧縣界七十里，西南至廣昌縣界八十五里，東北至南城縣界三十五里，西北至撫州府宜黄縣界四十里。漢南城縣地。三國吴太平二年，析置南豐縣於今廣昌縣界，屬臨川郡。晉以後因之。隋開皇九年，併入南城縣。唐景雲二年，復置南豐縣。先天二年省。開元八年復置，屬撫州，後移縣治此。宋淳化二年，屬建昌軍。元至元十九年，升爲南豐州，直隸江西行省。明洪武三年，仍爲縣，屬建昌府。本朝因之。

廣昌縣。在府西南二百四十里。東西距一百六十里，南北距一百四十里。東至南豐縣界一百里，西至寧都州界六十里，南至寧都州石城縣界一百里，北至南豐縣界四十里。東南至福建汀州府寧化縣治一百九十里，西南至寧都州治一百二十里，東北至南豐縣治一百二十里，西北至撫州府樂安縣治二百里。漢南城縣地。三國吴置南豐縣於此。晉以後因之。隋省南豐爲南城縣地，唐復爲南豐縣地。宋紹興八年，始析置廣昌縣，屬建昌軍。元屬建昌路。明屬建昌府，本朝因之。

瀘溪縣。在府東一百五十里。東西距九十五里，南北距六十里。東至福建邵武府光澤縣界十五里，西至南城縣界八十里，南至福建邵武府光澤縣界二十里，北至貴溪縣界四十里。東南至福建邵武府光澤縣治九十里，西南至新城縣治一百里，東北至廣信府貴溪縣治一百四十里，西北至撫州府金谿縣治一百十里。自漢至元，皆爲南城縣地。明洪武三年，置瀘溪巡司，萬曆六年，始析置瀘溪縣，屬建昌府。本朝因之。

形勢

控五嶺封疆之要，唐刁尚能南城縣羅城記。據江西一道東南上游，其地山高而水清。宋朱子建昌軍進士題名記。左臨盱水，右瞰麻源。王象之輿地紀勝。減贛之曠，幾撫之饒，遠信之衝，鄰汀之僻，與邵武並閩楚之喉。酌諸府之中，號爲樂區。明羅玘送舒太守序。

風俗

地無土山濁水，民秉是氣，往往清慧而文。唐劉禹錫文。其民氣剛而才武，其士多以經術議論文章致大名。朱子建昌軍進士題名記。比屋絃誦，與鄒魯同風。宋張允修平遠臺記。市肆繁密，屋邑華好。祝穆方輿勝覽。

城池

建昌府城。周九里三十步，門四，東臨江流，西、南、北有濠，廣一丈四尺。宋元豐中築，自明以來屢加修築。南城縣附郭。

新城縣城。周五里七十六步，門四。明正德七年築，本朝乾隆二十五年修。

南豐縣城。周七里一百四十二步，門四，濠廣七尺。明正德九年築，本朝康熙二十二年修，乾隆十年、五十八年，嘉慶八年重修。

廣昌縣城。周五里一百五十六步，門四。明正德九年，因舊址改築。本朝順治、康熙年間屢修，乾隆十年、五十八年、嘉慶八年重修。

瀘溪縣城。周二里二百八十步，門四，濠廣七尺。明萬曆六年築。

學校

建昌府學。在府治西。宋太平興國四年建，明弘治五年遷府治北，本朝康熙二十一年復還故址。入學額數二十名。

南城縣學。在縣城南。宋紹興十二年建，明末燬，本朝順治十五年重建。入學額數二十名。

新城縣學。在縣治東南。宋紹興十三年建，本朝順治十二年重建，雍正三年再建。入學額數二十名。

南豐縣學。在縣治南。宋慶曆中建，本朝康熙十三年燬，十九年重建。入學額數十五名。

廣昌縣學。在縣治東南。宋嘉泰二年建，本朝康熙年間修。入學額數十五名。

瀘溪縣學。在縣治西。明萬曆十五年建，本朝康熙年間修。入學額數八名。

盱江書院。在府治北，宋李覯教授之所。元末燬，本朝雍正七年重建。

崇儒書院。在府城萬壽宫左，本朝康熙五十二年建。

南豐書院。在南豐縣治東。元至正初，知州史文彬建。

明德書院。在南城縣鳳凰山下，明參政羅汝芳講學之所。

東園書院。在廣昌縣，明何文淵讀書處。

進修書院。在瀘溪縣。宋元豐進士石松建，其孫石致平重修。

户口

原額人丁七萬六千六百七十三，今滋生男婦大小共一百四十五萬五千九百九十七名口，計二十七萬九千九百二十七户。又所屯軍男婦大小共一萬七千九百五十六名口，計二千四百十二户。

田賦

田地一萬七千三十五頃二十七畝二分三釐有奇，額徵地丁銀九萬八千三白四十一兩六錢四分七釐，米四萬七百五十石四斗六升。建昌所屯田在廣昌縣，共八十六頃三畝二分三釐有奇，額徵地丁銀一千一百二十一兩三錢四釐。

山川

東芙蓉山。在南城縣東十里，以宜黄縣有芙蓉山在西也。

梓木山。在南城縣東十五里。深廣數十畝，惟生梓木，故名。梅溪出此。

東界山。在南城縣東二十里。宋元祐八年，有甘露降於松柏間。其南五里，有銅鉢坪，山巔平坦，可容數千人。

石魁山。在南城縣東三十里，山石煅灰最良。

席帽山。在南城縣東五十里。山形上鋭下闊，如席帽。通志云：相傳南唐保大間，范越鳳擇地於此寘帽，因名。又東十里爲龍門山，上有天井。

横山。在南城縣東七十里，横亘三十餘里。相近有禪山，端聳如坐禪狀。

歛山。在南城縣東八十里，一名劍山。高數百仞，延袤數十里。相近有甘山、韓山，灣港所出。

魚蝓山。在南城縣東八十里，接瀘溪縣界。高數百仞。山腰有龍潭，俗呼爲海眼。

大旭山。在南城縣東八十五里。以其面東最高，日出先見而名。自麓至嶺，竟日方達，可望數百里。宋時避神宗諱，改名大竹。又長慶山，在縣東百餘里，俱接瀘溪縣界。

從姑山。在南城縣東南五里，以次於麻姑而名。緣石磴而上數百級，有雙石對峙如門，名鐵關。又數十級乃至山巔。有伏虎洞，亦名玉洞。又有秋澤巖，巖側有定應泉。

畢姑山。在南城縣東南四十里，極高峻。又十里爲大盤山，周四十餘里。

高空山。在南城縣治南，一名登高山，又名黄家山。與陳家山、郭家山相連，稱「城中三山」。

麻姑山。在南城縣西南。寰宇記：在縣西南二十二里。山頂有古壇，相傳麻姑得道於此。壇東南有池，又有瀑布，淙下三百餘尺。西北有麻源，謝靈運入華子岡是麻源第三谷詩曰：「銅陵映碧澗，石磴瀉紅泉。」即此處也。顔真卿撰仙壇碑，備詳其事。方輿勝覽：山在縣西南十五里，高九里五十步，周一百四十四里。山麓有尋真亭，亭東隅有石磴，盤旋山腰而上。至山之半，有界青軒，對第二谷，水飛流而下。又二里間有瀑布，立雙練、枕流二亭。又登萬巘亭，旁有石池百餘步，入山門，榜曰「丹霞小有洞天」。至忘歸亭，亭跨青流，下有水簾巖。自是而入，地勢寬平，膏腴數百畝。路東南隅則碧蓮池，由池畔坦途徑會仙亭入仙都觀。舊志：山在縣西南十里，有仙羊、五老、萬壽、秦人、葛仙、逍遥等峯，道書以爲第二十八洞天。又西七里有丹霞山，亦曰丹霞洞，道書以爲第十福地。其旁爲出雲山，絶頂有虎穴〔一〕。

紅屏山。在南城縣西五里，又名赭面石。高百仞，形如赤城，郡治目爲印山。

垛甲山。在南城縣西十里麻源山嶺北。粗石層疊，如垛甲形。又西五里爲銅山，謝靈運所謂銅陵也。

北界山。在南城縣西北七十里，與臨川縣分界。嶺峻路狹。

鳳凰山。在南城縣北二里，郡之主山也。山麓有寨。

伏牛山。在南城縣北四十里，臨江，下有市。

章山。在南城縣東北五里。喬松修竹，森列交蔭，爲郡水口。相近爲烏江山，路險而隘。下有烏江潭。

太平山。在南城縣東北五十里，以山勢寬平而名。

白馬山。在南城縣東北九十里。壁立千仞，綿亘百里，爲金谿、雲林之祖。上有出雲峯，絶頂有龍潭。相近有馬鞍山，俱接金谿、瀘溪兩縣界。

東山。在新城縣東，縣城跨其上。

東巖山。在新城縣東四十里。五峯聯絡，亦名巖嶺。傅權紀略：山之陰，巖谷深邃，林莽窈窕，凡十五里。舊爲奸惡窟穴，宋紹聖五年，南城尉鄒天錫始開平之，名曰鄒公新路。

旗山。在新城縣東七十里。飛鳶分派，高展如旗。

大寒山。在新城縣東南四十里。極高峻，綿亘十餘里。山頂平曠，至冬則寒甚諸山。

楓山。在新城縣南里許。其側又有扆山。二山之下，居民繁密，稱南津街。扆山中阜曰仰天峯。

福山。在新城縣南四十里。高數千仞，延袤數十里，縣之鎮山也。舊名覆船山。寰宇記：南城山在南城縣東南一百四十里，舊名覆船山。唐天寶六年，敕改名南城山。省志：唐懿宗賜名福船山。宋大中祥符間，去「船」字曰福山。絶頂有簫曲峯〔二〕，與會仙、雲門諸峯相映。

暘山。在新城縣西南，俯臨長川。相近有迷姑山，隔溪横帶，當縣之前。

竹山。在新城縣西南十五里。突起平地，二峯相連，竹木叢茂，俗稱天馬。

高臺山。在新城縣西南二十五里，會仙之西。其巔有石，高數丈，寬平如臺。又五里有仙臺山。

寶山。在新城縣西南五十里。高數百仞，聯峯疊嶂，中有平田數千頃，頗稱沃壤。

秀峯山。在新城縣西南七十里。層巒疊壁，高插雲漢，爲邑西南之望。

日山。在新城縣西隔溪百步，一名天峯。周六七里，全山皆石，形勢峭拔，日初出必先見，故名。其巔有石洞、古仙壇。山腰舊有井，深不可測，云通海眼。

仙居山。在新城縣西北三里，與石峽嶺隔溪相對。兩崖雄峙，盤踞中流，峽水環繞，洲林森鬱，爲縣治水口。下有龍湖潭。

棲靈山。在新城縣西北三十里，峯巒聳秀。中有石壇，多靈跡。

聖山。在新城縣西北四十餘里，與棲靈山相接。綿亘數里，有水入黎水。相近又有明月漈，高百餘仞，闊一里許，曠潔無草木，月出則先見，故名。

大龍山。在南豐縣東五十里。山有瑜岡、烟霞洞。

雲蓋山。在南豐縣東南七十里，與閩交界，峻險難登。頂有泉曰靈泉。

南山。在南豐縣南，隔溪與縣治對峙。每重九日，士民游其山，亦名登高山。又南里許有南臺山，上有塔，一名塔嶺。

金峯山。在南豐縣南數里，又名金華山。

石龍山。在南豐縣南九十里，接廣昌縣界，勢如游龍繚繞。有芭蕉洞。

旗鼓山。在南豐縣西南三十里。左如展旗，右如仆鼓。

福善山。在南豐縣西南五十里。崚嶒高峻，與軍山並峙。産茶最佳。

廩山。在南豐縣西南五十里。上有大石如禾廩，一名廩石。

金嶂山。在南豐縣西南一百里，南去廣昌縣四十里，跨兩縣界。高十餘里，根盤百餘里。

軍山。在南豐縣西。寰宇記：在縣西北二十五里。下有神祠，能興雲雨，歲旱祈禱皆應。地生斑竹。曾肇軍山廟碑：軍山，南豐之望也，其高十九里餘二百步，見於百里之外。舊傳吴芮攻南越，駐軍此山，其將梅鋗祭焉，禮成，若有士騎麾甲之狀，因號軍山。縣志：山在縣西四十里，一名南山。其陽爲南豐，陰爲宜黄，有筆架、頭陀等四峯，有山茶、金沙二洞，有王母、野鴨二池。旁有飛瀑，一瀉千尺，其下龍潭不一。巖石洞壑，皆稱奇勝。

蕨岡山。在南豐縣西四十里。産蕨，人多採之。上有鐘峯，又名中華山。

華蓋山。在南豐縣西八十里。聳峙如華蓋，又名金蓋山。

龍口山。在南豐縣西北十五里，下有龍潭三穴。

中華山。在廣昌縣東二十里，亭亭孤峙。又縣東五里有東華山，縣南三十里有南華山，縣西一里有西華山，縣北五里有北華山。

天堆山。在廣昌縣東南二十里江中。明統志：宋紹興間，一夕雷雨大作，聞沙礫聲，旦視之，屹然高丈餘。童謡云：「天雷飛石頭，一夜成汀洲，五十年内興公侯。」

翔鳳山。在廣昌縣南五十里。九峯相聯，形若翔鳳。又大、小崖山，在縣南，挂湖水繞其下。

金華山。在廣昌縣西南四十里。又金雞山，在縣西南五十里。

望軍山。在廣昌縣西南四十五里。突兀萬仞，以俯視南豐之軍山而名。上有巖洞，中有石佛、獅、龜等，皆天然形肖。

盤峯山。在廣昌縣北三十里，山形若盤。四面皆石崖，惟西南有鳥道，側足可上，容萬餘人。

石筍山。在瀘溪縣東二十里。其峯最高，有巨石尖鋭如筍，故名。

五鳳山。在瀘溪縣東南二十五里。

蓮華山。在瀘溪縣南十里。諸峯矗峙，高下相錯，宛如蓮花。

雲溪山。在瀘溪縣西南。又都溪山，亦綿亘數里，與雲溪並峙。

魚山。在瀘溪縣西一里，以形似名。相近有普濟山，下有潭，清瑩如鏡。

岐山。在瀘溪縣西北二十里。有黄雀、琵琶、鸞頭諸峯。

望州嶺。在南城縣東二十五里。由山麓而上，盤曲十五里，巔有巨石可登陟。俯瞰郡城，如在几席。西南三百步有鬼巖洞，横深五六里，廣數尋，前後有石門。

箬嶺。在南城縣西南七十里，接宜黄縣界。

駝鞍嶺。在南城縣西十里，俗名麻嶺。從此入麻源三谷，多茂林修竹，土田沃衍，而層巒疊巘，回環映帶，稱爲絶勝。三谷者，第一爲麻姑山南澗，第二爲北澗，第三爲華子岡。

寒婆嶺。在南城縣東北四十里，接金谿縣界，舊有寨。

飛猿嶺。在新城縣東六十餘里，亦曰悲猿嶠，後又訛爲飛鳶嶺。又杉嶺，在縣東七十里，杉關置此。

極高嶺。在新城縣東南三十里，路通邵武，亦險峻。

紅水嶺。在新城縣東南四十里德勝關西，黎水出此。

四望嶺。在新城縣南七十里，與福建泰寧縣接界。甚高峻，登之則四遠皆在望中，故名。九折水出此。

招軍嶺。在新城縣西南六十餘里，路通福建建寧縣。上有昂頭峯。

東興嶺。在新城縣西三十里，因東興廢縣而名。

石硤嶺。在新城縣北三里。

百丈嶺。在南豐縣南。寰宇記：在縣西南八十里。高百丈，與福建將樂縣分界。舊志：在縣南七十里，亦名百丈隘，即古刊都銀場。旁有石牛洞，在縣東南六十里，山高路險，外固中寬。唐僖宗時，朱從立知刊都鎮務，豎旗山上，因名頓旗峯。後遂據石牛洞爲亂，尋敗死。明時嘗設巡司。

捲嶺。在南豐縣南八十里，江西、福建交界，與雲蓋山相近。其嶺峻險，路徑縈迴，形與風捲練帶相似，故名。

盤湖嶺。在南豐縣南八十里，亦江西、福建之分界，一名盤湖隘，有湖若盤。又名大嶺，以徑寬廣故名。

大羅嶺。在南豐縣西南一百六十里，一名竹節隘。相近有小羅嶺，亦名苦竹隘，俱與廣昌、寧都接界。

梅嶺。在南豐縣西。寰宇記：在縣西南一百三十五里，與虔州虔化縣分界。梅嶺水出此。

吊鐘嶺。在南豐縣西七十里，峻如懸鐘。又五里有雞源嶺，二嶺相望，上通行路。

九子嶺。在南豐縣西八十里，接宜黄縣界。高二百餘丈，九堵相連。又楝柱嶺，在縣西北四十里，亦接宜黄界。

仙君嶺。在南豐縣北門外，宋曾致堯讀書之地。

禪嶺。在廣昌縣東七十里。又車干嶺，在縣東南，去福建建寧縣一百二十里，舊置巡司。

血木嶺。在廣昌縣南一百二十里，旴水源出此。

黄潭嶺。在廣昌縣西南二十里。

修嶺。在廣昌縣西南六十里，接寧都州界，俗呼爲秀嶺。

軍營嶺。在廣昌縣北一里。相傳吴芮征南越時，遣將梅鋗營其下。前多稻田，左右皆平阜，惟此嶺獨高。

螺旋峯。在新城縣東六十里，地名渥口。層巒疊嶂，盤延聳秀。

華蓋峯。在新城縣東南二十五里，峯頂圓聳如蓋。

積仙峯。在新城縣東南六十里。一峯卓起，周數十里。

羊頭峯。在新城縣西南八十里，接福建建寧縣界。相近爲烏孤峯，尖聳如筆，巍然出於衆山之表。

大雞、小雞峯。在新城縣西南七十里，地名西城，接南豐縣界。大、小兩峯並立，狀如雞冠。

金船峯。在新城縣北十五里，當石硤水口。

金竹峯。在新城縣東北六十里。又十里曰白雲峯，俱高數百仞。

何竺峯。在南豐縣東三十里。有二峯，一曰何家峯，一曰竺家峯。二峯相連，縣之水口山也。又有擊鼓峯，亦相連，並稱爲「三峯」。

武陵峯。在南豐縣東六十里，接新城縣界。相近又有武石峯，二峯相連。彭武溪水繞其麓。

連珠峯。在南豐縣東六十里。山脈自閩來，北行而西，君峯聯屬，取五星連珠之義爲名。

鼓樓峯。在瀘溪縣東十八里，亦名鼓樓岡，高峻爲金谿諸山之祖。

妙高峯。在瀘溪縣北三里。又金鵞峯，在縣北八里。

雙螺峯。在瀘溪縣東北十五里。兩峯並峙，特出雲表。

華子岡。在南城縣西十五里。世傳角里弟子華子期得仙於此。

太平岡。在南豐縣東數里，一名太平嵊。高四五丈，盤六七里，平坦無石。明嘉靖末，建兵營於此。

龍岡。在廣昌縣治西北。山勢陡起，縣城跨其上。亦名金榜山。

東山嶂。在新城縣東南十五里，一名鵞藪陀。山勢壁立，頂平廣可容百人。

牙梳嶂。在廣昌縣南七十里。内有三穴，大風出焉，當寒則煖，當暑則涼。

五藏巖。在南城縣東五十里，俗稱孚子巖。巖前流水縈帶，其東一石如囷，高數百仞，絶頂平坦，有田數十畝，極旱而常稔，名曰天湖。相近又有仙人巖，臨溪峭壁數百仞，有五巖連屬，深廣各數十丈。

天堂巖。在新城縣南三十里。嵯峨萬仞，中緣一徑，上平廣可容數百人。

會仙巖。在新城縣南六十里。層峯矗立，儼如筆架。

華陽巖。在南豐縣南九十里，一名著棊巖，臨流絶險。

壺公巖。在南豐縣西南九十里紫霞觀後。明統志：有懸壺先生者，不知何許人，委蜕此巖。巖極高峻，人迹罕至。中有一榻，其木如沈香，又有石函、丹竈在焉。

滴水巖。在南豐縣西二十里。深四五尺，有泉從巖巔而下。寺僧以甕承之，無復汲引之勞。

龍鳳巖。在廣昌縣南。巖外半里許，小溪沿洄，蒼崖疊峙，山腰架木始通。巖周數丈，中有樓亭，嘉木陰森，東北石壁迴蟠。

黄土巖。在廣昌縣東北十里。徑口爲燕巖，北五里爲程公巖。又東五里爲寶陀巖，有靈泉，疫者飲之多愈。又縣西北七里，有聖棲、石乳二巖。

大覺巖。在瀘溪縣東三十里。山頂峻絶，攀援而上，上有石覆出成巖。巖如空堂，宏敞可容數百人，梘溪發源於此。

龍池洞。在南豐縣南數里。九劇水繞入，崖壁峭立，游觀勝地。

豬婆洞。在南豐縣西南七十里。四面險峻，惟一徑可入。

梯雲洞。在南豐縣西南九十里。有石磴百餘級，方至洞門。

石門。在南豐縣東北三十里。盤迴斗絶，巨石爲門，可容百家。

晒禾石。在南城縣東四十里。明統志：每秋獲，鄉人晒禾其上。宋紹興間，雷震石裂，成四大字，縱横交錯不可曉。鏤板傳世，有道人視之曰：「此『介我黍稷』字也。」衆熟視之，率以爲然。自是郡境屢豐。

落峭石。在南城縣。寰宇記：在縣東南六十五里，去飛猿館一百十五里，在飛猿水邊。巍峩嵌空，數里可望。謝靈運詩：「朝發飛猿嶠，暮宿落峭石。」即此處也。舊志：今訛爲消石，又訛爲哨石。

響石。在南豐縣。輿地紀勝：在縣東五十里，有巨石臨路，高百餘仞，其上平坦，可容數百人。往來其傍者，笑語高低，應答如響。

盱江。在府城東，一名建昌江。源出廣昌縣南血木嶺，東北流繞廣昌、南豐二縣南，又東北過南城縣東，轉西北入撫州界。漢書地理志：南城縣盱水，西北至南昌入湖漢。寰宇記：盱水在南城縣東二百十步，源出南當山，西北沿流至臨川縣石門，改爲汝水。明統志：盱水源出血木嶺，流二十里爲巴溪，又十五里爲小動溪，又七十里至廣昌縣界，又三十里入南豐縣境。東北流至府城東南，會新城縣飛猿水，又北流二百餘里入撫州境。舊志：水自嶺北流過崖山，又四十里到白水鎮，又四十里到廣昌縣，是爲平西大河。又一百二十里至南豐縣治前，又東北入南城縣界，至東津黿峯渡與黎川、飛猿二水合。又東北流至縣東，北折而西，入撫州界。

黎川水。在新城縣東南，一名黎灘水。源出紅水嶺，西北流經天堂巖，與九折水合。又西繞縣城，北合龍安水，逕藍田鎮，入南城縣界，至落峭石與飛猿水合。回旋凡百四十里，至府城東雙港口入盱水。縣志以此爲中川，飛猿水爲東川，龍安水爲西川，亦謂之三川水。其在府城者，又謂之東江，以別於盱江也。

九折山水。在新城縣東南。源出四望嶺下，流入黎水。

九龍潭水。在新城縣東南四十里。山高百丈，上有石磴，壁道險絶，下有九潭。相近又有鰌源潭，一名游源，發源黄土嶺下。二水分流至縣南熊村市而合，又西與極高、義陽二嶺水合，又西至縣南，與東巖水合，入黎水。

七星澗水。在新城縣南，亦名赤芾澗，亦名南津。源出福山，北流與高臺山西溪水合，又逕竹山入黎水。又九曲水，源出棲靈山南三里，其流九曲，入黎水。

龍安水。在新城縣西南。源出會仙峯，西逕龍安鎮，折而北入黎水。又桃溪水，在縣西南。黄家嶺水、瑞溪水、梅溪水，在縣西。俱入龍安水。

飛猿水。在新城縣東北。寰宇記：飛猿水在南城縣東南一百三十三里，源出邵武縣界飛猿嶺，沿流入盱水。縣志：水有三源，並流下飛猿，合洵溪水。又逕石峽至五福，亦名五福港。又流至南城縣界，合黎水。洵溪水，在縣東，流至洵口，入飛猿。

斤竹澗水。在南豐縣東五十里，源出連珠峯。又彭武溪水，源出何家峯。大槳港水、南塘港水、槳田港水，源出軍山。皆流入盱水。

菰河水。在南豐縣西南。源出縣西七十里，東南流至縣南七十里入盱水。又泉陂港水、密港水、九劇水，在縣南。丫溪水、百丈水，在縣西南。大南澗水、滄浪水、宋家港水，在縣東南。皆入盱水。

紫溪水。在南豐縣西南。源出縣西九十里黄家尖，南流六十里合瞿溪水，又至縣南八十里入盱水。瞿溪水，源出縣西南百餘里。

軍港水。在南豐縣西五里。源出軍山，東南流入盱水。又布溪水，源出縣西北蓮花峯下，有瀑布周二十餘派，瀉下數百丈，東流入軍港。

官濠水。在南豐縣北。有二源，一自縣北入城出闞，一自縣西隅。二濠同流，至萬歲湖入盱水。又雙港水、梓源水，在縣東北，俱源出梓源，東流入盱水。

長橋港水。在廣昌縣東。有三源，並流至中坊橋入盱水。又南村港、青銅港、石壁港，皆在縣東。頭陂港、石梁港、文會港、唐坊港，在縣南。皆入盱水。

瀘溪水。在瀘溪縣東。源出福建崇安縣之五鳳山黄石口，其水深黑，故名。又北流入貴溪縣界，爲上清溪。縣志：水自黄石口流入，逕縣東入雙港口，抵三溪，折東北，至縣北二十里高埠，入貴溪縣界三洪砦口。自高埠以上，俱有石灘，止通浮篺。至三洪口石峽洶激，自上投下，極稱險阻。自此達富村嶺，方通小舟，入小巖渡，乃安流矣。

梘溪水。在瀘溪縣東十里。發源大覺巖，流入瀘水。又税溪水，在縣東北。巖槎港，在縣西。俱流入高埠，入瀘水。

三溪水。在瀘溪縣西，亦名長古水。源出福建光澤縣，自烏培流入，逕縣西曰南港，又北爲三溪，入瀘水。又嶺村港，在縣西南，源亦出光澤縣，西流入黎川。

龍溪水。在瀘溪縣西北。源出縣西北高陂，流逕龔家灘，可通小舟，下入金谿縣界。又彭田港，在縣西，源出雙畬，流合數小水入龍溪水。又陽溪水，在縣西北，亦入龍溪。

磁龜溪。在南城縣西南七十里，有磁石如龜伏溪中。溪流阨塞於巖竇間，銜嚙怒號，衺四里，注而爲瀑，有聲如雷，凡十五六里而山開水平，又十里乃達於盱江。又有海溪，一名石頭溪，在縣東八里。灣港，在縣東四十餘里。郭石溪，在縣北三十里。岳溪，在縣西北三十里。皆入盱江。

學溪。在廣昌縣西南。源出金嶂山，流經城北，分爲二，一經城中，一經城外，至縣西南合流入盱水，以縈繞縣學而名。又龍溪、灣溪，俱在縣東北，下流入盱水。

龜湖。在南城縣東五里，一名蟜湖。

金龜湖。在南城縣東五藏巖下。深可五六尋，中有一石，宛然如龜。

蛟湖。在南城縣東五十五里。又東十五里有龍湖。

鯉湖。在南城縣南四十里。其南爲上湖，其北爲下湖，故又名三湖。

天井湖。有三。一在南豐縣東北三十里。一在南城縣西南三十里高山上，水色藍碧，淺則旱，溢則雨，里人以是卜豐歉。一在廣昌縣西南三十里。

蛤湖。在南城縣西南四十里。有石磔百丈，飛瀑淙下入湖，中多蝌蛤。

高梘湖。在南城縣北十五里。湖面闊半里餘，衆流所聚，舊名聚水湖。宋熙寧中，付陂長灌溉高梘莊官田，因改今名。

萬歲湖。在南豐縣東門外一里許，今易名曰蔓翠。城中濠水，皆瀦於此，下入於盱。

挂湖。在廣昌縣南。七曲迴流經崖山，至白水鎮入盱。

塵落潭。在新城縣南福山東五里。潭圓而小，崎險不可下。

南臺潭。在南豐縣南南臺山下，一名塔下潭，水流最爲險急。

擂鼓潭。在南豐縣南七十里。兩崖峭壁夾溪，中有一穴，深十餘丈，圓徑數尺。丫溪水經此，湍激聲震如鼓，因名。

黄梅潭。在南豐縣南四十里。其西有京潭，盱水所經也。

梓潭。在南豐縣西北二十五里，流二十餘里入軍港。

米洲潭。在廣昌縣西北七里。歲熟則洲草茂，歲歉則洲草枯。

曲澗。在瀘溪縣西，去南城縣七十里。明孫奎記：盱東北有水，兩山夾輔而行，名曲澗。其源發自閩境，無慮數百派，皆自深谷中穿巖鑿而流，至澗以會於盱，蓋環數百里。水流之曲，未有若是之奇絶者。

殷家源。在南城縣西二里。自西郊旋繞入城，出北關入盱水。

白蓮池。在廣昌縣西南五十里。輿地紀勝：唐後鳳間，居民曾延種紅蓮，數歲變爲白。於花中得金觀音像，因捨宅爲寺，後又變白爲碧。

湯塘泉。在南城縣東八十里。有泉湧出如湯，至冬尤熱。又東北八十里有靈泉，亦名湯泉。

神功泉。在南城縣西南麻姑山。清而甘美，宜釀酒，故盱江有「麻姑酒」。

紅泉。在南城縣西南麻源第三谷。泉自砂中流出，其色紅。宋謝靈運山居賦「訊丹砂於紅泉」，即此。

鳳山泉。在南城縣西北。其泉甘洌，用以釀酒，並於神功。

第一泉。在新城縣西暘山下。清澈不涸，較他水特重。有亭額曰「黎川第一泉」。

温泉。在南豐縣東南七十里甘露寺前。有泉三支，土人以石甃爲三池。冷池雖伏如冰，熱池雖臘亦沸，惟温泉可濯。又新城縣東四十里，地名周湖，亦有温泉，水温煖清滑，帶硫黄氣，浴之愈疥。又瀘溪縣西北有温泉，一名法水。

古玔泉〔三〕。在南豐縣西南五十里，溉田千畝。

酒泉。在瀘溪縣東八里，地名椒湖。

天心塘。在新城縣西八十里。山頂上有塘數畝，水入福建建寧之東溪。

九龍井。在南城縣南四十里。井凡有九，旱輒禱之〔四〕。

丹井。有二。一在南城縣南十五里，乃洪崖丹井。一在麻姑山仙都觀，世傳爲葛洪丹井。

冷水井。在南豐縣東，水最甘冽。又孫家井，在縣東六里。馬坪井，在縣東南七十里。皆灌田千畝。

金井。在廣昌縣西南九十里，地極幽勝。

古蹟

南城故城。在今南城縣東南，漢置。寰宇記：漢高帝六年，將軍灌嬰分豫章南境立南城縣，以在郡城之南，故名。淳熙郡志：故縣治在今縣東可封鄉峭石對岸。至今石山横亘，繞如半城。覺海寺二里間，尚名故縣，而横江則名縣前上營、下營云。已而遷縣盱江門外塌埠街，又圮於水，乃遷今治。

南豐故城。有二。一在廣昌縣東，吴置。一在今南豐縣東，唐時徙置。舊志：三國吴始置南豐縣，其故址在今廣昌縣東十五里，地名土屯者〔五〕。隋、唐間，再經廢置，益徙而東。開元七年，撫州刺史盧元敏奏言廢南豐縣田地豐饒，川谷重深，時多剽刧，乃復置縣。繼而縣令游茂洪徙縣治於今縣東一里嘉禾驛。開成二年，再徙治西理坊，即今南豐縣。至宋紹興八年，安撫使李綱又奏分南豐縣之揭坊者，天授、南豐、興城三鄉，置縣曰廣昌，即今廣昌縣也。

永城廢縣。在新城縣北。三國吴析南城縣置，屬臨川郡。晉、宋、齊以後因之。隋平陳縣廢。唐武德五年復置，屬撫州。七年省入南城。明統志：在新城縣北三里，地名城頭。

東興廢縣。在新城縣東北。三國吴析南城縣置，屬臨川郡。隋廢，唐復置，屬撫州，尋省。舊志：故縣在今新城縣東北三十里東興鄉石門里，地名城口。又南豐縣東門外有桂華坊，舊名東興坊，或以爲即古東興縣治。

都軍城。在南城縣南六十里。唐乾符末，危全諷築以屯兵，後爲會潭鎮，今名都軍鋪。又有土城，在縣南三十里，亦全諷所築，周數里，久廢。

都巡寨。今瀘溪縣治。本古南城縣地。宋元豐四年，邵武賊廖恩作亂，知建昌軍事鄭掞〔六〕，請於南城東北鄉市置寨，設撫建都巡檢使戍之。紹興三年，燬於叛兵，就瀘溪南廣仁院駐泊。二十六年，都巡陳通始復還舊址。元至正十二年，又燬。明洪武三年，改瀘溪巡檢司，仍屬南城縣。萬曆六年，知府王之屏始請割南城縣南城、藍田二鄉置縣，仍治廣仁故址。

看都銀場。在南豐縣南七十里，即百丈嶺。九域志：南豐縣有看都、茨湖、蒙池、太平四銀場。按：看都後訛爲刊都。太平即今白舍鎮。茨湖在今廣昌縣。蒙池無考。

東平社。在南城縣南八十里。宋紹興中，鄉民吴伸與弟倫發私穀四千斛，應詔建義倉於此，遺址猶存。朱子爲之記。

老彭村。在南豐縣曾潭。宋淳祐間，有老翁彭氏，年百餘歲，知軍事鍾季玉書「老彭村」三字表其門。隨奉朝請，今額字猶存。

奉親坊。在南豐縣東隅前街，宋曾致堯故居也。以諸子宦達顯揚，故名。又榮親園，在縣東方家洲上，亦致堯居也。

李泰伯故里。在瀘溪縣西北赤境橋，地名賢良里，基址猶存。

恒山精舍。在南城縣麻姑山下，明宋濂記。宋尚書丞王安中，陽曲人，其孫秬往來盱江，築室麻姑山，名其精舍曰恒山，示不忘本也。

敕書樓。在新城縣治前，宋邑宰趙觀建。

三清樓。在新城縣東。輿地紀勝：何淵、何潛、何濱，同登慶曆二年進士，淵謚清節，潛謚清敏，濱謚清忠，後人臨江起三清樓以紀其盛。

鳳山閣。在府治東廳後，與鳳山對，因名。宋知軍徐琢建。

崇山閣。在府治東，宋建。瑰壯爲平遠臺之亞。

擁清閣。在南城縣治，宋建。

藏書閣。在南城縣麻源第三谷，元程鉅夫建。

十賢堂。明統志：在南城縣麻姑山顔魯公祠内，宋紹興中建，祀郡先達陳彭年、李覯、曾鞏、曾布、曾肇、王無咎、呂南公、鄧潤甫、朱京、朱彦。

武夷堂。在新城縣福山。宋慶元二年，朱子避韓侂胄游江右，與門人講學於此。以崇安故居曰武夷精舍，因以名堂。韓元吉有記。

秋雨堂。在南豐縣盱江上。宋太宗聞江南旱，語曾致堯以「内帑所藏，貫朽莫校」，致堯曰：「未若江南秋雨一夜之富。」後人因以名堂。

妙墨亭。在南城縣。輿地紀勝：在郡廳西，與紅屏石相對。李少監佩易名爲印山堂。

盱江亭。在南城縣城東盱水上，南唐制置使陳暉建，韓熙載撰記。

清風亭。在府城南，宋建。眺望城外，羣峯環列，宛若郛郭。

甘露亭。在府城内玄妙觀。宋景祐中，甘露降松上，因建。

識舟亭。在南城縣。輿地紀勝：在縣學之南高嶺上，陳叔和建。遠望江流，片帆出没，最爲佳致。

盍簪亭。在新城縣治北，宋邑宰趙汝崖建。

照碧亭。在新城縣北二里。左面石峽，下臨深潭。宋治平中楊傑題詩，有「山水相照碧」之句，因名。

樓臺烟雨亭。在廣昌縣治北，宋邑宰朱汝賢建。

平遠臺。在府治東。明統志：宋郡守張允建。其地勢高爽，眺望江山，宛若圖畫。臺之西有極目亭、迴車院。

鳳翔臺。在府治後。宋黄曦詩：「春風桃李鳳翔臺。」

超遥臺。在南豐縣治西。唐邑宰獨孤巨嘗月夜抱琴登臨，亦名琴臺。

平西臺。在廣昌縣西北龍岡山頂，宋縣令王珪建。

熙春園。在府治北，宋時郡守游宴之所。

七星杉〔七〕。在南城縣麻姑山上。圍二三丈，高切雲漢。以横列七株，故名「七星」。

校勘記

〔一〕絶頂有虎穴　「虎穴」，乾隆志卷二四五建昌府山川（下同卷簡稱乾隆志）作「虎巖」。

〔二〕絶頂有簫曲峯　「簫」，原作「蕭」，據乾隆志及雍正江西通志卷一〇山川改。按，江西通志謂「相傳唐廣明中僧紹隆開山，有靈禽飛翔，其聲如簫，因名」。

〔三〕古圳泉　「圳」，乾隆志作「圳」，未知孰是。

〔四〕井凡有九旱則禱之　「旱」，原作「早」，據乾隆志改。

〔五〕地名土屯者　「者」，乾隆志作「圻」。

〔六〕知建昌軍事鄭揆　「鄭揆」，乾隆志同，雍正江西通志卷五城池建昌府作「鄭琰」，疑是。按，玉照新志卷一有知建昌軍鄭琰，當是此人。

〔七〕七星杉　「杉」，乾隆志作「松」。

大清一統志卷三百二十一

建昌府二

關隘

杉關。在新城縣東七十里杉嶺上，接福建光澤縣界。

德勝關。在新城縣南五十里馬嘴嶺下。地本名礪頭嶺隘，後改置關。

茱萸隘。在廣昌縣東六十里。相近有船尖隘。又盤湖隘，在縣東北八十里。丘坊隘，在縣東南一百里，接福建汀州府界。又曾田隘〔一〕、貴陽九曲隘〔二〕、遷善隘，俱通廣東嘉應州。

新豐市巡司。在南城縣北。舊名瀘溪巡司，明萬曆八年移駐伏牛市，本朝又移此。

極高巡司。在新城縣東五十里洵溪市。縣志：舊爲石陂寨，在縣東南極高嶺東二里，爲七閩鹽盜所出没。宋熙寧中置寨，設捕盜使臣於此，十年改爲巡司。紹興初，遷於縣北七里妙智寺。七年，遷長義溪西。九年，遷溪東。元至正末，遷極高嶺下，改名極高巡檢司。明初，遷水口村，在縣東南二十五里，後又移於德勝關。明末，又遷於此，仍曰極高巡司。今因之。

同安巡司。在新城縣西南五十五里，路通福建泰寧、建寧。地名宏村市。宋置同安寨，元末改爲巡司。明嘉靖三十七年，徙於縣西六十里樟村。萬曆中，復還宏村。今因之。

龍池鎮巡司。在南豐縣東南二十里。舊置於縣西南四十里黄沙源坪，明嘉靖三十八年徙於縣南雙港口。萬曆中又遷刊都，後又徙今所。今因之。

羅坊巡司。在南豐縣南七十里，本朝乾隆四十三年置。

白水鎮巡司。在廣昌縣南四十里，即舊白水寨。二水夾流，聚若城市。明設巡司，今因之。

藍田鎮。在南城縣東八十里，與新城縣接界。宋置税務，元改爲驛，明改置巡司，今裁。又曾潭鎮，在縣南六十里，即都軍城。岳口鎮，在縣北三十里。舊皆置巡司，明初廢。

石峽鎮。在新城縣東四十里，一名石溪鎮。距飛鳶、杉關三十里，江、閩通道。溪初不能通舟，明時邑人張櫝鑿石闢河，遂與五福並爲巨鎮。又熊村鎮，在縣東南四十里。

龍安鎮。在新城縣西南三十里，路通南豐。本名上隆鎮，後改今名。又中溪鎮，一名鍾田，在縣西北二十里。

五福鎮。在新城縣東北二十五里，有公館，地臨東川。上通石峽、杉關，下通撫州許灣，居民稠市，商賈交會，爲縣巨鎮。

白舍鎮。在南豐縣西南六十里，即宋太平銀場也。崇寧中，兼置太平巡司，明洪武二十九年廢。

仙君鎮。在南豐縣北二十里仙君嶺。宋崇寧中，置世賢巡司。元至元二十年立鎮於此，至正十七年廢。

秀嶺鎮。在廣昌縣西南修嶺下，舊名修嶺鎮。明設巡司，本朝乾隆三十年裁。

鳳山寨。在南城縣北鳳凰山麓。宋開慶元年，知軍事雷宜中築堡城，周三里，浚濠五里，并置鳳山寨，共爲守禦。景定三年，知軍事饒應孫增修，元初廢。

猛虎寨。在南豐縣南五十里。宋紹興中，自新城縣遷此，以制東鄉之盜，設巡司。元初廢爲寨，改曰猛虎翼。元末燬，故址尚存。又鎮安寨，在溪南塔寺，宋景定四年置，設巡司。元初改鎮安翼，尋廢。

龍當砦。在南豐縣南七十里。萬峯矗立，一水穿繞，石壁十仞，接梯而石磴盤紆數里。又有兔子砦、艾角磜砦、割藕砦，皆在縣南。雞籠寨、安仁寨、盤石砦，皆在縣西南。俱明末土人所築也。

陽石砦。在廣昌縣北十餘里，亦名羊石。上有五峯，峥嶸崔巍。有石池，可容數百家。四面壁立，下瞰深潭，後有一徑，曰布吊關。相連有滴水寨，懸崖峭壁，人不得並行。旁有二路，曰舊關，曰巖關，險峻異常。其他諸關，曰金星，曰溪嶺，曰橋西，皆鳥道崎嶇，一夫可守。

白玕公館。在瀘溪縣西八十里，與南城縣接界，爲入郡適中之地，大港取徑。明萬曆中置巡司，尋廢。

盱江驛。在南城縣東南。唐置盱江館，宋端平元年改爲驛。明洪武初，兼置遞運所，今皆廢。又峭石鎮，在府東四十里，舊有驛。又游源驛，在府北四十里。皆宋置元廢。

津梁

太平橋。在南城縣東盱江上。宋建，名萬壽橋，長百餘丈。元改今名。本朝康熙元年重建。

通福橋。在南城縣東一里東江上。宋咸淳中建，以路通福建爲名。

迎仙橋。在南城縣城外東南。

萬年橋。在南城縣東北六里。明崇禎中建，凡二十四壘。

通濟橋。在新城縣西，元建。

楊溪橋。在新城縣北五里。

濟川橋。在南豐縣治南，宋建。

紫溪橋。在南豐縣西南紫霄觀前。

銀溪橋。在廣昌縣南白水鎮北。

椒澗橋。在瀘溪縣東五里，跨椒澗。

隄堰

陳公隄。在瀘溪縣東。城以瀘溪水爲隍，暴漲嚙城。明萬曆中，知縣陳王庭築隄障之，長一百六十丈。

平西壩。在廣昌縣西南二里，宋縣令黄應德築。明時屢經修治。

陵墓

唐

游茂洪墓。在南豐縣西南四十里。

宋

曾致堯墓。在南豐縣東南十五里。子易占、孫鞏墓皆祔焉。

鄧潤甫墓。在新城縣禮教鄉。

李覯墓。在南城縣北鳳凰山麓。

曾肇墓。在南城縣東北三十里。

王無咎墓。在南城縣禮教鄉，王安石誌墓。

何坦墓。在廣昌縣西南蓮花臺。

包恢墓。在南城縣南十里洪源。

元

程鉅夫墓。在南城縣東南繞堆。

明

何文淵墓。在廣昌縣東順化坪。

何喬新墓。在廣昌縣東譚家園。

鄧棨墓。在南城縣杜林鄉。棨死土木之難，其子瑞不得父遺體，以平日所收爪髮、遺稿、衣冠等殮葬於此。

羅玘墓〔三〕。在南城縣項山寺左。

劉大年墓。在廣昌縣潭山鋪。

祠廟

王侍宸祠。在府城内。明統志：侍宸名文卿，嘗遇異人，授以道法，能召風雷。宋徽宗朝，號爲金門羽客，凝神殿侍宸，賜賚一無所受。時揚州大旱，詔求雨，乃仗劍噀水，曰：「借黄河水三尺。」後三日，揚州奏得雨，水皆黄濁。元時始建祠。

三忠祠。在南城縣麻姑山。明嘉靖中建，祀唐顔真卿，宋李綱、文天祥。

四賢祠。在新城縣學。宋建，祀郡人李覯、王無咎、鄧潤甫、吕南公。

曾文定祠。在南豐縣治西，宋建。

忠協廟。在府治東。宋建，祀唐張巡。

孚佑廟。在南城縣東八十里。神曰三侯，莫知氏名。宋國子監簿吴俊記云：有寇迫境，忽大風雷，晦明中見靈旗怒戈，賊驚遁。咸淳中賜額。

寺觀

景德寺。在府治東。舊名景雲，唐白居易作記。

太平興國寺。在南城縣東二里。唐建，在縣治南，明時徙此。

浄居寺。在新城縣城内東山下。唐建，在縣南二十五里，宋治平初改建今所。

壽昌寺。有二。一在新城縣東石峽鎮，唐建，名永居院，宋名壽昌院。明遷於黄龍峯下，賜額壽昌禪寺。本朝順治十年重建。一在南豐縣城西隅，舊名永安，唐初建。

西林寺。在南豐縣北門外里許，唐建。牛僧孺書額。

資福寺。在南豐縣東門外，唐建。舊藏南唐賜金書法華經七卷。

保福寺。在南豐縣東門外，南唐建。

永興寺。在廣昌縣治北。

法水寺。在瀘溪縣西北。舊名靈泉院，唐建，宋景德中改今名。

玄妙觀。在府城内西南，舊名靈仙，唐鄧紫陽棲真之地。宋名天慶觀，元改今名。

石崇觀。在南城縣西五里。唐建，宋改沖虚，後復今額。

仙都觀。在南城縣麻姑山。唐建，即麻姑仙壇。又西七里，有丹霞觀，皆詳見「麻姑山」下。

名宦

鶴仙觀。在新城縣治東，宋建。

紫霄觀。在南豐縣西北九十里。唐名妙仙觀，宋改今名。

清修觀。在南豐縣北門外，世傳許、吴二真君煉丹於此。舊名仙君觀，唐名福壽，宋改今名。

靈都觀。在南豐縣治東。南唐建，名真元，宋改今名。

唐

游茂洪。崇仁人。開元中，令南豐，恩威並行，截溪水爲五陂，灌田四千餘頃。又鑿石渠，以灌枯田。迄今民祠祀之。

宋

管師仁。處州龍泉人。哲宗時，知建昌軍，有善政。

崔與之。廣州人。慶元時，知新城。歲大歉，有强發民廩者，執其首，折手足以徇，盜爲止。勸分有法，貧富安之。開禧用兵，軍旅所需，天下騷然，與之獨買以係省錢。吏告月解不登，欲行罷去。和糴令下，與之獨以時價糴，令民自槩。

傅伯成。濟源人。嘉定中，知建昌軍。蔡元定謫死道州，歸葬建陽，伯成雪其冤於朝。

徐鹿卿。豐城人。理宗時，知建昌軍。未至而崇教、龍會兩保與建黎原、鐵城之民修怨交兵，鹿卿馳書諭之，斂手聽命。既至，則寬賦斂，禁掊克，汰贓濫，抑强禦，恤寡弱，黜黠吏，訓戍兵，創百丈砦，擇官兵，城屬縣，治行大孚，田里歌誦。督府横取秋苗斛面，鹿卿争之曰：「守可去，米不可得。」民恐失鹿卿，請輸之以供命。鹿卿曰：「民爲守計則善矣，守獨不爲民計乎？」卒與争以免。

鍾季玉。饒州樂平人。理宗時，知建昌軍。會有旨，江西和糴，屬歲旱，度其經賦不能辦，季玉請於朝，得減三之一。

元

胡長孺。婺州永康人。元貞初，教授建昌，適録事員缺，以長孺攝之。時程文海方貴顯，其家樹外門侵官道，長孺命撤之。

明

馮堅。洪武年南豐典史。上書言九事，帝覽而嘉之，稱其知時務，達事變，命擢左僉都御史。

吴致文。浙江平陽人。永樂中，知建昌府。以官田賦重，奏乞折徵布帛，民甚便之。

陳鼎。新興人。宣德初，知建昌府。時民多桀驁，鼎至，治最强者十餘人，始知畏法。荆王承奉蕭韶、護衛指揮文斌，怙勢暴横，鼎封章上聞，置之法，官校斂迹。

衡岳。汝寧人。宣德中，知南豐縣，清操介節，以古循良爲法。官舍蕭條，種蔬自給，家人宴如。

陳員韜。臨海人。宣德中，知新城縣。撫循備至，得士民心。

謝士元。長樂人。天順中，知建昌府。地多竊盜，爲將軍所庇，不可詰。士元得其狀，以他事持將軍，奸無所伏。大新學宮，立觀德亭，行射禮，購書萬卷，資學者誦習。表孝子節婦閭，務化民成俗，府中事大小備舉。

曾璵。瀘州人。正德間，知建昌府。宸濠之變，璵集義師，會王守仁於鄱湖，合廣信知府周朝佐收復南康。

王祐。祁縣人。正德中，知廣昌縣。閩廣寇至，民盡逃散，祐赴敵死之。

許孚遠。德清人。萬曆初，知建昌府，暇輒集諸生講學，引貢士鄧士錫、劉元卿爲友。尋擢陝西提學副使。

吴麟徵。海鹽人。天啓中，爲建昌府推官。捕劇盜，擒豪猾，治聲日聞。

王域。松江人。崇禎甲申，由工部主事出守建昌，加副使，與布政使夏萬亨、副使王養正、推官劉允浩、南昌推官史夏隆，奉益王起兵。大兵破建昌，執域等至南昌，皆不屈死。本朝乾隆四十一年，賜謚烈愍。

李翔。邵武人。崇禎中，以副榜貢入國學，唐王時知新城縣。大兵至，城破被執，不屈死。本朝乾隆四十一年，賜謚節愍。

本朝

狄宗哲。鹿邑人。順治中，爲建昌推官，斷獄明慎。因運丁扳民作軍，請釐定軍册以除民病，勒石永存。

高首標。山西永寧人。順治中，知廣昌縣。郡初恢復，屬邑尚不靖，首標至，詣帥府自陳，不假兵威，可往撫。單騎到縣，僞將遂降。驛前兵民相鬭，鎮將誣民以叛，召首標具狀。首標曰：「令頭可斷，民不可誣也。」密遣人縛毆兵者詣軍府，帥怒遂解。

高天爵。奉天人。康熙中，知建昌府。耿精忠叛，天爵念建昌不守，則南昌危，因請兵自將，防其西出。募壯丁，繕城垣，躬擐甲胄，與賊戰於東門萬年橋。被執入闖，不屈死。贈太僕寺卿，賜謚忠烈。雍正四年，加贈禮部尚書。

陳貞。鄞縣人。安親王恢復建昌，題授廣昌知縣，駐南豐。已而城陷，不屈死，贈按察使僉事。

王應魁。錦州人。康熙中，知南豐縣。時耿精忠叛，所在山寇響應，應魁率家人與鎮兵分城而守。鎮將失守，城陷，應魁自刎。贈按察使僉事。

人物

唐

危全諷。南城人。乾符末，多寇亂，全諷能保聚鄉里，後追封南庭王。

宋

曾致堯。南豐人。太平興國進士，三遷著作佐郎，直史館，改秘書丞。真宗時，歷官户部郎中。好纂録，有仙鳬羽翼三十卷，廣中台志八十卷，清邊前要三十卷，西陲要紀十卷，爲臣要紀十五篇。二子易從、易占，皆登進士第。

陳彭年。南城人。太平興國進士，調江陵司理參軍。真宗即位，屢上書言事，召試，遷秘書丞。景德初，直史館，兼崇文院檢討。獻大寶箴，預修册府元龜。遷右正言，充龍圖閣待制，數有建白。歷諫議大夫、兼秘書監，同修國史。國史成，遷工部侍郎、參知政事。彭年性敏給，博聞强記，所得俸賜，唯市書籍。所著文集百卷、唐紀四十卷。

江白。建昌人。景德進士。父禹錫，有節義，高年不仕，躬自教授。大中祥符初，獻東封詩十五篇，有詔嘉美，賜粟帛，歲時存問。及卒，白自鄞尉罷還，負土營葬，廬於墓側，藜羹芒屩，晝夜號泣，終制猶然。事聞，詔賜粟帛。

瞿肅。建昌軍人。四世同居，家百五十口，長幼孝弟，鄉人化之。真宗時旌表。

李覯。南城人。親老，以教授自資，學者嘗數百人。皇祐初，范文正公薦爲試太學助教，上明堂定制圖，召爲説書。著有周禮致太平論、平土書、禮論。熙寧中，門人鄧潤甫，上其退居類稿，官其子參魯郊社齋郎。

曾鞏。易占子。少警敏，援筆成文，歐陽修一見奇之。登嘉祐進士，歷知齊、襄、洪、福、明、亳、滄諸州，所在多奇績。拜中書舍人，卒。鞏性孝友，父亡，事繼母益至。撫四弟九妹於委廢單弱之中，宦學婚娶，一出其力。爲文原本六經，斟酌於司馬遷、韓愈，一時作者莫能過也。後追謚文定。所著有續元豐類稿四十卷傳世。

曾肇。鞏弟。舉進士，元祐中歷中書舍人、吏部侍郎，屢有讜言。徽宗即位，遷翰林學士。崇寧初落職，安置汀州，卒。自熙寧以來四十年，大臣更用事，邪正相傾軋，肇身更其間，數不合。兄布在相位，移書切告，謂當引用善人，以杜章惇、蔡卞復起之萌，布不能從，卒不免。肇天資仁厚，而容貌端嚴，自少力學，博覽經傳，爲文温潤有法。更十一州，類多善政。紹興初，謚文昭。所著有曲阜集四十卷、西掖集十二卷、内則五十卷、外則三十卷。

曾叔卿。鞏族兄。家苦貧，一介不取。妻子困於饑寒，而拊庇孤惸，唯恐失其意。起家進士，至著作佐郎。

鄧潤甫。建昌人。皇祐進士，熙寧中遷翰林學士。哲宗立，惟潤甫在院，一夕草制二十有二。修神宗實録，以母喪去。終制，除禮部尚書。章惇議重謫吕大防、劉摯，潤甫不以爲然，曰「俟見上，當力争」。無何暴卒，謚安惠。

何坦。廣昌人。淳熙進士，知將樂縣，擢連州，所至以善治聞。屢遷廣東提刑，廉平爲嶺南之冠。卒，謚文定。所著有西疇常見、百川學海。

陳宗禮。南豐人。淳熙進士，累官參知政事，以直言清節著。卒，贈盱江郡公，謚文定。

王無咎。南城人。嘉祐進士，爲天台令，棄官從王安石游。好書力學，寒暑行役不少釋，學者歸之，常數百人。

呂南公。南城人。熙寧中，試禮闈不遇，築室灌園，益著書，借史筆以褒善貶惡，以衮斧名所居齋。元祐初，曾肇疏稱其「讀書爲文，不事俗學，安貧守道，志希古人，堪充師表科。」廷議欲命以官，未及而卒。遺文曰灌園先生集。

朱京。南豐人。父軾，有隱德。京博學淹貫，登進士甲科。神宗朝，擢監察御史，風神峻整，見者憚之，目爲真御史。

李涓。南豐人。知鄂州崇陽縣。靖康之難，募兵六百勤王。或請徐之，涓曰：「事急矣，當持一信報天子，爲東南倡。」出家錢買牛酒犒軍，衆感泣，即日引而東。北至蔡州，大與敵遇，血戰死焉。

曾志。鞏孫。補太學内舍生，官通判温州，須次於越。建炎初，金人陷越，志被執。辭氣不屈。金盡驅其家屬四十口，同日殺之越南門外。

肇孫悟，宣和進士，靖康間，爲亳州士曹。金人破亳，悟被執，抗詞嫚駡，衆刃劘之。妻、奴同日被害。

張大經。南城人。紹興進士。知龍泉、儀真，俱有善政。召拜御史，言諸路荒政不實，飛蝗頗多，願加恐懼，申飭大臣。又言民力竭而愁歎多，軍士貧而怨嗟衆，願疏出憸腐，抑絶倖門。以通奉大夫致仕，人方之孔戣。

包恢。建昌人。嘉定進士，爲光澤主簿，平寇亂。教授建寧，監虎翼軍，募士豪，討唐石之寇，改沿海制置司幹官。歲饑，盜起金壇、溧陽間，恢部諸將誅夷之。通判台州，討温寇。景定初，擢禮部侍郎，尋爲中書舍人。林希逸奏恢守法奉公，其心如水。後爲刑部尚書、僉樞密院事，封南城縣侯。

蕭雷龍。新城人。景定進士，通判衢州，權知府事。元兵薄城下，不降。脱還建昌，與里人黄巡檢起兵，爲縣尹劉聖仲所獲，死之。

吴楚材。南城人。德祐元年，建昌降，楚材糾集民兵，自領村率衆將攻城。甫至近郊之龜湖北，兵三道蹴之，進攻領村。

楚材失利，且乏援，衆多解去。走光澤，爲人所執，及其子應登以獻。吴浚爲江西制置、招討使，斬楚材父子，傳首諸邑。益王立，贈朝奉郎，即邵武境上立廟，賜名忠勇。

元

程鉅夫。名文海，避武宗諱，以字行。其先自徽州徙家建昌。世祖召見，奇之，屢遷集賢直學士。奏陳五事，又請興建國學，搜訪遺逸，帝嘉納之。奉詔求賢於江南，薦趙孟頫等二十餘人，帝皆擢用。僧格專政，鉅夫上疏極諫。累官翰林學士承旨，致仕。卒，進封楚國公，謚文憲。「僧格」舊作「桑哥」，今改正。

黄覺經。南城人。五歲因亂失母，稍長，誓必求母所在。渡江涉淮，行乞而往，衝冒風雪，備歷艱苦，於汝州梁縣得其母以歸。有司請旌其閭。

明

魏源。南城人。永樂進士，官御史，多建白。宣德時，由浙江按察副史擢刑部右侍郎，拜尚書，出理宣府、大同邊務。易將卒，增亭障，實軍伍，邊備大飭，稱一時能臣。

何文淵。廣昌人。永樂進士，授御史，歷按山東、四川。時烏蒙奸民什伽告其知府禄詔謀逆，詔發軍討，文淵檄止所調軍，白其誣。英宗北狩，起爲吏部侍郎。額森請迎車駕還京，廷議不決，文淵曰：「此事雖十上章，不得請不已。」草奏詣闕，力請鑾輿南還。進本部尚書。「額森」舊作「也先」，今改正。

鄧棨。南城人。永樂進士，授御史，巡按蘇松有聲。宣宗從父老請，再巡一年。以才望超擢陝西按察使，召拜右副都御史。正統十四年，從帝北狩，没於土木。贈右都御史，謚襄敏。

謝定住。廣昌人。性至孝，年十二，母抱幼子覔牛，遇虎，定住奮前擊之，虎逸去。扶母行，虎復追嚙母頸，再擊之去。行數武，虎嚙母右足，定住取石亂擊，虎乃舍去，母子三人並全。成祖特召見嘉獎，賜旌其門。

何喬新。廣昌人。景泰進士。弘治中，歷官刑部右侍郎。劉吉等忌喬新剛正，出爲南京刑部尚書，拜疏乞歸。博綜羣籍，聞異書輒借抄，積三萬餘帙，皆手校讐。著述甚富，尤篤濂洛之學。與人寡合，氣節友彭韶，學問友丘濬而已。卒賜謚文肅。所著有宋元史臆見、周禮集註、策府羣玉續編、勳賢琬琰集、椒丘集。五世孫源，嘉靖進士，累官吏部侍郎。濤，嘉靖鄉薦第一，篤行博學，與兄源、弟沇齊名，人稱「何氏三鳳」。

張昇。南城人。成化進士及第，授修撰。弘治中，遷庶子。劉吉當國，昇因天變，歷數其納賄、縱子等十罪。歷禮部尚書，遇災異，輒進直言。正德初，劉瑾竊柄，昇謝病歸。卒，謚文僖。所著有柏崖文集十四卷、詩集二十二卷、和唐詩十卷行世。

羅玘。南城人。成化末，領京闈鄉試第一，舉進士，授編修。臺諫以救劉遜，盡下獄，玘言當優容以全國體。正德初，遷南京太常。劉瑾亂政，李東陽依違其間，玘爲東陽所舉士，貽書責以大義，且請削門生籍。累擢南京吏部右侍郎，遇事嚴謹，僚屬畏憚。考績赴都，遂致仕。宸濠慕其名，遣使餽玘，避之深山。及叛，玘已病，馳書守臣，約討賊，未舉而卒。學者稱圭峯先生。所著有類説及圭峯奏議、圭峯文集行世。

黎崇。南城人。居父喪，哀禮兼至。及葬，結廬墓側，三年不櫛沐，免喪猶縞衣糲食。與同縣潘烈、新城余永壽，皆以孝行重於鄉國。

何垕。新城人。弘治進士。曾祖澄，仁宗時以學行推擇，與楊溥共直文淵閣。垕與鄭康等五六人，夙夜淬厲，爲克己慎獨之學，窮年不出山。母卒，廬墓三年。弘治中，歷官户部員外郎。劉瑾聞垕有古琴，欲得之，垕曰：「琴非所惜，毀吾行耳。」竟不與。乃出爲程番知府。境内苗獠雜居，㕍善撫綏。所著有易經諸解。

夏良勝。南城人。正德中，舉鄉試第一，成進士，爲考功員外郎。流賊方熾，條上用兵便宜。及有詔南巡，具疏極言禍患且至，廷杖除名。世宗立，復官。大禮議起，數偕僚長力争，及張璁等超擢，又連章執不可，爲議禮者切齒，謫茶陵知州，尋黜爲民，戍遼東三萬衛，卒。穆宗立，贈太常卿。

羅汝芳。南城人。嘉靖進士。除太湖知縣，召諸生論學，公事多決於講坐。歷寧國知府，民兄弟争産，汝芳對之泣，民亦泣，訟乃已。創開元會，罪囚亦令聽講。後遷雲南參政，爲嚴嵩所惡，劾罷。初汝芳從永新顔鈞學，後鈞繫獄，汝芳供養獄中，鬻産救之，得減戍。汝芳罷官，鈞亦赦歸，事之飲食必躬進，人皆以爲難。

鄧元錫。南城人。博覽經史。喪父，水漿不入口。年十七，行社倉法，惠其鄉人。從羅汝芳游。嘉靖中，舉於鄉，復從鄒守益、劉邦采、劉陽諸宿儒論學，學者稱潛谷先生。先後論薦不赴。萬曆中，詔以翰林待詔徵之，甫離家而卒。元錫之學，雖本於王守仁，而不盡宗其説。時心學盛行，元錫力排之。所著五經繹、函史上下編、明書並行於世。

李經綸。南豐人。覃精經籍，作詩教考、禮經類編。王守仁、湛若水兩家之學盛行，經綸申程朱之意，作衛道録及大學稽中傳。

譚青。南豐人。永樂甲申，下詔求賢，編修朱紘以青應詔，除旌德知縣。四年述職京師，吏部課最書上，擢工科給事，命往江淮，復奏稱旨。旌德父老望青轍不返，詣闕請留，詔還青旌德，以内秩往。久之，無事乃退，再調龍陽，卒。祀旌德名宦。

黄釗。南豐人。舉嘉靖戊子鄉試，授廣州通判。廣多盜，釗虚平訊察，一無枉濫。有劇盜以重賄營脱，釗論如法。東莞寇起，郡邑震動，指揮督兵扞捕，兵敗，乃委罪縣尉巡檢。釗力争曰：「指揮世享國禄，職主征伐，遇寇輒奔遁自保，反委罪下吏乎！」得不罪。調判萊州，未幾報罷，歸休。

周朝瑞。南城人。萬曆中，爲給事中。泰昌初，以「慎初三要」諫，忤旨降級。天啓初復官，首疏沈潅爲邪黨。後同楊漣、左光斗以忤魏璫，備受慘酷，斃獄。崇禎初，追贈太僕卿，謚忠毅。著有兩朝奏議。

吴焕。南城人。八世同居，天啓中旌表。

鄧思銘。南城諸生。聞李自成陷京師，集其儕數十人爲庠兵，朔望習射，學技擊，圖報國仇。及南都陷，益王舉兵建昌，召致幕下，城陷死之。本朝乾隆四十一年，入祀鄉賢祠。

張紹登。南城人。萬曆丁酉舉人。崇禎中，爲應城知縣。賊來犯，偕訓導張國勳力却之。賊復來攻，紹登力守，乞援上司，副將鄒祖禹來救，賊乘間登南城。紹登還署，端坐堂上，賊大至被殺。本朝乾隆四十一年，賜謚烈愍。

湯來賀。南豐人。崇禎進士，司理揚州，以廉著。歲饑設賑，全活萬計。興平伯高傑淫毒州民，來賀設奇計擒之。擢主事，出爲粤東海道。海寇羅亞福聚衆數萬，勢强甚，縶其父數年。來賀曰："罪人不孥，顧及其父耶？"釋之，三日亞福降。累官兵部侍郎兼巡撫，告歸卒。入祀鄉賢祠。

蕭漢。南豐人。崇禎進士，知鍾祥縣，不徇請謁，武備修舉。十五年冬，將入覲，聞襄陽陷，慨然請上官罷行。賊薄城，漢辭家廟，授帨於妻滕曰〔四〕："男死忠，女當死節。"佐巡撫宋一鶴拒賊，殺傷甚衆。元旦突圍，謁獻陵，賊騎環之，漢大呼："鍾祥令在此，若輩不得侵陵寢。"賊挾之去，送吉祥寺，令僧謹視之。漢覓死具不得，於僧榻得剃刀自剄。詔贈大理寺丞。本朝乾隆四十一年，賜謚忠烈。

劉大年。崇禎進士，授兵部主事。奉使南京還，道歷城，城破，遂抗節死。贈光禄少卿。本朝乾隆四十一年，賜謚節愍。

黄端伯。新城人。崇禎進士。福王立，授儀制主事。南京潰，有勸入山隱空門者，答曰："臨難無苟免，藉口釋氏以媮生耶？"及被繫獄中，作明夷録。臨刑，一卒左刃之，手戰慄而退，又一卒右刃復然。端伯曰："須先刺我心，頭始可斷。"從之乃絶。本朝乾隆四十一年，賜謚烈愍。

本朝

黄熙。南豐人。順治進士。居父喪，三年疏食，不入内室。奉母居山砦，母殁，忽所居延燎，熙撫棺大慟，願以身同燼。俄而風返，人以爲純孝所感。

黄汝榜。南豐人。順治丙戌歲貢生。授徒十里外，暮必歸省母，不入内。辛卯，教諭臨川，僅數月，盡以所得俸金贖祭田歸祠。先是，其祖釗嘗捐俸贖田，人以爲祖孫繼美云。

梅遇。南城人。順治中，爲奉新教諭。土寇攻城，令皇遽失措，遇代督民兵，登陴固守，飛礮及左右，傷數人不爲懼。寇退城全，擢知陝西鄜縣。縣經兵燹後，田半荒蕪，遇力請上官，奏減逋賦，開古横渠四十里，溉田皆成沃壤。終敘永同知。

魯瑗。新城人。康熙進士，授檢討，典試山西，稱得士。爲國子司業，時集諸生講論，娓娓不倦。累升右通政，致仕，主教豫章書院。平生無疾言遽色，人自不敢干以私。學者稱西村先生。

梅之珩。南城人。康熙進士，歷官少詹事。當閩逆搆亂，躪及建郡，之珩奉父母避兵窮谷，豫儲糗脯以奉，啜蕨自給。通籍之後，屢司文衡，所得皆名士，一時有知人之目。

趙師璟。南豐人。順治甲午貢於鄉。豐邑虚糧絶丁，莫可究詰，致里長恒破家，鬻妻孥、死囹圄者，纍纍相隨屬。璟爲請命有司，集紳士正直者，討其弊源，創立彙户法，糧始有實數可稽，丁始有定名可指。飛詭絶弊，邑人如去湯火。入祀鄉賢祠。

趙希階。南豐人。康熙丙午舉於鄉，授公安令。守下屬縣索例金，階曰：「書生安得剥民以媚上？吾不忍爲也。」邑濱江苦盜，階下車，悉得其黨羽淵藪，掩捕皆服辜。斗湖決，户口流亡，相地築月隄亘四里捍之。雨晴祈禱應如響，百姓稱神焉。任滿致政歸。

魏方泰。廣昌人。康熙進士，歷官禮部侍郎。三歲喪母，日夜號泣不止，家人奇之。及長，嘗以不得奉母爲恨，言及輒泣下。康熙五十四年，以右通政督運西陲軍糧，進秩禮部，踰年致仕歸。厚恤貧乏，鄉人德之。

湯椿年。南豐人。孝行著聞，乾隆年間旌。

甘京。南豐諸生。時邑荒，且苦寇，京出力免荒税，均賦役，賑饑民，平砦寇，皆得行其志。京文原本經術，著述甚富。入祀鄉賢祠。

鄒昌祺。南豐人。順治鄉舉，恥事干謁。有影占其産者，弗與争。嫠婦爲虚糧累，不得已改適，竭財賑之。耿逆變，焚僇慘甚，賊相戒勿毀其垣。入祀鄉賢祠。

李長祚。南豐人。康熙進士。知衡山縣，修學宫，創文峯書院。舊令於賦役外，加派雜費，倍正供，長祚申請禁革，勒碑以示久遠。調溆浦，行李蕭然。告歸，卒，入祀鄉賢祠。

譚尚忠。南豐人。乾隆辛未進士，授户部主事，累官山西、安徽、雲南巡撫，内召爲刑部、吏部侍郎。矢志清勤，秉性孝友，教民取士，具有實心。卒於官，入祀鄉賢祠。

流寓

宋

李綱。邵武人。欽宗時，以綱專主戰議，喪師費財，授保静軍節度副使，建昌軍安置。

吴潛。寧國人。嘉定十年進士第一〔五〕。開慶時，特進左丞相。先是元兵渡江，賈似道在漢陽，御史饒應子請移之黄州。似道以爲潛欲殺己，銜之，令御史沈炎劾潛措置無方，落職，謫建昌軍。

陳蒙。咸淳間，爲太府寺主簿。嘗入對，極言似道爲相，國政闕失。後爲淮東總領，似道誣以侖汙，安置於建昌軍，籍録其家。

列女

宋

謝泌妻侯氏。南豐人。家貧，事姑孝謹。盜起，姑疾篤不能去，侯號泣姑側，盜刃之，仆溝中，賊退漸甦。後姑與夫俱亡，子幼，父母欲嫁之。侯曰：「吾守貧以養子，雖餓死，亦命也。」

樂氏二女。南豐人。紹定二年，盜入境，將逼之，一赴水死，一見殺。

元

曾閭妻李氏。南豐人。夫亡守節。至元中，峒寇猝至，翁遇害，李奔窖中。賊引之出，罵賊受刃而死。

曾粉娘。南豐曾塔卿女。年十八，值紅巾賊掠之去。至吴家坊橋，仆地大罵曰：「我良家女子，豈從汝耶！」賊怒殺之。

刃死。

揭貞女。廣昌人。早失父母，同兄嫂避亂山中。倉皇相失，獨抱兄子，竄身荆棘中，爲邏卒所獲。誘之不可，遂受刃死。

明

甯顔孫妻危氏。南城人。夫亡時，年二十七，誓不二志。翁姑老而子幼，氏勤紡績以資養。姑殁，營葬盡禮。守節四十四年，洪武中旌。

羅撝妻胡氏。南豐人。撝官南充，陸路先行。胡舟覆，抱楫浮沈，舟人手援，輒引去，遂死焉。越二旬，夫至溺所祭之，屍出自舟旁，容體不變。

趙從顯妻熊氏。南豐人。年二十四而寡，斷指自誓，撫孤及長，娶李氏，甫得孫而子卒。李氏與姑並居一室，有慮其連孀，勸之他適者，李氏哭益哀，遂盲。所撫三歲孤既長，復先兩節婦卒，所娶婦符氏復寡，年二十七，子方二歲。當是時，一孤兒，三寡婦，人益危之。符氏曰：「苦節三世，是呱呱者而不子畀乎！」事姑及大姑益謹。隆慶初旌。

趙從傅妻李氏。南豐人。年二十二，夫亡，長子三歲，幼甫四月。有强嫁之者，輿及門，李氏始知，時方炊，即以釜中糜沃其首，首爛，髮盡脱，輿夫皆反走。後愈遂秃，里人無不知趙氏有光頭節婦者。

馮紹綱妻盧氏。南豐人。年二十而寡，矢志守節。姑將嫁之，盧氏趨夫墓所縊死。

高宏妻揭氏。廣昌人。宏卒於建昌，喪歸，揭迎之，朝夕哀哭，屢絶而甦，月餘自縊。事聞旌表。

黄繪妻饒氏。南城人。事繼姑盡孝。年二十七，夫亡，遺孤半歲亦卒。有富家聞其賢，欲娶之，饒斷髮自誓，守節終身。

何永孚妻李氏。廣昌人。年十四于歸，越二年永孚死，柩前設木櫈坐而哭，櫈爲之刓。姑病，朝夕祝告，請以身代。既殁，哀慟嘔血死。

張文孺妻劉氏。南城人。年二十六夫亡，姻戚憐其子幼家貧，咸勸改適。劉朝夕號泣，喪明，守節三十餘年。正統中旌。

張世昌妻劉氏。廣昌人。年十九于歸，生二子俱卒。世昌病，二年不起，劉侍湯藥，不離左右。世昌卒，劉拔髮納於棺中，誓不改節，卒踐言。奏聞旌表。

何本容妻聶氏。廣昌人。年十六于歸，本容病，聶割股救治不效卒。守節終身。

劉敏妻揭氏。廣昌人。年十六于歸，閱七月，敏疾革，囑揭改適。揭號泣曰：「脱有不幸，當相從於地下。但念公姑垂老，妾當誓死無他。」敏亡，孝養舅姑。尋舅卒，夫之姊夫窺鬻産之利，百計圖改其操。揭忿詈欲自經，操執益勵。事聞旌表。

謝勝華妻朱氏。南豐人。年二十六夫卒，子幼家貧，躬織紝以養老姑，歷艱危不少變。姑殁，號泣喪明。正統中旌。

邱宏妻儲氏。南豐人。正德中，流寇猝至，宏卧疾，度不能免，自投於池，儲牽衣隨夫溺死。同縣李樂妻曾氏，爲賊所執，投崖死。李惟廣女貴姑，駡賊被磔死。

黄鵾妻李氏。廣昌人。正德中，爲流寇所執，欲辱之，駡曰：「我儒家婦，欲殺即殺，豈從汝耶！」復持其子刦之，李不顧，賊遂刃之。

胡泰妻趙氏。南豐人。正德中，寇至，與妯娌符、庶姑鮑，同奉姑陳避難溪口坪。陳老病，相持不忍去。遇賊驅之，趙駡賊被殺，符及鮑皆投水死。

魏寵妻何氏。廣昌人。年二十五，夫亡守節。正德中，寇至，何攜幼子走母家，遇賊掠之，義不受污。賊奪子刃之，何遂投水死。

劉祥妻黄氏。廣昌人。年十八于歸，家貧，紡績供養老姑。半載，祥卒，黄事姑益謹。里豪聶姓慕其色，私賄父姑受聘，黄度不免，赴水死。

李氏二女。南城人。長名銀瑛，次名玉瑛。嘉靖中，寇起，見他婦爲賊所掠，並赴水死。

吴宗澄妻傅氏。南豐人。嘉靖中，流寇逼荷石砦，將破，傅拜告於夫，投崖而死。同時有吴氏女名友弟，亦投崖死。

鄧氏雙節婦。新城鄧塤母徐氏，年二十三而寡，守節撫孤。塤長，娶王氏。嘉靖中，閩寇入境，掠二婦至水尾洲，欲殺徐以逼王。二人相持痛哭，罵賊而死，縣立雙節祠以表之。

胡汝棡妻曾氏。南豐人。事姑至孝。年二十二，夫亡，夫兄欲奪其志，赴水死。

毛貞女。南城人。許字何中德，未嫁而中德死。女趨赴執喪，遂留事姑。姑歿，不食死。

劉三善妻胡氏。南城人。早寡守節，舅姑將嫁之，自縊死。

何貞女。南城人。許字馮時行。時行死，何年十四，毁容易服，母諒其志，遣歸馮氏。會母歿，何慟曰：「未亡人忍死者，懼傷母心耳。母已歿矣，奚生焉？」遂不食死。

揭廷才妻傅氏。廣昌人。年十七于歸，夫亡，哀慟欲殉。姑曰：「吾老且盲，爾死安能獨生？」乃止。姑病，刺血和湯以進。及姑歿，遂絶粒七日而卒。

徐汝寬妻唐氏。廣昌人。年十七于歸，未幾汝寬疾，將終，執手與訣。唐曰：「毋憂，君特先數武耳。」殮葬畢，自縊死。

本朝

饒子鼎妻李氏。廣昌人。年十六歸饒，生一女。夫歿，將葬，囑匠作一虛穴，姑以年耄女少諭之，乃不死。越六年，姑歿，女復夭，遂自刎。

王夢蘭聘妻張氏。南城人。未嫁而夢蘭卒，張赴吊，遂從王氏守貞，奉姑終身。

盛鍾琦妻李氏。南城人。夫歿，哀毀自盡。順治十二年旌。

葉調元妻傅氏。南城人。未嫁而調元客死，喪歸。傅泣告父母往吊，痛夫無兄弟，乃留養姑，守節五十年。康熙六十年旌。

湯大勳妻李氏。南豐人。幼聰敏，通毛詩、内則。年二十六，夫亡，居常衣布茹蔬，而延師課子，必極豐潔。康熙六十年旌。

揭斯禑妻吴氏。南豐人。年二十一夫亡，撫遺腹子，事舅姑至孝。一日歸母家，忽心動，恐舅姑有變，急歸。明日舅果卒。里有爲債家所逼，鬻妻以償者，吴脱簪釧保全之。守節三十載。雍正四年旌。

譚易妻符氏。南豐人。易善屬文，屢冠童子軍而不售。卒時符年始二十八，長子四齡，幼子甫晬。符氏夜課子，不爲姑息，每襲拾夫遺文，祭則出之，輒拊卷悲哀，至課孫猶未已。屏左道，絶鉛華，貞静之操，聞於里閈。雍正四年旌。

楊大烆妻鄧氏。南城人，舉人鄧炅女。歸楊六年，夫亡，遺腹一子城。時舅姑俱歿東明官舍，會耿精忠叛，南北道梗，間關扶櫬歸，撫幼叔同所生。丙辰，竄居山砦。賊攻危急，盡出簪珥，裂尺帛裹置兩兒袖間，書其上曰：「取此活兩兒命。」自懷利刃，坐井欄上。砦破，擬自裁，幸保無恙。年八十餘，以壽終。城復早隕，妻涂氏，事孀姑極孝。遺腹生一子尚鑾，舉於鄉。均雍正七年旌。

易鴻岸妻徐氏。南城人，年二十三而寡。翁死閩中，徐拮据歸其柩，喪葬如禮。撫遺腹子，守志四十四年。

饒典妻梅氏。南城人。年十九夫亡，撫孤守節。及子夭，猶撫兩孫，苦節五十二年。雍正八年旌。

馮宗岱妻胡氏。新城人。年二十七夫亡，守節，事舅姑以孝聞。兄銓知范縣，數以書招甥，胡令勿往，且貽兄書，勸以潔己愛民。四子俱夭，撫孫成立，守節五十年。雍正八年旌。

梅國棟妻鄧氏。南城人。幼淑慧，能讀曲禮、女史諸書，事舅姑孝謹。雍正甲辰，國棟赴公車，客死河南。鄧聞訃，呼搶不欲生，念夫柩未歸，一子羸弱，暫起食，拮据迎夫柩。營葬畢，作遺囑累千言而卒。

李巽妻胡氏。南豐人。年二十六夫亡，家貧，冬夜織紝以供姑膳。姑病，扶掖摩撫常達旦。苦節三十六年。

李偉妻封氏。南豐人。年十八歸偉，值閩寇亂，避斗門砦。賊帥踞城肆掠，逼開砦門。氏懼辱，與李四兒妻沈氏、李士先妻包氏，俱投崖死。

范揚先妻王氏。南城人。夫亡守節。同縣余淇妻錢氏，江士華妻吳氏，傅鈞妻崔氏，陶度妻高氏，高淮妻王氏，梅溶妻黄氏〔六〕，李標妻余氏，黄登選妻羅氏，邱甘望妻傅氏，李國鼎妻黄氏，劉秉乾妻徐氏，周君任妻劉氏，黄其芳妻李氏，邵曰鵬妻龔氏，胡文藻妻吳氏，劉艮妻黄氏，王聖瑞妻余氏，李杜吟妻王氏，劉錫佩妻陶氏，梅廷任妻周氏，陶應麟妻倪氏，吳之璜妻萬氏，陶治安妻劉氏，黄朝棟妻李氏，梅善卿妻羅氏，楊日酥妻羅氏，歐陽士俊妻崔氏，胡君贊妻阮氏，鄧儆妻林氏，李占甲妻陶氏，羅良璧妻曾氏，周維瑜妻王氏，劉士實妾熊氏〔七〕，曾邵妻丁氏，王元祐妻閻氏，楊炳妻王氏，鄢君能妻崔氏，汪紹宸妻黄氏，危九疇妻王氏，鄧觀逵妻雷氏，崔琮妻蔡氏，胡學禹妻王氏，朱輪妻黄氏，鄧蘭妻朱氏，全夢聖妻徐氏，劉希式妻王氏，姚俶妻林氏，丁僎妻章氏，張鴻業妻黄氏，余來元妻黄氏，曾勣妻趙氏，丁箕山妻許氏，廖庭雋妻吳氏，雷厚也妻楊氏，梅輝如妾鈕氏，陶夔妻丁氏，劉孔章妻程氏，羅朝宋妻徐氏，吴魯瞻妻鄧氏，吴元勳妻夏氏，謝恩妻毛氏，羅興詩妻黄氏，曹天祐妻劉氏，烈婦周維藩妻吴氏，邱惟邠妻黄氏，聞斌妻程氏，均乾隆年間旌。

李士照妻封氏。南豐人。夫亡守節。同縣李天植妻鄒氏，余兆球妻羅氏，劉宣妻李氏，余允愚妻劉氏，湯大垣妻劉氏，生員劉嘉沐妻李氏，李軾妻劉氏，鄧鳳儀妻唐氏，李邦彦妻胡氏，傅濂妻趙氏，甘監二妻吴氏，湯民懷妻譚氏，趙與皃妻湯氏，趙與迅妻胡氏，劉尚衡妻饒氏，趙與勳妻鄧氏，謝紹琪妻盧氏，李良義妻曾氏，李邦彬妻張氏，趙孟諮妻張氏，趙宜福妻許氏，唐家釗妻甘氏，黄振榮妻聶氏，甘邦壽妻羅氏，趙蔚南妻胡氏，譚廷柱妻趙氏，趙宜抃妻胡氏，劉易妻李氏，趙宜霈妻黄氏，監生聶有蔚妻李氏，劉應泰妻高氏，危良燦妻黎氏，曾孕慶妻彭氏，劉茂順妻戴氏，李鳳誥妻黄氏，聶時禧妻唐氏，周傅景妻杜氏，湯廷鼎妻吴氏，傅聖睿妻包氏，趙湘妻黄氏，傅高奇妻趙氏，謝方舟妻熊氏，程藹妻李氏，曾塾詔妻揭氏，曾文燈妻湯氏，曾章旬妻陳氏，徐嘉經妻湯氏，鄒秉乾妻姚氏，邱良佑妻儲氏，陳嘉政妻張氏，譚自伯妻趙氏，揭士妻胡氏，甘夢洪妻林氏，楊家罕妻黄氏，吴夢麟妻李氏，周裔洪妻饒氏，何曰欽妻湯氏，彭元龍妻梅氏，黄應綬妻湯氏，揭承懋妻謝氏，鄧盛旭妻趙氏，蕭珮璜妻林氏，張士鉅妻王氏，陳廷綬妻平氏，平兹鍇妻李氏，湯朝楫妻譚氏，黄尚行妻彭氏，李宏嵩妻曾氏，唐致三妻趙氏，張日斗妻吴氏，黄邦驤妻曾氏，周學秀妻陳氏，譚必發妻甘氏，熊士爨妾馮氏，魯廷璧妻朱氏，江大昇妻李氏，陳以忠妻李氏，杜繼凱妻潘氏，譚尚恕妻潘氏，趙宜棟妻嚴氏，烈婦劉夢松妻李氏，江勝章妻李氏，貞女趙氏，均乾隆年間旌。

鄧全縉妻楊氏。新城人，幼孝父母。既歸全縉，孝舅姑。不數年而寡，抱幼兒避兵亂，蒙難堅貞，卒完其節。同縣朱大紳妻魯氏，魯津妻楊氏，魯鐸妻涂氏，黄有瑗妻饒氏，魯福妻鄧氏，魯宁妻潘氏，黄國言妻程氏，楊大業妻黄氏，余世隆妻鄧氏，鄧在憲妻黄氏，鄧侯汝妻孔氏，鄧鍾夔妻黄氏，黄紹眉妻涂氏，黄疇九妻江氏，潘大儒妻魯氏，潘超妻張氏，馮策妻涂氏，吴朝簡妻劉氏，涂學英妻鄧氏，楊瑄妻吴氏，黄紹愷妻張氏，魯興妻鄧氏，鄧代獻妻甘氏，裘紹晉妻楊氏，楊大祥妻裘氏，王從賢妻蕭氏，潘丹桂妻湯氏，黄甲奎妻李氏，黄臨妻鄧氏，劉光甡妻陳氏，李亦瑄妻張氏，程大鵾妻敖氏，李世興妻王氏，汪叔仁妻李氏，黎惟一妻黄氏，鄧聖表妻黄氏，楊璋妻饒氏，涂才徵妻饒氏，魯薦妻饒氏，鄧湯盤妻嚴氏，孔繼澄妻鄧氏，涂迴波妻李氏，涂性之妻鄧氏，涂尚仁妻鄧氏，李廷聘妻黄氏，謝大魁妻李氏，饒欽妻薛氏，鄧其韶妻孔氏，李文瑞妻黄氏，李文約妻江氏，李輝霈妻葉氏，涂士祥妻楊氏，涂志超妻楊氏，楊以登妻李氏，陶世夔妻張氏，楊大經妻劉氏，何國柱妻江氏，鄧楫妻黄氏，王藹吉妻黄氏，汪廷賓妻鄧氏，陳大紳妻饒氏，蔡彌萬妻饒氏，陳大鵬妻嚴氏，涂志淇妻江氏，吴大邦妻鄧氏，楊瑞龍妻鄧氏，江世嵩妻張氏，余元紳妻潘氏，孔傳槐妻胡氏，涂建五妻陶氏，王尚殷妻黄氏，潘天爵妻徐氏，張登輝妻余氏，武敬五妻歐氏，涂志翱妻何氏，楊帝簡妻黄氏，涂學讚妻黄氏，熊曰堯妻楊氏，張元貞妻熊氏，李希賢妻黄氏，饒緝熙妻鄧氏，武贊玉妻蕭氏，潘文中妻涂氏，涂成錦妻楊氏，嚴倫妻饒氏，黄念祖妻李氏，鄧宗保妻郭氏，蔡大貞妻楊氏，饒廷樞妻孔氏，鄧汝艅妻魯氏，黄惕虔妻吴氏，孔廣仁妻吴氏，余聯璧妻薛氏，潘代冕妻江氏，黄在璇妻江氏，涂憲樞妻李氏，吴慶璠妻鄧氏，胡倫恩妻孔氏，涂元鋭妻魯氏，黄學曾妻涂氏，涂肇宗妻楊氏，楊宗璐妻吴氏，烈女孔傳麟未婚妻劉氏，貞女胡昌期未婚妻張氏，均乾隆年間旌。

陳九齡妻魏氏。廣昌人。夫亡守節。同縣何起生妻劉氏，黄奇齡妻揭氏，魏必達妻黄氏，魏藩屏妻姚氏，陳象乾妻封氏，謝鳴玉妻魏氏，劉歲允妻何氏，李長發妻魏氏，魏應錦妻劉氏，賴尚修妻王氏，李獻虞妻何氏，黄暎勳妻何氏，劉貴恒妻黄氏，董德茂妻魏氏，揭永垂妻黄氏，黄鴻儒妻何氏，高同鵬妻李氏，魏嚴妻何氏，劉居鼒妻揭氏，何碁妻鄭氏，黄鵬年妻魏氏，均乾隆年間旌。

徐位中妻黄氏。瀘溪人。曉章句，年十七歸徐。值夫久病，旦夕焚香，祝以身代。越二年夫喪無嗣，投繯者再，翁姑力勸乃止。守節三十餘年，人罕見其面。事姑如母，常禮佛祈姑壽。同縣夏璨妻江氏，鄧挺立妻盧氏，于御駿妻鄧氏，鄧昌妻魏氏，徐永升妻林氏，朱定川妻周氏，均乾隆年間旌。

李步雲妻黄氏。南城人。夫亡守節。同縣何思桂妻劉氏，上官世瀚妻王氏，鄧承勳妻崔氏，鄧璵妻崔氏，李允青妻劉氏，劉康年妻池氏，羅宏謀妻崔氏，劉大琳妻袁氏，蕭鈺妻王氏，丁起微妻黄氏，黄雲龍妻鄧氏，丁方春妻寗氏，張有文妻饒氏，徐蘭妻吴氏，商河知縣萬人模妻李氏，蘇秉中妻孫氏，黎維潔妻李氏，陶徵妻甘氏，何廷璪妻喻氏，梅秉和妻葉氏，廪生鄧勳妻廖氏，丁行可妻吴氏，監生劉九敷妻鄧氏，黄廷臣妻王氏，余兆龍妻連氏，陶汝昱妻梅氏，梅沛勳妻陶氏，王必洪妻陳氏，李成琬妻黄氏，林湘妻鄧氏，寧昌時妻劉氏，萬萃妻胡氏，萬崇妻梅氏，余兆鳳妻王氏，劉濤妻揭氏，吴華章妻黄氏，章占鼇妻黄氏，王聖傳妻包氏，陳賡宁妻周氏，元鶴松妻梅氏，李有容妻寧氏，貢生李國泰妾鄢氏，吴光珏妻趙氏，寧于岡妻李氏，丁躍鼇妻李氏，李紳妻嚴氏，鄒光焕妻喻氏，鄭經炳妻鄧氏，陶大偉妻周氏，嚴應元妻孔氏，均嘉慶年間旌。

趙由信妻丁氏。南豐人。夫亡守節。同縣胡煒妻劉氏，趙由春妻吴氏，黄甲魁妻樂氏，湯聘尹妻官氏，危良燭妻吴氏，趙由廣妻黄氏，趙孟杰妻譚氏，鄒太績妻楊氏，湯文浴妻吴氏，黄政宰妻何氏，均嘉慶年間旌。

王家珣妻魯氏。新城人。夫亡守節。同縣裘繼亭妻潘氏，涂以轍妻丁氏，楊鳴鳳妻魯氏，楊以淮妻饒氏，包嘉識妻李氏，郭志泰妻陶氏，郭盤妻孔氏，楊錦泉妻饒氏，胡慕經妻魯氏，劉紹年妻潘氏，涂學琳妻吴氏，涂永然妻黄氏，陳士彰妻張氏，吴邦華妾李氏，黄玉堂妻李氏，涂志紀妻許氏，過兆周妻黄氏，過映梅妻劉氏，涂茂廷妻鄧氏，芮榮瑶妻游氏，楊淑馨妻魯氏，趙啓文妻李氏，饒盛煌妻鄧氏，張懷冉妻程氏，楊以淮妻胡氏，潘慎餘妻楊氏，民人黄英先妻吴氏，儒童吴永年妻陳氏，監生潘積逵妻童氏，吴起潛妻魯氏，饒家樑妻王氏，楊維青妻黄氏，黄徽章妻何氏，涂憲書妻江氏，魯方泰妻梅氏，監生薛起賢妻潘氏，魯儼妻余氏，武尚貴妻涂氏，監生武緒妻黄氏，武福青妻邱氏，監生涂憲詒妻孔氏，何因三妻李氏，職員潘安忠妻涂氏，捐職州同鄧鎧妾陳氏，張兆熙妻程氏，鄧歷衢妻楊氏，廪生鄧希錫妻涂氏，職員黄亮揆妻孔氏，監生黄超繼妻蕭氏，鄧勝和妻嚴氏，庠生潘奉掞妻鄧氏，鄧洪榮妻黄氏，監生郭敏堂妻黄氏，孔昭鏡妻鄧氏，均嘉慶年間旌。

廖甸芳妻易氏。廣昌人。夫亡守節。同縣吴新濤妻揭氏，易焕章妻魏氏，盧瑞原妻謝氏，鄒章大妻曾氏，揭秉紱妻李氏，謝步青妻饒氏，魏良泰妻易氏，陳盛萬妻謝氏，劉永球妻陳氏，郭喬松妻裘氏，曾立權妻魏氏，陳通升妻李氏，黄兆莘妻高氏，廖佐銓妻黄氏，曾毓妻黄氏，劉士寵妻謝氏，魏洪祚妻朱氏，魏鴻圖妻黄氏，黄緑筠妻魏氏，高騰汀妻游氏，劉若永妻易氏，饒學昭妻黄氏，黄明道妻胡氏，魏映嶠妻何氏，陳軒庚妻何氏，揭邦治妻楊氏，廖載賡妻李氏，魏風倫妻王氏，附生賴履誠妻李氏，劉世隆妻甘氏，生員劉光照妻魏氏，監生魏廷搢妻劉氏，魏映嶽妻黄氏，烈婦揭符氏，均嘉慶年間旌。

黄允年妻易氏。瀘溪人，夫亡守節。同縣鄧江屏妻李氏，曾步廷妻石氏，曾步周妻盧氏，林約妻鄧氏，烈婦席徐氏，均嘉慶年間旌。

仙釋

漢

麻姑。王方平妹。修道得仙，居建昌山中，山以之名。

宋

景祥。姓傅氏，南城人，永豐令翼之子。少警敏，嗜學廣記，參禮名師。受戒後，進明湘真如法席，心法益明。四方迎請，俱不受。建炎末，避地天台，後居浮山。久之跏趺而逝，得五色舍利。王彦章撰記。

馮伯達。建昌人。有神術。常南行阻風，謂船主曰：「欲得速還，須安眠勿開眼。」其夜聞舟去如飛，迅若電逝，聲喇喇如行樹杪，未曉已達舍矣。

饒廷直。南城人。第進士。嘗過武昌遊黄鶴樓，遇異人得秘術，自是不近妻妾。後爲鄧州通判，卒，舉柩甚輕，蓋尸解云。

明

行保。南城人。幼慕禪教，入慈真院爲僧，言訥而心明。洪武中，住持天安寺，大振宗風。後舉天下高僧十一人，行保與焉。

土産

絹。宋史地理志：建昌貢。

葛布。省志：各縣出。

斑竹。寰宇記：南豐軍山出。

紅朱稻米。省志：即今赤珠粳，色純紅而堅。唐時貢。

銀朱米。省志：即今八月白，色白而香。宋時常獻。

蕁菜。省志：新城縣出。

麻姑酒。省志：即麻姑山神功泉所釀。

茶。明統志：出新城蕭曲峯者曰白茶。

吴茱萸。寰宇記：建昌土産吴茱萸。又有承露仙，俗謂之白藥。　按：舊志載省志、宋史地理志：南城有太平等四銀場。今無，謹附記。

校勘記

〔一〕又曾田隘　「田」，原作「曰」，據乾隆志卷二四五建昌府關隘（下同卷簡稱乾隆志）及雍正江西通志卷三四關津改。

〔二〕貴陽九曲隘　「曲」，乾隆志同，雍正江西通志卷三四關津作「窟」。

〔三〕羅玘墓　「玘」，原作「圮」，據乾隆志及雍正江西通志卷一一〇丘墓改。按，羅玘明南城縣人，本卷人物有傳。

〔四〕授帨於妻媵曰　「授」，原作「設」，據乾隆志改。

〔五〕嘉定十年進士第一　「嘉定」，原作「泰定」，乾隆志同，據宋史卷四一八吴潛傳改。

〔六〕梅溶妻黄氏　「溶」，乾隆志作「榕」。

〔七〕劉士實妾熊氏　「妾」，乾隆志作「妻」。